GESUNDBRUNNEN
BRUNNENVIERTEL
MITTE
FRIEDRICHSHAIN
FENNPFUHL
LICHTENBERG
RUMMELSBURG
KREUZBERG
FRIEDRICHSHAIN-KREUZBERG
ALT-TREPTOW
BERGMANNKIEZ
NEUKÖLLN
PLÄNTERWALD
TEMPELHOF-SCHÖNEBERG
TEMPELHOF
Mauerpark
Volkspark Friedrichshain
Park am Gleisdreieck
Viktoriapark
Volkspark Hasenheide
Treptower Park
Tempelhofer Feld
Osloer Str.
Prinzenallee
Bornholmer Str.
Behmstr.
Wisbyer Str.
Roelckestr.
Buschallee
Ostseestr.
Pankstr.
Hochstr.
Gartenstr.
Brunnenstr.
Schönhauser Allee
Prenzlauer Allee
Chausseestr.
Invalidenstr.
Torstr.
Friedrichstr.
Mollstr.
Friedenstr.
Ebertystr.
Landsberger Allee
Konrad-Wolf-Str.
Weißenseer Weg
Frankfurter Allee
Andreasstr.
Köpenicker Str.
Oranienstr.
Adalbertstr.
Gitschiner Str.
Kottbusser Damm
Wilhelmstr.
Stresemannstr.
Potsdamer Str.
Yorckstr.
Gneisenaustr.
Urbanstr.
Hasenheide
Sonnenallee
Karl-Marx-Str.
Hermannstr.
Columbiadamm
Puschkinallee
Wildenbruchstr.
Nöldnerstr.
Kolonnenstr.
Dudenstr.
Dammweg
Saalestr.
Silbersteinstr.
Grenzallee
Oberlandstr.
Mariendorfer Weg
Teilestr.
Tempelhofer Weg
Buschkrugallee
Späthstr.
Alboinstr.
Manteuffelstr.
Arnulfstr.
16
20
49
30
37
33
36
38
35
17
53
55
48
34
15
18
54
32
51
31
56
52
47
6
9
24
45
42
46
39
50
25
43
41
26
27
14
19
40

Michael Sontheimer, Peter Wensierski
Berlin – Stadt der Revolte

Michael Sontheimer
Peter Wensierski

BERLIN

STADT DER REVOLTE

Ch. Links Verlag

Auch als ebook erhältlich

Die Deutsche Nationalbibliothek verzeichnet diese Publikation in der Deutschen Nationalbibliografie; detaillierte bibliografische Daten sind im Internet über www.dnb.de abrufbar.

1. Auflage, März 2018

Schönhauser Allee 36, 10435 Berlin, Tel.: (030) 44 02 32-0
www.christoph-links-verlag.de; mail@christoph-links-verlag.de
Einbandgestaltung unter Verwendung eines Fotos von Günter Zint (vorn) und eines Fotos von Siegbert Schefke (hinten).
Motiv vorn: Demonstranten auf einem umgestürzten Bauwagen, mit dem sie am Ostersonntag 1968 auf dem Kurfürstendamm eine Barrikade errichtet hatten.
Motiv hinten: Demonstration auf dem Ost-Berliner Alexanderplatz am 24. Oktober 1989 gegen die Wahl von Egon Krenz.
Lektorat: Dr. Stephan Lahrem, Berlin
Karte: Peter Palm, Berlin
Satz: Ch. Links Verlag, Berlin
Frontispiz: Demonstration gegen den Besuch von US-Präsident Ronald Reagan, 11. Juni 1982
Druck und Bindung: CPI books, Leck

ISBN 978-3-86153-988-9

Inhalt

KRIEG UND FRIEDEN

ES WERDEN MEHR

HAUS UM HAUS

ES REICHT!

ANHANG

Für Aline, Bruno, Leon und Robin

Das Gen der Revolte

Vorwort

In der Linienstraße in Berlin-Mitte steht ein Gesamtkunstwerk, ein früher mal besetztes, mit Graffiti überzogenes Haus. »Soldaten sind Mörder« ist auf den bröckelnden Putz gemalt, ein Satz von Kurt Tucholsky. In Kreuzberg am Mariannenplatz, über dem Eingang des 1971 von jungen Linken besetzten Georg von Rauch-Hauses, findet sich ein Spruch Georg Büchners: »Friede den Hütten, Krieg den Palästen«. Berliner Rebellen scheinen einen Hang zur Literatur zu haben und einen Drang zur Romantik. Ihre bevorzugte Figur ist die eines romantischen Verlierers.

Auf eine Theorie der Revolte konnten die Berliner Hausbesetzer allerdings auch nicht zurückgreifen, sie existiert – erstaunlicherweise – nicht einmal in Ansätzen. In der marxistisch geprägten Revolutionstheorie wird die Revolte gelegentlich als kleine Schwester der Revolution erwähnt, als lokal oder von ihren Protagonisten gesehen begrenzter Aufstand, als erfolgloser Versuch einer Revolution.

Der Revolte werden meist keine nachhaltigen Wirkungen zugestanden. So schrieb der französische Philosoph Michel Foucault: »Revolten sind Feuerwerke, geschossen in das Dunkel der Macht; sowie sie aufleuchten, sind sie am Verlöschen.« Eine positivere Sicht auf den politischen Aufstand hatte der in West-Berlin lehrende Politologe Johannes Agnoli. Zwar stellte er fest: »Revolten kennen im allgemeinen nur das Scheitern, sonst wären sie Revolutionen«, aber er räumte ihnen eine langfristige Wirkung ein: »Die gescheiterte Revolte indessen greift in die Geschichte ein, sie setzt Zeichen, die teils verschwinden, um später wieder aufzutauchen, sie verändern doch die Welt.«

Berlin, die deutsche Hauptstadt, birgt eine ganze Reihe von Zeichen vergangener Revolten. Im Westen wie im Osten finden sich Orte, die Schauplätze oder Kulissen unterschiedlicher Aufstände waren. Die Neigung der

Politiker, an die Revolten und ihre Opfer zu erinnern, ist allerdings gering. An den im September 1981 in West-Berlin bei einem Polizeieinsatz zu Tode gekommenen Hausbesetzer Klaus-Jürgen Rattay beispielsweise erinnert nichts im öffentlichen Raum.

*

Vielleicht besitzen Städte eine Erbmasse. Wenn dem so sein sollte, dann gehört zur Erbmasse Berlins ein Gen der Revolte. Spätestens im 19. Jahrhundert hatte sich der Drang zum Aufstand in der Berliner DNA festgesetzt. 1848 kämpften Demokraten für die Freiheit, 1919 kommunistische Arbeiter für eine Rätedemokratie. Hunderte Antifaschisten ließen hier ihr Leben im Widerstand gegen Hitler, 1953 probten Ost-Berliner Arbeiter den Aufstand. Seit den Sechzigerjahren folgten Revolten in kürzeren Abständen.

So wie es keine Theorie der Revolte gibt, fehlen auch soziologische Studien über ihre Protagonisten. Folgen wir subjektiven Eindrücken und der Logik, sind die Träger von Revolten, die Kämpfer auf der Straße, fast immer junge Männer. Sie unterschätzen Gefahren und begeistern sich für radikale Ideen. Sie neigen zu Ungeduld und Hochmut. West-Berlin war für junge Männer besonders attraktiv. Auf der Insel inmitten Ostdeutschlands gab es – im Gegensatz zur Bundesrepublik und der DDR – keine Wehrpflicht. Außerdem fehlte eine Sperrstunde; es ließ sich – wie nirgendwo sonst in Deutschland – rund um die Uhr feiern.

Den Beginn der wilden Sechzigerjahre in West-Berlin markieren zwei Ereignisse: Am 18. Dezember 1964 versammelten sich erstmals Studenten zu einer größeren Demonstration, gegen den kongolesischen Ministerpräsidenten Moise Tschombé und dessen Staatsbesuch in West-Berlin. Rudi Dutschke nannte die Aktion später den »Beginn unserer Kulturrevolution«. Ein dreiviertel Jahr später, im September 1965, zerlegten Tausende von Jugendlichen bei einem Konzert der Rolling Stones die Waldbühne. Ab 1966 wählten die Studenten den Kurfürstendamm zur Bühne ihrer Proteste gegen den Krieg der Amerikaner in Vietnam. Sie hielten sich an die Worte des chinesischen Kommunisten Mao Zedong, der gesagt hatte: »Rebellion ist gerechtfertigt.«

Wehrunwillige junge Westdeutsche waren auch die treibende Kraft der Hausbesetzer- und Jugendbewegung, die 1981 in West-Berlin ihren Höhepunkt erreichte. Sie wurde später weniger beachtet als der Aufstand der Studenten von 1967 bis 1969, obwohl die Besetzerbewegung wesentlich größer und militanter war. Linksradikalen, Autonomen, Punks und Alternativen gelang es, rund 100 Mietshäuser dauerhaft in Gemeinschaftseigentum zu überführen.

Nach dem Fall der Mauer entwickelte sich in Ost-Berlin innerhalb von Monaten ebenfalls eine Hausbesetzerbewegung, die im November 1990 mit der Räumung von 13 Häusern in der Mainzer Straße eine dramatische Niederlage erlitt. Anschließend bekam die Mehrheit der Besetzer schnell Mietverträge.

In der DDR war Ost-Berlin ein zentraler Ort der Opposition. Schon 1968 hatten Sympathisanten der West-Berliner Rebellen in der Hauptstadt der DDR Spenden für ihre Brüder und Schwestern im Geiste gesammelt. Einige Mutige protestierten gegen den Einmarsch sowjetischer Panzer in Prag, andere gründeten eine Kommune. In den Achtzigerjahren kamen immer mehr anpassungsunwillige junge Leute und Oppositionelle in den Ost-Berliner Stadtbezirk Prenzlauer Berg. In zerfallenden Altbauten, deren Wohnungen sie meist »schwarz« bezogen, versuchten sie sich der Kontrolle von Partei und Staatsgewalt zu entziehen. Sie suchten Freiräume für ein selbstbestimmtes Leben und waren darin den Rebellen in West-Berlin durchaus ähnlich. Der Kapitalismus war nicht ihr Sehnsuchtsort.

Wenn Ost- und West-Rebellen zusammenkamen – was nicht so häufig, aber öfter als bekannt geschah –, verstanden sie sich politisch meist intuitiv. Auch wenn die Stoßrichtung ihrer Gesellschaftskritik und die Bedingungen, sie in die Praxis umzusetzen, grundverschieden waren, verband sie die Ablehnung staatlicher Autorität, Kontrolle und Bevormundung. Ob nun aus dem Westen oder dem Osten, sie wollten keine Herrschaft des Geldes, sondern eine gerechte Gesellschaft mit echter Demokratie, eine friedliche und ökologische Alternative zu beiden deutschen Staaten.

Das Revolte-Gen verband die beiden Hälften der geteilten Stadt, aber die Ausgangslage der Oppositionellen im Osten war ungleich schwieriger als die ihrer Freunde im Westen. Bereits bei geringen Anlässen trat die Staatssicherheit in Aktion, mit Überwachung und Schikanen. Schon das Abschreiben und Weitergeben kritischer Texte konnte Gefängnisstrafen nach sich ziehen.

Nachdem die DDR infolge eines neuen Denkens in der Sowjetunion und der Proteste im Inneren kollabiert und die Ostdeutschen der Bundesrepublik beigetreten waren, machten viele der mutigen Oppositionellen Karriere, als Abgeordnete im Bundestag oder anderen Parlamenten, in den Institutionen der DDR-Diktaturforschung, beim Aufarbeiten der Stasi-Vergangenheit. Etliche bekamen ein Bundesverdienstkreuz. Bei den Achtundsechzigern kamen auch viele auf dem von Rudi Dutschke propagierten »langen Marsch« wieder im Bürgertum an, doch zahlreiche Rebellen aus den ersten Reihen bekamen Berufsverbote, etliche leben heute in Armut. Im Gegensatz zur »friedlichen Revolution« der DDR-Oppositionellen fanden die Rebellen im Westen, die gegen den Kapitalismus aufgestanden waren, keine Anerkennung. Und bei dem Sohn des 1967 von einem West-Berliner Polizisten erschossenen Studenten Benno Ohnesorg hat sich noch immer kein Vertreter des Berliner Senats ordentlich entschuldigt.

Natürlich lassen sich nicht alle Aktionen gegen die Staatsmacht als Revolten auf eine Stufe stellen; es ist nicht einerlei, ob sie friedlich oder gewaltsam waren, ob sie von Feministinnen, von Autonomen, von RAF-Terroristen oder von Neonazis kamen. Der Historiker Walter Laquer hat Terrorismus als eine Strategie des Aufstands beschrieben, die sich mit den verschiedensten Ideologien von links nach rechts kombinieren lässt. Folglich ist die moralische Berechtigung einer Revolte von ihren Ideen, Forderungen und Methoden abhängig. Wir beschränken uns in diesem Buch auf die Rebellionen, die aus einer humanistischen, linken Richtung gekommen sind. Aber auch die können mitunter inhuman enden.

*

2009 haben wir begonnen, Protagonisten der politischen Gruppen und Bewegungen zu befragen, die von Mitte der Sechzigerjahre bis in die frühen Neunzigerjahre das Schicksal des geteilten Berlin mit ihren Revolten mitgeprägt haben: Achtundsechziger, einstige Haschrebellen, DDR-Oppositionelle, Feministinnen, Hausbesetzer aus Ost wie West, andere mehr. Für viele, die wir befragt haben, gilt das Wort von Sigmund Freud: »Eines Tages, zurückblickend auf die Jahre, wo du gekämpft hast, werden sie dir wie die schönsten vorkommen.«

Uns ging es darum, ein interessantes und wichtiges Stück der Geschichte Berlins zu sichern. Wir führten Interviews mit Zeitzeugen, von denen manche leider inzwischen schon gestorben sind. Mit ihren Geschichten erzählen sie Geschichte. Wir haben diese Erinnerungen mit schriftlichen Zeugnissen und Fotos angereichert.

Orte sind bedeutsam für die Geschichte. Sie prägen die Ereignisse und dienen später als Anknüpfungspunkte der kollektiven und individuellen Erinnerung. Die Annäherung an historisch bedeutsame Orte bedeutet eine Annäherung an Geschichte. Vor diesem Hintergrund gehen wir in diesem Buch von Orten aus, von Wohnungen, Häusern, Straßen und Plätzen. Und versuchen, über diese Schauplätze historisch wichtiger Ereignisse eine Geschichte der kleinen und großen Aufstände in Berlin seit den Sechzigerjahren zu erzählen. Diese kann nicht vollständig oder gar enzyklopädisch sein. Geknüpft werden soll vielmehr ein Netz der Erinnerung, eine Topographie der Revolte. Dieses Netz lässt sich auch gut erlaufen und sinnlich erfahren, deshalb haben wir die Adressen der wichtigsten Schauplätze angegeben. Los geht's! Man sieht nur, was man weiß.

Unsere Auswahl der Orte ist, wie es schon in den Grenzen eines Buches nicht anders geht, subjektiv und unsystematisch, geprägt von Zufällen, von persönlichen Erlebnissen und Erinnerungen, Freundschaften und Sympathien. Ein enzyklopädischer Ansatz würde dem schillernden Gegenstand auch nicht gerecht, denn: Die Revolte kommt am liebsten, wenn niemand sie erwartet.

Michael Sontheimer und Peter Wensierski
Berlin, im Februar 2018

DIE WILDEN SECHZIGER

1 Randale mit den Rolling Stones

Waldbühne; Glockenturmstraße 1

»Ich kenne jetzt die Hölle«, schrieb Marianne Koch, Reporterin der *Bild*-Zeitung, am 15. September 1965: »Mein Beruf hat mich gelehrt, ziemlich tapfer zu sein. In der Waldbühne habe ich vergangene Nacht das Fürchten gelernt. Eine tosende, entfesselte Masse juchzt. Drängende, strampelnde Leiber an den Eingängen. Dann im Innenraum ein Tanz der Hexen in der Walpurgisnacht. Flammende Fackeln. Rings um mich herum ist alles Ekstase. Tanzt, schreit, zuckt.«

In der Revolte geht der Einzelne im Kollektiv auf, verschmelzen Individuen zur Masse. Auf Versammlungen, bei Demonstrationen, auf den Barrikaden. Oder auch bei Konzerten. In der Revolte befeuern Einzelne eine kollektive Bewegung.

Am 15. September 1965 manifestierten sich die wilden Sechzigerjahre auch in West-Berlin, auf jener surrealen Insel im roten Meer des Kommunismus. Rund 20 000 Fans der Rolling Stones versammelten sich in der ausverkauften Freilichtarena unweit des Olympiastadions. Die sieben Hektar große Anlage, deren Ränge sich wie in einem griechischen Amphitheater 30 Meter über die Bühne erheben, hatte Adolf Hitler für die Olympischen Spiele 1936 erbauen lassen.

Hannibal, 1947 in Berlin-Schöneberg geboren, erinnert sich: »Zu den Stones in der Waldbühne zu gehen, das war Pflicht. Damals gab es nur so wenige Langhaarige.« Also kaufte er sich eine Karte für sechs Mark. Hannibal hatte Maurer gelernt und begeisterte sich als Teenager schon für Rock 'n' Roll, für Elvis Presley, Little Richard und andere Musiker aus den USA, die dem Blues ein neues Tempo und neue Energie gaben. Die wilden Töne aus Amerika waren für Hannibal und seine Freunde ein Weckruf für den Protest gegen die verstaubten Konventionen und das selbstzufriedene Establishment.

Auftritt der Rolling Stones in der Waldbühne, 15. September 1965.

Die Jugendzeitschrift *Bravo* aus dem Springer-Verlag hatte die Tournee der Rolling Stones durch die Bundesrepublik organisiert und als »einmaliges Sensations-Gastspiel mit der härtesten Band der Welt« beworben. Beim Konzert in Hamburg hatte es 31 Verletzte und 47 Festnahmen gegeben; Berlin war die letzte Station der Tour.

Als eine von vier Vorgruppen hatte sich die lokale Band »Team Beat Berlin« anheuern lassen; Gage gab es keine. Organist Olaf Leitner erinnerte sich später daran, dass das Publikum nur die Stones sehen wollte. »Deshalb hatte ein Teil des Publikums für uns im wahrsten Sinne des Wortes nur 'nen Appel und 'n Ei übrig, die sie während unseres Auftritts auf die Bühne warfen. Nach zwanzig Minuten traten wir wieder ab.«

Die Randale ging schon los, bevor die Stones auf die Bühne kamen. Ralf Reinders, damals Lehrling, erinnerte sich: »Wir hatten die Kohle für den Eintritt nicht und beschlossen, umsonst reinzugehen. In Tegel versammelten wir uns: Beatles-Fans, Stones-Fans und Kinks-Fans. Es waren etwa 200 bis 250 Leute, die dann losmarschierten. Unter ihnen waren die späteren Aktivisten des 2. Juni stark vertreten. Als wir an der Waldbühne aus der S-Bahn kamen, war da gleich die erste Bullensperre. Eine ganz lockere, die wir zur Seite drückten. Dann kam kurz vor der Waldbühne eine zweite mit einer berittenen Staffel. Das war schon ein bißchen komplizierter. Wir sind auch da durchgebrochen. Dann gab es nur noch eine ganz leichte Sperre direkt an der Waldbühne. Und so waren wir schließlich mit über 200 Leuten umsonst drinnen, und standen ganz vorne.«

Das ging nicht ohne Blessuren ab. »Polizeihunde bissen sich in Textilien und Fleisch durchbrechender Beatjünger fest«, fabulierte am nächsten Tag ein Journalist des *Tagesspiegel*. Schon bei der ersten Nummer der Rolling Stones, »Everybody needs sombody to love«, stürmten Dutzende Fans auf die Bühne. Die Ordner kapitulierten, Polizisten marschierten auf und schufen der Band aus England wieder Platz. Dann spielten Mick Jagger & Co. ihren aktuellen Hit: »I can't get no satisfaction.«

Doch nach dem dritten Stück hörten sie wieder auf. Bei dem Chaos auf und vor der Bühne fürchteten sie um ihre Sicherheit. Das Publikum war enttäuscht, verlangte nach einer Zugabe, aber die Stones ließen sich nicht mehr blicken, sondern in das noble Schlosshotel Gerhus chauffieren. Die Stones-Fans fühlten sich betrogen und waren sauer.

»Wir begannen von oben auf die Bänke zu springen«, so Hannibal, der später zu den Haschrebellen gehörte (s. Kap. 13). »Die Bänke waren aus Eternit und knackten sofort durch, wenn wir mit unseren Cowboystiefeln draufsprangen.« Es habe eine ganze Weile gedauert, »bis die Bullen ernsthaft eingriffen. Sie waren nicht auf Krawall vorbereitet.« Nun drehten die Veranstalter das Licht aus. Chaos war die Folge. Immer mehr empörte Fans nahmen Bänke auseinander.

Als das Licht wieder anging, marschierten Polizisten auf der Bühne auf. Ralf Reinders: »Die Bullen hielten mit ihren Wasserwerfern von oben rein, worauf sich die erste Schlacht – hauptsächlich mit uns – entwickelte. Jeder kannte jeden und es gab ein Stück Gemeinsamkeit, ein gemeinsames Gefühl.« Bis dahin sei alles noch halbwegs friedlich verlaufen. »Doch dann«, so Reinders, »fingen die Bullen an, auf eine Gruppe von 40 bis 50 Mädels einzuschlagen, die sich an der Bühne versteckt hatten. Das war dann das Signal für alle: jetzt nochmal zurück. Und dabei ging die Waldbühne richtig zu Bruch!«

»Wir sind dann alle abgehauen«, sagt Hannibal, »und in die S-Bahn rein. Die S-Bahn gehörte dem Osten, und der war bei uns nicht so beliebt. Also haben wir die Scheiben eingeschmissen. In Halensee warteten dann die Bullen auf uns. Wir sind aus dem Zug raus und haben es die Böschung raufgeschafft. Da waren wir dann in Sicherheit.«

Im Polizeibericht hieß es: 87 Verletzte, darunter 26 der insgesamt 367 eingesetzten Polizisten. 17 demolierte S-Bahn-Züge, von denen vier aus dem Verkehr gezogen werden mussten. Die Gewerkschaft der Polizei forderte, »derartige voraussehbare Krawallveranstaltungen in Berlin künftig zu untersagen«.

Die empörte Reaktion der Journalisten offenbarte ein abgrundtiefes Unverständnis der älteren Generation gegenüber den Jugendlichen. Im *Tagesspiegel* hieß es: »Die Verlautbarungen des dem Barbarismus systematisch verfallenden, von einer Massenhysterie in die andere überwechselnden Publikums überstiegen die musikalische Phonerzeugung auf der Bühne um ein Beträchtliches.«

Den Journalisten waren die Jugendlichen, ihre Musik, ihre langen Haare zutiefst zuwider: Das galt nicht nur für West-Berlin, sondern auch für die Hauptstadt der DDR. Befehdeten sich sonst beide Seiten in den Propagandaschlachten des Kalten Krieges, gegen die jugendlichen Musikfans waren sich Kommunisten und Kapitalisten einig. »Im Appell an niedere Instinkte, im Ausscheiden jeglichen Denkens liegt schließlich potentiell eine neue Kristallnacht begründet«, schrieb ein Kommentator im *Neuen Deutschland*. Schließlich druckte das Parteiorgan der Kommunisten in ganzer Länge die Grusel-Reportage von Marianne Koch aus der *Bild* nach, die ansonsten als Revanchistenblatt gegeißelt wurde.

Nicht nur das *Neue Deutschland* schwang die Nazi-Keule gegen die rebellischen Jugendlichen, auch in der Ost-Berliner *Jungen Welt* hieß es: »Die

Hitler-Jugend sang in einem Lied, dass sie marschieren wolle ›bis alles in Scherben fällt‹. Genau in diesen Zustand soll die westdeutsche und Westberliner Jugend versetzt werden.«

Wie man die Kritik an der Bonner Politik mit der an den West-Berliner Jugendlichen unter einen Hut bekommen kann, demonstrierte das *Neue Deutschland:* »Die fachmännisch inszenierte Massenhysterie dient niemals der Jugend, sondern der Kriegsvorbereitung. Die Schlacht in der Waldbühne soll auf lebensgefährliche Schlachten vorbereiten. Vernebelte Köpfe und nackte Gewalt waren schon immer die besten Bundesgenossen derer, die Deutschlands Jugend in zwei Weltkriege trieben.«

Ein West-Berliner CDU-Abgeordneter wollte von der Landesregierung wissen: »Hält der Senat auch solche Vorkommnisse für eine Attraktion Berlins?« Ein Kommentator des Magazins *Blickpunkt* namens Wolfgang Fietkau räsonierte: »Textilien lagen damenlos herum, mehr sogar als nach einem alkoholischen Betriebsvergnügen, das manche Eltern gelegentlich in Waldrestaurants absolvieren.«

*

Für Ralf Reinders, ab 1972 eine wichtige Figur der Stadtguerilla-Gruppe »Bewegung 2. Juni« (s. Kap. 27), stand die Randale beim Konzert der Rolling Stones am Anfang des Kampfes gegen die Staatsgewalt: »Zum ersten Mal sah ich auch ansonsten ganz unpolitische Leute, die einen wahnsinnigen Haß und Frust auf die Bullen hatten.«

Die Waldbühne wurde erst sieben Jahre nach dem Konzert der Rolling Stones wieder instand gesetzt. Im Juni 1980 gab in der Freiluftarena, weniger als ein Jahr vor seinem Tod, der Reggae-Musiker Bob Marley aus Jamaika ein legendäres Konzert. »Get up, stand up. Stand up for your right.«

2 Es darf gegammelt werden

Kaiser-Wilhelm-Gedächtniskirche; Breitscheidplatz

Als Zentrum West-Berlins galt die Kaiser-Wilhelm-Gedächtniskirche am Breitscheidplatz, wo der Kurfürstendamm in den Tauentzien übergeht. Das 1895 eingeweihte Gotteshaus war im Zweiten Weltkrieg zerbombt worden. Der Senat ließ den neoromanischen Torso nicht wieder aufbauen; er sollte künftig als Mahnmal gegen Krieg dienen. Einrahmen ließ die Stadtregierung den »Hohlen Zahn« durch eine moderne, von Egon Eiermann entworfene Kirche.

Ab Mitte der Sechzigerjahre lagerten auf den Stufen des Sockels der Gedächtniskirche langhaarige junge Menschen. Einige unter der Woche, wesentlich mehr am Wochenende. Sie ließen die Lambrusco-Flaschen kreisen; ein paar Mark für den billigen italienischen Rotwein ließen sich immer auftreiben. Vielleicht hatte einer eine Gitarre dabei. Die Touristen aus Westdeutschland sagten zu ihren Kindern: »Guck mal, das sind die Gammler.«

Alfred Märländer, genannt »Shortie« wegen seiner 1 Meter 97, war einer der ersten Gammler in West-Berlin. »Wir waren schon irgendwie links damals«, erinnert er sich, »aber nicht alle waren politisch.« Zu ihrer Politisierung trug bei, dass sie an der Gedächtniskirche und anderswo übel beschimpft wurden. »Wir kriegten ständig Sprüche zu hören wie: ›Euch müsste man vergasen.‹« »Wir wollten allerdings auch provozieren«, räumt Shortie ein. Die Gammler ließen sich die Haare lang wachsen und trugen in der Hasenheide einen Wettbewerb aus, wer die längst Matte hatte. Shortie kam mit 52 Zentimetern vom Scheitel bis zu den Spitzen auf Platz drei.

Gammler, diese Vorläufer der Hippies, waren nicht nur ein Berliner Phänomen. »Gammler in Deutschland« hieß eine *Spiegel*-Titelgeschichte im September 1966. »Langhaarig, trinkfest, schmuddelig, gleichgültig, lungern sie an den Ecken der Nation: am Ohr oder um den Hals blechernes Geschmeide,

Gammler auf den Stufen der Kaiser-Wilhelm-Gedächtniskirche, 1966.

um die Hüften zerfranste Jeans, an jedem Fuß eine andersfarbige Socke, eher aber noch ohne Strümpfe und Schuhe. [...] Sie nähren sich von milden Gaben trockenen Brotes oder Schulstullen, die ihnen – so in Frankfurt – von Obersekundanerinnen aus der Straßenbahn gereicht werden. Sie sorgen sich nicht um ihr Leben und erstreben keinen persönlichen Besitz (ein nacktfüßiger Berliner Gammler mit Bart und Abitur: ›Ich halte es wie Kalle Marx, der hielt auch nichts von dieser Eigentumsscheiße‹). Und sie kennen auch ein Vorbild: ›Jesus war der erste Gammler.‹ [...] Es sind in Deutschland nur 800 oder tausend an der Zahl; 5000 etwa in Europa. Und doch macht die Gesellschaft um sie ein Aufhebens, als wären es Millionen.«

Zu denen, die angesichts von ein paar hundert Nonkonformisten das Gefühl für Verhältnismäßigkeit verloren und hyperventilierten, gehörte auch der Bundeskanzler. »Solange ich regiere, werde ich alles tun, um dieses Unwesen zu zerstören«, ereiferte sich Ludwig Erhard (CDU) über die Gammelei.

Damit Polizisten Gammler besser identifizieren konnten, listete ein Beamter des niedersächsischen Innenministeriums deren angebliche Merkmale auf: »Zumeist unter 25, Jungen wie Mädchen, vielfach geistig aufgeschlossen, oft gutsituierte Eltern, gruppenweise auftretend, teils politisch engagiert, gesellschaftliche Wiedereingliederung nach Reifeprozess wahrscheinlich«.

Auch mit bescheidenen Mitteln ließen sich damals in der konformistisch-autoritären Gesellschaft enorme Wirkungen erzielen. Lange Haare bei Männern reichten völlig aus, um in der Öffentlichkeit heftige Aggressionen auszulösen und besonders ältere Frauen in Hysterie zu versetzen. Shortie Märländer sagt: »Für Langhaarige war es echt gefährlich damals. Du bist von den Hertha-Fans fast gelyncht worden. Oder sie haben dir in der Kneipe gesagt: ›Waldmännchen werden hier nicht bedient.‹ Als Langhaariger hast du in keiner Kneipe was zu essen gekriegt. Manche Typen haben sich deshalb mit Kurzhaarperücke für Jobs beworben und mit der auf dem Kopf auch gearbeitet. Erst am Wochenende kam die Matte raus.«

Jungen, nonkonformistischen Frauen ging es nicht viel besser. Helga Wullweber, damals Jurastudentin, erinnert sich, dass ihre kurzen Röcke für erhebliche Aufregung sorgten: »Aber als wir eines Morgens nach einer durchfeierten Nacht in der U-Bahn von den alten Damen, die ins KaDeWe fuhren, blöde angeredet wurden, sagten wir zu denen: ›Husch. Husch, schnell in die Urne.‹ Da war dann Ruhe.«

Am Wochenende trafen sich die wenigen Langhaarigen von West-Berlin bei Beat-Konzerten, zum Beispiel im »Seeschloss Hermsdorf« oder im »Top Ten« in Rudow; die beliebtesten West-Berliner Beat-Bands Mitte der Sechzigerjahre waren die Hound Dogs und die Boots.

Die erste Kneipe, in der Gammler und andere Nonkonformisten geduldet wurden, war die Dicke Wirtin in der Carmerstraße am Savignyplatz. Dort, so wusste der *Spiegel* zu berichten, »trinken zerfranste Bohemiens und Schnapspoeten ›doppelten Wünschelburger Eisweizen‹ und ›Rixdorfer Galgen‹, bis immer mal wieder einer steif und stumm vom Schemel fällt«.

Ein Langhaariger namens Pauli mietete einen Keller in der Platanenallee in Westend. In der »Villa Pauli« genannten Höhle im Souterrain trafen sich Shortie und andere Gammler. Um sich zu berauschen, tranken sie alle Arten von Alkohol und nahmen Pillen, etwa das rezeptfreie Aufputschmittel Captagon.

Shortie fuhr mit seinen Freunden im Sommer nach England, nach Holland und nach Schweden. Das gesellschaftliche Klima dort war wesentlich toleranter als in Deutschland. Es gab schon Drogen, vor allem Haschisch. Die Berliner Gammler logierten in Stockholm im Hotel »Beatnik«. Im Jahr 1967 wurden die meisten Gammler zu Hippies, nach dem Vorbild der Blumenkinder in San Francisco.

*

Die Langhaarigen auf den Stufen der Gedächtniskirche verliefen sich, nicht viel später wurde die Kirche Schauplatz politischer Aktionen. Am 24. Dezember 1967 zogen Mitglieder der Evangelischen Studentengemeinde begleitet vom Orgel-Vorspiel mit Plakaten zur Christmette ein. Ein Foto zeigte einen gefolterten Vietcong, dazu ein Jesus-Zitat von Apostel Matthäus: »Was ihr getan habt einem unter diesen meinen geringsten Brüdern, das habt ihr mir getan.« Ein Student stellte ein Pappschild vor den Altar: »Frieden auf Erden, Napalm auf Vietnam.« Als Rudi Dutschke, der Kopf der Studentenbewegung, zur Kanzel eilte, wurden die Rufe der Gottesdienstbesucher, unter ihnen viele Touristen, lauter: »Wascht euch erst mal!«, riefen sie und: »Raus, ihr Schweine!« Dutschke setzte an: »Liebe Brüder und Schwestern ...« Da zogen ihn aufgebrachte Gottesdienstbesucher von der Kanzel herunter, von hinten traf ihn die Krücke eines Kriegsversehrten auf den Kopf. Ein ehemaliger Burschenschaftler, früher SA-Mann und Stuka-Flieger, hatte ihm eins übergezogen. Die Christen sangen Weihnachtslieder, Dutschke, dem das Blut über das Gesicht lief, musste sich im Krankenhaus seine Platzwunde nähen lassen.

3 West-Berliner Weltgeister

Das SDS-Zentrum; Kurfürstendamm 140

Über dem Eingang des Hauses dräute ein in Sandstein gehauener Reichsadler. Das Hakenkreuz, das er einst in seinen Krallen hielt, war 1945 weggeschlagen worden. In dem Gebäude Kurfürstendamm 140 hatten NS-Schreibtischmassenmörder den »Generalplan Ost« entwickelt, eine Blaupause der Versklavung und Vernichtung der slawischen Völker.

In diesem Haus mietete der Rechtsanwalt Horst Mahler für den Berliner Landesverband des Sozialistischen Deutschen Studentenbundes (SDS) 1964 eine heruntergekommene Altbauwohnung an. Sie war sehr groß, selbst für Berliner Verhältnisse. Die zeichneten sich dadurch aus, dass es, besonders in den westlichen Innenstadtbezirken, weitläufige bürgerliche Wohnungen gab wie sonst in keiner anderen deutschen Stadt. Die herrschaftlichen Räume lagen zur Straße hin; als Übergang zum Seitenflügel diente das meist düstere »Berliner Zimmer«; es folgten kleinere Räume und ganz hinten die Küche, eine Dienstbotenkammer und der Lieferantenaufgang. Die jüdischen Bewohner dieser noblen Domizile waren von den Nazis vertrieben und ermordet worden, die »arische« Bourgeoisie war nach dem Krieg größtenteils in die prosperierende Bundesrepublik abgewandert. In das bauliche Vakuum strömten die Studenten. Sie wurden Untermieter bei den sprichwörtlichen »Wilmersdorfer Witwen« oder schlossen sich in den hohen Hallen zu Wohngemeinschaften und Kommunen zusammen.

Im »SDS-Zentrum« diente das Berliner Zimmer als Versammlungsraum, der mehr als 100 Menschen fasste. Der aus Stuttgart zugezogene Student Tilman Fichter gehörte zu den ersten Bewohnern des SDS-Zentrums und nennt dessen Belegschaft »die erste politische Wohngemeinschaft der Stadt«.

Der SDS war 1946 als der SPD nahestehende Studentenorganisation gegründet worden, ein Jahr danach wurde der spätere Bundeskanzler Helmut

Schmidt zum Bundesvorsitzenden gewählt. Doch 1961 schloss die SPD die regelmäßig kommunistischer Umtriebe verdächtigten Studenten komplett aus der Partei aus.

Tilman Fichter, der später in die SPD eintrat und als Bildungsreferent im Parteivorstand arbeitete, erinnert sich an »rund zehn Wohneinheiten« im SDS-Zentrum. »Wir waren keine Kommune, wir suchten keine Ersatzfamilie, sondern wir waren eine Art Schiffsmannschaft – allerdings eine ohne Kapitän.« Jeder musste mitarbeiten, es gab Arbeitspläne. Es galt die Ölöfen, mit denen geheizt wurde, im Winter täglich nachzufüllen. Es war sauberzumachen. Ein einstiger Mitbewohner sagt: »Beim Aufräumen sammelte man jedes Mal 10 000 Kippen ein; damals rauchte eigentlich jeder.«

Mit Ausnahme eines Malers waren alle Bewohner des SDS-Zentrums Mitglieder im radikalen Studentenverband. Jeder bezahlte zwischen 80 und 100 D-Mark Miete. »Wir waren arm damals«, sagt Tilman Fichter. »Wir gingen zum Jugoslawen eine Currywurst mit scharfen Zwiebeln essen.« In der Küche gab es getrennte Kühlschränke. Nur Rudi Dutschke und seine Frau Gretchen, die ein Jahr hinter der Küche wohnten, holten sich immer die Milch aus allen Kühlschränken. Die Mitbewohner ließen ihnen das durchgehen, denn Rudi war so charmant, dass ihm niemand wegen des Klauens von Milch böse sein konnte.

Rudi Dutschke war im Sommer 1961, kurz vor dem Bau der Mauer, aus Luckenwalde, südlich von Berlin, in die Westsektoren der Stadt geflüchtet. Er hatte schon in der Schule Ärger bekommen, weil er pazifistische Reden gehalten und sich geweigert hatte, in der Nationalen Volksarmee zu dienen. Zunächst wollte Dutschke Sportreporter werden, arbeitete auch kurz bei Springers *BZ*, dann interessierte er sich doch mehr für Philosophie. Der Student schloss sich der anarchistischen Gruppe »Subversive Aktion« an, machte mit Bernd Rabehl und anderen Genossen die Zeitschrift *Der Anschlag* und trat schließlich Anfang 1965 in den SDS ein. Dutschke hatte asketische Züge und las pausenlos. Hegel mit seiner Denkfigur des »Weltgeistes« hielt er für den größten Vertreter des subversiven Idealismus; er studierte die materialistische Geschichtsauffassung von Karl Marx. Er las Karl Korsch, Georg Lukács und Herbert Marcuse.

Gleichzeitig besaß er Charisma, war ein brillanter Redner und es dauerte

Rudi Dutschke spricht bei einer Kundgebung, 1967.

nicht lange, bis er zum Kopf der Studentenbewegung wurde. »Da ist nichts an Rudi Dutschke, was nicht dem Bild des braven Bürgers vom Revolutionär entspräche«, hieß es im *Spiegel*. »Und wenn er von Revolution spricht, ist sein Antlitz düster-schreiender Protest.«

Dutschkes Mitbewohner Jörg Schlotterer aus Stuttgart, der SDS-Mitglied wurde, obwohl er kein Abitur hatte, und als Gasthörer studierte, erinnert sich: »Rudi ist mir erstmals aufgefallen bei dem Konflikt um die schlagenden Verbindungen.« Der spätere West-Berliner Regierende Bürgermeister Eberhard Diepgen (CDU) war Ende Januar 1963 zum Vorsitzenden des Allgemeinen Studentenausschusses (AStA) an der Freien Universität gewählt worden. Da der Jurastudent einer schlagenden Verbindung angehörte, die an der FU verboten waren, sorgten die Linken dafür, dass Diepgen nach 17 Tagen wieder abgewählt wurde. »Dutschke«, so Schlotterer, »hielt eine fulminante Rede. Seine leicht heisere Stimme, seine langen, hochkomplexen Sätze, bei denen er letztlich fast immer noch die Kurve kriegte, das war faszinierend.« Er schloss seine Rede mit dem schwierigen Zitat aus Georg Büchners »Dantons Tod«: »Keine Freiheit für die Feinde der Freiheit.«

Im Versammlungsraum des SDS-Zentrums, dem Berliner Zimmer, versammelten sich so gut wie jeden Abend Studenten, um politisch zu diskutieren. 1968 waren drei Viertel der Studierenden männlich, im SDS waren Frauen ähnlich unterrepräsentiert, vor allem aber führten die Herren der Schöpfung auf den Versammlungen gerne das Wort. Rudi Dutschke referierte über die »formierte Gesellschaft«, Bernd Rabehl über Rätedemokratie, Wolfgang Lefèvre und Jürgen Treulieb über die Hochschulreform, Tilman Fichter über die Apartheid in Südafrika. Peter Gäng und Jürgen Horlemann präsentierten einmal die Woche eine detaillierte Presseschau über den Krieg der Amerikaner in Vietnam.

»Wir haben uns als Motor der Bewegung verstanden«, sagt Tilman Fichter. »Das SDS-Zentrum war kein subkultureller Ort, sondern ein intellektueller Ort.« Wenn der Berliner Landesvorstand des SDS tagte, waren nur Mitglieder zugelassen. Nach zwei Stunden konnte man vor Rauch nichts mehr sehen, so vollgequalmt war es. Solche Sitzungen konnten den ganzen Tag dauern und anschließend gingen die SDS-Genossen gern ins Kino, mit bis zu 40 Leuten. Vorzugsweise sahen sie sich Italowestern an. »Viva Maria«, »Töte Amigo«, »Django«, »Mercenario – der Gefürchtete« oder »Spiel mir das Lied vom Tod«. Das waren Filme mit viel Gewalt, in denen meist einsame Rächer für Gerechtigkeit kämpften.

Im Frühjahr 1967 zog die Kommune 2 ins SDS-Zentrum ein. Für Fichter war das zu viel des Guten, er zog Ende Mai 1967 aus. »Man konnte nicht mehr schlafen«, so der spätere SPD-Mann, »weil die Kommunarden nachts ihre endlosen Psycho-Diskussionen geführt haben.«

Gleichwohl lässt Tilman Fichter auf das SDS-Zentrum nichts kommen, er nennt es »einen mythischen Ort« der Sechzigerjahre. Die Polizisten hätten es nie angegriffen. »Sie haben höflich geklingelt, und wir haben sie an unsere Anwälte verwiesen. Für Fichter gab es damals in Berlin vier Machtzentren: das Gebäude des DDR-Staatsrats, das Rathaus Schöneberg, das Springer-Hochhaus und das SDS-Zentrum.

Mit Letzterem war es 1970 vorbei. Am 21. März löste sich die wichtigste Organisation der Studentenbewegung bei einem Treffen in Frankfurt am Main selbst auf. Den Bewohnern des Berliner SDS-Zentrums wurde gekündigt, das Haus abgerissen und zum Nutzen von Steuerabschreibern ein hässlicher Neubauriegel aus Beton hochgezogen.

4 Ein Schuss in viele Köpfe

Der Tod Benno Ohnesorgs; Krumme Straße 66–67

Der 2. Juni 1967. Helmut Gollwitzer, in Nazi-Deutschland Pfarrer der oppositionellen Bekennenden Kirche, dann Professor für evangelische Theologie an der Freien Universität Berlin und Freund von Rudi Dutschke, nutzte diesen Tag später für eine geschichtsphilosophische Betrachtung. »Die menschliche Geschichte«, sagte Gollwitzer, »vollzieht sich sowohl in Bewegungen, als auch in auslösenden Ereignissen. Bevor solch ein auslösendes Ereignis kommt, weißt du nicht, womit die Geschichte schwanger geht. Sie geht schwanger mit solchen Bewegungen, aber dann muss irgendwas kommen, damit sie wirklich nach außen dringen, das sich nicht planvoll herbeiführen lässt. Du kannst organisieren, was du willst, und es explodiert nicht, aber auf einmal springt der Funke.«

Am 2. Juni 1967 besuchten der iranische Schah Mohammed Resa Pahlewi und seine Gattin Farah Diba West-Berlin. Schon am Vormittag schlugen Agenten des iranischen Geheimdienstes Savak und von ihnen angeheuerte Schah-Unterstützer vor dem Schöneberger Rathaus mit Dachlatten auf Demonstranten und Schaulustige ein. Berliner Polizisten sahen den »Jubelpersern« minutenlang dabei zu ohne einzugreifen.

Die Studenten, die gegen den Empfang des Diktators protestieren wollten, hatten dazu aufgerufen, am Abend zur Deutschen Oper in der Bismarckstraße zu kommen, wo der Staatsgast mit Mozarts »Zauberflöte« unterhalten werden sollte. Die Polizei ließ »Hamburger Gitter« am Bürgersteig gegenüber der Oper aufstellen und schuf so eine enge Gasse, die nach hinten durch einen Bauzaun begrenzt war. In diesem nur etwa sechs Meter breiten Schlauch sammelten sich am frühen Abend die Schah-Gegner.

Polizisten griffen sich zunächst einzelne Protestierer aus der Menge heraus und schlugen sie zusammen, darunter Rainer Langhans und Fritz Teufel von der Kommune 1 (s. Kap. 12). Kurz vor acht Uhr rollte der Mercedes 600 mit dem Schah und seiner Gattin an der Oper vor; die Sprechchöre »Mörder, Mörder!« schwollen an. Nachdem der Staatsgast mit seinen Begleitern und dem Gastgeber Heinrich Albertz, dem Regierenden Bürgermeister, in der Oper verschwunden war, kehrte zunächst wieder Ruhe ein. Doch dann erlebten die Demonstranten eine böse Überraschung. Polizisten starteten – ohne die vorgeschriebene Aufforderung, die Straße zu räumen – einen Frontalangriff. »Die Bullen rannten auf uns zu wie die Wahnsinnigen und knüppelten sofort los«, erinnerte sich später Bommi Baumann, der 1972 zu den Gründern der Terrorgruppe »Bewegung 2. Juni« zählte.

Polizeipräsident Erich Duensing erläuterte die Taktik am nächsten Tag so: »Nehmen wir die Demonstranten wie eine Leberwurst, nicht wahr, dann müssen wir in die Mitte hineinstechen, damit sie an den Enden auseinanderplatzt.« Nach der Anwendung der »Leberwursttaktik« verfolgten Polizisten flüchtende Demonstranten mit einem Wasserwerfer; Greiftrupps in Zivil versuchten unter der Devise »Füchse jagen«, mutmaßliche Rädelsführer zu schnappen.

Zu diesem Zeitpunkt steht an der Kreuzung Krumme Straße/Schillerstraße ein junges Ehepaar, Benno und Christa Ohnesorg. Die beiden haben erst sechs Wochen zuvor geheiratet und erwarten ein Kind. Die Gewalt der Polizei hat sie schockiert. Der 26 Jahre alte Germanistik- und Romanistik-Student will wissen, was weiter passiert und bleibt. Seiner Frau ist die Lage zu bedrohlich; sie verabschiedet sich und geht nach Hause.

Ohnesorg läuft auf den Hof des Hauses Krumme Straße 66–67, genau genommen ein Parkplatz eines Neubaus. Kurz darauf folgt auch Karl-Heinz Kurras. Der Beamte der politischen Polizei trägt einen graublauen Anzug und eine Pistole Walther PPK, Kaliber 7,65 Millimeter. Auf dem Parkplatz herrscht Chaos; Menschen schreien und rennen in der Dämmerung zwischen den Autos umher. Drei Polizisten treten und knüppeln auf einen am Boden liegenden Studenten ein. Dann fällt ein Schuss aus der Pistole von Kurras. Er trifft Ohnesorg in den Hinterkopf.

Kurras war unbedrängt auf Ohnesorg zugegangen und hatte auf ihn aus kurzer Distanz geschossen, als dieser von uniformierten Polizisten mit Knüppeln geschlagen wurde. In jedem Fall hatten Zeugen gehört, wie ein dicht neben Kurras stehender Kollege ihn anherrschte: »Bist du wahnsinnig, hier zu schießen?« – und Kurras darauf geantwortet hatte: »Die ist mir losgegangen.«

Der Regierende Bürgermeister Albertz gab noch in der Nacht eine Erklärung heraus, in der es hieß: »Die Geduld der Stadt ist am Ende.« Ins gleiche Horn stießen die Zeitungen des Axel-Springer-Verlages, der mehr als zwei Drittel des West-Berliner Tageszeitungsmarktes beherrschte. »Wer Terror produziert, muss Härte in Kauf nehmen«, kommentierte die *BZ*. Die *Bild*-Zeitung hetzte gegen die »SA-Methoden« der Studenten. Ohnesorg, so Springers Massenblatt, sei »nicht der Märtyrer der FU-Chinesen, sondern ihr Opfer. [...] Er wurde Opfer von Krawallen, die politische Halbstarke inszenierten.« Den Demonstranten warf der Kommentator des Boulevardblatts vor: »Ihnen genügte der Krach nicht mehr. Sie müssen Blut sehen.«

Die Studenten waren schockiert: »Einflußreiche Leute in dieser Stadt verhindern, daß die Bevölkerung die Wahrheit erfährt«, hieß es in einem

Studentin Fritzi Dollinger kümmert sich um den tödlich getroffenen Benno Ohnesorg, 2. Juni 1967.

Flugblatt der Evangelischen Studentengemeinde. »Die Berliner Zeitungen haben es dazu gebracht, daß niemand den Studenten glaubt, daß die Bevölkerung sie haßt und sich freut, wenn sie geprügelt und durch Disziplinarmaßnahmen eingeschüchtert werden.«

Die Empörung der Studenten wuchs noch, als sie herausfanden, dass die Planung für den brutalen Polizeieinsatz am Abend des 2. Juni 1967 beim Kommandeur der West-Berliner Schutzpolizei Hans-Ulrich Werner gelegen hatte. Der vormalige NSDAP-Parteigenosse hatte sein Handwerk im Zweiten Weltkrieg bei der »Bandenbekämpfung« in der Ukraine gelernt und in Italien, wo er eigenhändig zwei angebliche Partisaninnen erschossen hatte. Der Reichsführer SS Heinrich Himmler hatte ihn für seinen Einsatz mit dem Eisernen Kreuz ausgezeichnet.

Kurras' Vorgesetzter Wolfram Sangmeister, Chef der West-Berliner Kriminalpolizei, war – wie der *Spiegel* 2017 herausfand – NSDAP- sowie SA-Mitglied gewesen und hatte als junger Jurist im Krieg für die Deutsche Umsiedlungs-Treuhandgesellschaft gearbeitet, ein Organ des Reichsführers SS, das den Holocaust mitvorbereitete.

Kurras – das wurde erst 2009 bekannt – hat zum Tatzeitpunkt ein geheimes Doppelleben geführt. Einerseits war er in West-Berlin Beamter der politischen Abteilung der Kriminalpolizei und Mitglied der SPD, andererseits diente er seit 1955 dem Ministerium für Staatssicherheit als geheimer Informant und war Mitglied der SED. Entscheidend für den notorischen Waffennarren war, dass er mehrere hundert D-Mark im Monat von der Stasi bekam, mit denen er sich die Munition kaufen konnte, die er auf dem Schießplatz der Polizei verballerte. Nach seinem fatalen Schuss am 2. Juni 1967 schalteten die Stasi-Offiziere ihren Topagenten allerdings sofort ab.

Wenn schon damals bekannt gewesen wäre, dass Kurras für die Stasi spionierte, wäre die West-Berliner Justiz sicher nicht so großzügig mit ihm verfahren. Doch damals legten es die Staatsanwälte und Richter geradezu darauf an, das Vertrauen der Studenten in sie zu zerstören. Der Todesschütze Kurras musste keinen einzigen Tag hinter Gittern darben, während Fritz Teufel von der Kommune 1 wegen schweren Landfriedensbruchs für mehrere Monate in Untersuchungshaft genommen wurde. Der spätere SPD-Bundesinnenminister Otto Schily, der als junger Anwalt an der Oper mitdemonstriert hatte, erinnerte sich einmal: »Mein Glaube an die Rechtsstaatlichkeit, an die Unabhängigkeit des Gerichts, der ging damals ziemlich den Bach runter.«

Der Schuss auf Benno Ohnesorg war ein Schuss in viele Köpfe. Er war die Initialzündung der Studentenbewegung, nicht nur in West-Berlin, sondern auch in der Bundesrepublik. Die Studenten, die sich zunächst auf eine Reform der überkommenen Ordinarienuniversität konzentriert hatten, brachen in West-Berlin aus dem Campus der Freien Universität in Zehlendorf aus. Sie starteten eine »Anti-Springer-Kampagne«, formierten sich zur Außerparlamentarischen Opposition, zur APO, und hielten für mehrere Jahre die Frontstadt des Freien Westens in Atem.

Am 2. Juni 1967 und in den Tagen danach fand die politische Generation zu sich selbst, die später die der »Achtundsechziger« genannt wurde. Die von den Soziologen bis dahin als unpolitisch klassifizierte Jugend begann eine Revolte, die in den folgenden Jahren das Bewusstsein der bundesdeutschen Gesellschaft stärker transformierte, als die allermeisten anderen politischen Ereignisse seit dem Ende des Zweiten Weltkriegs.

Die Gesinnungsgenossen von Benno Ohnesorg bildeten jene Bewegung, die die Bundesrepublik langsam in das liberale, tolerante Land verwandelte, das aus dem Schatten des Holocaust treten konnte und heute in aller Welt beliebt ist. Doch die Studentenbewegung entwickelte auch schnell ein fanatisches politisches Moment; sie brachte düstere Zerfallsprodukte hervor: die Terrorgruppen »Rote Armee Fraktion« (RAF) und die »Bewegung 2. Juni« (s. Kap. 23 u. 27). Letztere nannte sich so, um bei jeder ihrer Aktionen in Erinnerung zu rufen, dass es nicht sie gewesen war, die als Erstes geschossen hatte, sondern ein Polizist.

Am späten Abend des 2. Juni 1967 kamen aufgebrachte Studenten im Zentrum des Sozialistischen Deutschen Studentenbundes, SDS, am Kurfürstendamm 140 zusammen. Als sie die dramatischen Ereignisse des Tages diskutierten, rief eine junge Frau erregt: »Das ist die Generation von Auschwitz. Mit denen kann man nicht argumentieren.« Die Frau hieß Gudrun Ensslin, war 26 Jahre alt und Doktorandin der Germanistik. Sie schlug vor, eine Polizeikaserne zu stürmen und sich zu bewaffnen, doch besonnene Studenten lehnten das ab. Es dauerte noch knapp drei Jahre, dann gehörte Gudrun Ensslin zu den Gründern der RAF.

5 »Amis go home!«

Amerika Haus; Hardenbergstraße 22–24

Der SDS und andere Studentenorganisationen riefen dazu auf, am 5. Februar 1966 gegen den Krieg der USA in Vietnam zu demonstrieren. Die U.S. Airforce hatte ihre Flächenbombardements auf Städte und Dörfer in Nordvietnam wieder aufgenommen. Der Kabarettist Wolfgang Neuss war empört, wollte mitmarschieren und ging zum Treffpunkt am Steinplatz in Charlottenburg. Es war die erste größere Demonstration gegen den Vietnamkrieg auf deutschem Boden. Neuss trug einen grauen Schlips und ein weißes Hemd, vor allem hinterließ er einen Bericht des historischen Ereignisses: »›Dreierreihen‹, sagte der außergewöhnlich freundliche Polizist, ›bitte in Dreierreihen demonstrieren.‹ Also gut.« Zu Neuss gesellten sich Volker Ludwig vom Reichskabarett, der spätere Gründer des Grips-Theaters, und Peter Brandes von den Zehlendorfer Falken, der Jugendorganisation, die der SPD nahestand.

Rund 2000 Demonstranten waren zum ersten öffentlichen Protest gegen den eskalierenden Krieg der U.S. Army gegen die vietnamesischen Kommunisten und Nationalisten gekommen. Auf ihren Schildern und Plakaten hieß es: »Vietnam den Vietnamesen« – »Wildwest in Fernost« – »500 000 Tote. Wieviel noch?« – »Wie viele Kinder habt ihr heute ermordet?« – »Wird der Mond kommunistisch? US-Truppen auf zum Mond!« Vor dem Amerika Haus angekommen, ließen sich Demonstranten zu einem Sit-in nieder – eine von der US-Bürgerrechtsbewegung übernommene Protestform, ein Sitzstreik. Sprechchöre erschallten: »Johnson, Mörder!« und »Amis raus aus Vietnam!«

Das nach Plänen des Architekten Bruno Grimmek errichtete und 1957 eröffnete Kultur- und Informationszentrum der USA mit Kino, Bibliothek und Ausstellungsflächen drängte sich als Ort für Proteste gegen die US-Politik in Südostasien förmlich auf. Es war zentral gelegen, in der Hardenbergstraße, gleich neben der Eisenbahnbrücke am Bahnhof Zoo.

Titelblatt der Agit 883. *Militanter wirft einen Stein auf das Amerikahaus, Mai 1970.*

Wolfgang Neuss berichtete: »Es war verkaufsoffener Sonnabend. Ein eleganter Herr kam aus einem Hefterladen raus, mit sechs brandfrischen Eiern. ›Nach der Demonstration gibt's am Amerikahaus Freibier‹, flüsterte er mir zu. Und wozu die Eier? ›Für Ho Chi Minh‹, lispelte er. ›Ich‹, sagte er, ›bin SPD-Mitglied, ich hol persönlich die Fahne runter vor dem Amerika-Haus.‹«

Die Demonstration verlief friedlich. Zum Abschluss verkündete der Einsatzleiter der Polizei: »Wir danken Ihnen für die eindrucksvolle Demonstration, nunmehr ist sie beendet. Bitte die Schilder ablegen, auf Wiedersehn.«

*

Im Vorjahr waren mehr als 1800 US-Soldaten in Vietnam gefallen, Tendenz rasant ansteigend; über 180 000 Amerikaner kämpften Ende 1965 fern der Heimat gegen die Nordvietnamesen und den Vietcong, die Nationale Front zur Befreiung Südvietnams. Die West-Berliner Zeitungsverleger hatten überlegt, wie sie der US-Schutzmacht wenigstens moralisch zu Hilfe eilen könnten. Die Idee soll schließlich aus dem Hause Axel Springer gekommen sein, ganz klar ist das nicht.

Am 1. Dezember 1965 riefen jedenfalls sämtliche Tageszeitungen West-Berlins zu einer Spendensammlung auf. Aus dem Erlös sollten Porzellankopien der Berliner Freiheitsglocke – das Stück zu 17 Mark 25 – für die Hinterbliebenen aller in Vietnam gefallenen US-Soldaten gekauft und Medikamente für den südostasiatischen Kriegsschauplatz erworben werden. Die Begründung lautete: »Weil wir Berliner wissen, daß die Amerikaner bereit sind, mit dem Leben ihrer Soldaten unsere Freiheit zu verteidigen.« Die »Freiheitsglocke«, die seit 1950 im Rathaus Schöneberg jeden Tag um zwölf Uhr mittags ertönte, war durch eine vom US-Geheimdienst CIA verdeckt initiierte Spendenkampagne finanziert worden.

Der Kabarettist Wolfgang Neuss, sein Kollege Wolfgang Gruner von den »Stachelschweinen« und andere Kabarettisten konterten den Verlegeraufruf mit einer Extraausgabe der satirischen Flugschrift »Neuss Deutschland«. Auf der Titelseite hieß es: »Unter dem verbrauchten Gebimmel der Berliner Freiheitsglocke herden sich die West-Berliner Tageszeitungen zu einem zynischen Anzeigenvormarsch. Sie organisieren ein metaphysisches Weihnachtsgedenken für die Hinterbliebenen der amerikanischen Toten des amerikanischen Krieges in Vietnam.« Gleichzeitig ergänzten die Kabarettisten den Aufruf mit der Bitte um Spenden auch »für die Hinterbliebenen der amerikanischen Soldaten, die im Kampf gegen Hitlerdeutschland gefallen sind. [...] In Vietnam kämpfen amerikanische Soldaten mit dem südvietnamesischen General Ky. Sein größtes Vorbild: Adolf Hitler.«

Und an die Adresse der Berliner gerichtet hieß es: »Eure Rührung ist mörderisch.« Im Extrablatt meinte Neuss zum Spendenaufruf, »man solle als fühlender und denkender Berliner etwas spenden für Amerikaner, die sozusagen Hinterbliebene seien von toten Soldaten, welche im Dschungel ihr Leben lassen mußten, damit wir ungestört auf'm Kudamm unsere Weihnachtseinkäufe tätigen können. Mh.«

Die angegriffenen Zeitungsverleger verstanden keinen Spaß. Die Leitungen aller acht Tageszeitungen teilten dem Büro von Neuss mit, sie würden fortan keine Anzeigen für seine Auftritte mehr entgegennehmen; die Redaktionen bekamen zudem Order, bei Berichten über das Kabarett die »Stachelschweine« den Namen des Neuss-Kumpanen Wolfgang Gruner nicht mehr zu erwähnen.

»Der Dschungelkrieg in Vietnam hat auf die Bundesrepublik übergegriffen«, meldete kurz vor Weihnachten 1965 auch der *Spiegel*. Westdeutsche Schriftsteller und Wissenschaftler hatten ihren Namen unter eine Erklärung gesetzt, in der sie sich »von der moralischen und finanziellen Unterstützung des Vietnamkriegs durch die Bundesregierung« distanzierten und »für die sofortige Beendigung des Krieges und für die Neutralisierung ganz Vietnams« eintraten. Ein Redakteur des reaktionären *Münchner Merkur* beschrieb die Dissidenten so: »Ein paar ehrliche, jedoch einfältige Leute, viel schlampige Frauenzimmer und Jünglinge, die so aussehen, als röchen sie etwas streng.« Unterschrieben hatten die Autoren Heinrich Böll, Erich Kästner und Rolf Hochhuth, die Professoren Helmut Gollwitzer, Ernst Bloch sowie rund 150 Assistenten, Dozenten und Professoren von sieben Universitäten.

Rudi Dutschke, rechts daneben Gaston Salvatore, auf der Demonstration zum Vietnamkongress, 18. Februar 1968.

Sechs Wochen später: Nach dem Ende der Demonstration in West-Berlin am 6. Februar 1966 gingen ein paar hundert Demonstranten nicht nach Hause, sondern zogen noch einmal vor das Amerika Haus. Der Sozialdemokrat, der Wolfgang Neuss Freibier versprochen hatte, nahm die Eier von Hefter aus ihrer Schachtel (»Erst einmal, dann öfter, dann immer zu Hefter!«). Der Mann schleuderte sie auf die Propagandazentrale der Schutzmacht. Vier zerschellten symbolträchtig an der mit einem Mosaik der abstrahierten US-Flagge verzierten Frontfassade des Hauses; andere Zeugen sprachen von drei. Auf jeden Fall holten vorwitzige junge Männer das Sternenbanner vor dem Haus ein. Als sie es auf Halbmast setzen wollten, griffen die Ordnungshüter ein. Ihre Gummiknüppel klatschen dumpf auf Demonstrantenkörper.

Eier auf die Flagge der Schutzmacht. Was für ein Sakrileg! Schlimmer ging es kaum in West-Berlin. »Berlins Schild«, so schrieb der sozialdemokratische

Telegraph, sei »beschmutzt« worden, Springers *Morgenpost* machte »studentische Narren« aus. Willy Brandt, der Regierende Bürgermeister, sprach von »Schande«. Der FU-Rektor Herbert Lüers entschuldigte sich schriftlich beim US-Stadtkommandanten.

Die Eier trieben konservative Frontstädter zur Weißglut. Drei Tage nach der frevelhaften Tat trafen sich, aufgerufen von der Jungen Union der CDU, rund 600 Amerika-Freunde vor dem besudelten Haus. Ernst Lemmer, der Berlinbeauftragte des Bundeskanzlers, schmähte die Anti-Kriegs-Demonstranten als »Verrückte« und »Spinner«. Der *Spiegel* berichtete von »rechten Rollkommandos«. Die hätten andersdenkende Zwischenrufer »unter der Parole ›Gammler raus!‹ an den Haaren gepackt, zum nahegelegenen Bahnhof Zoo gedrängt und durch die Sperren geprügelt. Nachruf: ›Ab mit euch in den Osten.‹«

Der SDS-Aktivist Peter Schneider, Germanistikstudent und später Schriftsteller, sprach im April 1967 im Audimax der FU von den generellen Überreaktionen der Frontstädter: »Wir haben in aller Sachlichkeit über den Krieg in Vietnam informiert, obwohl wir erlebt haben, dass wir die unvorstellbarsten Einzelheiten über die amerikanische Politik in Vietnam zitieren können, ohne dass die Fantasie unserer Nachbarn in Gang gekommen wäre, aber dass wir nur einen Rasen betreten zu brauchen, dessen Betreten verboten ist, um ehrliches, allgemeines und nachhaltiges Grauen zu erregen.«

Die Kette der Proteste vor dem Amerika Haus riss nicht ab. Am 22. März 1968 etwa nahm die Polizei 30 Personen vor dem Gebäude fest. Und es blieb nicht bei Aktionen vor dem Haus. Astrid Proll, später Mitbegründerin der RAF, trug einen Brandsatz in das Symbol des US-Imperialismus. »Im Anschluss an eine dieser Demonstrationen deponierten wir eine Brandbombe im Amerikahaus«, schrieb Proll später. »Sie löste zwar nur einen Schwelbrand mit minimalem Sachschaden aus, doch mit dieser Aktion hatte ich meine Mutprobe bestanden.«

Zur härtesten Konfrontation vor dem Amerika Haus kam es am 9. Mai 1970. Manfred Grashof hat die Ereignisse so in Erinnerung: »An der Kent State University in Ohio hatte die US-Nationalgarde vier Studenten erschossen, die gegen den Einmarsch der US-Truppen im neutralen Kambodscha demonstriert hatten. Es gab eine Solidaritätsdemonstration in West-Berlin und zwischen dem Ernst-Reuter-Platz und Amerika Haus in der Hardenbergstraße nahmen uns die Bullen in die Zange. Von der einen Seite kamen sie mit Wasserwerfern, von der anderen mit berittener Polizei.«

Grashof, der als Bundeswehrdeserteur nach West-Berlin geflüchtet war, versuchte, mit seiner Freundin Petra Schelm aus dem Zangengriff der Polizei in die Grolmanstraße zu entkommen, doch sie stürzte auf der Flucht, schlug der Länge nach auf den Asphalt hin. Grashof: »Wenn Hans-Jürgen Bäcker, der später auch bei der RAF war, nicht mit erhobenen Armen auf die Mannschaftswagen zugelaufen wäre, hätten die Petra einfach überrollt. Er hat ihr das Leben gerettet. Es war hart.«

*

Manfred Grashof und Petra Schelm gehörten zu den Gründern der RAF und hörten fünf Tage später, bei der ersten Aktion der Gruppe, den Polizeifunk ab. Schelm starb kurz darauf durch die Staatsgewalt. Nachdem sie sich der RAF angeschlossen hatte, tötete sie ein Polizist Mitte Juli 1971 in Hamburg, im Rahmen einer Großfahndung, mit einem Schuss in den Kopf.

Das Amerika Haus wurde nach den Anschlägen vom 11. September 2001 zu einer Festung ausgebaut; fünf Jahre später schloss die US-Regierung ihr West-Berliner Aushängeschild und verkaufte es an das Land Berlin. Seit 2014 zeigt die Galerie C/O Berlin in dem Gebäude Fotoausstellungen.

6 Unruhige Ostern

Sitz des Axel-Springer-Verlages; Kochstraße 50 (heute Rudi-Dutschke-Straße)

Am Morgen des 11. April 1968 stieg, aus München kommend, der Hilfsarbeiter Josef Bachmann aus dem Interzonenzug. Der 23-Jährige hatte ein Porträt Adolf Hitlers in seinem Zimmer hängen und suchte Rudi Dutschke. Eine Woche zuvor hatte in den USA ein weißer Rassist den schwarzen US-Bürgerrechtler und Pfarrer Martin Luther King erschossen.

Bachmann ging zur Wohnung der Kommune 1 (s. Kap. 12) in der Kaiser-Friedrich-Straße 54a, wo ihm Rainer Langhans riet, im SDS-Zentrum nachzufragen. Bachmann ermittelte auf dem Einwohnermeldeamt die Adresse des SDS-Zentrums, Kurfürstendamm 140, und wartete dort.

»Es kann natürlich mal irgendein Neurotiker oder Wahnsinniger mal 'ne Kurzschlusshandlung durchführen«, hatte Dutschke kurz zuvor einem Reporter auf die Frage geantwortet, ob er sich um seine Sicherheit sorge. Er wohnte zumindest nicht mehr im SDS-Zentrum, sondern mit Frau und Sohn bei dem Theologieprofessor Helmut Gollwitzer.

Ins SDS-Zentrum kam Dutschke an diesem Tag nur, weil er Material für einen Artikel abholen wollte, den Stefan Aust, Redakteur des linken Magazins *konkret,* bei ihm bestellt hatte. Außerdem wollte er Nasentropfen für seinen Sohn Hosea Ché kaufen. Es war kurz nach 16 Uhr 30, als Bachmann auf Dutschke zuging, der mit seinem Fahrrad am Rand des Kurfürstendamms stand. Er fragte: »Sind Sie Rudi Dutschke?« Der sagte nach kurzem Zögern: »Ja.« Bachmann zog eine Pistole, rief »Du dreckiges Kommunistenschwein!« und drückte ab. Dutschke lief in den Kopf getroffen ein paar Schritte und stürzte hin; Bachmann schoss ihm aus nächster Nähe noch einmal in den Kopf und die Schulter.

Wenige Stunden später im Audimax der Technischen Universität: Knapp 2000 Studenten und Jugendliche sind gekommen. Fassungslos und aufgewühlt über das, was sich am Nachmittag auf dem Kurfürstendamm ereignet hat.

Der einflussreiche SDS-Aktivist Christian Semler kündigt einleitend an: »Kommilitonen und Kommilitoninnen, Genossen und Genossinnen! Wir werden heute abend nicht nur über diesen Mordversuch sprechen, sondern auch über die praktischen Konsequenzen und die Aktionen, die aus diesem Mordversuch für uns folgen.«

Während Rudi Dutschke im Krankenhaus noch um sein Leben ringt, erklärt der SDS-Aktivist Hans-Joachim Hameister: »Der Lügner und der Mörder heißt Springer. Das Attentat von heute nachmittag ist ein öffentlich vorbereitetes Attentat, begonnen durch den Springer-Konzern. Geduldet und gefördert und gepriesen als Bekenntnis zur Demokratie und Freiheit von einem abhängigen Marionettensenat. Was in dem Attentat von heute nachmittag sich Luft gemacht hat, ist ein System, das dieser Konzern verherrlicht und verschleiert, was einen Alltag darstellt, ein System von Korruption und Gewalt, die durch Springer zu den Richtlinien für die Politik des Berliner Senats geworden sind, und zwar nachzusehen und wie wir es selbst erlebt haben, in den ganzen letzten anderthalb Jahren.« »Wir sind heute abend hier, um darüber zu beraten«, fährt Hameister fort, »wie wir eine nicht abbrechende Kampagne gegen den Springer-Konzern führen können. (Riesenbeifall!)« Die letzte Anmerkung stammt von einem Spitzel des Verfassungsschutzes oder einem Beamten der Politischen Polizei, der einen Bericht über das Treffen im Audimax verfasste, der später dem Generalstaatsanwalt für eine Anklage gegen den Anwalt Horst Mahler vorlag.

Nach weiteren kämpferischen Appellen verkündet Semler: »Soeben erfahren wir, daß der Springer-Konzern das Hochhaus mit Stacheldraht umgeben hat. (Großes Gelächter und Gebrülle!)« Der SDS-Aktivist Jürgen Horlemann erklärt, dass Aktionen gerechtfertigt seien, »die sich richten gegen die Springer-Filialen, die sich richten gegen den Vertrieb der Zeitungen«.

Und so ziehen am Abend des 11. April 1968 rund 2000 Demonstranten von der Technischen Universität nach Kreuzberg zum Sitz des Axel-Springer-Verlages unmittelbar an der Mauer. Die Demonstranten skandieren aufgebracht

»Springer, Mörder!«. Der Rechtsanwalt Horst Mahler und Bernd Rabehl vom SDS marschieren an der Spitze; Fritz Teufel, Dieter Kunzelmann, Bommi Baumann und andere Kommunarden sind dabei; Ulrike Meinhof. Die Stimmung ist explosiv.

An diesem Gründonnerstag haben sich die meisten Polizisten in den Osterurlaub abgemeldet, nur 200 Beamte sind rund um das 19 Stockwerke hohe Springer-Haus zusammengezogen worden. Die *konkret*-Journalistin Ulrike Meinhof stellt ihr Auto für eine Barrikade zur Verfügung und reicht Steine nach vorn. Am nächsten Tag erklärt sie bei einer Versammlung: »Wirft man einen Stein, so ist das eine strafbare Handlung. Werden 1000 Steine geworfen, ist das eine politische Aktion.«

Ein paar Demonstranten schaffen es bis in das belagerte Gebäude; doch dann erblicken sie in der Vorhalle, wie sich Bernd Rabehl erinnert, »die geballte Macht der Arbeiterklasse«: Drucker und Setzer mit schweren Schraubenschlüsseln bewaffnet, wild entschlossen, ihre Arbeitsplätze zu verteidigen. Rabehl: »Wir gingen durch die Drehtür gleich wieder raus.«

Spurensicherung am Tatort des Attentats auf Rudi Dutschke, 11. April 1968.

Den allermeisten Demonstranten fehlt die Entschlossenheit, das Haus wirklich zu stürmen. Sie ziehen zur Ausfahrt der Druckerei, bauen dort Barrikaden, die von der Polizei beiseitegeschoben werden. Peter Urbach, ein Agent Provocateur des Berliner Landesamtes für Verfassungsschutz, verteilt »Molotow-Cocktails« genannte kleine Brandbomben. Ein paar Militante greifen zu. Als sich die Lage gegen Mitternacht beruhigt, sind einige Springer-Fahrzeuge ausgebrannt, die meisten jedoch können mit Verspätung ihre Zeitungen ausliefern. Auf der *Bild* prangt die Schlagzeile: »Terror in Berlin!«

*

Als sich die Nachricht vom Attentat auf Dutschke und vom Sturm auf das Springer-Hochhaus verbreitete, sprang der Funke der Revolte von West-Berlin nach Westdeutschland über. Am Karfreitag versammelten sich in Hamburg auf der Moorweide 2000 Menschen. Der studentische Aktivist Jens Litten rief: »Unser bisheriger Protest gegen die autoritär-faschistischen Tendenzen konnte diese nur bloßlegen. Jetzt müssen wir jedoch einen offenen Kampf gegen sie beginnen.« Die Demonstranten zogen zum Sitz des Springer-Verlages und versuchten, die Lieferfahrzeuge zu stoppen. Die Polizei löste mit Gummiknüppeln und Wasserwerfern die Blockade auf.

In 27 Städten kam es an den Ostertagen 1968 zu Protesten und teilweise zu Straßenkämpfen, die an die Weimarer Republik erinnerten. Solche Szenen hatte die 19 Jahre junge Bundesrepublik bislang nicht erlebt. Rund 20 000 Polizisten wurden in der gesamten Republik aufgeboten, um die »Osterunruhen« niederzuschlagen. Gegen 827 Demonstranten wurden Ermittlungsverfahren eingeleitet.

»Gestern Dutschke, morgen wir«, skandierten Demonstranten in München. Ein Polizeihauptwachtmeister konterte zum Vergnügen seiner Kollegen: »Hoffentlich noch heute.« In der bayerischen Landeshauptstadt kamen der Fotograf Klaus-Jürgen Frings, 32, und der Student Rüdiger Schreck, 27, zu Tode. Frings wurde von einem Stein am Kopf getroffen, Schreck von einem stumpfen Gegenstand. Die Umstände ihres Todes wurden nie genau aufgeklärt.

An Ostern 1968 bekamen brave Bürgerkinder politischen Nachhilfeunterricht. »Der Gegenschlag der Staatsgewalt«, hieß es im *Spiegel,* »von der Polizei im Namen des Rechtsstaats mit Gummiknüppeln geführt, war ungleich brutaler« – als die Gewalt der Demonstranten.

Es waren an diesen Ostertagen nicht mehr nur Studenten, die auf die Straße gingen. In München zählte nur weniger als ein Drittel der 110 Festgenommenen zum akademischen Nachwuchs. Die Revolte hatte nun Lehrlinge, Schüler und Dissidenten aller Schichten in ihren Bann gezogen. Gleichzeitig heizten die Schüsse auf Dutschke die Konfrontation an zwischen dem Staat und den jungen Menschen, die sich als »Neue Linke« verstanden und sich den im Kalten Krieg im Westen tabuisierten Marxismus aneigneten.

Die Gewaltspirale hatte bereits am 2. Juni 1967 ihren Anfang genommen, als ein West-Berliner Polizist den Studenten Benno Ohnesorg erschoss. Bei den Osterunruhen radikalisierte sich der militante Teil der Bewegung weiter. »Wirklich ein High« war die Blockade des Berliner Springer-Hochhauses für Bommi Baumann: »Als ich vor den Flammen gestanden bin, ist mir klar geworden: Hier kannst du was erreichen.« Vier Jahre später zählte Baumann zu den Gründern der Stadtguerilla-Gruppe »Bewegung 2. Juni«.

In Ost-Berlin dichtete Wolf Biermann ein Lied mit dem Titel »Drei Kugeln auf Rudi Dutschke, ein blutiges Attentat«. Darin heißt es: »Die Kugel Nummer Eins kam aus Springers Zeitungswald.« Das Fazit der bitteren Moritat des späteren Kulturkorrespondenten des Springer-Blattes *Welt:* »Wenn wir uns jetzt nicht wehren, wirst du der Nächste sein.«

Der Verleger Axel Springer, der am Tag des Attentats aus den USA zurückkehrte, flüchtete in die Schweiz, statt in West-Berlin seinen Mann zu stehen. Als er dann in die Frontstadt zurückkehrte, sagte er zu seinem Generalbevollmächtigten: »Ich habe keine Lust mehr. Suchen Sie einen Käufer. Es muß aber mindestens eine Milliarde rausspringen.«

Springer verkaufte nicht. Und sein Leser Josef Bachmann, der kurz nach den Schüssen auf Dutschke selbst von einem Polizisten angeschossen und festgenommen worden war, beging Ende Februar 1970 Suizid, nach zuvor sechs erfolglosen Versuchen. Im Moabiter Gefängnis erstickte er sich mit einer Plastiktüte, die er sich über den Kopf zog.

Dutschke überlebte. Er musste nach dem Attentat mühsam wieder Sprechen und Lesen lernen. »Vietnam« sei eines der ersten Worte gewesen, das er wieder gelernt habe, erzählte sein chilenischer Freund Gaston Salvatore später. Nach einer Irrfahrt durch die Schweiz, Italien und Großbritannien, wo die Familie wieder ausgewiesen wurde, ließ sich Rudi Dutschke mit Gretchen und ihren beiden Kindern 1970 im dänischen Aarhus nieder. Am Weihnachtsabend 1979 starb Rudi Dutschke dort an den Spätfolgen des Attentats. Zu Hause erlitt er einen epileptischen Anfall und ertrank in der Badewanne.

*

Die *taz*-Genossenschaft schlug Ende 2004 anlässlich des 25. Todestages von Dutschke der Bezirksverordnetenversammlung Friedrichshain-Kreuzberg vor, den östlichen Teil der Kreuzberger Kochstraße nach dem Kopf der Studentenbewegung der Sechzigerjahre umzubenennen. Und zwar jenen Teil, an dem die Verlags- und Redaktionsgebäude sowohl der *taz* als auch des Springer-Verlags liegen. Mehr als drei Jahre und mehrere Gerichtsentscheidungen später wurde der größere Teil der Kochstraße tatsächlich zur Rudi-Dutschke-Straße. Der Springer-Verlag hatte vergeblich geklagt. Nach der Mehrheit der Bezirksverordneten hatten in einer Volksabstimmung auch 57,1 Prozent der Bewohner des Bezirks, die ihre Stimme abgaben, eine Straße für Rudi Dutschke befürwortet.

7 Kritische Masse

Audimax von FU und TU; Garystraße 35, Straße des 17. Juni 135

Revolten sind undenkbar ohne große Versammlungen. Ohne Treffen, auf denen beraten wird, auf denen gestritten wird; Versammlungen, in denen der Geist der Revolte sich manifestiert, in denen die großen Gedanken und Gefühle freigesetzt werden, in denen Wut, Trauer und Freude geteilt werden; Versammlungen, in denen der Schritt vom Wort zur Tat vorbereitet wird.

Zunächst war das Auditorium Maximum, das Audimax, der Freien Universität in Dahlem der Ort, an dem die Studenten zusammenkamen. Der mit rund 1200 Sitzen ausgestattete Saal in dem 1952 bis 1954 mit Geld aus den USA erbauten Henry-Ford-Bau war Schauplatz von Versammlungen aller Art.

Am 10. Juli 1967 trat Herbert Marcuse an das Rednerpult des mit 2500 Zuhörern hoffnungslos überfüllten Audimax. Rudi Dutschke und andere hatten für den SDS eine Veranstaltungsreihe mit dem in Berlin geborenen, inzwischen in Kalifornien lehrenden jüdischen Philosophen organisiert. Sein gerade auf Deutsch erschienenes Werk »Der eindimensionale Mensch« glich für die radikalen Studenten einer Offenbarung. »Das Ende der Utopie« war der Titel des Eröffnungsreferats von Marcuse, der eines weiteren Vortrags »Das Problem der Gewalt in der Opposition«; schließlich nahm der 68 Jahre alte Professor noch an zwei Diskussionsveranstaltungen teil.

Marcuse führte aus: »Ich glaube, daß es für unterdrückte und überwältigte Minderheiten ein ›Naturrecht‹ auf Widerstand gibt, außergesetzliche Mittel anzuwenden, sobald die gesetzlichen sich als unzulänglich herausgestellt haben. [...] Wenn sie Gewalt anwenden, beginnen sie keine neue Kette von Gewalttaten, sondern zerbrechen die etablierte. Da man sie schlagen wird, kennen sie das Risiko, und wenn sie gewillt sind, es auf sich zu nehmen, hat kein Dritter, und am allerwenigsten der Erzieher und Intellektuelle, das Recht, ihnen Enthaltung zu predigen.«

Solche Sätze waren wie Dynamit für das Denken der Achtundsechziger. Sie glaubten an die Macht der Theorie und waren in einem Ausmaß zu universellem, abstraktem Denken bereit, wie es heute nicht mehr vorstellbar ist. Da die Professoren der verknöcherten Ordinarienuniversität das Bedürfnis der Studenten nach linker Theorie nicht befriedigen konnten und wollten, versammelten sich Anfang November 1967 rund 2000 Studenten zur Gründung der »Kritischen Universität« im Audimax. Die Initiatoren definierten ihre Aufgabe, »durch kritisch-theoretische Reflexion und Anwendung empi-

Regierender Bürgermeister Klaus Schütz, in der Mitte des Podiums, diskutiert mit Studenten im Audimax der FU. Am Rednerpult Rudi Dutschke, 19. Dezember 1967.

risch-analytischer Methoden mitzuwirken an der Bestimmung der Ziele und Aktionen der außerparlamentarischen radikaldemokratischen Oppositionsgruppen in West-Berlin«.

Der Londoner Marxist und Historiker Eric J. Hobsbawm räsonierte einmal: »Es gibt kein besseres Transportmittel, um einen große Zahl von Demonstranten zu befördern, als Züge, die in kurzen Abständen verkehren. Das ist einer der Gründe, weshalb die Aktionen der West-Berliner Studenten ziemlich wirkungsvoll sind: Die U-Bahn verbindet die Freie Universität, die im abgelegenen Dahlem zwischen ansehnlichen Mittelschicht-Villen und Gärten liegt, mit dem Zentrum der Stadt.«

Trotz der guten Anbindung an den öffentlichen Nahverkehr verlagerten die radikalen Studenten ihren bevorzugten Versammlungsort von der Freien zur Technischen Universität an der Straße des 17. Juni in Tiergarten. »Die TU war dann doch wesentlich verkehrsgünstiger gelegen«, sagt der SDS-Aktivist Tilman Fichter. »Im Audimax der TU konnte man die Stimmung aufheizen, abschätzen, ob die Leute heiß sind, und dann gegebenenfalls gleich zur Aktion übergehen.«

Im Laufe des Jahres 1968 war der Krieg der Amerikaner in Vietnam zum zentralen Thema der Studentenbewegung geworden. Während der Tet-Offensive im Februar 1968 drangen Vietcong bis in den Garten der US-Botschaft in Saigon vor und zeigten der Welt, dass die Supermacht Nummer eins verwundbar ist. Trotz des Einsatzes von mehr als einer halben Million Soldaten in Südostasien gelang es den US-Streitkräften nicht, die kommunistischen und nationalistischen Widerstandskämpfer wieder aus Südvietnam zu vertreiben.

Jugendliche in aller Welt sympathisierten mit Ho Chi Minh und seinen Genossen. Auch die West-Berliner Studenten riefen auf ihren Demonstrationen »Ho, Ho, Ho Chi Minh«. Und sie identifizierten sich mit dem Revolutionär Che Guevara auf Kuba, der geschrieben hatte: »Schafft ein, zwei, drei ... viele Vietnams.« Der SDS bereitete eine Internationalen Vietnamkonferenz vor. Das sorgte umgehend für Empörung, denn nichts provozierte das Establishment West-Berlins so sehr wie Proteste gegen die US-Intervention in Vietnam. In der *Bild* vom 7. Februar 1968 hieß es zum angemessenen Umgang mit den protestierenden Studenten: »Man darf auch nicht die ganze Drecksarbeit der Polizei und ihren Wasserwerfern überlassen.«

Zwei Tage später, am 9. Februar, gab die Journalistin Ulrike Meinhof in Berlin ein Telegramm an den *Spiegel*-Herausgeber Rudolf Augstein auf, in dem sie schrieb: »In Berlin herrscht gegenwaertig ein absoluter und kaum schlimmer vorstellbarer Terror gegenueber den Studenten. Das Springer Hearing kann bereits nicht mehr in der vorgesehenen Form stattfinden. Die Raumvergabe fuer die Vietnamkonferenz am 17. und 18.2. steht in Frage. Im Zusammenspiel von Senat, Polizei, Springerpresse und bedingt auch Universitaet-Administration werden und sollen den Studenten noch alle Veranstaltungen und Demonstrationen verboten werden. Es gab in dieser Woche keine Studentenveranstaltung, vor der nicht Wasserwerfer und Polizei-Hundertschaften postiert worden waeren. Es herrscht dringend, um nicht zu sagen verzweifelt der Wunsch, dass an den Regierenden Buergermeister Klaus Schuetz Protesttelegramme geschickt werden und zwar per Adresse Republikanischer Club, 1 Berlin, 15, Wielandstr. 27. Es besteht der dringende Wunsch, dass diese Bitte an Andere im In- und Ausland weitergegeben wird. Gruss, Ulrike Meinhof, zur Zeit in Berlin.« Es ist unklar, ob Rudolf Augstein dieser Bitte entsprochen hat. Augstein war Mitglied der FDP und fand, dass die radikalen Studenten, mit denen er anfangs sympathisiert hatte, inzwischen zu weit gingen.

Der Regierende Bürgermeister Schütz (SPD) – Heinrich Albertz war nicht zuletzt wegen des Todes von Benno Ohnesorg zurückgetreten – wollte sowohl die Vietnamkonferenz als auch die Demonstration verbieten, doch das ging nicht so einfach. Der couragierte TU-Rektor Kurt Weichselberger widerstand dem Druck des Senats, die Vergabe des Audimax an den SDS rückgängig zu machen. Das Verwaltungsgericht hob das polizeiliche Verbot der Demonstration auf. Die Polizei nahm dennoch 47 Aktivisten fest, die Demonstrationsaufrufe verteilt hatten, darunter Peter Brandt, den Sohn des Bundesaußenministers Willy Brandt.

Zur Vietnamkonferenz reiste der linksradikale Millionenerbe und Verleger Giangiacomo Feltrinelli aus Mailand an und übergab Rudi Dutschke als Gastgeschenk eine Reisetasche, die mit Dynamitstangen und Zündkapseln gefüllt war. Am 17. Februar 1968 versammelten sich 5000 Studenten und andere junge Menschen im Audimax der TU. Angeblich waren die Vertreter von 44 Delegationen aus 14 Staaten gekommen.

Die Stimmung war kämpferisch. Hinter dem Rednerpult, an der Stirnseite des Saals, war eine gigantische Fahne der Nationalen Befreiungsfront Vietnams aufgespannt. Rot, blau, goldener Stern. Darauf stand geschrieben: »Für den Sieg der vietnamesischen Revolution. Die Pflicht jedes Revolutionärs ist es, die Revolution zu machen.«

»Im völlig überfüllten Saal«, wie es in einem ARD-Bericht hieß, sprach nach Feltrinelli Rudi Dutschke. »Genossinnen und Genossen«, rief er. »Wir haben nicht mehr viel Zeit. In Vietnam werden auch wir tagtäglich zerschlagen.« In der Schlusserklärung der Vietnamkonferenz hieß es: »die Oppositionsbewegung steht vor dem Übergang vom Protest zum politischen Widerstand.«

8 Die Wahrheitsfindung

Kriminalgericht und Untersuchungshaftanstalt Moabit; Turmstraße 91

»Der Knast gehörte damals zur revolutionären Sozialisation«, hat Fritz Teufel später einmal gesagt. »Das war die Grundausbildung.« Er hatte recht. Wer rebelliert, macht über kurz oder lang Bekanntschaft mit Polizei und Justiz, mit Gerichten und Gefängnissen. Der düstere Bau, in dem festgenommene Rebellen in Berlin gewöhnlich landeten, befindet sich in Moabit: das Kriminalgericht samt Untersuchungsgefängnis, zwischen Turmstraße, Rathenower und Alt-Moabit gelegen.

Als einschüchternd und bedrückend hat der DDR-Schriftsteller Klaus Schlesinger, nachdem er nach West-Berlin ausreisen konnte, den Gebäudekomplex beschrieben, »eine Gründerzeitmonstrosität«. Die von der Turmstraße zugängliche Eingangshalle oder Mittelhalle erinnert an einen Dom, sie ist 29 Meter hoch und 27 Meter breit. Die Bodenfliesen dieser Kathedrale der Justiz tragen die Buchstaben KCG, Königliches Criminalgericht. Auf zwölf massiven Pfeilern ruht das mächtige Gewölbe. Imponierarchitektur. Treppen schwingen sich zu zwei Umgängen empor, an denen sechs wuchtige Skulpturen aus Sandstein hängen, zumeist Frauenfiguren. Sie stehen für Glauben, Gerechtigkeit, Streitsucht, Friedfertigkeit, Lüge und Wahrheit.

Von 1902 bis 1906 wurde das Gebäude in Moabit für rund neun Millionen Reichsmark erbaut. Es hatte eine 210 Meter lange Fassade zur Turmstraße und beherbergte 21 Gerichtssäle, davon zwei Schwurgerichtssäle, 13 Strafkammer- und sechs Schöffensäle, sowie die zugehörigen Richter- und Beratungszimmer. Verbindungsgänge, die jeden Kontakt vorzuführender Gefangener mit Zeugen und Zuschauern unterbinden sollten, führten von der Untersuchungshaftanstalt direkt zu den Gerichtssälen.

Der Geheime Oberbaurat Paul Thoemer und der Landesbauinspektor Jean Fasquel ließen das Neue Kriminalgericht als ersten Stahlbetonbau auf dem europäischen Festland errichten, es handelte sich um das erste elektrisch erleuchtete Gebäude Berlins – das über ein eigenes Kraftwerk und eine eigene Wasserversorgung verfügte. Stilmäßig wählten sie eine Art Neobarock.

Ein Richter schrieb einmal: »Die Architektur des Hauses bedrückt und bedroht die gesellschaftlichen Opfer des Strafprozesses, die Angeklagten.« Kurz vor der Eröffnung des Justizkolosses hieß es am 17. April 1906 in der *Norddeutschen Allgemeinen Zeitung:* Um sich in dem Labyrinth von Korridoren, Treppen und Seiteneingängen zurechtzufinden, wird es eines längeren Studiums bedürfen.«

Noch relativ leicht zu finden, über der Eingangshalle, in der zweiten Etage, liegt der Saal 700, der große Schwurgerichtssaal. Stuckgeschnörkelt prangen an der hohen Decke die lateinischen Leitsprüche: »Fiat Justitia« und »Suum Cuique« – Gerechtigkeit geschehe und Jedem das Seine.

*

Am 3. Juli 1967, einen Monat nach dem Tod von Benno Ohnesorg, verkündet der Vorsitzende Richter Friedrich Geus in diesem Saal ein mit Spannung erwartetes Urteil. Angeklagt ist Hans-Joachim Rehse, Richter beim Verwaltungsgericht in Schleswig, von 1934 bis 1945 Beisitzer beim Volksgerichtshof, dort rechte Hand des Vorsitzenden Roland Freisler. Rehse hatte 231 Todesurteile unterschrieben.

Der Blutrichter war ein gutes Jahr zuvor in Schleswig-Holstein verhaftet worden, wo er wieder bei einem Verwaltungsgericht in Amt und Würden war. In der Hauptverhandlung bekennt er: »Ich wagte es nicht, irgendeine Unterschrift zu verweigern.« Das Urteil des Landgerichts gegen Rehse lautet: »Wegen Beihilfe zum Mord in drei Fällen und Beihilfe zum versuchten Mord in vier Fällen wird der Angeklagte zu fünf Jahren Zuchthaus verurteilt.«

Rehse geht allerdings in Revision, der der Bundesgerichtshof stattgibt. Der Fall muss noch einmal verhandelt werden. Der Student Fritz Teufel, der seit dem 2. Juni 1967 in Untersuchungshaft sitzt, weil er einen Stein auf Polizisten geworfen haben soll, produziert in seiner Zelle mit seiner Schreibmaschine kleine Flugzettel: »Amis raus aus Vietnam, Nazis raus aus der Justiz.«

Sechs Tage nach der Verurteilung von Rehse, am 9. Juli 1967, wird Teufel im Kriminalgericht Moabit vorgeführt. Zusammen mit Rainer Langhans muss er sich wegen »Aufforderung zur menschengefährdenden Brandstiftung« verantworten. Nach einem Warenhausbrand in Brüssel, bei dem 322 Menschen zu Tode gekommen waren, hatten die Kommunarden ein geschmackloses, satirisches Flugblatt verteilt, Titel: »Wann brennen die Berliner Kaufhäuser?«

Schauplatz der öffentlichen Hauptverhandlung gegen Langhans und Teufel ist der Saal 500, direkt unter dem Schwurgerichtssaal 700. Schon mit ihrer Kleidung begeben sich die beiden Angeklagten in scharfen Kontrast zu den Richtern, Staatsanwälten und Anwälten in ihren schwarzen Roben, zu den dunklen Holzpaneelen und den schweren Kronleuchtern. Sie tragen am liebsten orange Hosen, lila Hemden und andere Schockfarben aus London. Bunt und locker. Ohne Respekt vor dem Mummenschanz.

Nomen est omen? Der angeklagte Student der Publizistik, Fritz Teufel, 24 Jahre alt, eignete sich schon dank seines Familiennamens zum Bürgerschreck. Dazu noch dunkle Locken, Vollbart und Nickelbrille.

Der Vorsitzende Richter heißt Walter Schwerdtner und ist 53 Jahre alt. Er befragt Teufel zu seinem Werdegang: »Sie sind vor vier Jahren nach Berlin gekommen, haben Publizistik studiert, was wollen Sie damit anfangen?«

Angeklagter Teufel: »Früher wollte ich mal so eine Art humoristischer Schriftsteller werden.«

Richter Schwerdtner: »Und jetzt?«

Angeklagter Teufel: »Dann habe ich mich politisch engagiert – und da verliert man manchmal den Humor.«

Richter Schwerdtner: »Sie sind vorbestraft. Was war da?«

Angeklagter Teufel: »Selbstbedienungsladen im Januar, da habe ich was mitgenommen, ohne Bezahlung.«

Schwerdtner: »Also Ladendiebstahl. Wie kam das?«

Teufel: »Hängt wohl mit meiner Einstellung zum Eigentum zusammen, dass es nämlich abgeschafft werden müsste.«

Als Schwerdtner fragt, warum der Angeklagte das Flugblatt »Wann brennen die Berliner Kaushäuser?« hergestellt habe, erklärt Teufel: »Es hat uns gereizt, die moralische Empörung der Leute hervorzurufen, die sich niemals entrüsten, wenn sie in ihrer Frühstückszeitung über Vietnam oder andere schlimme Dinge lesen.«

Die angeklagten Kommunarden Rainer Langhans und Fritz Teufel im Kriminalgericht, 1967.

Richter Schwerdtner: »Sie demonstrieren also gegen Vietnam?«

Angeklagter Teufel: »Nicht nur Vietnam, wir demonstrieren auch gegen die Saturiertheit und Selbstgefälligkeit ...«

Richter Schwerdtner: »Wer ist denn saturiert?«

Angeklagter Teufel: »Die überwiegende Mehrheit unserer Mitbürger ist doch ganz schön selbstzufrieden.«

Richter Schwerdtner: »Noch mal: Wie meinen Sie das mit der Saturiertheit?«

Angeklagter Teufel: »Die Deutschen glauben doch, jetzt haben sie die Demokratie erreicht, sie sind ein richtig gutes Völkchen. Zwar sind mal von ihnen eine Menge Juden vergast worden, dafür werden jetzt mit deutschen Waffen Araber umgebracht, das ist auch eine Art Wiedergutmachung. – Es ist doch so: Je mehr von den Schwarzen oder Gelben da unten verrecken, desto besser für uns.«

Richter Schwerdtner: »Das meinen Sie aber doch nicht ernst.« (Gelächter im Saal.)

Teufel: »Doch – doch!«

Diese Protokolle hat dankenswerterweise Ulrich Enzensberger, einst mit Teufel in der Kommune 1, veröffentlicht. Sie zeigen Teufels besonderes Geschick, Staatsanwälte und Richter in Moabit zu provozieren und vorzuführen. Auf subtile, sehr persönliche Art und Weise entzauberten er, Langhans und andere angeklagte Kommunarden und Studenten die verstaubten Rituale in den Gerichtssälen.

*

Ganz anders gab sich ein Angeklagter, der sich in Moabit »wegen fahrlässiger Tötung« verantworten musste: Karl-Heinz Kurras, Kriminalhauptkommissar der Politischen Abteilung, der Benno Ohnesorg am 2. Juni 1967 erschossen

Angeklagter Polizist Karl-Heinz Kurras mit Anwalt Gerd Roos im Kriminalgericht Moabit, 1967.

hatte. Er präsentierte sich im blauen Anzug mit perfekt manikürten Fingernägeln als verfolgte Unschuld. Kurras fabulierte von knapp einem Dutzend Finsterlingen, die sich in der Krummen Straße bei der Oper auf ihn gestürzt und ihn malträtiert hätten. Um sein nacktes Leben zu retten, hätte er zwei Warnschüsse abgegeben.

Für Otto Schily, den späteren RAF-Verteidiger, Grünen-Abgeordneten und SPD-Innenminister war die Hauptverhandlung gegen Kurras der erste politische Prozess, in dem er als junger Anwalt agierte. Er vertrat den Vater von Benno Ohnesorg und war fassungslos darüber, dass Beweismittel verschwanden und vernichtet wurden. Der Angeklagte saß mit einer Pistole bewaffnet im Gerichtssaal. Im November 1967 sprach die 14. Große Strafkammer des Landgerichts Berlin Kurras vom Vorwurf der fahrlässigen Tötung frei. Nachdem Schily Revision eingelegt hatte, kam es zu einer Neuauflage des Prozesses. Im Dezember 1970 sprach ihn das Landgericht erneut frei.

Er wäre allerdings wohl verurteilt worden, wenn das Gericht damals gewusst hätte, was erst im Mai 2009 auf der Grundlage von Akten des Ministeriums für Staatssicherheit der DDR bekannt wurde. Kurras war nicht nur West-Berliner Kriminalbeamter, sondern auch bezahlter Informant für die Ost-Berliner Stasi. Doch so wurde Kurras bei der Kripo befördert und bezog, nachdem er 1987 pensioniert worden war, 27 Jahre lang, bis zu seinem Tod im Dezember 2014, seine Beamtenpension. Dem Berliner Journalisten Uwe Soukup erklärte er noch mal am Telefon: »Wer mich angreift, wird vernichtet. Aus, Feierabend.«

*

Sechs Tage nach dem ersten Freispruch für Kurras am 21. November 1967 stand Fritz Teufel erneut in Moabit vor Gericht, dieses Mal als Rädelsführer wegen schweren Landfriedensbruchs am 2. Juni angeklagt. Am ersten Verhandlungstag las er in der Mittagspause im Gerichtssaal Zeitung. Als die Richter wieder in den Saal kamen, erhoben sich alle, nur der Angeklagte Teufel nicht. Nach mehreren Ermahnungen, dem preußischen Gewohnheitsrecht Folge zu leisten, sagte er: »Wenn's der Wahrheitsfindung dient.« Und stand auf. Am 1. Dezember wurde der Haftbefehl aufgehoben. Teufel in Freiheit trug einen Adventskranz mit brennenden Kerzen auf dem Kopf, den seine Genossen mitgebracht hatten. Am 22. Dezember verkündete das Gericht nach neun Verhandlungstagen sein Urteil: Freispruch. Der *Spiegel* schrieb: »Kennzeichnend für den Prozeß gegen Fritz Teufel war nicht das Benehmen des krausbärtigen Angeklagten, sondern das Verhalten der West-Berliner Justiz. Und skandalös an diesem Verfahren wirkten nicht die gezielten Clownerien des Kommunarden, sondern die gezielt anmutenden Rechtsreflexe der Obrigkeit.«

Zwei Polizeibeamte hatten gelogen, doch auf die Dauer konnten sie sich nicht gegen die 24 Entlastungszeugen halten, die Teufels Anwalt Mahler benannt hatte. Die Polizeilüge, dass Teufel Steine geworfen habe, stürzte in sich zusammen. Am Ende hatte Fritz Teufel 148 Tage unschuldig in Untersuchungshaft gesessen. Das schien allerdings nicht nur Nachteile gehabt zu haben. Als alter Mann erinnerte er sich: »Als ich aus dem Knast rauskam, hatte ich das Gefühl, dass mir eine Entschädigung zustand und fiel von einer Verliebtheit in die andere.«

*

Gegen den Nazi-Richter Rehse wird ein zweites Mal verhandelt. Am 6. Dezember 1968 verkündet der Kammerrichter Ernst-Jürgen Oske, 42 Jahre alt, das Urteil. »Im Namen des Volkes«, erklärt Oske, »der Angeklagte wird freigesprochen.« Höhnisches Gelächter beim Publikum, Pfeifen und Buhrufe. »Millionen wurden ermordet, und jetzt so ein Urteil«, ruft ein Zuschauer, »Sie Mörder«, ein anderer. Ein älterer Herr geht zu Rehse, verpasst dem einstigen Blutrichter eine Ohrfeige mit den Worten: »Schämen Sie sich!« – »Hören Sie erst mal die Begründung«, sagt Kammerrichter Oske zur Beruhigung des Publikums. »Der Volksgerichtshof war ein unabhängiges, nur dem Gesetz unterworfenes Gericht.« Wieder Hohngelächter und Pfiffe. »Deutschland stand damals in einem Kampf auf Leben und Tod«, meint der Richter und fährt fort: »Der Defätismus mußte bekämpft werden. Auch ein totalitärer Staat hat das Recht auf Selbstbehauptung.«

Richter Oske kann es nicht lassen, dem Staatsanwalt zu erklären: »Für Sie wäre es wohl besser gewesen, wenn Sie nie Anklage erhoben hätten.« Nun ja. Für den hochmütigen Kammerrichter wäre es vielleicht auch besser gewesen, wenn er nie auf Freispruch für den Nazi-Richter Rehse erkannt hätte.

Ein Münchner Anwalt stellt Strafanzeige wegen Rechtsbeugung gegen Oske; Studenten stürmen eine seiner Lehrveranstaltungen an der Freien Universität. Im Frühjahr 1969 wird er an einen Zivilsenat versetzt, der mit Vormundschaftsfragen befasst ist.

Das Fatale am Freispruch für Rehse: Die Berliner Staatsanwaltschaft stellt umgehend und erleichtert etliche Ermittlungsverfahren gegen andere ehemalige Richter an Hitlers Volksgerichtshof ein. In der Bundesrepublik wird nie ein Richter wegen seiner Urteile in der Nazi-Diktatur verurteilt.

*

Fritz Teufel erinnerte später: »Ich habe versucht, das Beste aus der Zeit im Knast zu machen, während draußen Flugblätter und Rauchkerzen flogen. Als ich rauskam, war ich natürlich happy. Mit einem Ohr habe ich den politischen Diskussionen zugehört, ein anderer Teil von mir wollte lieber schmusen.« Fritz Teufel ging 1969 nach München, schloss sich im Jahr darauf den militanten »Tupamaros München« an, später der »Bewegung 2. Juni«. Bevor er in den Untergrund ging, sagte er in einem Interview: »Der Clown Teufel ist tot. Jetzt muss es krachen, diese Gesellschaft muss zerbrechen.« Viereinhalb Jahre später, Mitte September 1975, wurde er mit einer Genossin vom 2. Juni in Berlin-Wedding festgenommen, in einer konspirativen Wohnung in der Koloniestraße 33.

Die Staatsanwaltschaft klagte Teufel zusammen mit fünf anderen Mitgliedern der Bewegung 2. Juni wegen der Ermordung des Berliner Kammergerichtspräsidenten Günter von Drenkmann und der Entführung des Berliner CDU-Vorsitzenden Peter Lorenz an. Erst knapp drei Jahre nach Teufels Verhaftung eröffnete im April 1978 der erste Strafsenat des Kammergerichts die Hauptverhandlung im sogenannten Lorenz-Drenkmann-Prozess. Vorsitzender war Richter Friedrich Geus, der Kurras freigesprochen hatte. Am 178. Verhandlungstag, im Mai 1980, stand Teufel plötzlich auf und sagte, dass er eine wichtige Erklärung abgeben wolle. Er habe schon deshalb niemanden ermordet oder entführt, erklärt er, weil er in der fraglichen Zeit nicht in West-Berlin gewesen sei, sondern im Ruhrgebiet gelebt habe, in Essen, und in einer Fabrik Klodeckel hergestellt habe. Das »B-libi« wie Teufel seine entlastenden Aussagen nannte, erwies sich als zutreffend. Er wurde aus dem

Gefängnis entlassen. Dieses Mal hatte er 1638 Tage in der Untersuchungshaftanstalt Moabit zugebracht.

Es war das letzte Mal, dass Teufel in Moabit einsaß. Er war nach seiner Entlassung kurzzeitig »Säzzer« bei der *taz,* dann entdeckte er seine große Liebe zum Fahrrad und arbeitete als Kurier. Fritz Teufel starb im Juli 2010 in Berlin und wurde auf dem Dorotheenstädtischen Friedhof begraben.

9 Die Entdeckung Kreuzbergs
Adalbertstraße 48

Kreuzberg, heute vielerorts von Touristen überlaufen und von Reichen aufgekauft, lag in West-Berlin an der Peripherie, am äußersten Rand. Der nördlich des Landwehrkanals gelegene Teil des Bezirks trug die Postleitzahl 1000 Berlin 36, vor dem Krieg Süd-Ost 36. Er wurde Kreuzberg 36 genannt oder nur 36. Die Endstation der U-Bahn, der Linie 1 aus Ruhleben, war Schlesisches Tor.

Die Straßen, die an der Spree oder der Mauer endeten, waren dörflich ruhig. Sackgassen. Von manchen Straßen, wie der Zimmerstraße oder der Sebastianstraße, gehörte nur ein Bürgersteig zum Westen, dann kam schon die Mauer; die Straße und der Bürgersteig gegenüber lagen im Todesstreifen. Zwischen dem Kopfsteinpflaster wuchs Unkraut. Hier war die Welt zu Ende.

Im Winter hing der strenge Geruch schwefelhaltiger DDR-Braunkohle in der Luft. Die Fassaden der Häuser waren teilweise nicht mehr grau, sondern schwarz. Seit den Nazi-Jahren hatten sie keine frische Farbe mehr gesehen. Von einer Sanierung der Altbauten war kaum die Rede, eher von Abriss und Neubau. Der Bausenator der SPD wollte eine Stadtautobahn quer durch Kreuzberg 36 betonieren und den Oranienplatz für ein Autobahnkreuz verschwinden lassen.

Helga Wullweber, heute Rechtsanwältin in Berlin-Mitte, 1964 Studentin, zog damals aus dem bürgerlichen Lichterfelde nach Kreuzberg 36, in die Adalbertstraße 48. Anderthalb Zimmer, Ofenheizung, das Klo auf halber Treppe. Im Souterrain des Hauses sammelten sich trinkfreudige Zeitgenossen im Jodelkeller, einer legendären Säuferkneipe. »Damals«, sagt Wullweber, »lebten in Kreuzberg Arbeiter.«

Der Nachbar der Jurastudentin war überzeugter Kommunist und arbeitete bei der Reichsbahn. Er zeigte der jungen Frau die Einschüsse, die die

Polizei bei den Unruhen am Anfang Mai 1929 im Kiez hinterlassen hatte, beim »Blutmai«. Und er erklärte ihr, dass Kreuzberg zwar ziemlich heruntergekommen aussehe, sie aber nachts auf der Straße keine Angst haben müsse, überfallen zu werden. Es gab zwar allerhand Ganoven, große und kleine, sogar Nachfolger der Ringvereine aus den Zwanzigerjahren, aber die Nachbarn waren vor ihnen sicher. Es galt die Regel: Wer im Kiez wohnt, wird nicht angegriffen.

Die meisten Arbeiter allerdings mochten Studenten wie Helga Wullweber nicht. Sie lasen die Zeitungen des Springer-Verlages, vor allem die *BZ*, die munter gegen »Gammler« und Langhaarige hetzte, sobald die ersten von ihnen aufgetaucht waren.

Helga Wullweber und ihre Freundinnen wurden wegen ihres Aussehens auf der Straße angepöbelt, besonders wenn sie kurze Röcke trugen. Die Studentinnen kauften sich Kleider bei Trödlern, die in Kreuzberger Hinterhöfen oder Souterrains Nachlässe zu günstigen Preisen verhökerten. »Weil die Frauen früher viel kleinere Größen hatten«, so Wullweber, »waren die Kleider für uns zu klein. Wir nannten sie Prinzessinnenkleider.«

Vereinzelt waren Bohemiens schon ab Ende der Fünfzigerjahre nach Kreuzberg gezogen. Der Maler und Dichter Kurt Mühlenhaupt hatte zunächst einen Trödelladen in der Blücherstraße 13 eröffnet, dann 1961 in der Zossener Straße 1 eine Kneipe mit dem Namen »Leierkasten«. Hier gab es nicht nur Bier, sondern auch Ausstellungen mit Bildern von Mühlenhaupt oder befreundeten Künstlern.

Mitte der Sechzigerjahre lebten auch der Dichter Johannes Schenk und die Malerin Natascha Ungeheuer in Kreuzberg. Gudrun Ensslin und ihr Lebensgefährte Bernward Vesper zogen in die Cuvrystraße, in eine dunkle und feuchte Wohnung im Souterrain. Sie hatten kaum Geld. Karin Adrian, in den Sechzigern Kunststudentin, erinnert sich an die prekären Kreuzberger Wohnverhältnisse: »Unser Baby sollte Ende Mai 1968 kommen, und wir bekamen Ende April eine Wohnung in der Kohlfurter Straße im dritten Stock mit zwei Zimmern und Küche. Das Klo lag im fünften Stock und war so eng, dass man die Beine auf den Flur rausstellen musste und die Tür nicht zumachen konnte. Die Küche hatte keine Heizung, sodass im Winter das Geschirr manchmal im Spülbecken festfror.«

Die Kreuzberger Adalbertstraße vor der Ankunft der Freaks, 1973.

Wenn Wullweber und ihre Freundin Ensslin sich mal amüsieren wollten, gingen sie nicht in die Kreuzberger Eckkneipen, in denen die Proletarier den Inhalt ihrer Lohntüten durchbrachten. Die »Szene-Kneipen« lagen in Wilmersdorf und Charlottenburg. Zum Tanzen gingen sie in die Eierschale in Dahlem oder in die Charlottenburger S-Bahnquelle am Savignyplatz.

Nach fünf Jahren in der Adalbertstraße zog Helga Wullweber in den Westen Kreuzbergs, an das Tempelhofer Ufer. An einem Haus an der Hochbahn beim Gleisdreieck hing ein Schild »Zu vermieten«. Das Haus gehörte dem Land Berlin und wurde vom Bezirksamt Kreuzberg verwaltet. Wullweber mietete eine Wohnung und gab dann auch Jörg Schlotterer Bescheid, den sie vom SDS kannte und der eine Wohnung für eine Kommune suchte.

Schlotterer mietete ebenfalls eine große Wohnung, in der sich kurz darauf die Rockband Ton, Steine, Scherben niederließ. Die Scherben wurden die musikalischen und politischen Botschafter Kreuzbergs. Sie schufen den Soundtrack zur Verwandlung des Arbeiterviertels in die West-Berliner Hochburg der Freaks, Linksradikalen, Anarchos und Spontis (s. Kap. 25).

»Anfangs spielte sich alles in Charlottenburg und Wilmersdorf ab«, erinnert sich auch Till Meyer, Ex-Mitglied der »Bewegung 2. Juni«, »aber bald fühlten wir uns in Kreuzberg sicherer. Die Türken haben sich nicht an uns gestört, die Proleten und Studenten auch nicht.«

10 Konfliktverteidigung

Das Sozialistische Anwaltskollektiv; Meierottostraße 1

Wenn es einen Tisch der Revolte in Berlin gäbe, wäre es der, den Christian Ströbele im Frühjahr 1969 kaufte. Fünfeinhalb Meter lang, 1 Meter 50 breit, helles Nussbaumfurnier. Das gute Stück, an dem bequem 25 Leute Platz fanden, stand zunächst ein paar Jahre im Sozialistischen Anwaltskollektiv, dann wanderte das Monstrum in die Kommune 2, von dort in die Kommune 1 in der Stephanstraße, blieb dort im Sozialistischen Zentrum und gelangte Ende 1978 in die Redaktionsräume der *taz* in der Weddinger Wattstraße.

Ströbele erwarb diesen Tisch für 800 Mark, als er zusammen mit seinen Kollegen Horst Mahler und Klaus Eschen eine provokante Idee in die Tat umsetzte: die Gründung des »Sozialistischen Anwaltskollektivs«. Eschen, 1939 in Berlin geboren, hatte den drei Jahre älteren Mahler schon an der Friedrich-Ebert-Schule kennengelernt und beim Jurastudium an der Freien Universität wiedergetroffen. Sein Vater Fritz Eschen, ein bekannter Fotoreporter der Zwanzigerjahre, hatte als Jude in sogenannter »privilegierter Mischehe« mit der »arischen« Mutter den Nationalsozialismus überlebt. Nach den Nürnberger Gesetzen als »Halbjude« klassifiziert, hatte Klaus Eschen von Anfang an ein sehr kritisches Verhältnis zu der konservativen, vormals nazistischen Elite in West-Berlin. Als er 1963 sein Referendariat antrat, erinnerte er sich später, »entwickelten sich mir im Kriminalgericht Moabit Übelkeitsgefühle. Unter den Richtern und Staatsanwälten herrschte kein offener Rechtsradikalismus vor, aber eine Form von hergebrachtem autoritärem Denken. ›Die Wehrmacht war doch in Ordnung. Es war halt Krieg.‹ Und ähnliches.«

Eschen hatte Kurt Tucholsky, Carl von Ossietzky und andere Justizkritiker aus der Weimarer Republik gelesen. Was ihn verwunderte und abstieß: »Die Vorsitzenden der Strafkammern interessierten sich überhaupt nicht dafür, warum einer straffällig geworden war. Sie schickten Menschen für viele Jahre in Gefängnisse, die sie nie in ihrem Leben selbst von innen gesehen hatten.«

Klaus Eschen hielt die Justiz für unreformierbar und wollte als Bildjournalist arbeiten, als Pressefotograf, aber ein Standbein als Anwalt behalten. Er fragte deshalb Horst Mahler, ob er nicht am Haus, in dem sich dessen Kanzlei befand, in der Konstanzer Straße 59, auch sein Anwaltsschild aufhängen könnte. Klar, sagte Mahler, kein Problem.

Es kam der 2. Juni 1967, der Tag, an dem Benno Ohnesorg erschossen wurde. Eine der Folgen der Demonstration gegen den Staatsbesuch des Schahs von Persien waren Dutzende von Ermittlungsverfahren vorwiegend gegen Studenten: wegen Landfriedensbruchs, Widerstands gegen die Staatsgewalt und Ähnlichem. Auf Horst Mahler, der die Frau von Benno Ohnesorg vertrat, kam unglaublich viel Arbeit zu. Er fragte deshalb Eschen, ob er ihn dabei nicht unterstützen könne. Eschen sagte ja, und hinzu kam der Referendar Christian Ströbele, mit dem sich Eschen gut verstand.

Die Anwälte im Büro Mahler waren neben Otto Schily so ziemlich die einzigen Anwälte in West-Berlin, die radikale Studenten verteidigten. »Nachdem auch Ströbele zugelassener Rechtsanwalt war, beschlossen wir, weiterhin zusammenzuarbeiten«, berichtet Eschen. »Ich hatte die Idee, uns Sozialistisches Anwaltskollektiv zu nennen. Kollektiv war klar, und sozialistisch auch. Das war der Geist der Zeit.«

Ströbele fand eine Achtzimmerwohnung in der Meierottostraße 1, Ecke Fasanenstraße. Monatsmiete 700 Mark. Der Schriftsteller Heinrich Mann hatte 1932 und 1933 in dem Haus gelebt, bevor er über Frankreich in die USA emigrierte. Die Vormieterin war die Rechtsanwaltskammer Berlin. Am 1. Mai 1969 eröffnete in den herrschaftlichen Räumen also das Sozialistische Anwaltskollektiv. Als Prinzipien der Gruppe nennt Eschen: »Wir streiten von unten nach oben, wir verteidigen die Angestellte gegen ihren Arbeitergeber, den Mieter gegen seinen Vermieter, die Frau im Scheidungsprozess, den Bürger gegen den Staat.«

Mahler hatte sich schon einen Namen in der Studentenbewegung gemacht, zu seinen Mandanten zählten Rudi Dutschke, Dieter Kunzelmann, Bahman Nirumand, Fritz Teufel, Manfred Grashof, Beate Klarsfeld, Andreas Baader, Georg von Rauch und andere. Dennoch gab es scharfe Kritik von radikalen Jurastudenten an den »Linksanwälten«. In der »Roten Presse Korrespondenz«, einem wöchentlich erscheinenden Zirkular, fragte der Nachwuchs, ob die Tätigkeit als Strafverteidiger nicht die Anwälte korrumpiere und zu Vollzugsgehilfen der Klassenjustiz mache. Ströbele und Eschen hielten dagegen: »Solange Mandanten zu uns kommen, brauchen sie uns offenbar.« Sie sahen im Rechtsstaat etwas Positives, eine Errungenschaft. »Wo gibt es so etwas, dass der Staat seine Gegner, so wie uns, finanziert«, so Eschen. »Wir ernährten uns zu großen Teilen aufgrund von Freisprüchen und gewonnenen Prozessen aus den Taschen unserer Gegner.«

Gezahlt wurde im Sozialistischen Anwaltskollektiv, egal ob Rechtsanwalt oder Schreibkraft, ein Einheitslohn von rund 1200 Mark netto. Das entsprach dem westdeutschen Durchschnittseinkommen. Die Anwälte bekamen ihre Honorare von Rechtshilfefonds, von der Roten Hilfe, oder als bestellte Pflichtverteidiger von der Staatskasse. Üppig war das nicht. Sie lebten von der Hand in den Mund. In der Meierottostraße war immer was los. Das Streikkomitee einer Fachhochschule etwa quartierte sich für seine Beratungen in den Räumen des Anwaltskollektivs ein. Bommi Baumann, Georg von Rauch und andere Haschrebellen schauten vorbei und rauchten einen Joint.

Horst Mahler war einer der ersten Anwälte, der einen Fotokopierer besaß und damit Ermittlungsakten duplizierte. Zudem kannte er die Strafprozessordnung von Anfang bis Ende und nutzte sie ausgiebig. Die Anwälte des Kollektivs verstanden den Strafprozess als Konflikt, sie stellten eigene Beweisanträge, und das nicht zu knapp. Sie befragten Sachverständige und Zeugen scharf und präzise und trieben sie notfalls in die Enge. Sie gingen den meisten Richtern damit ziemlich auf die Nerven. »Die Mehrheit der Juristen«, so Eschen, »hielt uns für kriminell, für geistig und juristisch verdreckt. Uns machte diese Rolle des Provokateurs auch Spaß. Ströbele kam mir damals vor wie der junge Kennedy, ein strahlender, selbstbewusster junger Mann.«

Horst Mahler hatte es schwerer. Er war ein West-Berliner Staranwalt gewesen, doch kriegte er im Gericht in Moabit zuletzt kein Bein mehr auf den Boden. Mitte März 1970 wurde er als angeblicher Rädelsführer bei der Springer-Blockade an Ostern 1968 wegen Landfriedensbruchs und schweren Aufruhrs zu zehn Monaten Haft auf Bewährung verurteilt. Das Landgericht

Anwaltsgenossen Christian Ströbele und Klaus Eschen, 1. Juli 1970.

Berlin verurteilte ihn zur Zahlung von 118 000 Mark Schadenersatz an Springer. Mahlers bürgerliche Existenz war ruiniert. »War er resigniert?«, fragt Eschen. »Sah er eine revolutionäre Perspektive? Ich weiß es bis heute nicht.« Mahler tauchte im Mai 1970 zur RAF ab. Ströbele und Eschen waren sauer auf ihren Anwaltsgenossen. Eschen: »Wir hätten es vorgezogen, mit ihm den Kampf gegen die verknöcherte Justiz fortzusetzen, und hatten gelinde gesagt großen Zweifel an der Befreiung von Andreas Baader.«

Der *Spiegel* meldete Ende November 1970, dass die Rechtsanwälte Eschen, Mahler und Ströbele vor dem West-Berliner Landgericht einen Prozess wegen Rufschädigung gegen die »Axel Springer Verlag AG als Gesamtschuldner mit Gerhard Elsenkolb« gewonnen hatten. Der Springer-Konzern und der *Bild*-Reporter Elsenkolb wurden zu 5000 Mark Schadenersatz verurteilt, weil *Bild* behauptet hatte, das Anwaltskollektiv sei seit Monaten mit der Miete im Rückstand und der Hausbesitzer habe aus Angst vor Repressalien nichts zu

Der von Autonomen aus der taz *entführte K1-Tisch in der Mainzer Straße 8, 1990.*

unternehmen gewagt. Mit Quittungen konnten die Anwälte belegen, dass die Miete pünktlich und im Voraus überwiesen worden war.

Nachdem er am 8. Oktober 1970 in einer RAF-Wohnung verhaftet worden war, tauchte Horst Mahler im Gefängnis und im Gericht in Moabit in der Rolle des Gefangenen und Angeklagten wieder auf; auf Betreiben seines

Anwalts – und späteren Bundeskanzlers – Gerhard Schröder wurde er 1980 wieder entlassen. Im Jahr zuvor hatte sich das Anwaltskollektiv einvernehmlich aufgelöst. Ströbele strebte in die *taz,* zu deren Mitbegründern er gehörte, und engagierte sich bei der Alternativen Liste und den Grünen. Eschen hingegen wollte Anwalt bleiben, trat 1982 in die SPD ein und wurde nach der Wende Verfassungsrichter in Berlin.

Mahler durfte ab 1987 wieder als Anwalt arbeiten, wurde Ende der Neunzigerjahre zum Neonazi und verlor 2004 erneut seine Anwaltszulassung. Er wanderte immer weiter nach rechts im politischen Spektrum und wurde zu absurd langen Haftstrafen wegen Holocaust-Leugnung verurteilt. Für seine einstigen Kollektiv-Kollegen ist der Weg Mahlers nur psychologisch zu erklären.

Zur historischen Bedeutung und den Errungenschaften des Sozialistischen Anwaltskollektivs sagt Eschen: »Insgesamt hat unser Kollektiv, natürlich nicht allein, aber doch wesentlich dazu beigetragen, dass die Strafverteidigung heute in Deutschland so stark ist wie nie zuvor. Wir eroberten uns die Gestaltungshoheit im Prozess. Die Position von Beschuldigten und Angeklagten ist wesentlich besser als vor 50 Jahren. Die Konfliktverteidigung ist zum Standard geworden.«

*

Den Tisch aus dem Sozialistischen Anwaltskollektiv übrigens entführten Ost-Berliner Autonome im August 1990 aus den Räumen der *taz*. Sie wollten die *taz*-Redaktion mal wieder für deren kritische Berichterstattung über die Militanz der Autonomen bestrafen. In Hasskappen posierten sie stolz für ein Foto mit der Tischtrophäe.

Die einstigen Besitzer Eschen und Ströbele veröffentlichten einen versöhnlichen »Offenen Brief an die Entwender des Tisches aus der taz«: »Wenn das so ist, und Ihr tatsächlich eine nützliche Verwendung für diesen Tisch habt; wenn Ihr ihn nicht verheizen oder verkloppen wollt, sondern den Etappen, die seine Tradition prägen, eine neue anfügen wollt, so sei er Euch hiermit zu treuen Händen überlassen.« Die Autonomen – bekloppt, wie sie manchmal sind – zeigten keinen Respekt vor der Reliquie der Revolte. Sie verbrannten den Tisch.

11 »High sein, frei sein ...«

21.-Mai-Teestube; Xantener Straße 9

Als Werner Dralle seine Teestube eröffnete, war er 25 Jahre alt und gerade aus Bremen nach West-Berlin gekommen. In der Xantener Straße 9 hatte er Ladenräume gefunden, die Vermieterin war die Frau des Rechtsanwalts Heinrich Hannover. Da die Eröffnung am 21. Mai 1969 stattfand, nannten Dralle und seine Mitstreiter sie 21.-Mai-Teestube. Aber da sie die erste in der Stadt war, hieß sie allgemein nur Teestube.

Um die Renovierung des Ladens machte sich die Künstlerin Sara Schumann verdient. Sie schluckte eine Pille des populären Aufputschmittels Captagon nach der anderen und malte zwei Tage und Nächte lang ein surrealistisches Wandbild. Als Schumann unbedingt eine ausgestopfte Möwe in das Bild integrieren wollte, besorgte ihr Dralle eine. Schumanns Bild wurde allerdings bald beschädigt, und Dralle klebte Lebkuchen drauf, tapezierte die ganze Wand mit Lebkuchen. Die Gäste kratzten sie runter und aßen sie.

Dralle erinnert sich: »Ich wollte eigentlich gar keinen Drogenladen machen, sondern einen Diskutierladen für politisch interessierte Leute. Aber es wurde sofort gekifft. Es ließ sich gar nicht verhindern, dass die Teestube ein Drogenladen wurde. Die Atmosphäre war friedlich und entspannt.«

Wer sich allerdings in der Teestube Alkohol zuführte, war gleich verdächtig, ein »Zivi« zu sein – ein Polizit in Zivil. Getrunken wurden Tee und Fruchtsäfte. Geöffnet war vom frühen Nachmittag bis zum frühen Morgen. Vor der Teestube saßen Hippies entspannt auf den Autos. Dealer trafen ihre Kundschaft in den Hauseingängen, doch vor der Polizei mussten sie eigentlich noch keine Angst haben. Die Ordnungshüter waren noch sehr naiv, was Drogen anging. Sie hatten keine Ahnung, was das war und wie die einzelnen illegalen Substanzen aussahen.

Zu den Stammkunden der Teestube gehörte Bommi Baumann, 1947 in Ost-Berlin geboren, später mit seiner Familie in den französischen Sektor geflohen. Er lernte Betonbauer, aber das ödete ihn an. Seinen ersten Joint hatte er 1966 in der Dicken Wirtin am Savignyplatz in Charlottenburg geraucht. Abenteuerlustige Bekannte waren nach Marokko gereist und hatten eine Substanz mitgebracht, die Haschisch hieß. Baumann und seine Freunde hatten gehört, dass man Haschisch-Krümel mit Tabak vermischen und die Mixtur rauchen solle. Sie versuchten es, aber eine nennenswerte Wirkung blieb aus. Dies änderte sich, nachdem sie die Übung ein paar Mal wiederholt hatten. »Wir fingen an zu lachen«, erinnerte sich Baumann. »Das war sehr angenehm.«

Bis zu diesen Erlebnissen hatten die »Gammler«, wie Baumann und seine Freunde genannt wurden, die Lambrusco-Flaschen kreisen lassen, vielleicht mal Captagon-Aufputschpillen geschluckt oder den Hustensaft Romilar, der das Opiat Kodein enthielt.

Cannabis gab es bis Mitte der Sechzigerjahre in Deutschland praktisch nicht. Die Zeitungen berichteten, dass ein Gericht in England Keith Richards, den Gitarristen der Rolling Stones, zu einer Haftstrafe verurteilt hatte, weil er in seinem Haus den Konsum von Cannabis geduldet hatte. Bob Dylan, hieß es, habe die Beatles in den Genuss des indischen Hanfes eingeführt. Genaueres war nicht bekannt.

Dies änderte sich innerhalb von ein, zwei Jahren grundlegend. Nicht nur in Berlin, auch in anderen Großstädten öffneten Teestuben ihre Pforten. In Sperrmüllsesseln versunken, rauchten dort sanftmütige junge Hippies ihre Joints, spielten Go oder Schach, philosophierten über den Sinn des Lebens. Alkohol verachteten sie. In West-Berlin verlagerte sich die Szene abends ins »Zodiak« am Halleschen Ufer oder die Diskothek »Park« am Kurfürstendamm.

Schon früher hatten einzelne Intellektuelle mit Drogen experimentiert. Der SPD-Gründervater Ferdinand Lassalle etwa hatte in Berlin seinen Gästen im Jahr 1858 Haschisch gereicht. Der Philosoph Walter Benjamin oder der französische Poet Charles Baudelaire hatten es genommen. Die Schriftsteller Aldous Huxley und Ernst Jünger hatten LSD probiert, eine halluzinogene Substanz, die der Schweizer Chemiker Albert Hoffmann erfunden hatte. Ende der Sechzigerjahre wurden diese anfangs elitären Drogenreisen dann zu einem Massenphänomen. Jugendliche erhofften sich von Drogen den »Durchblick«, entscheidende Erkenntnisse bei der Suche nach dem Sinn des Lebens.

Der Schweizer Orientalist Rudolf Gelpke, wie der amerikanische Drogenapostel Timothy Leary selbst ein leidenschaftlicher Drogenkonsument, tauchte in Berlin als wissenschaftlicher Gutachter in Prozessen gegen Kiffer auf. Er attestierte den jungen Hippies, sie wollten ausbrechen aus »jener sterilen Sicherheit von Familienharmonie und Volkswohlfahrt, von Sonntagsspaziergängen und Gärtchenglück«.

Wenn die Hippies einen Joint drehten oder einen LSD-Trip einwarfen, kamen sie sich als etwas Besseres vor als ihre Eltern, schon weil die gewöhnlich Alkohol tranken, der oft aggressiv machte. »Wir schwebten über den Dingen«, erinnerte sich Bommi Baumann, »und sagten zum Rest der Welt: Ihr habt keine Ahnung, was wirklich schön ist.« Untermalt von passender Musik, kamen Millionen junger Menschen in der westlichen Welt erstmals in den Genuss eines Gemeinschaftserlebnisses, bei dem sie ein uraltes Bedürfnis befriedigen konnten: die Sehnsucht nach Transzendenz, nach Einheit mit dem Kosmos und mit anderen Menschen.

Im November 1969 hatten auch die Redakteure des *Spiegel* mitbekommen, dass Cannabis sich bei jungen Menschen in der Bundesrepublik immer größerer Beliebtheit erfreute. Sie veröffentlichten eine Coverstory mit dem Titel: »Die Haschisch-Welle«. Darin fabulierten die Journalisten: »Selbstvergessen hocken sie im glimmenden Schummerlicht eines weitläufigen Beatschuppens und vibrieren innerlich zu den Conga-Trommeln und Elektro-Orgeln stereophoner Rockmusik, die aus den Verstärkern über ihre geneigten Köpfe taucht.«

Die Polizei hatte 1960 bundesweit nur anderthalb Kilogramm Haschisch beschlagnahmt, in den ersten neun Monaten des Jahres 1969 waren es schon mehr als anderthalb Tonnen, Tendenz stark steigend. Aber sowohl Mediziner und Strafverfolger als auch Politiker hatten keine Ahnung, welche Wirkung die aus dem Orient stammenden illegalen Drogen hatten. Die Gesundheitsministerin Käte Strobel (SPD) schwafelte von »Haschisch und anderen Opiaten«.

Bommi Baumann, Dieter Kunzelmann von der Kommune 1 und andere Drogenfreunde nannten sich »Zentralrat der umherschweifenden Haschrebellen« und gaben die Parole aus: »High sein, frei sein, Terror muss dabei sein!« Dralle, der Begründer der Teestube in der Xantener Straße 9, erinnert sich: »Einmal waren Kunzelmann und seine Truppe da. Die fingen an, die Steine aus dem Gehwegpflaster zu pulen. ›Was soll das denn?‹, fragte ich sie. ›Wir haben einen Bullenwagen gerufen‹, sagte einer, ›und wenn der kommt, dann schmeißen wir Steine auf den.‹ Ich konnte sie überzeugen, den Quatsch besser zu lassen. Sie zogen dann zu einer Filiale der Deutschen Bank um die Ecke und warfen dort die Scheiben ein. West-Berlin war sehr schräg damals.«

Bei etlichen der Haschrebellen und auch der weniger politischen Drogenfreunde blieb es nicht lange beim vergleichsweise harmlosen Kiffen. Der Slogan der Haschrebellen »Haschisch, Opium, Heroin, für ein freies West-Berlin« ließ erahnen, dass sie das Suchtpotenzial von Opiaten fatal unterschätzten. Ein junger Berliner Chemiestudent kochte Morphinbase mit Essigsäure auf und kreierte so die »Berliner Tinke«, eine Art Heroin light. Das Gebräu wurde löffelweise verkauft und intravenös gespritzt.

Hatten zunächst Freunde für Freunde Drogen aus Marokko oder Indien mitgebracht, zog spätestens mit dem Heroin ein knallharter Kapitalismus ein. Dealer sorgten nun für die Distribution. Das lukrative Geschäft mit den Kilos übernahmen vorwiegend Iraner und Türken, auf der Straße verkauften deutsche Junkies kleine Portionen, meist um ihre eigene Sucht zu finanzieren.

Dralle, der Begründer der Teestube, hat die Kurve gekriegt und hat sich nicht mit Drogen ruiniert. Er möchte die Zeit keineswegs missen. Er erinnert sich, wie Carmen, ein berühmter, sehr schöner Transvestit, in die Teestube kam und Haschisch kaufte. Und an die Zuhälter, die die Dealer fragten: Kann man mit den Drogen Kohle machen? Allerdings beschwerten sich ständig Anwohner über den nächtlichen Lärm. Dralle hatte schon nach zwei Jahren die Nase voll und verkaufte den Laden an einen Bekannten. Der allerdings wurde wegen Haschischhandels in der Türkei zu drei Jahren Gefängnis verurteilt. Also wurde die Teestube geschlossen.

Werner Dralle ist heute ein gesetzter Herr, fährt einen SUV und wohnt in Pankow. In der einstigen Teestube ist eine Pizzeria. Im Nebenhaus hat der

Schriftsteller und literarische Achtundsechziger-Chronist Peter Schneider seit Jahrzehnten eine Arbeitswohnung. Er hatte nichts mit den Drogenfreaks zu tun und erinnert sich nur noch vage daran, wie eine Zeitlang die Langhaarigen den Anfang der Straße dominierten.

Die meisten der Haschrebellen der Swinging Sixties sind inzwischen tot. Manche starben an einer Überdosis, andere an den Folgen ihres ruinösen Lebenswandels. Bommi Baumann wurde opiatabhängig. Mit einer Pause von 15 Jahren nahm er seit 1969 Opiate, zuletzt Methadon, ärztlich verschrieben. Er starb im Juli 2016 an einer durch Hepatitis C verursachten Leberzirrhose.

Bei seiner Beerdigung auf dem Friedhof an der Friedenstraße in Friedrichshain sagte ein Freund: »Es ist schon ein Wunder, dass Bommi überhaupt 69 Jahre alt geworden ist; bei den Unmengen von Gift, die er genommen hat.« Seinen jahrzehntelangen Opiatkonsum erklärte Bommi mit dem Spruch: »Irgendein Hobby braucht doch jeder.«

12 Die K1

Wohnungen der Kommune 1; Niedstraße 14, Kaiser-Friedrich-Straße 54a, Stephanstraße 60

Das Foto wird eigentlich immer gezeigt, wenn es um die Kulturrevolution der Sechzigerjahre geht. Vier Männer, drei Frauen, ein Kind; alle haben sich mit dem Gesicht zu einer weißen Wand nebeneinander aufgestellt; alle sind nackt. Nur der blonde Junge ganz rechts hat sich umgedreht und schaut neugierig den Fotografen an. Es sind Mitglieder der Kommune 1.

Als Erster veröffentlichte der *Spiegel* das Foto, das zu einer Ikone geworden ist. Dass es auch die Bildredaktion des fortschrittlichen Nachrichtenmagazins zuvor retuschierte, dokumentiert den Zeitgeist. Der war ziemlich verklemmt, was Sexualität anging. Die Hoden eines Kommunarden sollten den *Spiegel*-Lesern nicht zugemutet werden.

Die Kommune 1, kurz K1 genannt, traf die West-Berliner und die westdeutsche Gesellschaft ins Mark. Sie zielte mit ihren Flugblättern und Happenings auf das Unbewusste, das Verschwiegene und die Tabus. Der einstige SDS-Mann und Journalist Klaus Hartung schrieb, dass das Auftreten der K1 deshalb für die große Mehrheit so »unerträglich« gewesen sei, weil »sie artikulierte, was anderen kaum noch zu verdrängen gelang«. Antje Krüger, länger die einzige Frau in der K1, sagte: »Wir verkörperten all das, wovor sich der Normalbürger gruselte, die Bedrohung durch Unordnung, Auflösung ihrer kleinbürgerlichen Existenz, ihres kleinen Alltags, ihrer verqueren Vorstellungen von Sexualität.«

Während die Intellektuellen im SDS sich in die dünne Luft der Theorien erhoben, ging die K1 zu Aktionen über, die das Persönliche und das Politische zusammenführten. Ihre Texte, Mischungen aus Moralismus und Sarkasmus, aus Humor und Zynismus wirken heute postmodern. Ihr Spiel mit den Medien war ein Vorläufer der narzisstischen Selfie-Generation des frühen 21. Jahrhunderts.

Begonnen hatte alles in Kochel, im schönen Oberbayern. Dort trafen sich im Juli 1966 neun Münchner und West-Berliner Avantgardisten im Haus der wohlhabenden Eltern eines bayerischen Genossen. Die Köchin servierte Schweinebraten. Initiiert hatte das Treffen Dieter Kunzelmann, ein Münchner Aktivist der »Subversiven Aktion«, der auch Rudi Dutschke und Bernd Rabehl angehörten. Kunzelmann fand, »daß für uns Subversive eine neue Form des Zusammenlebens, Zusammenarbeitens und politischen Einmischens auf der Tagesordnung stand«.

Rudi Dutschke schlug »Kommune« als Namen vor. Der Architekt Andreas Reidemeister entwarf gleich ein passendes Haus, auf dessen Bau aber verzichtet wurde, weil es mehr als eine Million Mark gekostet hätte. In einem Radio-Interview erklärte Dutschke Ende 1966: »Ich denke, dass die Kommune als Form der losen und politischen Zusammenarbeit und des direkten Zusammenlebens von freien Individuen die adäquate Antwort unserer Tage sein könnte.« Es gehe um eine »neue Form des Zusammenlebens«. Dutschke stieg aus dem Kommuneprojekt aus, nachdem ihm seine Frau Gretchen, eine amerikanische Theologiestudentin, klargemacht hatte, dass sie an »offenen Beziehungen« kein Interesse hatte. Nach Dutschkes Tod schrieb sie: »An Sextherapie war er nicht interessiert.«

Doch die Tendenz zur Kommune war stark, Kunzelmann ihr Propagandist. Am 19. Februar 1967 zogen neun Erwachsene und ein Kind in zwei nicht weit voneinander entfernt liegende Wohnungen im idyllischen Friedenau. In der Niedstraße 14, der Arbeitswohnung des Schriftstellers Uwe Johnson, der mit Familie nach New York gezogen war und sein Atelier in der vierten Etage an Ulrich Enzensberger untervermietet hatte, wohnten Dieter Kunzelmann, Dagmar Seehuber, Fritz Teufel und Detlef Michel.

Ganz in der Nähe hatte Hans Magnus Enzensberger ein Haus. Dort ließen sich dessen Frau Dagrun mit ihrer neunjährigen Tochter Tanaquil, sein jüngerer Bruder Ulrich Enzensberger sowie das Studentenpaar Hans-Joachim Hameister und Dorothea Ridder nieder.

Ulrich Enzensberger dementierte später, dass die ersten Kommunarden »Hedonisten« gewesen seien: »Wir erwarteten von der Aufhebung familiärer Bindungen, herkömmlicher Moralvorstellungen und ausschließlicher Liebensverhältnisse nicht nur Lustgefühle, aber wir wollten trotzdem versuchen

Die Kommune 1 in Friedenau: Fritz Teufel, Volker Gebbert (hinten), Dieter Kunzelmann, Nessim Hemmer, Rainer Langhans, Ulrich Enzensberger, Grischa Stergar (vorn), 1967.

den gesellschaftlichen Verhältnissen in der BRD eine lebendige Alternative entgegenzusetzen.« Schon nach kurzer Zeit habe er gemerkt: »Die Aufhebung des Privateigentums fiel uns – freilich mangels Masse – gar nicht schwer.« Mit der »Aufhebung der erotischen Besitzansprüche« sei es schon wesentlich komplizierter gewesen. Fritz Teufel kam zu dem Schluss, dass die Beschäftigung mit sich selbst, das permanente Psychologisieren, zu nichts führe, sondern die subversive Aktion der entscheidende Zweck der Kommune sei.

In diesem Sinne jedenfalls handelten die Kommunarden, als der US-Vizepräsident Hubert Humphrey seinen Besuch in West-Berlin ankündigte. Eine Aktion gegen den Vertreter der Supermacht, die in Vietnam einen schmutzigen Krieg führte, war Pflicht. Puddingbomben wären doch eine lustige Sache, fanden die Kommunarden. In einem später von der Polizei beschlagnahmten Protokoll des Kommuneplenums hieß es: »Humphrey-Aktion: Martin-Luther-Straße oder Rathaus. Rote Rauchbomben, möglichst viele. Zum Auto laufen, Superbälle werfen, Sachen werfen (Schlagsahne etc. oder tutti frutti).

K1-Frühstück, Rainer Langhans, Antje Krüger, Bommi Baumann, 1968.

Wenn das Auto angehalten ist, Lieder singen (Hoch soll er leben; Backe, backe Kuchen; Berlin ist eine Reise wert) PUDDING, Superbälle genaue Lagebesprechung kleine Superbälle kaufen.«

Die Protokollantin Dagmar Seehuber zitierte Hans-Joachim Hameister: »Wenn wir die Humphrey-Sache machen, müssten wir die Lacher auf unserer Seite haben.« Am Tag vor dem geplanten Puddingattentat probierten fünf Kommunarden die selbstgebastelten Rauchbomben im Grunewald aus. Auf dem Rückweg wurden sie in Nikolassee festgenommen. Kurz darauf, gegen 19 Uhr, stürmten Polizeibeamte in Zivil die Wohnung in der Niedstraße und nahmen die anwesenden Kommunarden mit. Zehn Kommunarden und ein Chemiestudent, der sie instruiert hatte, landeten im Polizeigewahrsam. Die *Bild* machte aus den Puddingbomben einen Sprengstoffanschlag: »Geplant: Berlin – Bombenanschlag auf US-Vizepräsidenten«.

Die drei Frauen der K1 wurden in der Nacht entlassen, gegen die acht Männer beantragte die Staatsanwaltschaft Haftbefehl, doch ein Kriminaltechniker befand: »Die mir vorgehaltene Mischung war ungeeignet, Explosivkraft herbeizuführen; sie war sogar ungeeignet zur Zündung von Rauchbomben.« Ulrike Meinhof, Kolumnistin des linken Hamburger Magazins *konkret,* schrieb: »Es gilt als unfein, mit Pudding und Quark auf Politiker zu zielen, nicht aber Politiker zu empfangen, die Dörfer ausradieren und Städte bombardieren lassen. [...] Napalm ja, Pudding nein.«

Uwe Johnson, der ahnungslose Hauptmieter der K1-Wohnung, las in der *New York Times,* dass radikale Studenten in seinem West-Berliner Atelier Bomben fabriziert hätten, und rief seinen Kollegen Günter Grass an. Nach einem Polizeibericht »hat der Nachbar des Schriftstellers Uwe Johnson, der Schriftsteller Günter Grass, die Beschuldigten nach ihrer Entlassung am 6.4.67 aus der Wohnung Niedstraße 14 entfernt.« In dem Bericht der Politischen Abteilung der Kriminalpolizei heißt es auch: »Da außerdem der Verdacht der Geheimbündelei bzw. der Gründung krimineller Vereinigungen gemäß §§ 128, 129 StGB bestand, wurde die Wohnung nach Beweismitteln durchsucht. Es wurden u.a. folgende Gegenstände pol. sichergestellt«: Ein Kassenbuch und zwei Schnellhefter, auf einem stand »Kommune-Protokolle Dagmar«.

In diesen Protokollen ließ sich lesen: »Drüben wollen sie ein Viererverhältnis aufbauen: Dagmar, Volker, Ulrich, Dagrun. Mein Argument lächerlich, da die vier nicht sie selbst sind.« Und unterstrichen: »U. wußte nichts vom Beischlaf V./D.« Oder: »D. quasselt weiter, E. solidarisiert sich mit ihr u. ich werde aggressiv.« Schlagworte der ausufernden Debatten waren »Revolutionierung des Alltags« und »Bruch mit der bürgerlichen Gesellschaft«. Fritz Teufel sagte im Frühjahr 1967: »Wenn das immer so weitergeht, dass unsere internen Probleme so wichtig sind (die und die Privatverhältnisse), dann weiß ich nicht, wie lange ich es noch weitermache.« In der Auswertung der Polizei hieß es: »Das weltanschauliche Fundament der Beteiligten dürfte nach hiesiger Kenntnis in den Lehren des rotchinesischen Parteiführers Mao Tse-Tung zu suchen sein.«

Die Kommunarden diskutierten immer wieder, ein »Abbruchhaus« zu besetzen, aber daraus wurde nichts. Am 1. Mai 1967 zogen sie in eine selbst gemietete Wohnung in der Kaiser-Friedrich-Straße 54a in Charlottenburg, unweit des Stuttgarter Platzes, damals ein Rotlichtviertel. Unten im Haus war eine Western Bar.

Es kam viel Besuch. Klaus Rainer Röhl, der Verleger der *konkret* und Mann von Ulrike Meinhof, schaute vorbei. Und lästerte nicht viel später über »die alle Arbeiter verachtenden parasitär lebenden Zottelköpfe und Schmuddelkinder«.

Die Kommunarden verteilten ein Flugblatt, das Fritz Teufel verfasst hatte: »Es lebe unsere Freiheitliche demokratische Ordnung! Es lebe die Springerpresse! Nieder mit dem Faschismus (den es nie gegeben hat), nieder mit dem Kommunismus, nieder mit der Kommune, nieder mit dem AStA, nieder mit den Studenten! SDS.«

Dass Teufel & Co. den Nonsens-Text mit SDS gezeichnet hatten, nahm der Bundesvorstand des Studentenbundes zum Anlass, den Ausschluss der K1-Mitglieder zu fordern. Die Führung des SDS fürchtete die Streichung staatlicher Förderung aufgrund von Eskapaden der K1. Die seriösen Studentenfunktionäre geißelten den »politischen Zynismus« und »existentialistischen Voluntarismus« der Kommunarden. Der Berliner Landesverband schloss sie tatsächlich aus; Rudi Dutschke enthielt sich der Stimme.

Die Kriminalpolizei ermittelte derweil gegen zehn K1-Kommunarden wegen Kuppelei, aber stellte das Verfahren mangels Beweisen bald wieder ein. Im April 1967 sagte Rainer Langhans bei einer Pressekonferenz: »Was geht mich der Vietnamkrieg an, solange ich Orgasmusschwierigkeiten habe.« Die Journalisten stürzten sich auf den Spruch. Die Happenings, die irrwitzigen Flugblätter, die poppige Kleidung – für die Medien war die K1 ein gefundenes Fressen. Und manche Kommunarden sonnten sich im Lichte ihrer Prominenz. Langhans legte es förmlich darauf an, bei Aktionen festgenommen zu werden, und führte ein eigenes kleines Archiv, nur mit Berichten über ihn selbst.

Die Berliner Kindergärtnerin Antje Krüger stieß in der Kaiser-Friedrich-Straße zur Kommune 1. Ihr hatten es die Happenings, die Polit-Aktionen angetan. Sie erinnert: »Da wohnte ich mit Dieter, Rainer, Ulrich Enzensberger, Fritz Teufel, Dagmar Seehuber. Später kam noch Karl Pawla dazu. Die Wohnung hatte sechs Zimmer, in einem Zimmer stand eine Rotaprint-Druckmaschine, auf der wir unsere Raubdrucke produzierten. Schriften von Max Horkheimer und Herbert Marcuse und anderen. Vom Verkauf dieser Bücher, aber auch von Mao-Bibeln lebten wir. Wir fuhren zur FU und verkauften dort die Bücher.«

Bommi Baumann, ein häufiger Gast in der K1, erinnerte den Alltag so: »Bis zehn Uhr wurden alle Zeitungen geholt, war das Frühstück fertig, saßen alle um den Frühstückstisch herum. Jeder hat 'ne Zeitung gelesen und hatte einen Kugelschreiber in der Hand, mit dem wurden alle Artikel angestrichen, die später ausgeschnitten worden sind. Jeder hat erst einmal zwei, drei Stunden für das Archiv gearbeitet.« Ganz oben in der Liste standen Artikel über die K1 und die Studentenbewegung, aber auch Artikel über Politik, Drogen und Musik wanderten ins Archiv.

Antje Krüger war für den Versand der Bücher zuständig. Sie träumte davon, eine Kulturfabrik zu gründen, mit einer Kneipe, Kunstausstellungen und Konzerten. Antje Krüger war eine Ausnahme. Dagmar, die als Freundin von Kunzelmann aus München in die K1 gekommen war, empfand die Hoffnungen auf Gleichberechtigung und sexuelle Befreiung für die Frauen in der Kommune bald als Illusion. »In der Kommune 1, in der die Männer ihrer narzisstischen Profilierungssucht frönten, war kein Platz für Frauen, die sich in Solidarität mit den Männern von herkömmlichen Verhaltensmustern freistrampeln wollten.« Die patriarchalische Struktur der Gesellschaft sei »eigentlich in dieser Kommune verstärkt zum Ausdruck gekommen«.

Geprägt wurde die Atmosphäre in der K1 von den Hahnenkämpfen der Männer. Vor allem Kunzelmann und Langhans konkurrierten wie die Wilden. Das Nacktfoto war Betrug. »Bei dieser Gelegenheit habe ich zum ersten Mal alle nackt gesehen«, erinnerte sich Dagmar später. »Niemand konnte ahnen, dass wir alle ein ziemlich verklemmter Haufen waren.«

Am 1. Mai 1968 fiel die Polizei in der K1 ein. Sie beschlagnahmte einen Polizeiknüppel und auch zwei vergessene Molotow-Cocktails. Zum 15. Juli 1968 zog die K1 in ein kleines Hinterhaus in der Stephanstraße 60 in Moabit. In einem Flugblatt forderten die Kommunarden Solidarität beim Renovieren ein: »Geliebtes K1-Ausbeutungspotenzial. Wände sind einzureißen, Zement zu mischen, Installationen zu installieren und allsowas. Also müßt Ihr Arbeitsanzüge, Werkzeug und sonstige Utensilien mitbringen, wenn Ihr Samstag (den 15.) um 15 Uhr zum Appell in der Kommune-Fabrik antretet.«

Der Druck, mit immer neuen, fantasievollen Aktionen zu provozieren und Aufsehen zu erregen, war beachtlich. Karl-Heinz Pawla, ein Nachzügler in der K1, fiel nichts Besseres mehr ein, als in einen Gerichtssaal in Moabit zu scheißen und sich den Hintern mit Prozessakten abzuwischen.

Die zweite Phase der K1 begann damit, dass Langhans im September 1968 bei den Essener Songtagen eine junge Münchnerin namens Uschi Obermaier kennenlernte. An Weihnachten kam sie nach Berlin. Bald holte sie Jimi Hendrix in die Stephanstraße, bevor sie mit ihm in seinem Hotel verschwand. Obermaier – bald oben ohne und mit Joint in der Hand in allen Illustrierten zu sehen – wurde zur Pop-Ikone der Achtundsechziger.

Zum Menetekel wurde der K1 ein gewisser Peter Urbach. Er war ein Spitzel des Verfassungsschutzes, der als klassischer Agent Provocateur seine Genossen zu Straftaten zu animieren versuchte, damit die Polizei sie dann festnehmen konnte. Urbach deponierte in der K1-Fabrik ein Paket; am 5. April 1969 fielen rund 50 Polizisten dort ein, die das, was sie suchten, in einer unbenutzten Dusche fanden, eine selbstgebastelte Brandbombe. Langhans und Kunzelmann landeten daraufhin wegen Vorbereitung eines Sprengstoffverbrechens in Moabit in Untersuchungshaft. Nach einem Monat wieder in Freiheit, verkrachten sich die beiden Alpha-Männer der K1 endgültig. Langhans, mit Freundin Obermaier, und andere wollten Rockkonzerte veranstalten, Filme drehen, Pop produzieren. Kunzelmann wollte weiterhin die Revolution machen.

Langhans' Pop-Fraktion war in der Mehrheit und schleifte den laut zeternden Kunzelmann vor die Tür. Doch in dem Szeneblatt *Agit 883* hieß es: »Schauen wir uns die ›fröhlichen‹ reste der K1 an – pseudoglückliche traumtänzer. Schauen wir uns um in den kneipen, in denen hasch im großen stil verbraucht wird – glückliche jahrmarktsfiguren.«

Das Ende der K1 nach knapp drei Jahren war ruhmlos und bitter. Rainer Langhans holte eine Kommune aus Köln nach Moabit, aber nachdem die Genossen keine Miete bezahlten, mobilisierte er ein paar Berliner Rocker unter Führung von »Rudi« und »Krawallo« für robustes Inkasso. Die Rocker wiederum wechselten die Seite und saßen dem Gerücht auf, dass Langhans und Obermaier für eine *Stern*-Titelgeschichte 45 000 Mark kassiert hätten. Sie wollten auch ihren Anteil. Als sie den nicht bekamen, verprügelten sie Langhans. Der flüchtete mit Uschi Obermaier zu Hans Magnus Enzensberger und dann nach München.

Antje Krüger rettete das Archiv und brachte es beim Sozialistischen Anwaltskollektiv in Sicherheit. Sie sagt heute: »Die Sechzigerjahre waren spielerisch und schön, doch das kippte in die Härte der Siebzigerjahre um.«

13 Umherschweifende Haschrebellen

Wohnung der Wielandkommune; Wielandstraße 13

Im Herbst 1968 saßen Eckhard Siepmann und Bommi Baumann im »Wirtshaus Wuppke« in der Schlüterstraße 21 in Charlottenburg. In der Musicbox lief ohne Ende »Those were the days my friend« von Mary Hopkin. Bommi meinte: »Lass uns doch zusammenziehen.« Und er fand, Georg von Rauch sollte auch unbedingt dabei sein, ein Professorensohn aus Kiel. Und Günter Langer, ein in West-Berlin geborener Student. Der Rechtsanwalt Otto Schily hatte eine große Wohnung in der Wielandstraße 13 gemietet, in einer ruhigen Seitenstraße des Kurfürstendamms. Udo Knapp, Gisela Kraft und andere SDS-Aktivisten wohnten dort.

Bommi und seine Freunde planten eine unfreundliche Übernahme und drängten die Belegschaft erfolgreich aus der Wohnung. »Wir suchten einen Horizont, aus dem wir herausplatzen konnten«, meinte Siepmann später. Auf jeden Fall nannten sie sich »Wielandkommune« und waren nach der K1 eine der ersten Kommunen der Stadt. Bommi Baumann und Georg von Rauch waren die treibenden Kräfte.

Vorne rechts in der weitläufigen Wohnung lag das gemeinsame Schlafzimmer. Es folgten zwei große Zimmer, Säle, die durch eine Schiebetür verbunden waren. Da stand eine Musikanlage, Plattenspieler und Radio, aber Mono. Häufig schwebten Haschisch-Schwaden durch den halbdunklen Raum, auf dem Plattenspieler liefen die US-Underground-Bands Doors oder MC5. An der Wand hingen ein Porträt des russischen Anarchisten Michail Bakunin und eines des georgischen Sowjetdiktators Stalin.

Im hinteren Teil der Wohnung gab es noch mal drei Zimmer. Und das Badezimmer war eindrucksvoll. Ein paar Stufen führten zu ihm hinunter, und die Badewanne war zwei mal zweieinhalb Meter groß. Bald kamen auch die Genossen von der Kommune 1 zum Baden vorbei.

Siepmann: »Anfangs hatte jeder ein Zimmer, aber dann sagten wir: Warum schlafen wir nicht alle in einem Zimmer. Mir war das nach einer Woche unheimlich. Wir taten, als seien wir völlig frei, aber eine gewisse Beklommenheit war da. All the children are insane. Ein Mädchen schlief mit allen Typen, mit einem nach dem anderen. Sie wollte alle ausprobieren. Wir fanden das normal.«

Haschrebellen Bernie und Bär Bernhard Braun, Ralf Reinders, um 1968.

Bommi Baumann gehörte zu einer Gruppe, die sich »Zentralrat der umherschweifenden Haschrebellen« nannte. Hannibal alias Kurt Lietsch war dabei, Georg von Rauch, »Shortie« Märländer, Dieter Kunzelmann, Günter Langer. Als sie einmal zusammensaßen und sich über die Manie der Studenten lustig machten, ständig neue Organisationen mit pompösen Namen zu gründen, beschlossen sie die Bildung eines »Zentralrates«. Und sie machten eine ironische Anleihe bei Mao Zedong, der 1929 »die Mentalität umherschweifender Rebellenhaufen« kritisierte.

Auf einem Flugblatt der Haschrebellen, auf einer Schreibmaschine im expressiven Stil der Zeit getippt, hieß es:

»In Berlin besteht seit einiger Zeit der ZENTRALRAT DER UMHERSCHWEIFENDEN HASCHREBELLEN.

Die HASCHREBELLEN haben dem Polizei- und Dezernatsterror den *aktiven Kampf* angesagt. Sie haben öffentliche Smoke-Ins, Demonstrationen vor Erziehungsanstalten, *Vergeltungsschläge* gegen die Polizei, einen *Rechtsbeistand* für verfolgte Kiffer und ein *Ärzteteam* für Ausgeflippte organisiert.

Die HASCHREBELLEN sind der militante Kern der Berliner Subkultur. Sie kämpfen *gegen* das moderne Sklavenhaltersystem des Spätkapitalismus.

Sie kämpfen *für eigene Entscheidung* über Körper und Lebensform.

SCHLIESST EUCH DIESEM KAMPF AN. Bildet *militante* Kader auf den *Dörfern* und *Metropolen.* Nehmt Kontakt zu ähnlichen Gruppen auf.

SCHEISST AUF DIESE GESELLSCHAFT DER HALBGREISE UND TABUS.

WERDET WILD UND TUT SCHÖNE SACHEN.

HAVE A JOINT.

ALLES WAS IHR SEHT UND ES GEFÄLLT EUCH NICHT, MACHT ES KAPUTT.

HABT MUT ZU KÄMPFEN, HABT MUT ZU SIEGEN.

Mit anarchistischen Grüßen

Zentralrat der umherschweifenden Haschrebellen«.

*

Die Haschrebellen, viele von ihnen Berliner aus proletarischen Familien, zählten zu den Militantesten auf der Straße. Als Anfang November 1968 rund 1000 Demonstranten anlässlich eines Ehrengerichtsverfahrens gegen den Anwalt Horst Mahler zum Landgericht in Charlottenburg marschierten, heuerten sie noch Rocker aus dem Märkischen Viertel an. Den mit Helmen und Regelmänteln ausgerüsteten Militanten gelang es zwar nicht, das Gericht zu stürmen, aber zum ersten und einzigen Mal in den Sechzigerjahren waren es bei der »Schlacht am Tegeler Weg« immer wieder Polizisten, die im Steinhagel die Flucht ergriffen. »Jetzt rennen die mal«, freuten sich Streetfighter und SDS-Strategen.

Für Samstag, den 5. Juli 1969, riefen die Haschrebellen zum »ersten Westberliner Smoke-in« auf, »im Tiergarten, hinterm Zoo. Mitbringen: Instrumente, Stoff, Schallplatten, Decken, Plattenspieler mit Batterie, Tape-Recorder und was sonst noch Spaß macht.«

Das Smoke-in war ein Erfolg, denn der Zentralrat rief schon unmittelbar danach dazu auf, sich fortan jeden Samstag um 15 Uhr zum kollektiven Kiffen im Tiergarten zu treffen. In einem Flugblatt hieß es: »Unser letztes Smoke-In hat so ausgesehen: alle rauchten völlig selbstverständlich in der Öffentlichkeit ihren Joint und jeder fühlte sich trotz dauernder Polizeistreifen (zu Pferde, mit Hund und Funkgerät) viel sicherer, als allein zu Hause auf seiner Bude. Zusammen rauchen macht einfach mehr Spaß. Man rauchte den Joint zusammen mit vielen Leuten, denen man außer auf Demonstrationen nur flüchtig und einzeln begegnet.«

Die Wielandkommune versuchte, wie die K1, sich über Raubdrucke zu finanzieren. Die Kommunarden druckten zum Beispiel Schriften Bakunins nach. Aber da die Einnahmen aus dem Verkauf von Raubdrucken nicht reichten, gingen sie regelmäßig Klauen. Lebensmittel, Wein, Bücher. Dass vor der Tür oft ein Observateur des Verfassungsschutzes in einem Auto saß, störte sie nicht.

Zum Leben in den Kommunen gehörte es, dass ständig Genossinnen und Genossen aus anderen Städten zu Besuch kamen. Hans-Jürgen Krahl kam in der Wielandstraße vorbei, neben Dutschke der führende Theoretiker des SDS. Der Genosse aus Frankfurt trank eine Flasche Wein, bis auf einen kleinen Schluck, in einem Zug aus. Er starb schon im Februar 1970 bei einem Autounfall.

Eines Morgens marschierte ein gutes Dutzend Polizisten mit Maschinenpistolen in die Wohnung in der Wielandstraße. Am Eingang stand ein Tisch, auf den die Kommunarden ihre Mäntel und Jacken ablegten. Auf diesem Tisch, unter den Mänteln, fanden die Polizisten eine selbstgebastelte Bombe. Eine Brandbombe. Die hatte Peter Urbach, der V-Mann des Verfassungsschutzes, dort deponiert.

Urbach, ein Klempner, der bei der Reichsbahn arbeitete und deshalb »S-Bahn-Peter« genannt wurde, hatte sich dem Landesamt für Verfassungsschutz als Agent Provocateur angedient. Er bekam regelmäßig Geld von der Behörde. Im April 1968 drängte er Eckhard Siepmann ein Paket auf, mit der Bitte, es für ihn aufzubewahren. Doch Siepmann war misstrauisch, öffnete es, fand eine Bombe und brachte das gefährliche Paket schnell zu einem Genossen.

Noch in derselben Nacht klingelte es um zwei, Polizisten mit ihren MP im Anschlag traten zur Hausdurchsuchung an. Sie waren sich sicher, dass etwas zu holen war. Als sie in der Wohnung nichts fanden, stürmten sie in den Keller, schließlich durchsuchten sie das Auto von Siepmann. Vergeblich. Sie fanden die Bombe nicht und zogen frustriert wieder ab.

Bomben waren nichts völlig Abwegiges Ende der Sechzigerjahre bei radikalen Linken in West-Berlin. Wie hältst du es mit dem bewaffneten Kampf, war die Frage der Stunde: Rechtfertigt der Polizeistaat nicht entschlossenen, bewaffneten Widerstand? Erfordert die Solidarität mit den kämpfenden Vietnamesen nicht die Eröffnung einer neuen Front gegen den US-Imperialismus in den Metropolen? Soll der bewaffnete Kampf schon jetzt aufgenommen werden? Oder erst später? Oder gar nicht? In jedem Fall galt die Parole des Vietnamkongresses: »Es ist die Pflicht des Revolutionärs, die Revolution zu machen.«

Eckhard Siepmann fand es falsch, sich zu bewaffnen, trat in die Sozialistische Einheitspartei West-Berlin (SEW) ein und wurde zu einem DDR-treuen Kommunisten. Bommi Baumann, Günter Langer und Georg von Rauch hingegen fuhren nach Italien, um Waffen zu besorgen. Sie trafen dort den Verleger Giangiacomo Feltrinelli, aber Waffen bekamen sie keine.

Die Wielandkommune fiel auch aus anderen, eher absurden Gründen auseinander. Siepmann wurde vorgeworfen, er habe ein Fresspaket von zu Hause alleine aufgegessen. Zusammen mit seiner späteren Frau zog er aus der Wielandstraße aus. Zwei Wochen später kamen Bommi und Georg vorbei und saßen etwas verlegen bei ihnen auf dem Sofa: »Wollt ihr nicht zurückkommen?«, fragten sie die beiden Abtrünnigen. »Nee, lieber nicht«, sagten die.

Bommi Baumann landete wegen Brandanschlägen im Knast und verfasste in seiner Moabiter Zelle eine Art Manifest, das für die naive Radikalität der Zeit typisch ist: »Das Leben, wie es bisher abrollt, erscheint uns sinnlos, öde, leer und unmenschlich. Wir versuchen, auf irgendeine Art auszubrechen, um Gefühle des Glücks, der Zärtlichkeit und Gemeinsamkeit zu erleben, die uns diese bürgerliche Gesellschaft verweigert. Die Aussicht, ein ganzes Leben unter diesen herrschenden Verhältnissen leben und arbeiten zu müssen, erscheint uns derart entsetzlich, daß wir uns abwenden, zum Alkohol oder Haschisch greifen und vor uns hindämmern, ohne uns um irgend etwas noch zu kümmern.

Aber bald müssen wir entdecken, daß uns das System auch dabei nicht in Ruhe läßt. Bullen werden uns von den Herrschenden auf den Hals gejagt. Und das Geldproblem. Diese vertierte Gesellschaft hat es geschafft, alles so einzurichten, daß jeder gezwungen ist mitzumachen oder in der Gosse zu verrecken. Ich kann hier jeden Tag die Opfer dieser Unterdrückung sehen und begreife durch deren Lebensgeschichte die Geschichte des Kapitalismus.

Solange nicht die ökonomischen Verhältnisse verändert sind, so lange ist ein menschliches Leben unmöglich. Es gibt nur einen Ausweg aus unserer Situation, und der heißt soziale Weltrevolution, Weltbürgerkrieg. Wir müssen an Stelle der Konkurrenz und des Individualismus unsere proletarische Solidarität setzen und unsere Bedürfnisse, die sich im Kampf voll herausbilden werden, so befriedigen, daß wir Menschen werden, die ihre Geschichte in die Hand nehmen, um unsere eigene Geschichte zu machen. An Stelle der entfremdeten kapitalistischen Arbeit müssen wir und werden wir eine Arbeitsweise setzen, die auf der Bedürfnisbefriedigung der Menschen beruht.

Kurz, es gilt, die Menschen des 21. Jahrhunderts zu schaffen, wie Che sagt in seinem Vermächtnis für uns. Dieses Vermächtnis werden wir erfüllen, koste es, was es wolle! Wie Eldrige Cleaver sagt: ›Wir werden Menschen sein. Wir werden es sein, oder die Welt wird dem Erdboden gleichgemacht bei unserem Versuch, es zu werden.‹ Macht kaputt, was euch kaputt macht! Bommi.«

*

Das Resümee von Bommis einstigem Kommune-Genossen Eckhard Siepmann lautet: »1968 war das Jahr des Aufbruchs, 1969 war das Tripjahr und 1970 degenerierte alles. Wir erlagen zwei großen Verblendungen. Der Verblendung der Revolution und der Verblendung der Arbeiterklasse.« Die Frau von Eckhard Siepmann war die Apothekengehilfin Ina Siepmann, die Tochter eines CDU-Politikers aus dem Ruhrgebiet. Sie war eine ziemlich zurückhaltende Person, doch nach dem Attentat auf Rudi Dutschke hatte sie vor dem Springer-Hochhaus zielstrebig Barrikaden gebaut. Als sie mit Dieter Kunzelmann von der Kommune 1 zusammen war, schloss sie sich den »Tupamaros West-Berlin« an, dann der »Bewegung 2. Juni« und schließlich der RAF.

Es heißt, sie habe einen palästinensischen Arzt geheiratet und von ihm ein Kind bekommen und sei 1982 bei Angriffen von mit Israel verbündeten Milizen im Südlibanon zu Tode gekommen. Ihr Bruder meint, sie sei Jahre später von dem Zahnarzt Klaus Mahler, einem Bruder des Rechtsanwalts Horst Mahler, mithilfe von Teilen ihres Gebisses, das ihm Israelis vorgelegt hatten, identifiziert worden. Ina Siepmann gehörte zu den Berliner Rebellen, für die der Aufstand tödlich endete.

14 Antiautoritäre Erziehung

Der erste Kinderladen; Kopfstraße 12

Helke Sander trat im Sommer 1967 in den SDS ein. Nicht viel später hängte die Studentin an der Film- und Fernsehakademie im SDS-Zentrum einen Zettel an das schwarze Brett. Tenor: Gibt es Mütter, die mehr Zeit für sich gewinnen wollen? Sander, damals 30, hatte einen acht Jahre alten Sohn.

»Die Männer«, erinnert sie sich, »machten kaum Hausarbeit und kümmerten sich nicht um die Kinder.« In Finnland, wo Sander gelebt hatte, bevor sie nach West-Berlin kam, gab es sogenannte Parktanten, Tagesmütter, zu denen die Eltern die Kinder zum Spielen in Parks bringen konnten.

Mehr als drei Viertel der Mitglieder des SDS waren Männer, bei den Frauen waren die Mütter noch einmal eine Minderheit. Auch nach drei Wochen hatte sich noch niemand auf den Zettel hin gemeldet. Jörg Schlotterer, der im SDS-Zentrum wohnte, schrieb drauf. »Die sich ewig emanzipierenden Weiber möchten was gründen.« Sander sagt zur Motivation von ihr und ihren ersten Mitstreiterinnen: »Wir Frauen wollten Zeit gewinnen, um politisch tätig zu sein.« Das war nicht so einfach, denn in West-Berlin gab es damals zu wenig Kindergärten, die zudem überbelegt waren, und zu wenige Kindergärtnerinnen. Bis zu 20 000 Plätze fehlten.

Anfang Januar 1968 riefen Helke Sander, Marianne Herzog und Dorothea Ridder mit einem Flugblatt zu einem Treffen in der TU auf, um die Frage der Kindererziehung zu diskutieren. An die 100 Frauen kamen, auch ein paar Männer; es war der Start des »Aktionsrates zur Befreiung der Frau«. Einer der Schwerpunkte der Debatte war die Kinderbetreuung und die Diskussion darüber, dass Frauen in den Kindergärten zwar die Arbeit erledigten, aber nicht die Erziehungsziele bestimmen konnten. Die Studentinnen nahmen also Kontakt mit Kindergärtnerinnen auf, um über die Möglichkeit der Veränderung der staatlichen Erziehung zu sprechen.

Beim Vietnamkongress Mitte Februar 1968 forderten die Frauen des Aktionsrates die Männer auf, die Kinderbetreuung zu übernehmen. Die in der Folge entstandene Gruppe von Männern gründete flott den »Zentralrat der sozialistischen Kinderländen«, in dem die Frauen bald nichts mehr zu sagen hatten. »Die Frauen wollten Zeit für sich gewinnen«, so Helke Sander, »doch zunächst war in den Kinderläden das Gegenteil der Fall.« Es setzten sofort ausufernde Diskussionen über Theorie und Praxis der alternativen Kindergärten ein. Sander: »Die Männer, die im SDS sonst nicht viel zu sagen hatten, schrieben dann Bücher über die Kinderläden. Dafür hatten wir Frauen keine Zeit.«

Lothar Binger gehörte zur Minderheit der radikalen Studenten, die Kinder hatten. Die 1941 in Ostpreußen geborene Vollwaise war in Gütersloh aufgewachsen, 1962 nach West-Berlin gekommen und studierte Publizistik, Geschichte und Politologie. Als seine Freundin schwanger wurde, mussten die beiden heiraten, so stark waren die Konventionen noch. 1964 wurde Bingers Tochter Julia geboren, seine Tochter Eva dann am 3. Juni 1967, einen Tag nach der Erschießung von Benno Ohnesorg.

Binger erzählt: »Am 2. Juni bin ich überall rumgelaufen, vor dem Rathaus Schöneberg, an der Oper. Ich war in dem Hof, in dem Ohnesorg erschossen wurde.« So wie die meisten antiautoritären Eltern fand Binger die existierenden Kindergärten nicht attraktiv. Sie erschienen ihm als autoritäre Erziehungsanstalten, die nicht an den Bedürfnissen der Kinder orientiert waren.

Binger suchte für eine Gruppe Neuköllner Eltern und Kinder nach Räumen, und Mitte Februar 1968 – drei Tage vor Beginn des Vietnamkongresses – bot eine städtische Wohnungsbaugesellschaft einen leeren Laden an. Kopfstraße 12. Der Eingang war an der Ecke eines grauen Gründerzeithauses. Gut 70 Quadratmeter, 107 Mark Miete im Monat. Selbstverständlich renovierten die Eltern selbst, so gut sie das konnten. Noch im Februar kamen die Kinder.

Das erste schriftliche Dokument von einem antiautoritären Kinderladen in West-Berlin verfasste die Medizinstudentin Dorothea Ridder, die einen Tag mit den Kleinen in der Kopfstraße verbracht hatte, obwohl sie selbst keine Kinder hatte. Ihr Protokoll trägt das Datum des 12. März 1968; die erste Elternversammlung gab es demnach vier Tage später. Die Kinder des Kinderladens in der Kopfstraße waren zwischen einem und vier Jahren alt. Sie hießen Julia, Eva, Michail, Hieronymus, Dominik, Anja, Peter, Tinka und Nils.

Der britische Pädagoge Alexander S. Neill mit seiner Schule in Summerhill war eine wichtige Inspiration für die Kinderladen-Eltern. Er glaubte an das Gute im Kind und an die Freiheit. Später kamen Sigmund Freud dazu, Wilhelm Reich, sowjetische Pädagogen, Horst-Eberhard Richter. Das Ziel der Eltern, wie es Binger erinnert, war nicht wirklich bescheiden: »Wir wollten den neuen Menschen schaffen.« Lutz von Werder, der Bücher über die Kinderläden verfasst hat, resümiert: »Wir wollten aus den alten Verhältnissen heraus. Raus aus der Enge der Kleinfamilie, dem Tanz um ein wenig Liebe, dem Streit um die gerechte Teilung der Erziehungs- und Betreuungsarbeit.«

Die Studentenbewegung war in einer Phase, in der unermüdlich die »Organisationsfrage« debattiert wurde. Die Eltern, die am Rande des Vietnamkongresses den »Zentralrat der sozialistischen Kinderläden« gegründet hatten, begannen, pädagogische Texte zu lesen, arbeiteten eifrig an einem »theoretischen Programm für unsere Kinderläden«.

Erster antiautoritärer Kinderladen in der Neuköllner Kopfstraße, um 1968.

Mit dem Datum des 8. Mai 1968 erschien ein Flugblatt »informationen des aktionsrates zur vorbereitung der befreiung der frau«. Programmatisch hieß es darin: »Wir haben erkannt, daß wir die gesellschaftliche Unterdrückung der Frau nicht individuell lösen können und damit nicht auf Zeiten nach der Revolution warten können, das heißt wir beginnen müssen, uns zu organisieren.« Der erste Schritt war die Kollektivierung der Kindererziehung. »Mit der Bildung von Kinderkommunen setzten wir den materiellen und theoretischen Ausgangspunkt unserer Arbeit.«

Bis Mitte 1968 setzte sich der Terminus »Kinderladen« durch, denn die Elternkollektive konnten wegen der Konzentration des Handels leicht leer stehende Ladenräume mieten. Der Vorteil: In die Räume im Parterre musste nichts über Treppen transportiert werden.

Die Frauen, die die Diskussion über die Kinderläden angestoßen hatten, wollten ihre eigene Situation verändern. Ganz praktisch. Den Konzepten der »antiautoritären« oder »sozialistischen« Erziehung standen viele eher skeptisch gegenüber.

Anfang November 1968 schrieb ein Vertreter von fünf Kinderläden an den zuständigen Senator Horst Korber (SPD): »Es geht um die Einleitung eines Sozialisationsprozesses auf der Basis antiautoritärer Erziehung mit dem Interesse, die Kinder sich im solidarischen Gruppenzusammenhang entfalten zu lassen.« Die Kinderläden seien von Montag bis einschließlich Sonnabend zumeist von 8.30 Uhr bis gegen 17 Uhr geöffnet. Die Eltern müssten 60 bis 80 Mark im Monat für den Kinderladen aufwenden, hätten aber gewöhnlich nur 500 Mark im Monat zur Verfügung. Sie forderten also erst einmal finanzielle Unterstützung vom West-Berliner Senat.

Zu ihrer eigenen Überraschung rannten die Antiautoritären bei der SPD-Regierung offene Türen ein. Ende November 1968 antwortete Korber: »Ich teile die Auffassung, daß rationale Familienpolitik nicht zuletzt an den gegenwärtigen und künftigen Möglichkeiten einer demokratischen Kindererziehung zu orientieren ist. [...] Die aus Ihrer Initiative entstandenen Kinderläden scheinen mir gerade in dieser Hinsicht einen so beachtenswerten familienpolitischen Modellcharakter zu besitzen, daß ich diese Bemühungen grundsätzlich durch eine finanzielle Förderung – beginnend mit dem Haushaltsjahr 1969 – unterstützen möchte.«

Anfang 1969 existierten laut »KL-Info« elf Kinderläden: Jebenstraße 1, Grunewaldstraße 88, Pohlstraße 18, Reichsstraße 103, Sieglindestraße 7, Manteuffelstraße 179, Kopfstraße 12, Hohenstaufenstraße 8, Regensburger Str. 9, Schützenstraße 29, Kaiser-Friedrich-Straße 48. Ende Februar 1969 trafen sich die Vertreter von zehn der insgesamt mittlerweile zwölf im Zentralrat organisierten Kinderläden zu einer »außerordentlichen ZR-Sitzung«. Im Protokoll heißt es: »Anlass war der Artikel über Kinderläden im *Stern,* in dem zum ersten Mal eines der liberalen Blätter seine Grenze gezeigt hat, die unbedingt eine Reaktion von uns erfordert.«

Was war geschehen? Ein Schreiber und ein Fotograf der Illustrierten *Stern* hatten den ersten Kinderladen in der Kopfstraße aufgesucht, ein argloser Vater hatte sie hereingelassen und ihnen Auskünfte erteilt. Um die Klischees bedienen zu können, brachten die Journalisten ein Poster des auf dem Klo sitzenden US-amerikanischen Underground-Musikers Frank Zappa mit, das damals in etlichen Toiletten hing. Außerdem noch ein Plakat mit dem Kommunisten Karl Liebknecht drauf. Sie hängten die Plakate an die Wände des Kinderladens und lichteten die ahnungslosen Kinder darunter auf ihren Töpfen ab. Klischees und Kinderkacke.

Die Bildunterschrift lautete: »Frei von Zwängen erledigen die kleinen Genossen ihre Notdurft. Der große Genosse an der Wand macht es ihnen vor.« Anschließend lamentierte der Autor süffisant über den Frauenrat, »dessen Mitglieder sich vom Mann unterdrückt fühlen«. Der Autor verlegte den Laden in den kalten Keller und teilte besorgt mit: »Fast alle Kinder husten. In der Küche stapelt sich das Geschirr, Abfall und alte Windeln.«

Die Kinderladen-Eltern waren schockiert, hatte doch bis dahin besonders der *Stern*-Kolumnist Sebastian Haffner die Studenten wortgewaltig gegen seine konservativen Kollegen verteidigt. Der Zentralrat beschloss, ein Go-in in den Redaktionsräumen des *Stern* zu veranstalten. In Springers *B.Z.* hieß es am 19. Januar 1970: »Von rund 40 Kindern aus den Kindergärten der APO und 30 Eltern wurden gestern Mittag Räume der Berliner *Stern*-Redaktion in der Kurfürstenstraße verwüstet. [...] Nach Darstellung des *Stern* wurden die vorschulpflichtigen Demonstranten aufgefordert, auf's Töpfchen zu gehen, jedoch ohne Töpfchen.« Die Kleinen zeigten sich antiautoritär und weigerten sich, auf den Teppich zu kacken.

Schon kurz vor Erscheinen des *Stern*-Artikels hatte der Zentralrat eine »absolute Informationssperre« erlassen. Die »bürgerlichen Publikationsinstrumente«, so die Begründung, seien »nicht fähig, offen über unsere Kindergärten zu berichten«. Denn: »Jede oppositionelle Äußerung wird durch Etikettierung entschärft und als Salz in der Eintopfsuppe der Bewußtseinsindustrie verkocht.« Ein Journalist des linken Magazins *konkret* »schlich sich unerkannt in die Zentralratssitzung vom 29.1.69 ein und harrte mutig aus, auch als jemand heimlichen Mitschreibern individuellen Terror androhte«.

Für die Revolutionäre des Jahres 1969 war auch die liberale »bürgerliche Presse« ein Feind. Selbstkritisch hieß es zu dem Go-in beim *Stern* im »KL-Info«: »Warum wurde mit Sternmitgliedern diskutiert? Es hätten konkrete Forderungen gestellt werden müssen (Seiten, Geld, Gegendarstellungen). – Verhältnis zur liberalen Presse: keine weitere Zusammenarbeit. Die liberale Presse muss der Öffentlichkeit als Klassengegner deutlich gemacht werden.« Aus Frankfurt am Main kam allerdings Widerspruch gegen das pressefeindliche Gebaren. Ein Genosse namens Heinz Grossmann schrieb: »Eine Informationssperre ist wahrhaftig nichts Revolutionäres.«

Ein zentrales Anliegen in den Kinderläden war die Förderung eines freien, unverklemmten Umgangs mit der Sexualität. In den meisten Läden durften die Kleinen nackt herumlaufen, sich berühren. Die später gegen Dany Cohn-Bendit und andere Kinderladen-Aktivisten vorgebrachten Vorwürfe, Kinder seien sexuell von Erwachsenen missbraucht worden, bestreitet Lothar Binger energisch: »Das ist Unsinn.« Der Kinderladen-Gründer sagt: »Wir haben Nacktheit und Sexualität als etwas Natürliches gesehen. Die Kinder sollten lustvoll mit ihrer Sexualität umgehen können. Uns hatten die Erwachsenen noch erzählt, dass man vom Onanieren Rückenmarkserweichung bekommt. Wir wollten der repressiven Sexualmoral etwas Positives entgegensetzen.«

Sexualität war auch unter den Erwachsenen ein großes Thema. Raus aus der bürgerlichen Ehe. Unter den Eltern der Kinderläden ging es rund. »Als meine Frau und ich Affären hatten«, erzählt Binger, »haben wir einmal unsere Geliebten vorgestellt. Es stellte sich heraus, dass die beiden bis vor kurzem ein Paar waren.« Die Libertinage unter den Kinderladeneltern wurde schnell zur Belastung. Eine Mutter erinnert: »Beziehungen gingen kaputt, das Querbeet-Schlafen führte zu Eifersüchteleien, und ich glaube, jeder der

Männer hat irgendwann einmal mit der Kindergärtnerin Freda geschlafen, so wie meiner auch, und ich hatte eine Stinkwut auf sie.«

Als die Studentenbewegung in Kleinparteien zerfiel, spaltete sich auch die der Kinderläden. Ein Frankfurter Genosse forderte, es müsse Schluss sein mit der Kinderemanzipation als »Freiheit zur Onanie«, schließlich gehe es um die Befreiung des Arbeiterkindes von den Lasten der Ausbeutung. Lutz von Werder hat einen Dialog aus dieser Zeit überliefert: »Die Vertreter des Kinderhauses an der TU Berlin sagten es klar und deutlich: ›Ihr wollt mit den Kinderläden die Privilegien eurer Mittelschichtkinder verteidigen. Die Kinderläden müssen aber als ideologische Inseln liquidiert und in den Dienst der Arbeiterkinder gestellt werden.‹ Die Angegriffenen antworteten: ›Ihr wollt eine Klasse befreien, die es gar nicht mehr gibt. Aus der konkreten Arbeit rettet ihr euch in den Aufbau einer proletarischen Partei.‹ Die Gegenantwort: ›Ihr habt Marx und Engels nicht gelesen. Ihr seid in eurem Freud versumpft.‹«

Lothar Bingers Resümee: »Heute denke ich, dass der Versuch, die Kinder zu politisieren, ein problematischer, falscher Weg war. Und wir wollten gleichzeitig antiautoritär erziehen. Das heißt: Wir erzogen gegen uns.«

*

Das Gründerzeithaus in der Kopfstraße 12, das den ersten Kinderladen beherbergte, steht nicht mehr. Es wurde abgerissen, an seiner Stelle findet sich heute ein vernachlässigter Sozialbau mit einem großen Haufen Sperrmüll auf dem Bürgersteig davor.

AUFBRUCH IM OSTEN

15 Ost-Helme für die APO

Sophienstraße 31, Brunnenstraße 5

Kann ein ehemaliger Milchladen in einer kleinen Straße des Ost-Berliner Stadtbezirks Mitte irgendeine Bedeutung für die rebellierenden Studenten in West-Berlin haben? Ja, er kann – und die Geschichte mit dem Laden handelt von einer kleinen Gruppe junger Ost-Berliner Linker, die Sympathien für die Gleichaltrigen im anderen Teil der Stadt hegten. Im Osten bekamen sie allerdings das, was sich 1968 auf dem Kurfürstendamm und auf anderen Straßen West-Berlins abspielte, nur gefiltert im Westfernsehen zu sehen, wobei die staatstragenden Sender der ARD ohne großes Verständnis über die jungen Rebellen und ihre Ideen berichteten.

Zu den Ost-Berlinern, die von der Außerparlamentarischen Opposition (APO) im Westen fasziniert waren, gehörte der junge Journalist und angehende Schriftsteller Klaus Schlesinger. Der schlaksige, wachsam dreinblickende 30-Jährige hatte im Dezember 1967 gebannt das Interview von Günter Gaus mit Rudi Dutschke im »Ersten« gesehen und war fasziniert davon, wie Dutschke von der Notwendigkeit radikaler Veränderungen in der »BRD« sprach. Dieser Systemkritiker aus West-Berlin, zugleich Sympathisant der Reformkommunisten in Prag, bediente sich marxistischer Begriffe auf eine Weise, die Schlesinger als Ost-Linken beeindruckte. So wurden sie »wieder benutzbar«, fand er.

Die Sechzigerjahre in der DDR unter Parteichef Walter Ulbricht hatte Schlesinger als »bleierne Zeit« erlebt, die DDR als erstarrtes sozialistisches System. Er hatte als Journalist bei der *Neuen Berliner Illustrierten* (NBI) gearbeitet, war dann aber gekündigt worden. Er galt als zu unkonventionell, zu frech.

Der junge Autor war angesteckt vom im Westen grassierenden Bazillus der Revolte. »Es war eine Stimmung des Aufbruchs. Überall Diskussionen, in den Freundeskreisen, den lockeren Zirkeln des Jugendklubs. Wo man hinsah: Bewegung. Hüben und drüben die zarte Hoffnung, dass aus der deutschen Alternative, die nur die Wahl zwischen Pest und Cholera ließ, eine andere, lebbare wachsen konnte«, erinnerte sich Schlesinger ein Vierteljahrhundert später.

Als am 11. April 1968 ein Neonazi auf Rudi Dutschke schoss, sah Schlesinger wieder nur die Bilder im Westfernsehen: den Bordstein, das verbogene Fahrrad, die beiden Schuhe. Bilder, die ihn wütend machten. Im Westen gingen die Studenten noch am selben Abend auf die Straße und versuchten die Auslieferung der Springer-Zeitungen zu boykottieren (s. Kap. 6). Schlesinger saß in Ost-Berlin und ärgerte sich:. »Die Straße kocht, und ich bin hinter der Mauer.« Was konnte er tun?

Mit seinem Freund Stephan Schnitzler lief der aufgewühlte Autor an Ostern 1968 durch die Stadt und diskutierte über die Ereignisse, die sich nur ein paar Kilometer entfernt, aber doch in einer anderen Welt abgespielt hatten. Die beiden hatten sich am Bahnhof Friedrichstraße getroffen und waren – wie magnetisch angezogen – in Richtung des Springer-Hochhauses gegangen, das sich unmittelbar hinter der Mauer südlich der Leipziger Straße befand. Von einer Anzeigetafel auf dem Dach des goldenen Hochhauses leuchteten Nachrichten über die Mauer hinüber, um die Ost-Berliner über die aktuellen Springer-Schlagzeilen zu informieren.

Schlesinger spürte ein Gefühl von Ohnmacht und grübelte, wie man die Rebellen auf der anderen Seite der Mauer unterstützen könnte. Die Antwort fand er wenige Tage später: »Wenn wir etwas tun wollten, könnten wir Helme gegen die Gummiknüppel und Regenmäntel gegen die Wasserwerfer nach West-Berlin schicken!«

An den Wochenenden besuchte Schlesinger gern einen Jugendklub in der Fredersdorfer Straße in Friedrichshain, wo viele unangepasste junge Leute verkehrten, die meisten Ende 20. Hier konnte man auch die ersten Free-Jazz-Sessions Ost-Berlins erleben. Im Jugendklub erzählte Schlesinger Freunden von seiner Idee. Bedenken wurden laut, ob sich das einfach so, ohne Genehmigung von oben, machen ließe.

Stephan Schnitzler erzählte seinem Vater Karl-Eduard von Schnitzler von der Idee einer grenzüberscheitenden Solidaritätsaktion. Der Chefkommentator im DDR-Fernsehen riet ab. Er wollte sich aber in den oberen Rängen der SED erkundigen. »Am nächsten Tag«, so Schlesinger, »begannen wir, Geld zu sammeln, bei Leuten, die wir ›unser Establishment‹ nannten: bei Schauspielern, Künstlern, Wissenschaftlern. Ich hatte früher als Laborant in der Charité gearbeitet, ging zu den Doktoren und Professoren der Medizinischen Fakultät, stand auch dem Dekan gegenüber, einem Genossen mit Einzelvertrag und Dienstwagen, der zögernd und mit entschuldigender Geste 20 Mark aus seiner Brieftasche zog. Er baue zur Zeit, und ich wisse sicherlich, was es heiße zu bauen – ich wusste es nicht.«

Mehr Mut als Karl-Eduard von Schnitzler hatte dessen geschiedene Ehefrau und Stephan Schnitzlers Stiefmutter, die Schauspielerin und Nationalpreisträgerin Inge Keller. In einem Stasi-Bericht heißt es: »Aufgrund der von Westberlin ausgehenden Inspiration organisierte die Schauspielerin Inge Keller mit Hilfe ihrer privaten Verbindungen eine Sammelaktion mit dem Ziel, etwa 20 000 Mark zu sammeln, dafür in der DDR-Hauptstadt Regenmäntel und Sturzhelme zu kaufen und diese nach Westberlin zu schleusen. Am 17.4.1968 wurde im Deutschen Theater eine Sammelliste gefertigt, deren Präambel zufolge sich die Unterzeichner mit den demonstrierenden Studenten in Westberlin solidarisch erklärten. Maßgeblich waren daran die Schauspieler Inge Keller, Horst Drinda, Ernst Kahlert und Rolf Ludwig, weniger aktiv Eberhard Esche beteiligt. Die Sammelaktion erbrachte binnen kurzer Zeit ca. 2500 Mark, die von Inge Keller verwahrt wurden.«

Innerhalb weniger Tage hatten Schlesinger, Stephan Schnitzler und ihre Unterstützer die beachtliche Summe von 8000 Mark der DDR beieinander. Nun liefen Schlesinger und einige Freunde in Ost-Berlin von Laden zu Laden und kauften alle verfügbaren Motorradhelme und Regenmäntel aus PVC auf. Da die Helme relativ teuer waren, schmolz das Geld dahin. Also überlegten sie, ob sie nicht besser billigere Bauarbeiterhelme kaufen sollten. Doch die gab es nicht in normalen Geschäften, und im Großhandel befürchteten sie Schwierigkeiten bei Barzahlung. »Wir gründeten kurzerhand eine Scheinfirma, verteilten die Berge von Helmen, die Stapel von Regenmänteln auf zwei Wohnungen und gaben die Nachricht an Besucher aus West-Berlin weiter, es könne losgehen.«

Am Wochenende vor dem 1. Mai 1968 lief die Helm-Aktion an. Die Ladenwohnung von Schlesingers Freund Dirk Alvermann in der Sophienstraße diente zunächst als Übergabestelle. »Wir wollten so unauffällig wie möglich bleiben: Die Kuriere, die den Laden durch die zur Straße gelegene Tür betreten hatten, baten wir, ihn durch den Eingang zum Hausflur wieder zu verlassen.« Ganz so konspirativ wie geplant verlief die Aktion dann nicht. Als eine junge Frau aus West-Berlin in einem VW Käfer langsam und offensichtlich etwas suchend die schmale Sophienstraße entlangfuhr, fragte eine Frau, die aus ihrem Fenster schaute, ob sie etwa Helme suche. Als die Fahrerin bejahte, bekam sie die Auskunft: »Die kriegen Sie im ehemaligen Milchladen, Nummer 31.«

Die APO-Aktivisten reisten über die innerstädtischen Grenzübergänge ein und nahmen pro Person drei oder vier Helme und Regenmäntel mit. Sie bekamen ein einfaches Blatt Papier, auf dem stand, dass »die mitgeführten Gegenstände ein Solidaritätsgeschenk für die Westberliner Apo zum 1. Mai« seien. Darunter die Unterschriften: Fritz Cremer, Nationalpreisträger der DDR, und Inge Keller, ebenfalls Nationalpreisträgerin.

An diesem Wochenende Ende April 1968 kam es zwischen jungen Ost- und West-Berliner Linken zu aufregenden Begegnungen. Sie diskutierten intensiv miteinander. Über den Krieg in Vietnam, die Revolte in Paris, den ideologischen Frühling in Prag. In dem Laden in der Sophienstraße und in Schlesingers Dreiraumwohnung in der Brunnenstraße 5 tranken junge Männer mit langen Haaren und Bärten, junge Frauen in kurzen Röcken miteinander Tee aus großen Kannen und redeten sich die Köpfe heiß. Sie sprachen bis zur Erschöpfung über Fragen einer wirklichen Demokratie, der technischen Revolution, der explosionsartigen Steigerung der Produktivkräfte oder darüber, ob sich Studenten und Intelligenz proletarisieren würden.

»Diskussionen um die Lage hier, die Lage drüben«, erinnerte sich Schlesinger, »und plötzlich waren wir bei den sogenannten zwischenmenschlichen Beziehungen unter den Bedingungen der entfremdeten Warenproduktion«. Einer fiel ihm dabei besonders auf, einer mit halblangem Haar und weichen Gesichtszügen. »Erst später sah ich das Gesicht noch einmal im Fernsehen, und ich fand einen der Zettel, auf denen wir uns, pro forma und für den Fall, dass unsere Geldgeber auf Rechenschaft Wert legen sollten, die Sachspenden hatten quittieren lassen. Ich las in der Spalte, in der auch Astrid Proll unterschrieben hatte: 4 Helme, 4 Mäntel – Holger Meins.« Der Kameramann Holger Meins schloss sich 1970 der RAF an, wurde zwei Jahre später verhaftet und starb im November 1974 nach 58 Tagen Hungerstreik für bessere Haftbedingungen.

Schlesinger und seine Freunde mussten am 1. Mai 1968 natürlich in Ost-Berlin bleiben und gingen zur Demonstration und Kundgebung der SED in der Nähe des Alexanderplatzes. Sie reihten sich irgendwo zwischen den Betriebsgruppen ein, mit einer Vietcong-Fahne, und liefen über den Marx-Engels-Platz. Und sie waren auch stolz. Schlesinger sagte sich: »Wir hatten etwas getan, was uns nötig schien. Einfach getan. Basta! Ohne den Segen von oben und auch ohne den Gedanken daran, dass im Ost-West-Verkehr ohne diesen Segen nichts, aber auch gar nichts lief.«

Die Stasi und die SED hatten offenbar beschlossen, die Helm-Aktion zu beobachten, aber nicht zu verhindern. Am späten Sonntagnachmittag rief ein APO-Aktivist aus West-Berlin bei Schlesinger an. Der sagte, es lohne nicht mehr vorbeizukommen, denn alle Mäntel, alle Helme seien weg. »Abends, als eine andere Gruppe, die schon mittags bei uns gewesen, aber nicht sofort wieder in den Westen gegangen war, über die Grenze wechseln wollte, zog der Zöllner die Stirn kraus und fragte, woher sie das hätten? Er wisse genau, die Sachen seien schon am späten Nachmittag weg gewesen.«

16 »Sofort war 'ne Gegenreaktion bei mir«

Bettina Wegner; Elsa-Brändström-Straße 18

»Am Morgen des 21. August 1968, als die Nachricht kam, da hab ich nur ganz spontan gedacht: Det ist nich richtig, det is falsch, det is jemein!« Die 20 Jahre alte Angeklagte spricht im Ost-Berliner Stadtgericht vom Einmarsch sowjetischer Truppen in Prag. Sie schießen in den Straßen der tschechischen Hauptstadt auf Demonstranten. 17 Menschen sterben allein vor dem Rundfunkgebäude, weil sie unbewaffnet die Panzer umstellen. Andere werden von Militärfahrzeugen überrollt.

Im Gerichtssaal redet die Angeklagte gegen Richterin und Staatsanwalt an, die den Einmarsch von 27 Divisionen des Warschauer Pakts »gegen die Konterrevolution« als im Interesse der Arbeiterklasse rechtfertigen. In der ganzen DDR war es im August 1968 zu Protesten gekommen, denn viele Menschen sahen dadurch ihre Hoffnungen auf einen »Sozialismus mit menschlichem Antlitz« zerschlagen.

Der Generalsekretär der tschechoslowakischen Kommunistischen Partei, Alexander Dubček, hatte im Januar 1968 die Zensur abgeschafft; in der Prager Innenstadt waren erstmals westliche Zeitungen frei erhältlich. Die Kombination aus Freiheit und Sozialismus hielten viele Menschen in der DDR für erstrebenswert. Mit dem Einmarsch der sowjetischen Truppen, dem Niederwalzen der demokratischen Reformen, wurden ihre Hoffnungen auf Veränderungen im eigenen Land zerstört.

Die junge Angeklagte heißt Bettina Wegner und sie versucht, offen und ehrlich ihre Tat zu erklären, den Menschen im Saal ihre Empörung über die Erschossenen von Prag verständlich zu machen. Die Bilder von Leichen und »Jugendlichen, die eine blutbefleckte Fahne hoch empor trugen« hätten sie erschüttert. Und da sie ihre Meinung nicht auf den Ost-Berliner Straßen hätte äußern können, habe sie in der Nacht zum 22. August spontan selbst-

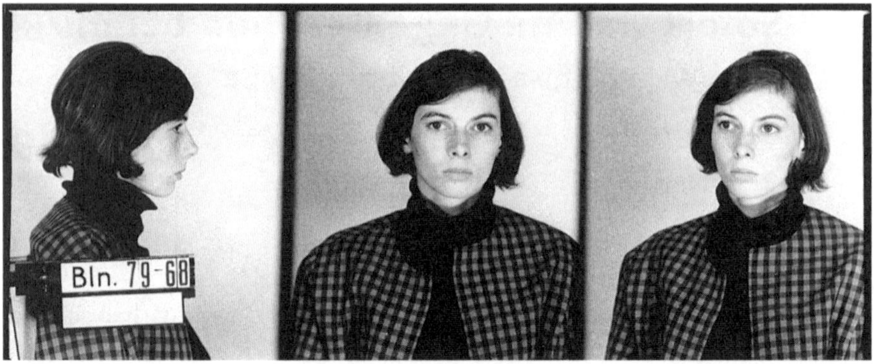

Polizeifoto von Bettina Wegner, August 1968.

gemachte Flugblätter rund um die Elsa-Brändström-Straße in Berlin-Pankow in die Hausbriefkästen gesteckt.

In dem erhalten gebliebenen Tonbandmitschnitt der Gerichtsverhandlung klingt Bettina Wegners Stimme mal schnoddrig-berlinernd, mal selbstbewusst frech, mal etwas eingeschüchtert.

Richterin: »Unter welchen Umständen haben Sie denn nun von den Maßnahmen am 21. August erfahren?«

Bettina Wegner: »Na, morgens früh, nachdem ich meinem Sohn zu essen gegeben hab, da bin ich ins Zimmer meiner Eltern gegangen und wollte sie wecken. Es war kurz nach sechs. Und da hab ich in unserem Sender gehört, dass die Truppen der verbündeten sozialistischen Länder sich auf dem Territorium der ČSSR befinden und einem Aufruf gefolgt sind.«

Richterin: »Und wie haben Sie darauf reagiert auf diese Meldung?«

Wegner: »Ich hab das sofort falsch gefunden.«

Richterin: »Sie haben das falsch gefunden. Und warum haben Sie das falsch gefunden?«

Wegner: »Also sofort war 'ne Gegenreaktion bei mir. Und ich hab gedacht, dass es A) 'ne innerpolitische Angelegenheit für mich ist. B) hab ich es nicht, überhaupt verstanden, weil ich gedacht hab, weil Genosse Walter Ulbricht vor kurzem noch dort war und ich fest damit gerechnet hab, dass sich diese Komplikationen durch Beratungen und Diskussionen der Parteien aufklären lassen würden. Und morgens auf einmal höre ich das. Ich hab mich unheimlich erschrocken, weil ich damit überhaupt nicht gerechnet hätte.«

Richterin: »Haben Sie sich denn mal überlegt, wo die ČSSR liegt, geografisch? Haben Sie sich mal überlegt, wie das mit der Innenpolitik aussieht im Verhältnis zum gesamten System des sozialistischen Lagers?«

Wegner: »Ja, hab ich mir überlegt und gerade deshalb fand ich den Schritt der Sowjetunion nicht richtig.«

Richterin: »Gerade deshalb fanden sie es nicht richtig? Naja, wenn das eine innenpolitische Angelegenheit der ČSSR war, dann hätte man ja wohl auch die Konterrevolution siegen lassen können?«

Bei den Gerichtsverhandlungen anwesend sind ein Dozent der Schauspielschule, die Wegner besucht, und die SED-Genossin Monika Maron, die Tochter des vormaligen DDR-Innenministers und spätere Schriftstellerin. Die übrigen Bänke okkupieren Stasi-Männer, damit es keine Plätze mehr für Angehörige und Freunde Wegners gibt.

Der Staatsanwalt brüllt die Angeklagte an. Sie sei »wie ein Dieb des Nachts heimlich durch die Straßen der Hauptstadt der Deutschen Demokratischen Republik« geschlichen und habe dort »verbrecherische und hetzerische Losungen verteilt«.

Einen Tag bevor sie die Flugblätter in der Mühlen-, Vineta- und Florastraße verteilt hatte, rund um die Elsa-Brändström-Straße 18 in Pankow, wo die 20-jährige Bettina Wegner bei ihren Eltern wohnte, hatte ihr Freund Thomas Brasch mit einigen Mitstreitern das Gleiche in Mitte und Prenzlauer Berg getan. Die meisten derjenigen, die so gegen die Niederschlagung des »Prager Frühlings« protestierten, wurden noch in der Nacht festgenommen, doch Brasch konnte für einige Stunden seine Verfolger noch einmal abschütteln. Er gelangte in die elterliche Wohnung seiner Freundin, die ein gerade sechs Monate altes Kind von ihm hatte, und berichtete ihr von der Aktion und den Verhaftungen: »Die sitzen alle. Und bald werde auch ich sitzen. Mach bloß nichts, wegen des Kindes.«

Doch Bettina Wegner war genauso empört wie er. Sie besorgte sich frühmorgens alle erhältlichen DDR-Tageszeitungen, doch außer einer nichtssagenden Erklärung fand sie darin keine Informationen. Ihr kam eine Idee: Wenn sie die gleichen Flugblätter wie die Festgenommenen verteilen würde, könnte das Brasch und seine Freunde entlasten. Dann würde die Stasi glauben, sie hätten nicht die Richtigen erwischt. Also halbierte sie leere DIN-A4-Blätter und schrieb Losungen mit Kugelschreiber und Filzstift darauf.

Im Gerichtssaal begründete sie ihre Aktion. »Wenn ich eine Möglichkeit gesehen hätte, mich auf die Straße zu stellen und laut zu sagen, was ich dazu meine und was ich davon halte, dann hätte ich diese Möglichkeit in Anspruch genommen. Ich wusste aber, dass es die nicht gibt. Und da ich mich nicht offen hinstellen kann und 'ne Rede halten kann auf der Straße, hab ich gesagt, na, dann schreibste Blätterchen, wo du draufschreibst, in Schlagworten, was du meinst.«

Richterin: »Welche Losungen hatten Sie verwandt?«

Wegner: »Es lebe das rote Prag!« – »Hoch Dubček!« – »Stalin lebt« – »Hände weg von Prag« – »Solidarität mit Prag« – »Glaubt nicht den Zeitungslügen, sonst werdet ihr mitschuldig« – »Deutsche raus aus Prag« – »Nieder mit den Mördern von Prag«.

Staatsanwalt: »Das sind Verbrechen gemäß dem Paragraphen 106, Absatz 1, Ziffer 1 und 2, Absatz 2 und Ziffer 2, Strafgesetzbuch der DDR.«

*

Bettina Wegner war damals seit einem Jahr mit dem umtriebigen Dramaturgen Brasch zusammen. Sie hatte am 11. März ein Kind von ihm auf die Welt gebracht. Im August, als sie festgenommen wurde, stillte sie ihren Säugling noch. Die Stasi nahm sie, davon ungerührt, in Untersuchungshaft und steckte sie in den geheimen Stasi-Knast Hohenschönhausen. Am Ende der Verhandlung im Oktober 1968 verurteilte das Ost-Berliner Stadtgericht in der Littenstraße die junge Studentin zu einem Jahr und sieben Monaten Gefängnis auf Bewährung. Als mildernden Umstand ließ Richterin Gerda Klabuhn gelten, dass sie »durch die Lektüre von Sartre und Camus politisch fehlgeleitet« worden sei.

Die Richterin hatte eine heikle Aufgabe zu erledigen, denn die Angeklagte und ihr Freund kamen aus der Nomenklatura, ihre Eltern waren hohe SED-Funktionäre. Bettina Wegners Vater war Chefredakteur der *Freien Welt,* der von der Deutsch-Sowjetischen Freundschaftsgesellschaft herausgegebenen Auslandsillustrierten der DDR.

Der 22-jährige Thomas Brasch war Sohn des stellvertretenden Kulturministers Horst Brasch. Die Mutter der ebenfalls festgenommenen Rosita Hunzinger war eine bekannte Bildhauerin und Verfolgte des Nazi-Regimes. Erika Berthold, eine weitere Beteiligte, war Tochter des Direktors des Instituts für Marxismus-Leninismus beim Zentralkomitee der SED, Professor Lothar Berthold. Zu den mutigen Protestierern in der Brasch-Gruppe gehörten außerdem die beiden Söhne des prominenten Regimekritikers Robert Havemann, Frank und Florian Havemann.

Bettina Wegner wurde von der Schauspielschule geworfen und musste sich zwei Jahre in der Produktion »bewähren«, beim Elektroapparatewerk Treptow. In den Reihen des Proletariats sollte sie zum Klassenstandpunkt der Partei zurückfinden. Als sie aber in der Fabrik auf 71 Pfund abgemagert war, durfte sie in ihren Lehrberuf Bibliotheksfacharbeiterin zurückkehren. Im Januar 1969 lernte sie bei einem Jazzkonzert im Franz-Klub in der Schönhauser Allee den Schriftsteller Klaus Schlesinger kennen, ein Jahr später zog sie mit ihrem Sohn Benjamin in dessen Wohnung in die Brunnenstraße 5.

»Etwas später habe ich im ›Zentralen Studio für Unterhaltungskunst‹ vorgesungen und durfte eine Ausbildung zur freiberuflichen Sängerin machen.« Allerdings konnte sie keine eigenen Platten veröffentlichen und mancherorts auch nicht unter ihrem Namen auftreten. Wenn sie mit einer Band namens »MTS« unterwegs war, stand auf den Plakaten nur kleingedruckt: »MTS mit Sängerin«. In der Jugendszene im Osten sprach sich dennoch schnell herum, wer da auftrat. Die Zahl der Besucher bei ihren Konzerten stieg ständig an.

Ihr Mann Klaus Schlesinger half ihr beim Organisieren der Veranstaltungsreihe »Eintopp« mit Literatur, Musik und Gesprächen im Berliner »Haus der jungen Talente«. Autoren wie Stefan Heym, Jurek Becker oder Jürgen Fuchs lasen dort Texte. »Es wurde ein Publikumsbeirat gegründet, und wirklich jeder durfte sich beteiligen, auch auf der Bühne.«

Spätestens ab 1975 war die Staatssicherheit aufmerksam geworden: »Im Rahmen der Veranstaltungsreihe kam es mehrfach zu negativen bis feindlichen Aussagen in den Vorträgen durch die Wegner selbst bzw. durch von ihr verpflichtete Personen. Dabei gelang es positiven Kräften nicht immer, Zustimmung und Sympathiebekundungen des vorwiegend jugendlichen Publikums für solche negativen Aussagen abzublocken bzw. zurückzudrängen.«

Der »Eintopp« wurde untersagt. Danach versuchten Wegner und Schlesinger, die Reihe »Kramladen« im Klubhaus in der Langhansstraße in Weißensee zu etablieren. Nach gut einem Jahr war auch hier Schluss, »aus technischen Gründen«.

Nachdem Bettina Wegner 1976 gemeinsam mit ihrem Mann und vielen anderen Künstlern gegen die Ausbürgerung Wolf Biermanns protestiert hatte, durfte sie nur noch in Kirchen auftreten. Sie erinnert sich: »Ich wurde bespitzelt und unter Druck gesetzt, meine Ehe wurde von der Stasi durch inoffizielle Mitarbeiter zersetzt, mein Alltag war von Verboten und Ausgrenzungen bestimmt.«

Im Herbst 1979 gab sie ein Konzert in der Samariterkirche in Berlin-Friedrichshain. Fast 1000 meist junge Leute füllten die Bänke, die Empore und die Seitenschiffe. Eine subversive Atmosphäre lag in der Luft, das Gefühl, in der Kritik an den DDR-Verhältnissen zusammenzugehören. Die schlaksige Sängerin mit der eindringlichen Stimme bekam viel Beifall für ihre Lieder.

Die Texte waren wie Gedichte, die vom Leben in der DDR handelten und den Zuhörern aus dem Herzen sprachen. Kein DDR-Optimismus, sondern Geschichten vom Scheitern, von der Angst, vom Abschied, vom Fernweh. Ziemlich respektlos vor den Autoritäten: »Wo sind wir denn bloß hingekommen, das Ungeborene übt schon den Bückling.« Viele konnten ihre Lieder auswendig. Bettina Wegner gelang es, das Unbehagen der neu heranwachsenden Generation beim Übergang von den Siebziger- zu den Achtzigerjahren auszudrücken. Das »Staatssekretariat für Kirchenfragen« setzte deshalb Kirche und Pfarrer unter Druck, »die Wegner« nicht mehr einzuladen. Einige Pfarrer gaben dem Drängen des Staates nach, nur wenige nicht.

Doch Bettina Wegner ließ sich nicht unterkriegen, schrieb weiter Lieder. Der Staat gab ihr 1980 einen Reisepass in der Hoffnung, sie würde dann einfach im Westen bleiben. Das wollte sie aber nicht, nutzte die Gelegenheit aber für Auftritte. Ein Konzert im West-Berliner Bethanien-Haus zeichnete der Radiojournalist Hans-Georg Soldat vom RIAS (Rundfunk im amerikanischen Sektor) auf. Den Mitschnitt veröffentlichte die Plattenfirma CBS. Die Platte wurde ein Riesenerfolg – CBS verkaufte mit 250 000 Exemplaren im Westen ähnlich viele Platten wie von Biermanns »Chausseestraße 131« (s. Kap. 18). Ihr Lied »Kinder« wurde zur Hymne für eine gewaltfreie Erziehung in ganz

Deutschland. »Sind so kleine Hände, winz'ge Finger dran. Darf man nie draufschlagen, die zerbrechen dann ...«

Die Kulturbürokraten der SED drehten Wegner 1983 einen Strick aus ihren Westauftritten und wollten sie erneut vor Gericht stellen lassen, nun wegen angeblicher Devisenvergehen. Im Kulturministerium sagte man es ganz offen: »Gehen Sie doch endlich!« Wegner hing an den Menschen im Land, nicht aber an diesem Staat, der sie nicht wollte. Sie zog nach West-Berlin.

»In der Gerichtsverhandlung wegen der Flugblätter zum Prager Frühling«, erinnerte sich Bettina Wegner 2016 in ihrem Haus in Frohnau, »hat mich die Richterin gefragt: ›Haben Sie nicht an Ihr Kind gedacht, als Sie das gemacht haben?‹ Ja, habe ich gesagt, ich habe an mein Kind gedacht. Ich habe daran gedacht, wie war das mit unserer Generation und der Generation unserer Eltern? Wir haben doch alle gefragt: Was habt ihr gedacht und gemacht von 1933 bis 1945? Ich habe gedacht, wenn mein Sohn mich mal fragt, was hast du damals gemacht, 1968, dann kann ich ihm sagen: ›Det hab ick jemacht.‹«

*

Wegners einstiger Freund Thomas Brasch war im Dezember 1976 mit seiner damaligen Freundin, der Schauspielerin Katharina Thalbach, mit einem DDR-Pass nach West-Berlin gegangen, ihr Mann Klaus Schlesinger 1980.

17 »Nichts und niemals etwas hinnehmen«

Die Ost-Kommune 1; Samariterstraße 36, Gartenstraße 115

1968, als die DDR bald 20 Jahre existierte, waren die Kinder altgedienter Funktionäre junge Erwachsene, die sich oft nach etwas anderem sehnten als das, was ihnen die Generation ihrer kommunistischen Väter bot. Da kamen die Nachrichten von den rebellischen, linken Gleichaltrigen in West-Berlin gerade recht. Einige wenige von ihnen ergriff die Aufbruchsstimmung, die im anderen Teil der Stadt herrschte. Dazu gehörte Erika Berthold, die im August 1968 ihren 18. Geburtstag feierte und dem engen Leben im elterlichen Haus in Kleinmachnow bei Berlin sofort entfloh. Immer wieder hatte sie sich mit ihren Eltern über ihren Lebenswandel gestritten, der Vater Professor und Direktor des Institutes für Marxismus-Leninismus beim ZK der SED, die Mutter Lehrerin, aber der Kinder wegen zu Hause geblieben.

Eine von Erika Bertholds besten Freundinnen war Rosita Hunzinger. Deren Mutter Ingeborg, eine jüdische Bildhauerin und kritisches SED-Mitglied, betrieb in ihrem Haus in Rahnsdorf einen politisch-literarischen Salon. Dort hatte Erika die Söhne von Robert Havemann und später auch den Regimekritiker selbst sowie dessen engsten Freund Wolf Biermann kennengelernt.

Am 27. Januar 1968 war es zu einem denkwürdigen Ost-West-Treffen gekommen, das in den Stasi-Akten dokumentiert ist als eine »Zusammenkunft von ca. 30–35 Personen«, darunter einige Ost-Künstler sowie drei Vertreter der – so die Stasi-Beschreibung – West-Berliner »linkssektiererischen und anarchistischen Studentengruppierung ›Kommune‹«. Gemeint waren Rainer Langhans, Dieter Kunzelmann und Fritz Teufel. O-Ton Stasi: »Sie wollen in WB einen politischen Umsturz herbeiführen und glauben, auch in der DDR ähnliche Zustände schaffen zu können.« Allerdings ging es im Gespräch fast nur um die Rolle der marxistischen Theorie. Dabei hätten sich die Weststudenten, »unter ihnen auch Dutschke, Rudi«, enttäuscht über die bisherige Passivität der DDR-Genossen gezeigt und »die Bedeutung von Aktionen« betont, »auch wenn ihnen keine theoretische Konzeption und weitergehende Zielstellung zu Grunde liegt«.

*

Noch bevor Erika Berthold 18 wurde, hatte sie sich rettungslos in Frank Havemann verknallt. Der Junge, hochgewachsen, gekleidet mit Parka und Jeans, Sohn des bekanntesten DDR-Dissidenten, wurde zum dauernden Streitthema mit ihren Eltern. Aber von ihnen wollte sich die junge Frau – ähnlich wie ihre Altersgenossen im Westen – nicht mehr vorschreiben lassen, wie sie ihr Leben führen sollten.

»Wir waren uns einig«, sagte ihre Ex-Mitbewohnerin Franziska Groszer rückblickend der *Berliner Zeitung,* »nichts und niemals etwas hinzunehmen, nur weil es uns vorgelebt wurde, nur weil es als das Normale galt.« Franziska hieß eigentlich Großer, das »sz« hatte sie nach ihrer Schwiegermutter Lucie Groszer gewählt, die 1945 den ersten Kinderbuchverlag im Nachkriegsdeutschland gegründet hatte und dabei die Schreibweise bei Großbuchstaben mit dem doppelten SS unbedingt vermeiden wollte.

Die DDR verkörperte für Groszer eine autoritäre Welt mit geistiger Enge und autoritärem Alltag. »Da liegt ein ständiges Raunen von Mahnungen in der Luft: Betreten verboten. Überschreiten verboten. Hinauslehnen verboten. Wenn das nun alle täten. Und wir schrien: Ja, sollen es doch alle tun.« Wir nicht, dachten sie. Dazu kamen noch die Bilder aus dem Westfernsehen: demonstrierende Studenten in Amerika, Paris, Berlin, die Bomben auf Vietnam, das Interview mit Dutschke. All das wirkte ziemlich mobilisierend.

Als die Truppen des Warschauer Paktes in Prag einmarschierten, gingen einige aus dem Freundeskreis los und verteilten spontan handgeschriebene Zettel in Briefkästen und Telefonzellen: »Freiheit für das rote Prag!« oder »Russen raus aus Prag!« Mit dabei: Rosita und Erika, Thomas Brasch, Florian und Frank Havemann. Alles Funktionärskinder, der Vater von Thomas Brasch war immerhin stellvertretender Kulturminister. Einige kamen in Haft, andere wurden nur verhört. Es gab Gefängnisstrafen, doch wurden die zur Bewährung ausgesetzt.

Das Jahr 1968 ging zu Ende, und Erika Berthold wohnte inzwischen mit Frank Havemann in der Stadtwohnung seines Vaters in Berlin. Auf dem Balkon hing ein riesengroßes Plakat von Che Guevara. Anfang 1969 wurde sie schwanger, und die beiden fragten sich, wie es nun weitergehen solle. Auf eine Kleinfamilie hatten sie keine Lust. Da kam es gerade recht, dass das bekannte und verheiratete Pärchen Gert und Franziska Groszer gerade in einer Beziehungskrise steckte und des Modells Ehe überdrüssig war. Alle vier wollten dem »Eheknast«, wie sie es nannten, entkommen und redeten sich die Köpfe heiß über alternative Lebensformen. Für Franziska Groszer »war das gleichbedeutend mit der Verwirklichung gemeinschaftlichen Lebens und einer neuen Form von Kinderbeziehung und -erziehung.« Sie hatten von Freunden aus dem Westen etliche Bücher und Broschüren mitgebracht bekommen, die dort unter linken Studenten kursierten, darunter auch die Protokolle der Kommune 2 und Texte über antiautoritäre Erziehung und Psychologie.

Die Vier beschlossen im Frühsommer 1969, zusammen in eine geräumige Wohnung in Friedrichshain in der Samariterstraße zu ziehen, die sie durch einen Wohnungstausch ergattern konnten: für jedes Paar ein Zimmer, plus ein Kinderzimmer und eine geräumige Küche. »Der Anfang war bestimmt,« erinnert Franziska Groszer, »von viel Fröhlichkeit, Wein, Gelächter, nächtelangen Gesprächen in der Küche über Kindheit, Eltern, Filme, Literatur, Philosophie und all die Fragen, die junge, wache Menschen umtreiben.« Im Oktober bekam Erika Berthold ihre Tochter Marie. Damit waren sie vier Erwachsene und drei Kinder. Und es kamen viele Besucher, die oft auch über Nacht blieben. Es gab ein »Kommunekassebuch« und einen Kassenbuchführer, gemeinsame monatliche Einlage: 278 Mark aus Arbeitslöhnen und Stipendien. Wurde daraus etwas Geld für Luxus wie Kaffeetrinken außer Haus, Alkohol über drei Mark oder einen Lippenstift ausgegeben, dann hagelte es hinterher heftige ideologische Kritik.Wie im Westen las man in der kleinen Ost-Kommune Wilhelm Reichs »Massenpsychologie des Faschismus« und protestierte gegen den »US-Imperialismus«. Auch im Alltag gab es die gleichen Probleme wie in den West-Kommunen: Die Männer interessierten sich kaum für den Haushalt und die Kinder.

Mit der Öffentlichkeitsarbeit sah es im Osten allerdings eher mau aus. Während ihre Pendants ständig in den Westmedien waren, erlaubten die Ost-Kommunarden keine Fotos und Reportagen, um ihr Kommuneleben nicht aufs Spiel zu setzen. Der DDR-Staat war für sie kein solcher Feind wie der Staat für die Studenten im Westen. Der Glaube, dass es irgendwie eines Tages zum wahren Sozialismus in der DDR kommen könnte, war stets da. Darum lasen einige auch wieder Marx und Lenin.

Die Stasi sah das nicht so gelassen und holte die Ost-Kommunarden schon mal stundenlang auf ein Revier der Deutschen Volkspolizei. Mit ihren selbstgefärbten, bunten Hippieklamotten, roten oder pechschwarzen langen Haaren, mal zu lang, mal zu kurz, passten sie nicht in die Norm. Dafür hatten sie ihr eigenes strenges Reglement entwickelt.

Gerd Poppe, damals mit Franziska Groszer befreundet, erinnert sich an das dogmatische Leben in der »K1 Ost«, die auch »Havemann-Kommune« genannt wurde. Ein Bewohner hatte täglich die Presseschau zu machen und insbesondere das *Neue Deutschland* nach irgendwelchen Meinungen zwischen den Zeilen abzusuchen. Ausgewählte Artikel schafften es auf eine Wandzeitung in der Wohnung. Den Schlüssel zum Giftschrank mit 71 Westbüchern verwaltete in der Regel Frank Havemann, eine Männermachtposition. Er hatte eine rigide Bücherordnung verfasst: »Nichtkollektivmitglieder, die ein Buch außerhalb der Räume des Kollektivs benutzen wollen, lassen sich vom Beauftragten für Bücher das Buch, falls es noch nicht in der Karteikarte steht, in diese und ihren Namen dahinter eintragen. Nötigenfalls kann auf Antrag mit Beschlußfassung durchs Kollektiv ein Buch unter Verschluß genommen werden. Der Beschluß muß begründet werden. Der Schlüssel für den Giftschrank wird vom Beauftragten verwaltet. Will ein Nichtkollektivmitglied ein Buch aus dem Giftschrank benutzen, entscheidet der Beauftragte über die Ausgabe, im Streitfall die Vollversammlung.«

Für Franziska Groszer war die DDR für die Verwirklichung von Sozialismus kein Verbündeter. Doch die anderen Kommunarden wollten sich nicht außerhalb der DDR-Ordnung stellen, sondern diese eher im Sinne des langen Marsches durch die Institutionen unterwandern. Man bat in seinem Betrieb um die Aufnahme in die Kampfgruppe, organisierte Subbotniks, zog den Antrag auf Wehrdienstverweigerung zurück oder nahm an staatlichen

Kundgebungen teil. Versuchte es zumindest. In einem MfS-Bericht über den 27. November 1969 heißt es: »An der aus Anlass der USA-Aggression in Vietnam durchgeführten Kundgebung auf dem August-Bebel-Platz beabsichtigte die ›Kommune I-Ost‹ als selbständige Gruppe teilzunehmen. Dazu hatte man ein Transparent mit der Aufschrift ›Waffen für das revolutionäre Vietnam‹ vorbereitet, außerdem traf man Verabredungen zum gemeinsamen Auftreten mit sympathisierenden Jugendlichen. Diese Personen wurden an der Teilnahme der Kundgebung gehindert und der Befragung zugeführt.«

Später, nach einem Umzug der Kommune in die Gartenstraße, nahm das MfS einen »politischen Klärungsprozess« wahr, »der einen konsequenten Abbruch der Beziehungen zu Robert Havemann und Wolf Biermann« zur Folge hatte. Sogar mit Hausverbot für die beiden alten Ikonen des Widerstands. Frank Havemann war erbost über ein Interview seines Vaters im *Spiegel,* das dieser auch noch in den Räumen der Kommune gegeben hatte. »Es war ein Emanzipationsversuch von Frank und Gert, sich von ihren Übervätern frei zu strampeln. Sie verfassten eine Art Streitschrift, ein seltsames Gemisch von Theorien und Anklagen, überschrieben mit ›Abkehr von Biermann und Havemann‹. Mich verblüffte diese Umkehr und stieß mich ab. Indem ich nicht unterschrieb wie andere, wurde ich zum Feind im eigenen Haus.«

Immer Seltsameres ging vor sich, erinnert sich Gerd Poppe: »Ich saß eines Abends mit Franziska in einem der Räume, da kam jemand hereingestürmt und rief: ›Die verbrennen Bücher!‹ Später erfuhr ich, es war eine Mehrheit im Kommunen-Plenum dafür gewesen, die Bücher von Havemann und Biermann im Ofen zu verbrennen. Die haben das wohl gemacht, um der Stasi einen Gefallen zu tun, was natürlich Unsinn war, denn der Druck des MfS ging weiter, die Wohnung wurde ihnen streitig gemacht und es dauerte nicht mehr lange, bis sich dieser ganze Spuk auflöste.«

Franziska Groszer wurde 1977 ausgebürgert und lebt heute als vielfach ausgezeichnete Kinder- und Jugendbuchautorin in Friedrichshagen. Von Erika Berthold war zuletzt zu hören, sie schreibe eine Biografie.

18 »Unser schlimmstes Gift«

Wolf Biermann; Chausseestraße 131

Die Adresse einer Wohnung als Titel einer Langspielplatte? Warum nicht, wenn diese Wohnung als Tonstudio herhalten muss, weil der Staat dem Sänger die Arbeit in einem professionellen Aufnahmestudio verwehrt. Wolf Biermann lebte, komponierte, musizierte und empfing seine Gäste in seiner Wohnung im Vorderhaus des grauen Eckhauses, mit Blick auf die Kreuzung, an der die Friedrichstraße in Berlin-Mitte zur Chausseestraße wird.

In dieser Vierzimmerwohnung im dritten Stock nahm Biermann 1968 seine zweite Platte mit dem Titel »Chausseestraße 131« auf – teils bei geöffnetem Fenster. Zwischen den Liedern sind auf der Erstpressung Straßengeräusche zu hören: die Trabi-Zweitaktmotoren, das Quietschen der Straßenbahn, Hundegebell, Kindergeschrei – authentische Chausseestraßen-Tonkulisse. Ein von seiner Mutter aus West-Berlin eingeschmuggeltes Sennheiser-Kondensatormikrofon und ein Grundig-Tonbandgerät mussten ausreichen.

Die Platte erschien zuerst im linken West-Berliner Verlag Klaus Wagenbach und dann als Neuaufnahme der CBS 1975. »Der Titel«, so Biermann, »sollte sagen: Dieser Biermann ist zwar im Osten verboten – deshalb erscheint seine Platte ja auch ohne DDR-Genehmigung im Westen –, aber er spielt kein Versteck, er hat Name und Adresse in Berlin, für Freund und Feind leicht zu finden.«

Wolf Biermann, die Schlüsselfigur der DDR-Opposition, 1936 in Hamburg als Sohn von Kommunisten geboren, war 1963 im Alter von 16 Jahren in die DDR übergesiedelt. Er verweigerte der Stasi die Zusammenarbeit, lernte den Komponisten Hanns Eisler kennen, arbeitete als Regieassistent beim Berliner Ensemble, studierte Philosophie und Mathematik. Nachdem er eigene Texte geschrieben hatte, bekam er schnell Auftrittsverbot.

Das Plattencover, das im Westen seine Aufnahmen zierte, zeigt den Sänger und die Wohnung wie ein Stillleben: zwei schwere, alte, abgewetzte Ledersessel – in einem Biermann, im anderen seine Gitarre – und ein braunes Ledersofa. Alles vom Sperrmüll. Etliche Gemälde (Originale) gerahmt an der Wand, viele Bücher im Regal. Ein Selbstporträt, das Foto von Che Guevara, Einstein, der die Zunge rausstreckt, ein brauner Kachelofen, Musikinstrumente, ein schwarzer Zimmermannshut, wie ihn Manfred Krug im Film »Spur der Steine« trägt. Eine antike Schreibmaschine auf einem antiquarischen Sekretärmöbel. Der Schick der intellektuellen Ostboheme, der rebellischen Edelkommunisten, der Kinder der alten KPD-Kämpfer. Eine berlintypische Bürgerwohnung mit Parkett und doppelten Flügeltüren. In einem Zimmer stand ein Billiardtisch, in einem anderen ein Flügel. Mikrofone, Stative, Tonbandgeräte.

Biermann schuf seine Lieder nicht allein und einsam. Junge Leute aus dem Osten wie der Physiker Gerd Poppe (s. Kap. 35) waren schon mal dabei. Der erinnert sich gut daran, »wie Biermann in seiner Küche oder im Wohnzimmer am Harmonium saß oder an der Gitarre zupfte und ein neues Lied vortrug. Dann fragte er uns Zuhörer, wie wir es fänden. Und so ergab sich oft eine lebhafte politische Diskussion.«

Auf den Plattentellern von Wohngemeinschaften im Westen konnte sich »Chausseestraße 131« ohne Probleme drehen. Ganze Generationen von DDR-Bürgern dagegen waren jahrelang darauf angewiesen, Verbotenes zu tun: Biermann-Texte per Hand abschreiben und im ganzen Land Blatt für Blatt mit aller Vorsicht weiterverbreiten. Genauso wie seine Lieder von Tonband zu Tonband zu Tonband zu kopieren, was beim Abspielen zwar immer mehr rauschte, doch schließlich ein widerständiges politisches Grundrauschen in der DDR erzeugte, das bis zu ihrem Untergang anhielt und immer stärker wurde. Auf seiner Platte »Chausseestraße 131« findet sich eine Art ironisch gemeintes Stoßgebet an Biermanns Hamburger Großmutter »Oma Meume«: »Mach, daß mein herzenslieber Wolf nicht endet / Wie schon sein Vater hinter Stacheldraht / Mach, daß sein wirrer Sinn sich wieder wendet / Zu der Partei, die ihn verstoßen hat.«

Wolf Biermann hatte seit 1965 eine Ziehtochter, Catharina Hagen, zehn Jahre alt. Sie wurde schon als Kind Nina gerufen, spielte als Tochter der Schauspielerin Eva-Maria Hagen noch mit den Bonzenkindern der Männer

Wolf Biermann in der Chausseestraße 131, 1973.

aus dem SED-Politbüro. Ihre Mutter hatte Biermann bei einen Konzert in Halle kennen- und lieben gelernt, im September 1965, als in West-Berlin gerade die Waldbühne beim Konzert der Rolling Stones zu Bruch ging. Die neue Musik- und Jugendkultur forderte die etablierten politischen Systeme heraus, in Ost- wie in Westdeutschland gleichermaßen.

Im Dezember 1965 bekam Biermann von der SED Auftrittsverbot. Zahlreiche Filme und Bücher wurden zu jener Zeit verboten. Von Biermann war die »Drahtharfe« in West-Berlin bei Klaus Wagenbach erschienen, damals der meistverkaufte deutsche Lyrikband seit 1945. Honecker hatte sich in Stellung gegen Walter Ulbricht gebracht und sah die DDR in Gefahr – durch Künstler und Literaten. Der spätere Kulturminister Klaus Höpcke schrieb im *Neuen Deutschland:* Biermann »bellt« und »faselt« und »Wer politisch pervers ist, darf es auch im sexuellen sein ... Unsere Grenzsoldaten dienen dem Frieden. Wem aber dient Biermann mit solchem Machwerk?«

Nina Hagen wuchs auf als Stieftochter eines Staatsfeindes. Im Unterschied zu vielen Altersgenossinnen erlebte sie eine ziemlich bunte Familie, da sich über die Jahre in der Chausseestraße 131 illustre Besucher die Klinke in die Hand gaben: von Fritz Teufel, Rainer Langhans und Rudi Dutschke bis Udo Lindenberg und Heinrich Böll, der Nina eine Stange Roth-Händle mitbrachte, ihre Lieblingszigaretten.

Als Biermann in seiner Wohnung Anfang 1970 sein frisch geschriebenes Bühnenstück »Der Dra-Dra« im kleinen Kreis vorstellte – etwa 20 Personen waren gekommen –, saß Robert Havemann in einem seiner alten Ledersessel und durfte als Einziger rauchen. Sonst herrschte wegen seiner Stimme absolutes Rauchverbot. Eine junge Frau schaute öfter zu Havemann und hörte dem 60-Jährigen interessiert zu: Es war Katja, damals 23 Jahre alt. Sie traf ihn zum ersten Mal hier. »Wolf sprach mich nach geraumer Zeit dann mal an«, erinnert sich Katja Havemann, die da noch Annedore Grafe hieß, »los, meinte er zu mir, lass uns mal zusammen raus nach Grünheide fahren, der Robert sitzt da alleine rum.« Sie fuhr mit. Vier Jahre später kam die gemeinsame Tochter Franziska zur Welt und Robert und Katja heirateten.

Biermanns Wohnung war Treffpunkt; der Dichter stellte Verbindungen her und schuf Netzwerke. »Am 15.11.1974 beging Wolf Biermann seinen 38. Geburtstag«, hieß es in einer Stasi-Information. »Wie in jedem Jahr fand eine Zusammenkunft seiner Freunde in seiner Wohnung statt, an der eine Anzahl Personen verschiedener Berufe, sozialer Schichten und Altersgruppen teilnahmen.« Zu den »politisch-negativen« Geburtstagsgästen gehörten unter anderen Stefan Heym mit seiner Frau Inge, Robert und Katja Havemann, Klaus Schlesinger, Bettina Wegner, Jurek Becker, Günter Kunert, Eberhard Esche, Eva-Maria Hagen. Ferner der Botschafter Guineas sowie der Liedermacher Michael Sallmann. Der habe mehrere selbstverfasste Lieder »mit extrem gegen die gesellschaftlichen Verhältnisse in der DDR gerichteten Inhalte[n]« vorgetragen. Niemand habe dem widersprochen, Bettina Wegner stattdessen, voller Begeisterung für Sallmann, gemeinsame Auftritte vorgeschlagen.

Der Raum, in dem sich Biermann bewegen konnte, schrumpfte zusehends. In der DDR durfte er nicht auftreten und weder in die Länder des Ostblocks noch in den Westen reisen. Doch in der DDR passierte immer wieder auch Seltsames: Weil die Stasi ihn im Veranstaltungsplan der St.-Nikolai-Kirche in Prenzlau im September 1976 mit dem Kantor verwechselte, der den gleichen Nachnamen trug, konnte er nach elf Jahren erstmals wieder in der DDR auftreten. Er stand sechs Stunden auf der Bühne, das Kirchenschiff »gerammelt voll mit jungen Leuten«, er kritisierte das »Abhauen«, die Republikflucht. Biermann sang sein Lied »Enfant perdu« über Florian Havemann. Der Sohn Robert Havemanns war 1968, wie Bettina Wegner, Thomas Brasch und andere, wegen »staatsfeindlicher Hetze« auf Flugblättern gegen den sowjetischen Einmarsch in Prag verurteilt worden und 1971 in den Westen abgehauen. Es war Biermanns letztes Konzert in der DDR. Heute weiß man durch die Stasi-Akten: Seit 1973 entwickelte der DDR-Geheimdienst einen Plan. Biermann erzählte Rudi Dutschke schon im Mai 1974 in der Chausseestraße 131 davon, dass ihm »ein schweinisches Angebot gemacht worden sei«. Ein SED-Staatssekretär habe ihm nahelegt, die DDR zu verlassen und in den Westen zu gehen.

40 Jahre lang existierte die von der SED regierte DDR. Von 1949 bis 1989, dann noch ein Jahr im Umbruch bis zur Wiedervereinigung am 3. Oktober 1990. Man kann diese kurze Zeit in der deutschen Geschichte getrost in zwei Kapitel aufteilen: in eine Zeit vor und in eine Zeit nach der »Biermann-Ausbürgerung«.

Denn der bösartige Akt der SED-Staatsführung, Biermann nach einem Auftritt in Köln am 16. November 1976 nicht mehr in die DDR heimkehren zu lassen, sollte sie vor dem unbequemen Liedermacher schützen. Doch bewirkt hat die Ausbürgerung – schon von den Nazis gegen missliebige Künstler praktiziert – genau das Gegenteil. Die SED hatte die möglichen Reaktionen der Künstler und Kulturschaffenden unterschätzt. Für diese war die Biermann-Ausweisung ein Punkt ohne Rückkehr.

Erst solidarisierten sie sich mit ihm gegen die Staats- und Parteiführung zu einer Proteststärke in einem bis dahin ungekannten Maß. Und dann, weil sich nichts änderte, verließen viele von ihnen nach und nach die DDR – oder mussten gehen. Die »Biermann-Ausbürgerung« markiert den Anfang eines neuen Protestaufbruchs in der DDR.

Der Mann mit dem schwarzen Schnauzer, der schwarzen Lederjacke, der Gitarre und den vielen Freunden in seiner Wohnung in der Chausseestraße 131 wurde zum trotzigen, verstoßenen Kind der DDR. Die Funktionäre und Bürokraten des »real existierenden Sozialismus« hatten ihn und »die große Sache des wahren Sozialismus« für jedermann ersichtlich verraten.

Stasi-Foto von einer heimlichen Wohnungsdurchsuchung, 1976 (oben).
Das Eckhaus Chausseestraße 131, Anfang der Siebzigerjahre (unten).

Wolf Biermann wurde mit seiner Ausbürgerung zum Symbol von Rebellion, Widerstand und Kritik an den Verhältnissen in der DDR. Ein stärkeres Symbol als Gegensatz zu ihresgleichen konnten Erich Honecker und Erich Mielke als Staats- bzw. Geheimdienstchef kaum erschaffen. Mit ihrem Angriff auf den linken Biermann begaben sie sich gegenüber der Opposition in eine verwickelte Defensive.

Biermann sprach Linke beiderseits der innerdeutschen Grenze an, kritisierte er doch in seinen Liedern und Gedichten den Kapitalismus ebenso scharfzüngig wie den in seinen Augen missratenen und korrumpierten Sozialismus. 1971 hatte Biermann in einem West-Interview gesagt: »Positiv an der DDR ist, dass es einen Sinn hat, sie zu kritisieren. In der DDR ist der erste wichtige Schritt zum Sozialismus getan. Um den zweiten Schritt der Revolution geht der Streit auch in unserem Land. Dieser zweite Schritt bedeutet politisch die Umwandlung der Diktatur einer Elite in die vielberufene Diktatur des Proletariats. Positiv an dem Land, in dem ich lebe, ist ansonsten, dass ich in ihm lebe.« In der SED hingegen, so erzählten ihm Besucher, hieß es unter Parteigenossen: »Der Biermann ist doch unser schlimmstes Gift.«

*

Biermanns Wohnung in der Chausseestraße war eine Art Pilgerstätte, obwohl so ziemlich alle Besucher gefilmt und registriert wurden. Der »Beat-Club« im Westfernsehen sendete ab und zu verwackelte Filmaufnahmen mit dem Sänger aus dessen Wohnzimmer. Das machte die Adresse in Ost und West immer bekannter.

Im Osten war das gefährlich. Wer als Jugendlicher in der DDR Biermann-Lieder auf der Gitarre nachspielte oder daheim vor anderen seine Songs laufen ließ, wurde – falls SED und Stasi das entdeckten – schnell als »feindlich-negative« Person des »politischen Untergrunds« eingestuft und nicht selten bestraft. Gern wurde bei den Verhören der Stasi danach gefragt, was man denn so von Biermanns Liedern halte.

Sie zu haben gehörte dennoch in der Jugend- und Intellektuellenszene wie selbstverständlich dazu, dafür riskierte man schon was. Damit konnte man aber auch Eindruck machen. Erst später wurde Biermann von anderen Gruppen und Musikern im Osten abgelöst. Rock und Punk übertönten in den Achtzigern in beiden Teilen Deutschlands die politischen Liedermacher der Sechziger- und Siebzigerjahre.

Ein anderer Sound, musikalisch wie politisch. Biermann, für sie der zornige alte Mann, und seine Lieder sprachen die nachwachsende Generation nicht mehr so an. Sie mochten sich auch nicht mehr den Hoffnungen der Altvorderen auf bessere Zeiten für einen deutschen Sozialismus anschließen. Natürlich passte Biermanns »Du, lass dich nicht verhärten, in dieser harten Zeit ...« irgendwie immer, ob zur großen Bonner Friedensdemo 1983 oder zur Endphase der DDR. Biermann prägte lange Zeit die Widerstandskultur, doch die Partei, mit der er so lange rang, die SED, galt in den Achtzigern den Meisten nicht mehr als lohnendes Ziel der Veränderung durch Reformen. Die jungen rebellischen Kräfte in Ost-Berlin, Leipzig und anderswo machten lieber etwas Eigenes, ganz ohne die Partei.

Wolf Biermanns Wohnung in der Chausseestraße 131 war bis 1976 ein wichtiger Treffpunkt oppositioneller Intellektueller und Studenten. Was für eine Ironie der Geschichte, dass 1990 just der PDS-Pressesprecher und spätere Kulturchef des *Neuen Deutschland,* Hanno Harnisch, die leer stehende ehemalige Biermann-Wohnung mieten konnte.

Harnisch hatte seit 1971 inoffiziell mit dem Ministerium für Staatssicherheit zusammengearbeitet. Seit 1976 berichtete er als IM »Egon« über Freunde und Bekannte aus der Kulturszene der DDR, nicht zuletzt über jene, die Kontakt zu Biermann hatten. Dabei brachte Harnisch, wie die Autorin Katja Lange-Müller sagte, verschiedene Leute selbst in den Biermann-Kreis hinein, um später über sie zu berichten. Eine befreundete Lektorin denunzierte er wegen ihrer zahlreichen Kontakte zu Intellektuellen und Abgeordneten der Partei »Die Grünen« im Westen.

Harnisch meinte zum Einzug in die Wohnung des bekannten Oppositionellen, ein schlechtes Gewissen habe er dabei nicht. Der Versuch Biermanns, die Wohnung mithilfe des alten Mietvertrages zurückzubekommen, sei eine »armselige, billige Nummer«, eine »richtig große biermannsche Unverschämtheit!«.

Inzwischen ist auch darüber die Zeit hinweggegangen. Das Haus wurde renoviert, Wohnungen neu vermietet. Harnisch wohnt immer noch dort.

19 Havemanns Haus

Grünheide; Burgwallstraße 4

Vor einem Haus im Ortsteil Alt-Buchhorst von Grünheide schieben Volkspolizisten 1977 rund um die Uhr Wache. In Wirklichkeit sind es Stasi-Mitarbeiter. Auf dem Möllensee, gleich hinter dem unscheinbaren Sechzigerjahre-Flachbau auf einem großen Gartengrundstück, harren Sicherheitsposten regungslos in Ruderbooten aus. Lastwagen blockieren die Zufahrt zur Burgwallstraße, sie ist für den Verkehr gesperrt, auch für Fußgänger. Herumlungernde Gruppen auffällig unauffälliger ziviler Herren komplettieren die gespenstische Szenerie. Zeitweilig beleuchten nachts Scheinwerfer das Grundstück. Bis zu 200 Sicherheitskräfte sind vor Ort im Einsatz.

Der Aufwand gilt dem wohl unbequemsten DDR-Bürger, dem 1964 aus der SED ausgeschlossenen Chemieprofessor, Kommunisten und Regimekritiker Robert Havemann, Jahrgang 1910. »Eigentlich hätte man ihn lieber verhaftet, ins Gefängnis gesteckt und aus der DDR geworfen«, erzählt Katja Havemann, die ihn 1973 geheiratet hat. »Aber im Politbüro wollte man nach den Protesten angesichts der Biermann-Ausbürgerung nicht gleich in den nächsten Eklat schlittern.«

Havemann hatte 1976 eine Unterschriftensammlung gegen Biermanns Ausbürgerung mitorganisiert. Das machte aus Sicht der Partei das Maß endgültig voll. Sie verhängte gegen Havemann im November 1976 einen Hausarrest – einzigartig für einen Oppositionellen in der Geschichte der DDR.

Das Telefon im überwachten Haus wurde abgeschaltet, der von den Havemanns oft benutzte Apparat der Nachbarin und der der befreundeten Pfarrersfamilie wurden heimlich und ohne richterlichen Beschluss überwacht. Wenn der Regimekritiker im nahegelegenen See schwimmen ging, mussten auch seine Bewacher ins kühle Nass springen. Wenn seine Frau Katja mit der gemeinsamen Tochter Franzi und Nachbarskindern im Möllensee badete, fuhren »die Stasileute mit Fahrrädern mit und schwammen mir hinterher. Jeder Nachbar, der mich begrüßte, musste anschließend seinen Ausweis zeigen und war registriert.«

Dabei war Robert Havemann im sozialistischen Deutschland zunächst ein Aushängeschild der SED gewesen: kommunistischer Widerstandskämpfer im Dritten Reich, Mitbegründer der Gruppe »Europäische Union«, die von der Deportation bedrohte Juden versteckte und Kontakte zu Zwangsarbeitern aufbaute; von der Gestapo verhaftet und vom Volksgerichtshof zum Tode verurteilt, hatte er dennoch die Haft im Zuchthaus Brandenburg überlebt. In der jungen DDR war Havemann ein gefeierter Wissenschaftler, Professor für Physikalische Chemie an der Humboldt-Universität, Nationalpreisträger und Volkskammerabgeordneter – und im Geheimen war Havemann zwischen 1946 bis 1963 Informant des KGB, der Stasi und der Armeeaufklärung, der über Wissenschaftler aus West und Ost berichtete.

Ende der Fünfzigerjahre entwickelte sich Havemann aber zu einem scharfen Kritiker des SED-Kurses. Er begann, die Widersprüche und Hemmnisse, die eine Entwicklung zum demokratischen Sozialismus verhinderten, öffentlich zu benennen. Er forderte, den Stalinismus in der Partei zu überwinden, und setzte sich auch mit seiner eigenen Verantwortung und Beteiligung daran auseinander. 1956 wertete er auf Parteiversammlungen die Streiks in Polen und den Aufstand in Ungarn positiv und bestand darauf, Diskussionen über Demokratisierung in aller Öffentlichkeit zu führen. Als Naturwissenschaftler war er davon überzeugt, dass das Erkennen der Wahrheit die Freiheit der Meinung und die Abwesenheit von Zensur voraussetzt.

In diesem Sinne hielt Havemann als Lehrstuhlinhaber für Physikalische Chemie im Wintersemester 1963/64 eine Vorlesungsreihe unter dem allgemein klingenden Titel »Naturwissenschaftliche Aspekte philosophischer Probleme«. Die Vorlesungen, zu denen Hunderte Studenten strömten, machen Havemann im Osten weit über die Fachkreise hinaus bekannt. Bald darauf werden sie im Westen in Buchform als »Dialektik ohne Dogma« veröffentlicht und sorgen auch dort für Furore. Als im selben Jahr, 1964, noch ein DDR-kritisches Interview von Havemann in einer westdeutschen Zeitung erschien, war für die Parteiführung das Maß voll. Havemann erhielt Berufsverbot und wurde aus der SED sowie aus der Akademie der Wissenschaften ausgeschlossen. Das konnte seine kritische Haltung gegenüber einer unkontrollierten Herrschaft des Parteiapparates nicht mindern.

Der Naturwissenschaftler und Philosoph verstand sich mit seinem Freund Wolf Biermann, dessen Vater im KZ umgebracht worden war, zunächst noch als Marxist und Kommunist. Das änderte sich nach und nach durch die Erfahrungen von 1968, dem Einmarsch der Armeen des Warschauer Paktes in Prag, und besonders mit Beginn der Achtzigerjahre bei beiden. In der anfänglichen Grundüberzeugung waren sie sich mit vielen kritischen Geistern in der DDR wie den Schriftstellern Stefan Heym, Christa Wolf oder dem Sozialwissenschaftler Rudolf Bahro (s. Kap. 20) immer einig. In den westlichen Medien verglich man Robert Havemann mit dem in der Sowjetunion verfolgten Atomphysiker und Menschenrechtler Andrej Sacharow.

*

Havemanns Überwacher waren 1977 aus allen Bezirken der DDR eigens zur Burgwallstraße abkommandiert worden, von Freunden und Familie getrennt. Sie wussten nichts und fragten nicht, worum es hier eigentlich ging.

Wolf Biermann schickte Havemann Anfang März 1977 einen Brief: »Wer schreibt eigentlich auf, was jetzt an Terror losgelassen wird? Täglich neue Hiobsbotschaften über Verhaftungen, Verhöre über Verhöre, all die Schikanen, Drohungen, fristlosen Entlassungen. Und wer schreibt die Chronik des Widerstandes, wer dokumentiert die kommunistische Opposition? Für die Stasi-Trottel müssen diese Wochen eine langersehnte Hoch-Zeit sein. Endlich können diese Parasiten der Parteiführung vorführen, dass der monströse Sicherheitsapparat das Geld der Arbeiter und Bauern wert ist.«

Ob beim Einkauf, Spaziergang, beim Pilzesammeln oder auf dem Weg zum Kindergarten – Katja und die 1973 geborene Franziska wurden auf Schritt und Tritt begleitet. Im Stasiunterlagenarchiv gibt es mehr als 300 Aktenordner über »Leitz« – so nannte die Stasi intern Robert Havemann, seiner Frau Katja gab sie in ihren Akten den Namen »Schloß« –, die das Ausmaß der verschiedenen Überwachungs- und Zersetzungsmaßnahmen dokumentieren. Ihr Ziel: Kontakte zu anderen kritischen Geistern in der DDR und zu Westjournalisten zu unterbinden und die Familie und Robert Havemann selbst psychisch zu zerstören.

Auch wenn Katja und Robert Havemann versuchten, so gut es ging die Wachposten zu ignorieren, um ihnen das Gefühl der Nutzlosigkeit zu geben, war ihr Leben nicht einfach. In einem kleinen Holzhaus im Garten, zwei Zimmer, Küche, Veranda, hatten zudem Jürgen und Lilo Fuchs mit ihrer kleinen Tochter Lilli zeitweilig Zuflucht gefunden. Nach seiner politisch begründeten Exmatrikulation im Juni 1975 war Jürgen Fuchs in Jena mit Inhaftierung gedroht worden. Er hatte DDR-kritische Texte geschrieben und war mit den Havemanns sowie Wolf Biermann befreundet. Das Gartenhaus hatte Robert in den Fünfziger- und Sechzigerjahren als Wochenendhaus genutzt. »Kommt erst mal nach Grünheide«, erinnert sich Lilo Fuchs noch ganz genau an Havemanns Angebot: »Jürgen, du bist noch ein unbekannter Autor, sie können dich einfach im Gefängnis verschwinden lassen, aber bei uns habt ihr einen gewissen Schutz und man kann weitersehen. Vor allem scheint mir wichtig, eine Veröffentlichung deiner Texte zu erreichen, wenn es in der DDR nicht möglich ist – es gibt in anderen Teilen der Welt andere Verlage. Man könnte etwas versuchen.«

Fuchs arbeitete als Zeitungsbote und später als Erzieher im evangelischen Kinderheim Grünheide. Ab September 1977 fand auch Lilo eine Anstellung als Psychologin in der kinderpsychiatrischen Rehabilitationsklinik der Samariteranstalten Fürstenwalde.

»Das Blockhaus war eigentlich nur als Sommerhaus gedacht, Robert hat uns einen Ofen besorgt. Um den standen wir dann oft herum, wenn es draußen eisig war.«

Unterdessen nahm der Druck auf die Wohngemeinschaft der Unbequemen zu. Besucher waren unerwünscht: Nur Verwandte ersten Grades wurden nach strenger Ausweiskontrolle vorgelassen und Johannes Meinel, der evangelische Pfarrer von Grünheide. Der ganze Ort war durch die offene Überwachung verunsichert. Dennoch, mit Mut, Fantasie und vor allem mithilfe von Freunden aus Ost und West gelang es ihnen, gelegentlich die Isolation zu durchbrechen. »Freunde aus Westberlin, solidarische Vertreter westeuropäischer kommunistischer Parteien und andere Havemann-Unterstützer konnten heimliche Treffen mit dem isolierten Havemann verabreden«, erinnert sich Katja Havemann. »Er durfte seine Berliner Wohnung, in der meine Schwester wohnte, ansteuern. Berolinastraße 12. Der Westbesuch musste allerdings vor ihm eingetroffen sein und erst nach ihm die Wohnung wieder verlassen.«

So konnte sich Havemann trotz des Hausarrests mehrfach in westlichen Zeitungen zu Wort melden. »Schließlich hatte Robert viele per Tonkassette an ihn gerichtete Fragen ebenfalls auf Kassetten beantwortet, die nach Westberlin geschmuggelt werden konnten.« Der West-Berliner Soziologe Manfred Wilke machte daraus das Buch »Robert Havemann. Ein deutscher Kommunist«, in dem auch der baldige Abgang des DDR-Regimes prognostiziert wurde. Die Stasi hat davon erst mitbekommen, als das Buch im *Börsenblatt des Deutschen Buchhandels* angekündigt war.

Havemann fuhr einen grünen Wartburg Tourist und musste sich jede Ausfahrt erst von der Berliner Stasi-Zentrale genehmigen lassen. Auf einem Nachbargrundstück, das die Stasi 1977 eigens kaufte, stand ein Bungalow, von dem aus ein Observationstrupp rund um die Uhr für die Videoüberwachung der Havemanns sorgte. Ziemlich am Ende der Burgwallstraße hatte sich die Stasi zusätzlich in einem großen Wohnhaus eingerichtet, von wo aus

Franzi, Katja und Robert Havemann in der Burgwallstraße, 1978.

sie die Bewachung koordinierte und den Schichtwechsel der Wachtposten organisierte. Alle Räume waren vollgestopft mit Überwachungstechnik, wie sich nach dem Ende der DDR zeigte.

Auf der anderen Seite des Havemann-Grundstückes lag das Haus der Witwe von Erich Apel, einem hohen Planungsfunktionär, der Mitte der Sechzigerjahre Selbstmord begangen hatte, weil er die wirtschaftlichen Bedingungen, die die Sowjetunion der DDR auferlegte, für unannehmbar hielt. Politbüromitglied Günter Mittag hatte ebenfalls ein Häuschen in der Burgwallstraße.

Vor dem Hausarrest gab es viel Besuch, erinnert sich Katja Havemann: »Lilo und Jürgen luden ihre Freunde aus Jena nach Grünheide ein. Robert gefielen das Gespräch und der Austausch mit neuen jungen Leuten. [...] Auch Renft mit seiner ganzen Band war bei uns, sie berieten das Vorgehen gegen ihr Auftrittsverbot. Nach Wolf Biermanns Ausbürgerung kamen auch die Liedermacher Gerulf Pannach und Christian ›Kuno‹ Kunert mit ihren Frauen zu uns nach Grünheide.« Es wurde tage- und nächtelang diskutiert, was zu tun sei.

Am 19. November 1976 schlug die Staatsmacht zu: »Robert Havemann saß am Steuer« erzählt Lilo Fuchs. »Mein Mann, Gerulf Pannach und Christian Kunert wollten mit ihm nach Berlin fahren und einen Protest auf den Weg bringen und dazu einen Westjournalisten treffen. Schon in Erkner wurde der Wartburg gestoppt. Jürgen wurde aus dem Auto heraus festgenommen, Pannach und Kunert zwei Tage später, mitten auf dem Alexanderplatz verhaftet.«

Die drei waren neun Monate in Untersuchungshaft in Berlin-Hohenschönhausen, bis zu ihrer Ausbürgerung am 26. August 1977. Die Stasi versuchte in dieser Zeit ohne Erfolg, Jürgen Fuchs umzudrehen und als Belastungszeugen gegen Havemann zu gewinnen. Fuchs schrieb nach seiner Abschiebung in den Westen aus dem Gedächtnis das Buch »Vernehmungsprotokolle«, das bis zum Ende der DDR dort unter widerständigen jungen Leuten wie ein Kultbuch kursierte, auch als Vorbereitung auf eine mögliche eigene Verhaftung.

»Lilo war diese Zeit über, als Jürgen im Knast war, im Holzhaus ebenso bewacht wie wir«, sagt Katja Havemann. »Am Wochenende fuhr sie per Bahn nach Jena, zu ihren Eltern. Sie wurde dort jedes Mal vergattert und durfte keine Freunde treffen. Die Leute auf ihrer Arbeitsstelle in Fürstenwalde haben sich zum Teil sehr solidarisch mit ihr verhalten. Natürlich haben Lilo und ich vieles gemeinsam ausgeheckt, um die Stasi zu täuschen. Robert hatte auch gute Ideen, wie man trotz aller Überwachung Kontakte nach außen haben konnte.«

Im Mai 1979 hieß es offiziell, die Überwachung sei beendet worden, sie ging jedoch verdeckt weiter. Nun kamen noch mehr inoffizielle Mitarbeiter wie »Notar« oder »Chef« zum Einsatz. Es gibt eine Übersichtskarte der Stasi, in der Havemann von IMs nur so umzingelt ist. Trotz allem gelang es ihm und seinen Verbündeten immer wieder, die Überwacher zu überlisten. Bei einer Hausdurchsuchung 1979 fiel der Staat mit großer Truppe in Havemanns Häuschen in der Burgwallstraße ein. Die Nachbarin Brigitte Haeseler sah durchs Fenster, wie sie mit Koffern, Taschen und Kartons auf dem Grundstück anrückten. Sie eilte unbemerkt zu Pfarrer Meinel, der fuhr sogleich mit seinem Auto nach Ost-Berlin, hielt dort am erstbesten Münzfernsprecher an und wählte die Nummer von Jürgen Fuchs in West-Berlin (s. Kap. 51). Direktwahl funktionierte nur von Ost-Berlin aus, nicht von Grünheide – dort (wie auch sonst in der DDR) hätte man das Gespräch anmelden müssen.

Katja Havemann freut sich noch heute über die Solidarität der Nachbarin: »Um 19 Uhr packten sie nach zehn Stunden Durchsuchung gerade ihre letzten Sachen zusammen, da kam im Westfernsehen auch schon die Meldung: Hausdurchsuchung bei Havemann. Obwohl ganz Grünheide abgeriegelt war und wir das Grundstück nicht verlassen durften.«

Sie musste am nächsten Tag zum Verhör zur DDR-Generalstaatsanwaltschaft, zur Abteilungsleiterin für politische Vorgänge Eleonore Heyer, die bei der Durchsuchung Havemann als »politischen Gegner« bezeichnet hatte. »Heyer knallte mir einige West-Zeitungen auf den Tisch, wurde laut und fragte: ›Wie kommt das zustande?‹ Katja Havemann blieb cool: ›Weiß ich doch nicht!‹«

Robert und Katja Havemann übten auf nicht wenige junge DDR-Oppositionelle eine große Faszination aus. Allerdings bedeutete ein Besuch in der Burgwallstraße auch, ein beträchtliches Risiko einzugehen. Es war klar, dass man damit sofort ins Visier der Staatssicherheit geriet und größte Schwierigkeiten bekommen konnte. Erst Anfang der Achtzigerjahre mehrte sich die Zahl derer, die sich sagten, egal was kommt, ich ducke mich nicht mehr weg.

Aus Ost-Berlin wagte sich in dieser Zeit auch ein 18-jähriger Abiturient und angehender Schriftsteller und Maler in die Burgwallstraße 4: Thomas Klingenstein. Er wollte »den Mann kennenlernen, von dem ich wusste, dass keiner in der DDR an ihm vorbeikam, ob er er nun für ihn oder gegen ihn war. Ich wollte einfach wissen, wo lebe ich? In welchem Land?« Den ersten Besuch bahnte er über einen Brief an, den er – noch während der Zeit des Hausarrestes – über persönliche Kanäle an Havemann weiterleiten ließ.

Aus einem Besuch wurde ein Dauerbesucher.

»Havemann war gesundheitlich angeschlagen und manchmal einsam. Ich agierte als Bote hilfreich, leitete Briefe oder Manuskripte an Kontaktpersonen weiter. Er wollte von mir auch wissen, was sich so im Lande tut. So erzählte ich ihm später viel über die Entwicklungen im Prenzlauer Berg oder über die Bluesmessen eines Pfarrers Rainer Eppelmann (s. Kap. 31). Ein Pastor, der berlinerte und die jungen Leute in seiner Kirche direkt und offen ansprach. Solche neuen Entwicklungen waren ihm wichtig. Robert konnte seine eigenen früheren Ansichten, etwa über die Kirche, durchaus selbstkritisch betrachten. Der ›neue‹ Havemann hatte sich im Laufe der Zeit vom ›alten‹ Havemann weit entfernt.«

Es dauerte, bis nach dem Hausarrest durchdrang, dass man wieder leichter zu ihm kommen konnte. Riskant blieb das dennoch. Klingenstein empfand das Haus in der Burgwallstraße trotz der Überwachung »als einen furchtfeien Raum, denn Robert Havemann hatte es wie wohl kaum ein anderer verstanden, Ängste kleiner werden zu lassen und Mut zum Widerspruch als etwas Eigenes bei seinen Besuchern zu erwecken.«

Klingenstein war nicht allein von Robert Havemann beeindruckt: »Katja erschien mir als unabhängiger Geist. Trotz der Berühmtheit von Robert ging sie als jüngere Frau ihren eigenen politischen Weg. Sie hat sich immer politisch eingemischt, wenn Gäste da waren, und ihre eigenen Gedanken in die Diskussion geworfen. Das hat Robert sehr geliebt. Katjas Eigenständigkeit, Witz, Klarheit und Kritik konnten – gerade bei ersten Begegnungen – oft zur Brücke werden zwischen einer gleichsam höchst lebendigen Legende und der Realität jüngerer Generationen – an der aktiver teilzuhaben Robert aufgrund politischer Restriktion und zunehmend angegriffener Gesundheit nicht mehr möglich war.«

Zu denen, die sich damals in die Burgwallstraße wagten, gehörte auch der Lyriker und Ingenieur Rüdiger Rosenthal: »Oft gemeinsam mit meiner Frau besuchte ich seit Beginn der achtziger Jahre die Havemanns in Grünheide. Bei ihnen herrschte eine ruhige und angenehme Atmosphäre, Robert sprach mit uns über die politische Weltlage oder erzählte aus seinem Leben.« Sie debattierten bei solchen Begegnungen auch über einen Brief an den sowjetischen Staatschef Leonid Breschnew, in dem Havemann die Neutralisierung und Entmilitarisierung beider deutscher Staaten vorschlug. Dann könnten sich auch die Bevölkerungen in der »Nationalen Frage« – sprich in Sachen deutscher Wiedervereinigung – neu entscheiden. Rosenthal: »Da Havemann Physiker war – ein Fach, was auch ich studiert hatte –, habe ich mit ihm außerdem über sein Buch ›Morgen‹ – eine sozialistisch-ökologische Utopie – ein wenig gestritten. Sein Setzen auf eine glorreiche Energiezukunft mit lauter kleinen Atomfusionskraftwerken erschien mir suspekt, die Risiken und Kosten der Atomenergie waren schon damals Anfang der Achtzigerjahre zu ahnen, lange vor Tschernobyl. Er war aber trotz anderer Meinungen ein angenehmer Diskutant und lächelte dann manchmal schelmisch. Sein Glauben an technische Lösungen für Zukunftsprobleme schien ungebrochen.«

Besuch erhielten die Havemanns nicht nur von Freunden und Angehörigen. Immer wieder war auch ein inoffizieller Stasi-Mitarbeiter mit dem Decknamen »Notar« zu Gast, der Havemann im Sinne der Staatsmacht zu beeinflussen suchte. Wer sich hinter »Notar« verbirgt, ist bis heute nicht geklärt. Der von Katja Havemann verdächtigte damalige Rechtsanwalt Gregor Gysi streitet seit drei Jahrzehnten ab, »Notar« gewesen zu sein. Gysi sagt, er habe jemand anderen in Verdacht. Der Führungsoffizier von »Notar« behauptet, unter dem Decknamen verberge sich gar keine Person, sondern ein Aktenordner oder eine »Schublade«. Der Immunitätsausschuss des Deutschen Bundestages hat rund 1000 Seiten Stasi-Akten, darunter viele Berichte von »Notar«, ausgewertet und 1998 nach langer Prüfung »eine inoffizielle Tätigkeit des Abgeordneten Dr. Gregor Gysi für das Ministerium für Staatssicherheit der ehemaligen DDR als erwiesen festgestellt«.

Trotz aller IMs und strikter Überwachung: Immer wieder trickste Robert Havemann seine Beschatter aus und konnte sich an die Öffentlichkeit wenden. 1980 erschien sein letztes Buch im Westen: »Morgen. Die Industriegesellschaft am Scheideweg. Kritik und reale Utopie«. Es ist eine schonungslose Bilanz der sozialen Katastrophen und Krisen des 20. Jahrhunderts und legt dar, dass weder der Kapitalismus noch der Sozialismus die globalen Probleme der Menschheit lösen könne.

Havemann mischte sich bis kurz vor seinem Tod in der DDR politisch ein, so etwa 1982, als er gemeinsam mit dem Ost-Berliner Pfarrer Rainer Eppelmann den »Berliner Appell« verfasste und für eine unabhängige gesamtdeutsche Friedensbewegung eintrat.

Er hat seinen Hausarrest nur um knapp drei Jahre überlebt. Ein altes Lungenleiden machte ihm zu schaffen; wegen Tuberkulose, die er sich in der Nazi-Haft zugezogen hatte, besaß er nur noch ein Drittel seiner Lunge.

Mit Wolf Biermann hatte ihn trotz Hausarrest und Isolation auch nach dessen Ausbürgerung 1976 eine enge Freundschaft verbunden. »Dies respektierten sogar die SED und Honecker persönlich, denn an den hatte sich Wolf gewandt«, so Katja Havemann, »als sie dem verfemten Biermann auf dessen Bitte hin einen Besuch wenige Tage vor Havemanns Tod erlaubten. Davon sollte aber die Öffentlichkeit nichts erfahren.«

Biermann reiste am 6. April 1982 über den Bahnhof Friedrichstraße ein und wurde von einem Stasi-Trupp empfangen, der ihn in der S-Bahn bis Grünheide begleitete. Havemann bat seinen Freund Wolf, ihm sein Lieblingslied vorzuspielen: »Soldat, Soldat«, und ließ diese letzte Begegnung mit einer Videokamera aufzeichnen. Seine Botschaft, drei Tage vor seinem Tod lautete: »Freie und unabhängige Bewegungen in den sozialistischen Ländern sind von großer, ausschlaggebender Bedeutung für die Zukunft. Ich glaube auch, hier in der DDR ist so eine freie Bewegung in Gang gekommen, die zwar keine Gewerkschaft ist, die auch den Staat nicht umwälzen will, die auch nicht konterrevolutionär im gewöhnlichen Sinne ist, jedenfalls nicht die Absicht hat, hier den Kapitalismus zu restaurieren. Aber die doch Hoffnungen wachruft, die wir seit langem haben.«

Es waren in den Achtzigern vor allem die Oppositionsgruppen »von unten«, die alternative demokratische Gesellschaftsentwürfe vertraten. Havemanns Unterstützung der Initiative »Schwerter zu Pflugscharen« ist ein Beleg für seine Nähe zu diesen basisdemokratischen Gruppen, die sich am Rande der evangelischen Kirche formierten, weil sie dort etwas geschützter waren. »Havemann erkannte deren Potential und verbündete sich mit uns«, sagt Rüdiger Rosenthal, der selbst zu verschiedenen alternativen Kultur-, Friedens- und Umweltkreisen gehörte und 1989 Pressesprecher der Grünen in der DDR und dann von Bündnis 90/Die Grünen wurde: »Das war das Faszinierende an Robert Havemann, dass er trotz der politischen Unbilden und Schwierigkeiten, die seine Familie betrafen, einen ungebrochenen Optimismus und Zukunftsglauben ausstrahlte. Dies hing sicher mit seinem Anti-Nazi-Widerstand zusammen. Wer das überlebt hatte, den konnte so schnell nichts umwerfen.«

Havemann starb am 9. April 1982. An seiner Beisetzung acht Tage darauf auf dem kleinen Waldfriedhof bei Grünheide nahmen trotz eines Großaufgebots der Stasi mehr als 500 Menschen teil, darunter auch Peter Brandt, Sohn des früheren Bundeskanzlers. Havemanns 97-jähriger Vater ging aufrecht hinter dem Sarg her. Jeder Teilnehmer der Trauerfeier wurde von der DDR-Geheimpolizei identifiziert.

Das Haus in der Burgwallstraße blieb auch nach dem Tod von Robert Havemann ein Treffpunkt der Opposition. Am Wochenende 9./10. September 1989 wurde es auf Initiative seiner Witwe zum Gründungsort des Neuen Forums, einer der bedeutendsten Bürgerbewegungen der DDR, die beim Ende der DDR eine große Rolle spielte. Aus elf der 15 Bezirke trafen sich 40 Personen und verfassten den Aufruf »Aufbruch 89«.

Ein Jahr später, die Mauer war gefallen, nahm Katja Havemann an der Besetzung der ehemaligen Stasi-Gebäude in Ost-Berlin teil. Gemeinsam mit anderen Bürgerrechtlern erreichte sie die Öffnung des Geheimdienstarchives zur persönlichen und gesellschaftlichen Aufarbeitung und Erforschung des DDR-Machtapparats.

*

Heute sieht das Havemann-Grundstück noch weitgehend unverändert aus, der Besitzer hat gewechselt, von der Familie lebt hier keiner mehr. Katja Havemann ist nach Berlin hineingezogen, und der Nachlass Havemanns (mehr als zwölf Meter Aktenordner) befindet sich im Archiv der Robert-Havemann-Gesellschaft und kann von Studenten oder Wissenschaftlern, Historikern und Journalisten genutzt werden.

»Wenn ich mich an das Grundstück erinnere«, sagt Rüdiger Rosenthal, »sehe ich Havemanns Boot vor mir. Jenes kleine Bötchen, mit dem er manchmal über den See gefahren war, und wie ihn jedes Mal die Stasi mit Booten auf dem Wasser oder Autos am Ufer verfolgte, damit er ja keinen Landgang unternahm, um sich mit irgendeinem ›Klassenfeind‹ – etwa einem ausländischen Journalisten – zu treffen.«

Kurz nach Havemanns Tod war Rosenthal noch einmal in der Burgwallstraße. Das Boot war inzwischen marode, das Holz zeigte Risse, die Ruder waren schon lange nicht mehr benutzt worden. »Für mich eine Metapher des daniederliegenden Sozialismus.«

20 Alternative gesucht

Die Wohnung Rudolf Bahros; Streustraße 53

Es war noch früh an diesem Sommermorgen im August 1977, als ein Kommando des Ministeriums für Staatssicherheit raschen Schrittes die Treppen zum zweiten Stock des heruntergekommenen Mietshauses Streustraße 53 in Ost-Berlin-Weißensee erklomm. Dort, in einer kleinen Einzimmerwohnung, lebte ein Mann, der in ihren Augen ein höchst gefährlicher Staatsfeind war. Es handelte sich um einen abtrünnigen Parteifunktionär namens Rudolf Bahro, 41 Jahre alt, studierter Philosoph und Abteilungsleiter für wissenschaftliche Arbeitsorganisation beim VEB Gummikombinat Berlin.

Das Interesse der Männer, die entschlossen an der Tür pochten und Sturm klingelten, galt dem lange Zeit loyalen Parteigenossen, nun aber als heimlicher Verfasser eines für die Partei brandgefährlichen 438 Seiten starken Manuskriptes. Der Text war eine Abrechnung mit dem in der DDR praktizierten Sozialismus, wie sie die SED bisher aus den eigenen Reihen nicht erlebt hatte.

Bahro hatte das Manuskript lange Zeit in seiner Wohnung hinter der Backofenklappe des Küchenherdes versteckt. Doch die Stasi-Männer brauchten es an diesem Morgen überhaupt nicht zu suchen, weil sie es schon längst von Bahros Ehefrau Gundula bekommen hatten. Die war seit 1974 inoffizielle Mitarbeiterin der Stasi und hatte das geheim gehaltene Buchprojekt ihres Mannes verraten, denn sie war der Ansicht: »Der Rudi spinnt.«

Kurzerhand nahmen die Männer den Autor in seiner Wohnung fest und schafften ihn in einem fensterlosen Kleinlastwagen zum Verhör in ihr Untersuchungsgefängnis Berlin-Hohenschönhausen. Bald darauf kam er dann bis zum Prozess in die berüchtigte Haftanstalt Bautzen.

In seinem Text warf Bahro der SED vor, sie werde von »leistungsgeminderten und funktionsgestörten« Hirnen geführt, ihre Parteiorganisation produziere massenhaft falsches Bewusstsein, an ihrer Spitze stehe mit dem Politbüro eine unfähige Instanz, die sich selber für unfehlbar halte, aber für erkennbare Fehler immer andere verantwortlich mache. »In ihrer jetzigen politischen Verfassung hat diese Ordnung keinerlei Aussicht, die Menschen für sich zu gewinnen«. Der »real existierende Sozialismus« der DDR habe die »in der bürgerlichen Ära von den Massen eroberten Freiheiten« liquidiert, statt sie zu bewahren, soziale Ungleichheit zementiert statt beseitigt; die SED bevormunde die Bevölkerung, übe »lückenlose Zensur« und habe, entgegen der Lehre von Karl Marx, den Staat nicht abgebaut, sondern die »unförmige Staatsmaschine in einen Staats- und Parteiapparat verdoppelt«. Sein ganzes, dickes Buch war eine einzige Ohrfeige für die DDR und besonders gefürchtet, weil Bahro aus den Reihen der Partei stammte.

*

Bahros Verhaftung konnte nicht verhindern, dass sein kritischer Text öffentlich wurde. Im Köln erschien er am 5. September 1977 in der linken Europäischen Verlagsanstalt des Deutschen Gewerkschaftsbundes unter dem Titel »Die Alternative«. Der ursprünglich von Bahro vorgesehene Titel »Zur Kritik des real existierenden Sozialismus« war dem Cheflektor zu sperrig erschienen und zum Untertitel geworden.

Bahro hatte seine Veröffentlichung von langer Hand geplant und organisiert. Schon seit 1972 hatte er parallel zu seiner Dissertation an der »Alternative« gearbeitet. Den fertigen Text ließ er durch einen Freund über die Grenze nach West-Berlin schmuggeln und sorgte außerdem dafür, dass innerhalb der DDR 70 Exemplare per Post verschickt werden konnten. Später kursierten in der ganzen DDR mit Schreibmaschine und Kohlepapier hergestellte Abschriften und etliche über die Grenze hineingeschmuggelte Buchexemplare. Bahro hatte schon seit Ende 1976 Teile seiner Arbeit einem vertrauenswürdigen früheren Arbeitskollegen gegeben, der sie abfotografierte. Eine Freundin stellte mit den Negativen dann auf ihrer Arbeitsstelle heimlich Papierabzüge her, die wiederum ein dritter Freund abholte und die fotografierten Buchseiten mal in Halle, mal in Ost-Berlin zwischenlagerte, bis sie – in drei Säcken verpackt – zusammengelegt wurden und an die von Bahro ausgewählten Empfänger verschickt wurden.

Es war dem Autor wichtig, dass sein Buch wenigstens auf diese Weise zuerst in der DDR erscheinen konnte. Er selbst beschriftete im Juni 1977 mit verstellter Handschrift und unterschiedlichen Stiften die Umschläge, fügte erfundene Absender hinzu und überlegte auch, welche Briefkästen und Postämter zur Verschickung geeignet wären. Tatsächlich kamen viele Briefe durch, doch etliche kassierte die Stasi bei der Postkontrolle ein.

Der Kölner Verlag kündigte die Buchsensation aus der DDR zunächst noch ohne Namen des Autors an, informierte aber den *Spiegel,* dessen Ost-Berliner Korrespondent Ulrich Schwarz ein Interview mit Bahro und einen Vorabdruck vorschlug. Guntolf Herzberg, Bahros Ex-Kollege von der Ost-Berliner Akademie der Wissenschaften, lektorierte das Manuskript heimlich in Ost-Berlin. Das Interview führte *Spiegel*-Mann Schwarz am 21. Juli 1977 in der Streustraße, es erschien nach Bahros Verhaftung am 22. August zusammen mit dem Vorabdruck.

Bahro, der 23 Jahre lang treues Parteimitglied gewesen war, setzte 1977 in der DDR im Grunde das fort, was schon Mitte der Fünfzigerjahre Professoren und Wissenschaftler wie Ernst Bloch, Wolfgang Harich oder Robert Havemann praktiziert hatten. Auch sie galten als Vorzeige-Intellektuelle des Regimes, bis sie die DDR-Regierung mit Kritik an Stalinismus und der Forderung nach bürgerlichen Freiheiten in Bedrängnis brachten. Bloch ging dann in den Westen, Harich wurde eingesperrt, Havemann schikaniert.

Rudolf Bahro glaubte, 1977 bessere Aussichten zu haben, und hoffte auf eine breite Diskussion in der DDR über die Umkehr zum wahren Sozialismus. »Ich habe ein Buch geschrieben«, sagte er damals, »gegen das die politische Polizei machtlos sein wird, weil es den Parteiapparat ins Herz trifft.«

Er selbst hatte eine glatte Parteikarriere hinter sich. 1965 machte ihn die Partei zum stellvertretenden Chefredakteur des Studentenmagazins *Forum,* eines Organs der Freien Deutschen Jugend (FDJ). Den Posten verlor er nach dem Abdruck eines Textes von Volker Braun, in dem der Schriftsteller nach Ansicht der Partei die Arbeiterklasse »falsch« dargestellt habe. Seitdem befasste Bahro sich in Industriebetrieben mit Normerfüllung und Organisationsfragen.

Als FDJ-Redakteur war ihm zum ersten Mal aufgegangen, dass die marxistische Ideologie für die SED nur eine Fassade war, nur Vorwand für eine

Machtpolitik, die in Wirklichkeit nur den Interessen der Machtelite um das SED-Politbüro diente. Seine Wende im Verhältnis zur DDR machte Bahro im Gespräch an einem konkreten Erlebnis fest: »Es war der 15. Jahrestag der DDR 1964. Ich zog bei der Parade am 7. Oktober vormittags an der Tribüne vorbei und las die Losung: ›Was des Volkes Hände schaffen, ist des Volkes Eigen‹. Nachmittags machte es klick bei mir. In diesem Augenblick wusste ich, die wollen nicht weiter, die wollen nur Macht und die Rolle der Partei stärken, bis zum Sankt-Nimmerleins-Tag.« Der Schock hatte noch nicht ganz gereicht, um wirklich Abtrünniger zu werden. Aber dann kam 1968 der Einmarsch der Warschauer-Pakt-Truppen in die Tschechoslowakei. »Der hat mir endgültig die Augen geöffnet.«

Die gewaltsame Niederschlagung des tschechoslowakischen »Reformkommunismus« hielt Bahro für »das größte politische Verbrechen der sowjetischen Führung nach dem Zweiten Weltkrieg«. Enttäuscht entwarf er eine Austrittserklärung aus der SED, die er jedoch nicht abschickte. Dieser Schritt erschien ihm zu klein, zu wirkungslos. Stattdessen nahm er sich vor, mit dem gesamten DDR-System theoretisch abzurechnen, ohne mit dem Marxismus zu brechen. Denn etwas anderes als die kommunistische Perspektive gab es seiner Ansicht nach nicht. Bahro forderte nicht die Einhaltung der Menschenrechte in der DDR ein, sondern eine Verwirklichung des Sozialismus, wie die Klassiker ihn verstanden hatten: als allgemeine Emanzipation des Menschen.

*

Die erste Auflage der »Alternative« war schon vor der Auslieferung vergriffen und bald erschienen auch Übersetzungen in andere Sprachen. Bahros Buch löste eine intensive Diskussion in der westeuropäischen Linken über die DDR aus. Bahro war ein Kritiker, der aus dem System heraus über das System urteilte und dem niemand nachsagen konnte, dass er nicht wisse, wovon er redete. Das machte Bahros »Alternative« für die Ost-Berliner Realsozialisten zu einem gefährlichen Sprengsatz.

Im Westen war die Zustimmung nicht einhellig. Rudi Dutschke fand, dass Bahro dem Leninismus immer noch zu nahe stünde und die Menschenrechte zu gering achte. Dennoch gab es, während Bahro im Gefängnis saß,

Angeklagter Rudolf Bahro und Anwalt Gregor Gysi vor dem Berliner Stadtgericht, 1978.

enorme Solidaritätsbekundungen im Westen, getragen von Künstlern, Politikern und Schriftstellern wie Heinrich Böll und Günter Grass, Mikis Theodorakis und Herbert Marcuse.

Am 30. Juni 1978 wurde Bahro, verteidigt von Gregor Gysi, unter Ausschluss der Öffentlichkeit wegen »landesverräterischer Sammlung von Nachrichten« und »Geheimnisverrats« zu acht Jahren Gefängnis verurteilt. Im Vorfeld des Prozesses hatte ein Stasi-Informant namens »Gregor« seitenlang minutiös über jedes Gespräch zwischen Bahro und seinem Verteidiger Gregor Gysi berichtet. »Gregor« machte sogar Vorschläge, wie mit Bahro zu verfahren sei. Bis heute hat sich kein »Gregor« zu diesem Verrat bekannt. Gysi streitet ab, jener »Gregor« gewesen zu sein, obwohl er unter dieser Bezeichnung als sogenannter Vorlauf-IM registriert war, und Bahro fühlte sich gut von ihm verteidigt. In einer eidesstattlichen Versicherung erklärte Gysi pauschal: »Ich habe zu keinem Zeitpunkt über Mandanten oder sonst jemanden wissentlich und willentlich an die Staatssicherheit berichtet.«

Auf einem erhalten gebliebenen Mitschnitt des Gerichts kann man noch heute in den Prozess hineinhören. O-Ton Gysi: Bahros »Kampf war ja ausdrücklich dem real existierenden Sozialismus gewidmet. Anstatt wie viele Tausende Bürger unseres Landes an der weiteren sozialistischen Gesellschaft zum Kommunismus in der Überwindung von Problemen, Schwierigkeiten, Widersprüchen mitzuwirken«, habe sein Mandant »den konkret existierenden, realen Verhältnissen der DDR zumindest in wesentlichen Teilen den Kampf angesagt und Einrichtungen in der BRD eine Hetzkampagne gegen die DDR objektiv ermöglicht«. Und an anderer Stelle sagt Gysi als Verteidiger Bahros: »Dass die einzelnen in der Beweisaufnahme erörterten Nachrichten objektiv geeignet sind, die Tätigkeit bestimmter Personen oder Einrichtungen gegen die DDR zu unterstützen, ist zweifellos gegeben und durch das Gutachten bewiesen.« Unaufgefordert wertet Gysi den staatlich inszenierten Schauprozess von sich aus auf: »Ich möchte auch die Gelegenheit nutzen, festzustellen, dass das Gericht unvoreingenommen, allseitig und gründlich die Beweisaufnahme vorgenommen hat, bei der stets der Angeklagte seine Rechte wahrnehmen konnte.«

Das von der Stasi vorformulierte Urteil sprach der Chef des Ost-Berliner Stadtgerichts, Richter Heinrich Hugot. Ankläger war – wie in vielen Verfahren der Siebziger- und Achtzigerjahre gegen Regimekritiker – Staatsanwalt Ludwig Gläßner, der auch den Überfall auf die Ost-Berliner Umweltbibliothek 1987 leitete.

Gegen das harte Urteil protestierte das West-Berliner »Komitee für die Freilassung Rudolf Bahros«, dem unter anderen Rudi Dutschke, Wolf Biermann, Jürgen Fuchs und der damalige Juso-Chef Gerhard Schröder angehörten. Zu einem Kongress im Audimax der TU kamen über 2000 West-Linke zusammen. Am 17. Oktober 1979 wurde Bahro mit seiner Ehefrau Gundula, den beiden gemeinsamen Kindern und einer neuen Freundin in den Westen abgeschoben. Dass seine Ehefrau ihn an die Stasi verraten hat, wusste Bahro da noch nicht, er sollte es erst ein paar Jahre nach dem Mauerfall erfahren.

Bahro schloss sich im Westen den gerade im Gründungsprozess befindlichen Grünen an und schaffte es 1982 bis in deren Bundesvorstand. Seine neue Parteigenossin Antje Vollmer schwärmte später von ihm als »erstem und letztem Romantiker der Grünen«. Ex-Kommunarde Rainer Langhans nannte Bahro einen zu spät geborenen Weltrevolutionär, der »im Interzonenzug sitzen geblieben war«.

Bahro, ein ungeheuer freundlicher und ernsthafter Mann, wurde im Westen zum Querdenker und Grenzgänger von Ideologien und Theorien. Er engagierte sich in der Friedensbewegung, fand auf einer Amerikareise 1983 zu Bhagwan und seiner Sannyasin-Sekte, später führte ihn sein Weg in eine spirituell-ökologische Lebensgemeinschaft im Eifel-Dorf Niederstadtfeld. Er schien den individualistischen Selbsterfahrungstrip, den viele Linke im Westen in den Sechziger- und Siebzigerjahren absolviert hatten, nachholen zu wollen. Anfang der Neunziger zog es ihn wieder zurück nach Berlin. Er hielt Vorlesungen an der Humboldt-Universität über die Thesen seines neuen Buches »Logik der Rettung«.

In einem letzten *Spiegel*-Gespräch vor seinem Tod schwankte Bahro zwischen Hoffnung und Endzeitstimmung. »Ich glaube, daß in der gegenwärtigen ökologischen Weltkrise die Überflußproduktion die Todesspirale ist, die letzten Endes zum Untergang der Gesellschaft führt, auch wenn wir noch eine Weile so weiterleben können.« Im Dezember 1997 starb er an den Folgen einer seltenen Form von Blutkrebs, an dem zuvor schon zwei andere bekannte DDR-Oppositionelle, Jürgen Fuchs und Gerulf Pannach, verstorben waren. Das nährte den unbewiesenen Verdacht, die Todesursache aller könnte eine heimliche Röntgenbestrahlung während der Haft gewesen sein.

Bei der Beerdigung von Rudolf Bahro auf dem Dorotheenstädtischen Friedhof in der Chausseestraße war eine recht bunte Trauergemeinde beisammen. Neben seinem einstigen Anwalt Gregor Gysi von der PDS standen der Sozialdemokrat und Bundestagsvizepräsident Wolfgang Thierse und Milan Horacek, Mitbegründer der Grünen, einträchtig beisammen. Auf der Schleife eines Kranzes mit weißen Rosen, der noch eilig herbeigeschleppt worden war, konnten sie lesen: »Der Ministerpräsident des Freistaates Sachsen« – das war Kurt Biedenkopf von der CDU. Thierse sagte nach der Beisetzung gegenüber Journalisten: »Er war ein mutiger Utopist.« Die Trauerrede hielt der Philosoph und Freund Jochen Kirchhoff: »Er war ein Denker, der wirken und handeln wollte.«

Bahro wurde ganz in der Nähe von Heiner Müllers Grab beigesetzt.

KRIEG UND FRIEDEN

21 »Natürlich kann geschossen werden«

Die Befreiung von Andreas Baader; Miquelstraße 83

Die Pflastersteine in der Miquelstraße in Dahlem haben an den Rändern Moos angesetzt. Hinter einer Tanne und Birken versteckt liegt eine geräumige Villa mit weißen Sprossenfenstern und grünen Fensterläden. Nichts deutet im noblen Südwesten Berlins darauf hin, dass in dem Haus mit dem spitzen Giebel und der Nummer 83 Geschichte geschrieben wurde. Doch hier nahm am Vormittag des 14. Mai 1970 der dramatischste Konflikt der westdeutschen Gesellschaft seinen Anfang.

Hans Joachim Schneider, Mitarbeiter des Deutschen Zentralinstituts für soziale Fragen, hielt später fest: »Es war ein besonders schöner, warmer Frühlingstag. Die Sonne strahlte von einem wolkenlosen Himmel. Die Vögel zwitscherten und in dem großen Garten blühten die ersten Blumen.« Der »blasse junge Mann« im Lesesaal der Bibliothek, schrieb Schneider, sah »sehr harmlos« aus. Er war hinter einem hohen Stapel von Büchern versteckt. »Er rauchte, während er sich ab und zu Notizen machte, etwas hektisch eine Zigarette nach der anderen.«

Bei dem blassen Mann handelte es sich um den 27 Jahre alten Strafgefangenen Andreas Baader. Er verbüßte eine dreijährige Haftstrafe wegen »menschengefährdender Brandstiftung«, weil er im April 1968 in Frankfurt am Main aus Protest gegen den Vietnamkrieg, zusammen mit Gudrun Ensslin und zwei weiteren Genossen, zwei Kaufhäuser angezündet hatte. Mit Baader am Tisch in der Miquelstraße saß, ebenfalls heftig rauchend, die Journalistin Ulrike Meinhof. Mit ihr arbeitete Baader angeblich an einem Buch über »randständige Jugendliche«.

Zum Recherchieren in der Bibliothek hatte der Leiter der Haftanstalt Berlin-Tegel eine offizielle »Ausführung« genehmigt. Baaders Anwalt Horst Mahler hatte den Anstaltsleiter bedrängt, der Verleger Klaus Wagenbach hatte einen Autorenvertrag aufgesetzt. Nun saßen zwei bewaffnete Wachtmeister, die Baader begleiteten, im Lesesaal.

Im Vorraum des Instituts warten die Medizinstudentin Ingrid Schubert und die Schülerin Irene Goergens. Gegen elf Uhr öffnen sie die Tür für Baaders Gefährtin Gudrun Ensslin und einen Mann. Die Neuankömmlinge sind maskiert und haben Pistolen in den Händen. Jetzt ziehen auch Schubert und Goergens ihre Handfeuerwaffen. Als sie in Richtung Lesesaal stürmen, stellt sich ihnen der Institutsangestellte Georg Linke in den Weg. Der maskierte Mann drückt eine Pistole ab und trifft ihn in Oberarm und Leber.

Als das bewaffnete Quartett in den Lesesaal eindringt, schreit eine der Frauen: »Hände hoch, Überfall!« Es kommt zu einem wilden Kampf. Einer der beiden Wachtmeister schafft es, seine Dienstwaffe durchzuladen. Von einem Schuss aus einer Tränengaspistole geblendet, schießt er zweimal daneben. Im Kampfesgetümmel sind Baader und Meinhof aus dem Fenster gesprungen, obwohl Meinhof, so war es geplant, auf jeden Fall im Lesesaal sitzen bleiben sollte. Sie sollte so tun, als sei auch sie von der Flucht Baaders überrascht worden. Doch stattdessen laufen die beiden durch die Gärten zu einer Parallelstraße, wo einer der beiden Fluchtfahrer in einem Mercedes wartet. Kurz darauf springt auch das Befreiungskommando in einen Alfa Romeo. Berlin hat die erste Aktion der Gruppe erlebt, die sich bald »Rote Armee Fraktion« nennen wird.

Die Schauspielerin Barbara Morawiecz, die in der Nähe des Zentralinstituts wohnte, hatte am Morgen einen Zettel ihrer Freundin Ulrike Meinhof an der Tür gefunden: »Wir kommen zum Frühstück, Anna« – das war der Deckname von Meinhof. Morawiecz hatte gerade Kaffee gekocht, als neben Meinhof auch Baader, Ensslin, Goergens und der Schütze die Treppe heraufkamen. Während Polizisten mit Schäferhunden auf der Suche nach Baader und den anderen durch die Vorgärten hetzten, nahmen die ein zweites Frühstück ein. Morawiecz schnitt Baader die Haare. Auch den anderen half sie, ihr Äußeres zu verändern, bevor sie sie aus der Wohnung komplimentierte.

Hans Magnus Enzensberger schrieb 2015 in »Tumult«, seinen Memoiren aus den Sechzigerjahren: »Dann aber, an einem Nachmittag im Mai 1970, erschienen plötzlich bei mir in meinem Haus in Friedenau völlig außer Atem vier Personen: Ulrike, Gudrun Ensslin, Andreas Baader und noch ein vierter, an den ich mich nicht erinnern kann. [...] Ich begriff zwar, daß sie auf der Flucht waren, ahnte aber nicht, was sie angerichtet hatten. Daß dabei ein Bibliothekar schwer verletzt worden war, der ominöserweise Linke hieß, erfuhr ich erst später. Sie hatten keinen Zufluchtsort vorbereitet und wollten bei mir unterkommen. Ich erklärte ihnen, warum das keine gute Idee war. Vor meinem Haus stand nämlich seit geraumer Zeit ein schwarzer Volkswagen mit einem Mann, der die langweilige Aufgabe hatte, zu beobachten, wer bei mir ein und aus ging. [...] Daraufhin sind sie schnell verschwunden. Ich schließe aus dieser Episode, dass die RAF aus Versehen entstanden ist.«

Auch der Kabarettist Wolfgang Neuss berichtete später von einem Besuch von Stadtguerilleros nach der Baader-Befreiung. Sie hätten gesagt: »Wolfgang, du mußt uns helfen, wir brauchen dein Auto.« Er habe sie angebrüllt: »Seid ihr wahnsinnig«, und nicht mitgemacht – »leider, wie man heute sagen muß. Denn wäre ich Wahnsinniger damals eingestiegen, hätte das ganze Abenteuer keine drei Tage gedauert.«

In der ersten Erklärung der Gruppe, die sie in der linksradikalen Berliner Stadtzeitung *Agit 883* veröffentlichten, hieß es: »Die Baader-Befreiungs-Aktion

MORDVERSUCH

in Berlin

10.000 DM BELOHNUNG

Am Donnerstag, dem 14. Mai 1970, gegen 11.00 Uhr wurde anläßlich der Ausführung des Strafgefangenen ANDREAS BAADER in Berlin-Dahlem, Miquelstr. 83, und seiner dabei durch mehrere bewaffnete Täter erfolgten Befreiung der Institutsangestellte Georg Linke durch mehrere Pistolenschüsse lebensgefährlich verletzt. Auch zwei Justizvollzugsbeamte erlitten Verletzungen.

Der Beteiligung an der Tat dringend verdächtig is die am 7. Oktober 1934 in Oldenburg geborene Journalisten

Ulrike Meinhof

geschiedene ROHL

Personenbeschreibung: 35 Jahre alt, 165 cm groß, schlank, längliches Gesicht, langes mittelbraunes Haar, braune Augen.

Die Gesuchte hat am Tattage ihren Wohnsitz in Berlin-Schöneberg, Kufsteiner Str. 12, verlassen und ist seitdem flüchtig. Wer kann Hinweise auf ihren jetzigen Aufenthalt geben?
Für Hinweise, die Aufklärung des Verbrechens und zur Ergreifung der an der Tat beteiligten Personen führen, hat der Polizeipräsident in Berlin eine Belohnung von 10.000.-DM ausgesetzt. Die Belohnung is ausschließlich für Personen aus der Bevölkerung bestimmt und nicht für Beamte, zu deren Berufspflichten die Verfolgung strafbarer Handlungen gehört. Ihre Zuerkennung und Verteilung erfolgt unter Ausschluß des Rechtsweges.
Mitteilungen, die auf Wunsch vertraulich behandelt werden, nehmen die Staatsanwaltschaft in Berlin, 1 Berlin 21, Turmstr. 91 (Telefon 350111) und der Polizeipräsident in Berlin, 1 Berlin 42, Tempelhofer Damm 1 - 7 (Telefon 691091) sowie jede andere Polizeidienststelle entgegen.

Berlin im Mai 1970

Der Generalstaatsanwalt bei dem Landgericht Berlin

Polizeilicher Steckbrief für die Fahndung nach Ulrike Meinhof, Mai 1970.

haben wir nicht intellektuellen Schwätzern, den Hosenscheißern, den Allesbesser-Wissern zu erklären, sondern den potentiell revolutionären Teilen des Volkes.« Der Text endete mit dem Aufruf: »Die Rote Armee aufbauen!«

Die linke Szene in der Bundesrepublik und West-Berlin war im Frühjahr 1970 von der Aktion von Ensslin, Meinhof und Co. nicht angetan. Einen Menschen anzuschießen und lebensgefährlich zu verletzen, das stand für die meisten in keinem Verhältnis zur Befreiung des wenig bekannten Baader. Doch auf einem von Ulrike Meinhof besprochenen Tonband, das die französische Journalistin Michèle Ray für 1000 US-Dollar an den *Spiegel* verkaufte, ließ sich hören: »Wir sagen, natürlich, die Bullen sind Schweine, wir sagen, der Typ in Uniform ist ein Schwein, das ist kein Mensch, und so haben wir uns mit ihm auseinanderzusetzen. Das heißt, wir haben nicht mit ihm zu reden, und es ist falsch, mit diesen Leuten zu reden, und natürlich kann geschossen werden.«

Für Ermittler, Politiker und Journalisten galt die Gruppe fortan als »Baader-Meinhof-Gruppe« oder »Baader-Meinhof-Bande«. Sie rekrutierte weitere Mitkämpfer und veröffentlichte im April 1971 eine von Ulrike Meinhof verfasste grundsätzliche Schrift, in der es hieß: »Das Konzept Stadtguerilla stammt aus Lateinamerika. Es ist dort, was es auch hier nur sein kann: Die revolutionäre Interventionsmethode von insgesamt schwachen revolutionären Kräften.«

*

In der Miquelstraße 83 lebt heute eine Familie, die sich darüber ärgert, wenn bei den runden Jahrestagen der Baader-Befreiung Fernsehteams und Fotografen um das Haus schleichen. Das Institut befindet sich inzwischen in einer Villa in der Bernadottestraße 94, deren Grundstück an das der Miquelstraße 83 angrenzt. Dort lassen sich im Lesesaal auch mehrere Ordner mit alten Zeitungsausschnitten zu der Schießerei studieren.

22 Tugend und Terror

Ulrike Meinhofs letzte legale Wohnung; Kufsteiner Straße 12

Ulrike Meinhof war Mitte der Sechzigerjahre eine bekannte und von vielen Linken bewunderte politische Journalistin. 1960 hatte sie Klaus Rainer Röhl, der Eigentümer des linken Studentenmagazins *konkret*, zur Chefredakteurin gemacht und im Jahr darauf auch geheiratet.

Rhetorisch gewandt, hoch moralisch, gerne dialektisch argumentierend, verfasste sie ihre Kolumnen. Sie rückte den rechten CSU-Politiker Franz-Josef Strauß in die Nähe von Hitler und wurde wegen Beleidigung verurteilt. Sie begann sich für die Schicksale von Menschen zu interessieren, die im Schatten des Wirtschaftswunders lebten. Heimkinder zum Beispiel. Und sie fuhr immer häufiger nach West-Berlin. In ihr Tagebuch schrieb Ulrike Meinhof: »Das Verhältnis zu Klaus, die Aufnahme ins Establishment, die Zusammenarbeit mit den Studenten – dreierlei, was lebensmäßig unvereinbar erscheint, zerrt an mir, reißt an mir.«

Im März 1968 beendete sie die Zerreißprobe: Zusammen mit ihren Zwillingstöchtern zog sie von Hamburg nach West-Berlin. Zuvor hatte sie sich von Röhl, der sie beständig mit anderen Frauen betrog, scheiden lassen. Neben ihren Kolumnen recherchierte sie gründlich über das System der Erziehungsheime: Sie schrieb: »Heimerziehung, das ist der Büttel des Systems, der Rohrstock, mit dem den proletarischen Jugendlichen eingebläut wird, daß es keinen Zweck hat, sich zu wehren, keinen Zweck, etwas anderes zu wollen, als lebenslänglich am Fließband zu stehen, an untergeordnete Stelle zu arbeiten, Befehlsempfänger zu sein und zu bleiben, das Maul zu halten.«

Meinhof lebte zunächst mit ihren Töchtern und einer Hausangestellten in einer großen Wohnung in der Goßlerstraße 3 in Dahlem, dann in einer Wohngemeinschaft in der Wilmersdorfer Halberstädter Straße 7, in der auch Marianne Herzog und Jan-Carl Raspe lebten. Im Dezember 1969 mietete sie eine große Wohnung in der Kufsteiner Str. 12, im gutbürgerlichen Bayerischen Viertel in Schöneberg. Ihre Töchter gingen in einen Schülerladen in einer Parallelstraße, in der Babelsberger Straße 12.

Gudrun Ensslin und Andreas Baader hatte Ulrike Meinhof kennengelernt, als sie über deren Prozess wegen der Kaufhausbrandstiftungen in Frankfurt als Journalistin berichtete. Die beiden hatten sich, um der Verbüßung des Rests ihrer Zuchthausstrafe für die Brandstiftungen zu entgehen, im September 1969 von Frankfurt nach Paris abgesetzt. Dort holte sie Astrid Proll ab und fuhr mit ihnen über Mailand und Rom bis nach Sizilien.

In Rom besuchte sie Horst Mahler, ihr Anwalt. Mahler wollte in West-Berlin eine militante Gruppe gründen, um die Klassenkämpfe voranzutreiben. Eine Guerilla-Gruppe. Mahler hatte schon Rudi Dutschke besucht, der mit seiner Familie vorübergehend in London untergekommen war. Der lehnte allerdings die Pläne, sich zu bewaffnen, als falsch und abenteuerlich ab. Bei Baader und Ensslin, die eigentlich nach Thailand hatten weiterreisen wollen, stieß Mahler auf fruchtbareren Boden. Als der hessische Justizminister Anfang Februar 1970 ihr Gnadengesuch ablehnte, kehrten sie nach Berlin zurück.

Festnahme von Ulrike Meinhof nach gescheiterter Hausbesetzung, 1. Mai 1970.

Am 12. Februar 1970 klingelte das Paar in der Kufsteiner Straße bei Ulrike Meinhof, die inzwischen mit ihren beiden sieben Jahre alten Töchtern und ihrem Freund Peter Homann, einem Ex-Volontär bei der *konkret,* zusammenlebte. Sie fragten Meinhof, ob sie bei ihr in ihrer Sechseinhalbzimmerwohnung unterkommen könnten. Sie könnten, sagte Meinhof. Erst einmal. Die Meinhof-Tochter Bettina Röhl erinnerte sich später: »Flüsternd wurde uns erklärt, dass die beiden von der Polizei gesucht würden und dass wir in der Schule und im Schülerladen nichts von ihnen erzählen dürften. Eigentlich hießen sie Andreas Baader und Gudrun Ensslin, aber wir sollten sie Hans und Grete nennen.« Hans und Grete Weitemeier waren Freunde und Genossen, die dem Paar ihre Pässe gegeben hatten.

In den folgenden Wochen wurde im dritten Stock der Kufsteiner Straße 12 die Gruppe erdacht, die nicht viel später als Rote Armee Fraktion (RAF) die Politiker der Bundesrepublik in Angst und Schrecken versetzen sollte. In der Praxis scheiterte allerdings schon der Versuch, Waffen zu beschaffen. Horst Mahler hatte sich von Peter Urbach, dem V-Mann des Verfassungsschutzes, erzählen lassen, dass dieser auf einem Friedhof in Buckow Pistolen aus dem Zweiten Weltkrieg vergraben habe. Mahler, Baader und Urbach buddelten, ohne etwas zu finden. Auf dem nächtlichen Rückweg nahm eine Polizeistreife Andreas Baader bei einer Verkehrskontrolle fest.

Die RAF-Gründer glaubten zunächst, sowohl außerparlamentarisch legal operieren und gleichzeitig radikale Initiativen mit militanten Aktionen unterstützen zu können. Ihre Hoffnungen projizierten sie auf proletarische Jugendliche im Märkischen Viertel, einer seelenlosen Trabantenstadt im Norden West-Berlins.

Am 1. Mai 1970 zog Meinhof mit etwa 50 Genossinnen und Genossen durch das Märkische Viertel und drang in die Räume einer großen Tischlerei ein, um dort ein Jugendzentrum einzurichten. Als Polizeibeamte das Gebäude räumten, soll Meinhof zwei Polizisten mit einer Latte geschlagen haben. »Die Demonstranten, unter denen sich auch Frauen und Kleinkinder befanden«, so ein Polizeibericht, »waren zum Teil mit Latten bewaffnet. Sie wurden mit vereinzeltem Schlagstockgebrauch vom Ort entfernt.« Am nächsten Tag verteilten Linksradikale ein Flugblatt: »Statt Räume für 5000 Jugendliche Prügel von der Polizei.«

Die Staatsanwaltschaft beim Landgericht Berlin ermittelte gegen »die Journalistin Frl. Ulrike Meinhof« wegen »schwerem Hausfriedensbruch, Widerstand gegen Vollstreckungsbeamte und gefährlicher Körperverletzung«. Allerdings vermerkte ein Staatsanwalt nach der Befreiung Andreas Baaders: »Die Beschuldigte Meinhof ist im Zusammenhang mit der Strafsache Baader flüchtig. Ihr Aufenthalt ist zur Zeit nicht bekannt.« Da war sie schon untergetaucht, nachdem sie am 14. Mai 1970 bei der Befreiung von Andreas Baader in Dahlem unvorhergesehen aus dem Fenster gesprungen war. Eine Vorbereitung für ein Leben im Untergrund gab es nicht. Hans-Jürgen Bäcker, der damals mit Meinhof in der RAF war, erinnerte sich später: »Ulrike war zu dieser Zeit fix und fertig, weil sie nicht wusste, was aus Bettina und Regine wird, ihren beiden Töchtern.«

*

Im Sommer 1970 fiel Ulrike Meinhof der Stasi auf. Ein Exemplar des *Spiegel* und eine Ausgabe der *Frankfurter Allgemeinen Zeitung* hatten den DDR-Grenzer am Bahnhof Friedrichstraße misstrauisch gemacht. Er verlangte von der jungen Frau, die am 17. August 1970 gegen 13 Uhr 15 in die Hauptstadt der DDR einreisen wollte, ihre Taschen auszuleeren.

Die Reisende hieß laut ihrem französischen Pass Michèle Ray und »war über die Kontrolle etwas erbost«, protokollierte der Grenzer. Sie habe erklärt, dass sie das Büro der Palästinensischen Befreiungsorganisation (PLO) besuchen wolle. Der Beamte, der die Westblätter »formlos einzog«, notierte über deren enteignete Besitzerin: »Die Bürgerin macht einen mittelmäßigen Eindruck.«

Wie sich aus Akten des Ministeriums für Staatssicherheit und Erinnerungen ehemaliger RAF-Mitglieder rekonstruieren lässt, suchte Meinhof im August 1970 Kontakt zur SED und zu deren »Schild und Schwert«, der Staatssicherheit. Dabei ging es der Journalistin nur vordergründig um politische Unterstützung aus Ost-Berlin, in Wirklichkeit eher um die Lösung ihres größten persönlichen Problems: Was sollte aus ihren Töchtern werden?

Meinhof war damals nicht zum ersten Mal in geheimer Mission in Ost-Berlin. Bereits mehr als zehn Jahre zuvor, 1959, war sie zusammen mit ihrem späteren Mann Klaus Rainer Röhl klandestin nach Ost-Berlin gereist, um dort SED-Genossen zu treffen. Meinhof trat kurz darauf in die in der Bundesrepublik verbotene Kommunistische Partei Deutschlands (KPD) ein, wurde Chefredakteurin bei *konkret* und reiste öfter nach Ost-Berlin. Schließlich finanzierten die DDR-Kommunisten das defizitäre linke Blatt zum größten Teil.

An jenem Augusttag des Jahres 1970 lief Meinhof vom Bahnhof Friedrichstraße zum nahegelegenen Sitz der Freien Deutschen Jugend (FDJ) in der Straße Unter den Linden. Der Sekretär des Zentralrats der FDJ, ein Mann namens Erich Rau, empfing sie schließlich. Ihm gab sie auch ihre wahre Identität preis. Über das etwa 20 Minuten dauernde Gespräch vermerkte Rau: Meinhof und ihren Freunden gehe es »um einen politischen Meinungsaustausch über die Organisierung des Widerstands in Westberlin«. Deshalb habe sie mit einem verantwortlichen Genossen der Staatssicherheit und zuvor mit »einem Funktionär der Partei, der etwas zu sagen habe«, sprechen wollen.

Rau war über die unangemeldete Besucherin alles andere als begeistert und hielt ihr vor, dass die Organisierung des Widerstands in West-Berlin »nicht Sache der DDR sein kann«. Die Kommunisten in der DDR hielten nicht viel von der Neuen Linken im Westen. In der einzigen DDR-Darstellung der Studentenbewegung schrieb der Historiker Siegfried Prokop 1974: »Ein junger Mensch unserer Tage, will er Revolutionär und nicht Revoluzzer oder Rebell sein, muss die wissenschaftliche Weltanschauung der Arbeiterklasse zur Richtschnur seines Denkens und Handelns machen; denn schon Marx betonte, dass es ohne revolutionäre Theorie keine revolutionäre Bewegung geben kann. Im Unterschied zum Marxismus-Leninismus besitzt der kleinbürgerliche Revolutionarismus keine einheitliche philosophische Grundlage. [...] Der kleinbürgerliche Revolutionarismus ist also pseudorevolutionär. Er gehört nicht zur Theorie der Arbeiterklasse, sondern steht ihr feindlich gegenüber.«

Der FDJ-Funktionär Rau, dem Meinhof ideologisch suspekt war, notierte: »Ulrike M. sprach sich abfällig über die ›intellektuellen Linken‹ aus und sagte, diese würden nur ›theoretische Linien‹ ausarbeiten, aber seien nicht bereit, den Kampf mitzuführen.« Rau kam zu dem Schluss: »Ich hatte den Eindruck, daß Ulrike M. nach einem Ausweg aus ihrer prekären Lage sucht und ziemlich ratlos ist.«

Meinhof wollte im August 1970 in Ost-Berlin herausfinden, ob sie ihre damals acht Jahre alten Zwillinge in die DDR bringen könnte. »Die Aktion war mit Andreas Baader und Gudrun Ensslin abgestimmt«, erinnert sich ein Ex-RAF-Mann. »Aber wir haben Ulrike gesagt, dass der Trip nach Ost-Berlin ihre private Kiste sei.«

*

Als Meinhof steckbrieflich gesucht wurde, konnte sie gerade noch organisieren, dass Freunde aus Bremen die Zwillinge für eine Zeitlang betreuten. Wenig später brachte eine Freundin die beiden Mädchen zu einer Hippie-Kommune nach Sizilien. »Ulrike war ewig mit ihren Kindern beschäftigt«, erinnert sich eine damalige RAF-Gefährtin. »Es war eine Obsession.« Im Gegensatz zu den RAF-Gründern Baader, Ensslin, Mahler oder Grashof, die – im Dienste der Revolution – die Trennung von ihren Kindern irgendwie wegsteckten, sei »Ulrike damit nie fertiggeworden«.

Als die erste RAF-Gruppe nach der Befreiung Baaders in einem Lager der palästinensischen Fatah in Jordanien eine militärische Kurzausbildung absolvierte, wurde das Schicksal der Meinhof-Töchter im Kollektiv diskutiert. Sie sollten, so entschied die Gruppe, in ein Camp der »Jungen Rosen«, der Organisation der Fatah für junge Mädchen, gebracht werden. »Ulrike wollte auf keinen Fall, dass ihr Ex-Mann Röhl die Kinder kriegt«, schildert der ehemalige Mitstreiter Bäcker ihr Dilemma, »aber sie wollte sie auch nicht nach Jordanien zu den Palästinensern schicken.«

Zusätzlich zur Kinderfrage sollte Meinhof bei ihrem Besuch in Ost-Berlin auch herausfinden, ob RAF-Mitglieder nicht ungehindert im Transit durch die DDR reisen könnten. Im Gegensatz zu den unteren Chargen der Staatssicherheit, die sofort eine Einreisesperre gegen Meinhof verhängten, war Stasi-Chef Erich Mielke durchaus an einem Kontakt mit der Kommunistin interessiert. Drei Tage nach Meinhofs Besuch in Ost-Berlin wurde daher die »Linie Passkontrolle« im Auftrag des »Genossen Minister« angewiesen: »Der M. ist beim Erscheinen an der Grenzübergangsstelle die Einreise zu gestatten.« Der Befehl kam zu spät. Ulrike Meinhof war zwei Tage zuvor im Bahnhof Friedrichstraße von der Grenzkontrolle zurückgewiesen worden.

Die Zwillinge holte Stefan Aust, der spätere *Spiegel*-Chefredakteur und

Herausgeber der *Welt,* zusammen mit dem einstigen Meinhof-Freund Peter Homann im September 1970 in Sizilien ab und übergab sie in Rom ihrem Vater. Röhl nahm sie mit nach Hamburg.

*

Ulrike Meinhof, laut Gudrun Ensslin »die Stimme der RAF«, betrat nach ihrem Besuch in Ost-Berlin im August 1970 nie mehr das Territorium der DDR. Sie organisierte als RAF-Kämpferin in der Bundesrepublik Bombenanschläge, schrieb die Kommandoerklärungen der Gruppe, aber wurde im Juni 1972 bei Hannover verhaftet. Nach bösen Streitigkeiten mit Ensslin im Gefängnis Stuttgart-Stammheim erhängte sie sich dort im Mai 1976 am Fenstergitter ihrer Zelle.

Begraben wurde Ulrike Meinhof auf dem Dreifaltigkeitskirchhof III, in der Eisenacher Straße in Berlin-Mariendorf. Einige evangelische Gemeinden hatten es abgelehnt, den Leichnam der terroristischen Moralistin auf ihren Friedhöfen bestatten zu lassen, Kreuzberg kam für die Kirchenleitung ohnehin nicht infrage.

Zur Beerdigung kamen gut 4000 Linksradikale aus der ganzen Republik. Helmut Gollwitzer sagte am Grab: »Sie war ein Mensch mit einem schweren Leben, der sich das Leben dadurch schwer gemacht hat, daß er das Elend anderer Menschen sich so nahegehen ließ.« Ihr Verleger Klaus Wagenbach meinte: »Was Ulrike Meinhof umgebracht hat, waren die deutschen Verhältnisse: Der Extremismus derjenigen, die alles für ›extremistisch‹ erklärten, was eine Veränderung der Verhältnisse auch nur zur Debatte stellte.«

*

»Was ist denn da los?«, fragt Ende 2017 der Steinmetz, der am Eingang des Marienhofer Friedhofs einen Grabstein behaut. »Heute waren schon zehn da, gestern 30.« Meinhofs Grab befindet sich in der Abteilung A, Reihe 12, Nummer 19 unter einer großen knorrigen Birke. Ein frischer Strauß Rosen liegt da. »Die westlichen Demokratien sind wie Kartenhäuser«, steht auf einem deponierten Zettel. »Berührst du sie, stürzen sie ein.« Auf einem anderen Blatt Papier heißt es: »From Italy. Love and fight!«

23 Mit Knarre und Toupet

Konspirative RAF-Wohnung; Knesebeckstraße 89

Am 8. Oktober 1970, um kurz nach vier Uhr nachmittags, schlenderten mehrere Kriminalbeamte in Zivil betont unauffällig die noble Knesebeckstraße in Berlin-Charlottenburg entlang. Ihre Aufmerksamkeit galt einer Wohnung in der Nummer 89, Vorderhaus, erster Stock rechts. Nachdem anderthalb Stunden lang niemand die Wohnung betreten oder verlassen hatte, beschloss der Einsatzleiter, zuzuschlagen.

Insgesamt 14 Polizisten schlichen die Treppe hoch. Sie klingelten, aber niemand öffnete. Merkwürdig. Durch den Briefschlitz konnten die Polizisten sehen, dass Licht in der Wohnung brannte. Einer der zur Observation abgestellten Kollegen auf der Straße meldete außerdem via Funkgerät, dass eine junge Frau auf dem Balkon zu sehen gewesen sei.

Gegen 17 Uhr 40 drückten die Polizisten die Wohnungstür ein. Sie trafen auf eine junge Frau, die ihnen ihren Pass und Führerschein zeigte, die auf den Namen Dorothea Ridder ausgestellt waren. In Wahrheit, so stellte sich später heraus, handelte es sich um die Medizinstudentin Ingrid Schubert, die fünf Monate zuvor bei der Befreiung von Andreas Baader mitgemacht hatte.

Beim Durchwühlen einer Kommode fand ein Polizist eine Pistole der Marke Llama, Kaliber 9 mm. Andere Beamte stießen auf Autonummernschilder, Molotowcocktails und etliche Kilogramm Chemikalien sowie auf drei Exemplare des »Handbuchs des Stadtguerillero«, verfasst von dem brasilianischen Revolutionär Carlos Marighella. Darin hieß es: »Die Logistik des Stadtguerilleros, der bei null anfängt und zunächst über keine Stütze verfügt, kann mit der Formel M G W M S beschrieben werden: Motorisierung, Geld, Waffen, Munition, Sprengstoff.«

Die Polizisten warteten, ob ihnen noch jemand in die Arme laufen würde. Gegen 18 Uhr klingelte es und vor der Wohnungstür stand ein Mann mit

Bart. Er sagte, er hieße Günter Uhlig und zeigte den Beamten auch einen auf diesen Namen ausgestellten Personalausweis. »Sie sind doch Horst Mahler«, sagte ein Polizist. »Wie kommen Sie darauf?«, antwortete der Mann. Der Beamte zog ihm eine Perücke von der Glatze. »Kompliment, meine Herren!«, sagte der Rechtsanwalt, der in der Gruppe den Tarnnamen »James« trug. Mahler hatte eine Pistole in der Gesäßtasche, mit 22 Schuss Munition.

Eine halbe Stunde später ging die Rechtsreferendarin Monika Berberich der Polizei in der Wohnung in der Knesebeckstraße 89 in die Falle. Auch sie hatte eine Pistole dabei. Um 19 Uhr 40 nahmen die Beamten die Studentin Brigitte Asdonk fest; 15 Minuten später tauchte schließlich noch Irene Goergens auf, ein Schützling von Ulrike Meinhof, die bei der Befreiung von Andreas Baader ebenfalls dabei gewesen war. Nachdem die Polizisten sie überwältigt hatten, sagte sie: »Ihr Pigs könnt zufrieden sein, dass ich nicht zum Schießen gekommen bin.«

Die Polizisten fanden ein von Gudrun Ensslin geführtes Kassenbuch, das belegte, wie kostspielig das Leben im Untergrund war. Hans und Grete, alias Baader und Ensslin, hatten demnach 2484 Mark ausgegeben, allein für zwei Jacketts 500 Mark. Anna, das heißt Ulrike Meinhof, hatte es auf 1300 Mark gebracht und unter anderem ein Kostüm für 300 Mark gekauft.

In der Knesebeckstraße konnte die Polizei auf einen Schlag fünf Mitglieder der »Baader-Meinhof-Bande« festnehmen. Nach nicht einmal fünf Monaten des bewaffneten Kampfes hatte die RAF schon mehr als ein Viertel ihrer Mitglieder verloren, darunter den eigentlichen Gründer, Horst Mahler. In einer weiteren verdächtigen Wohnung in der Hauptstraße 19 in Schöneberg trafen die Polizisten niemanden an. Diese Wohnung hatte der Gruppe offenbar als operatives Hauptquartier gedient. Die Fenster des Unterschlupfs waren mit Aluminiumfolie zugeklebt, an den Wänden hingen Landkarten.

Die RAF-Mitglieder quälte die Frage, wie die Polizisten auf die Wohnungen gestoßen waren. Die Version der Polizei lautete: Bei Wolfgang Kotsch, dem Leiter der politischen Abteilung der Kripo, sei ein Anruf eingegangen. Der Anrufer habe sich als »Müller« gemeldet und dem erstaunten Kriminalbeamten erzählt, dass Baader, Ensslin und Mahler sich in einer Wohnung in der Knesebeckstraße 89 in der ersten Etage verstecken würden. Ansonsten

RAF-Frau Irene Goergens nach der Festnahme in einer konspirativen Wohnung in der Knesebeckstraße, 8. Oktober 1970.

hätten sie noch eine zweite Wohnung, in Schöneberg in der Hauptstraße 19, zweite Etage, bei Wendt.

Baader und Ensslin witterten Verrat und verdächtigten den Genossen, der bei der Baader-Befreiung geschossen hatte, der Polizei den fatalen Hinweis gegeben zu haben. Der leugnete empört. Die Gruppe überlegte, wie sie Mahler und ihre anderen Gefangenen befreien könnte. Ein Techniker hatte die Idee, einen Hubschrauber zu bauen und sie aus dem Gefängnis auszufliegen.

Die anderen lachten, aber der Bastler fing wirklich an, den kühnen Plan in die Tat umzusetzen. Er nahm einen VW-Motor nebst Getriebe und baute auf der Grundlage eines DDR-Handbuchs der Hubschraubertechnik einen zweisitzigen Helikopter. Als Polizisten ein paar Monate später eine RAF-Werkstatt im Wedding aushoben und den Bastler festnahmen, fanden sie Teile des Gefährts, aber kamen zunächst nicht auf die Idee, dass es sich um Helikopter-Bauteile handeln könne.

Die Verhaftungen in der Knesebeckstraße bestätigte die RAF-Mitglieder, die noch in Freiheit waren, in ihrer Auffassung, dass das eingemauerte kleine West-Berlin ein zu heißes Pflaster für die Stadtguerilla-Gruppe geworden war. Ulrike Meinhof war schon am Tag der Verhaftungen nach Hannover geflogen. Die übrigen RAF-Kader verließen auch bald die Stadt, in der die Gruppe gegründet worden war, und reorganisierten sich in kleinen Zellen in Hamburg, Frankfurt und Stuttgart.

*

Die zweite Generation der RAF operierte ab 1975 nicht mehr in Berlin, sondern in der Bundesrepublik, in Westeuropa und im Nahen Osten. Die Terrorgruppe löste sich nach 28 Jahren im April 1998 endgültig auf. Sie ermordete 33 Menschen; aus ihren Reihen bezahlten 21 Mitglieder ihren hoffnungslosen bewaffneten Kampf mit dem Leben. Zudem starben fünf Unbeteiligte durch Polizeigewalt.

24 »Friede den Hütten«

Georg von Rauch-Haus; Mariannenplatz 1a

Am 4. Dezember 1971 um 17 Uhr 24 wählte ein Bewohner des Hauses Eisenacher Straße 117 in Schöneberg auf seinem Telefon die Nummer 110, den Notruf der Polizei. Der Anruf wurde aufgezeichnet.

Polizist: »Polizeinotruf. Bitte?«

Herr W.: »Ja, Witt, in der Eisenacher Straße werden drei junge Leute von einem mit einer Pistole bedroht. Ich weiß nicht, ob das schon die Auswirkung der Baader-Jagd ist. Könn' Se da mal hinfahren?«

Polizist: »Eisenacher Ecke?«

Herr W.: »Ecke Fugger, da so bei dem Antiquitätengeschäft gegenüber vom Spielplatz.«

Polizist: »Was ist denn da?«

Herr W.: »Da werden drei junge Leute von einem mit einer Pistole bedroht und lehnen sich jetzt an der Wand, mit erhobenen Armen.«

Polizist: »Bedrohung mit Pistole, ja?«

Herr W: »Von einem Zivilisten, nicht vom Polizisten.«

Polizist: »Ja, wir kommen mal hin.«

Es sind deutlich zwei Schüsse zu hören.

Herr W.: »Es wird geschossen!«

Polizist: »Gut, wir kommen hin.«

Herr W.: »Schnell, Mensch!«

Frau W.: »Einer liegt! Einer liegt!«

Herr W.: »Einer liegt! Es wird geschossen!«

Polizist: »Hören Sie bitte?«

Herr W.: »Ja, die werden erschossen da. Der eine ist wahrscheinlich tot. Der liegt da reglos. Und die Leute sind dermaßen seelenruhig und putzen ihre Autos weiter.«

Polizist: »Was, da unten sind noch Leute?«

Herr W.: »Ja, es sind Zeugen da.«

Polizist: »Ach, du Schande.«

Herr W.: »Gleich daneben putzt einer seinen Wagen.«

Polizist: »Ja, sagen Sie mal.«

Herr W.: »Mensch, ick begreif nichts mehr.«

Polizist: »Na, das ist eben die heutige Zeit, wa?«

Herr und Frau Witt hatten – was sie zum Zeitpunkt des Telefongesprächs nicht wussten – die Erschießung des Anarchisten Georg von Rauch durch den Kriminalhauptmeister Hans-Joachim Schulz beobachtet.

*

Georg von Rauch, 24 Jahre alt, war im Herbst 1967, nach der Erschießung Benno Ohnesorgs von der Kieler Universität an die FU Berlin gewechselt und mit Frau und Tochter in die Mauerstadt gezogen. Der Sohn des gleichnamigen Russland-Experten und Historikers Georg von Rauch engagierte sich beim SDS, aber fühlte sich bald zu den »Haschrebellen« hingezogen. Wenn es auf Demonstrationen militant wurde, war er ganz vorn mit dabei.

Georg von Rauch war, so erinnern sich alte Freunde, sehr impulsiv und explosiv. Einmal ging er auf seinen besten Freund Bommi Baumann mit einem großen Küchenmesser los. Er landete im Februar 1970 im Knast, weil er zusammen mit Baumann und anderen einen Journalisten verprügelt hatte, der einen reißerischen Artikel über die Haschrebellen verfasst hatte.

Aus dem Knast in Moabit schrieb er an seine dreijährige Tochter: »Mich haben sie ins Gefängnis gesteckt. Sie wollen, daß wir aufhören, davon zu reden, daß die Welt schöner sein kann. Denn wir Menschen sollen nicht gegeneinander sein, sondern wir wollen alle zusammen sein und schöne Sachen machen: Flugzeugfliegen, Autofahren, Lieben, Sprechen, Malen, Musikmachen, Tanzen …«

Der *Zeit*-Redakteur Horst Bieber beschrieb Georg von Rauch in einem Nachruf als »überdurchschnittlich intelligent, musikalisch und literarisch interessiert, sprachbegabt, humorvoll, sensibel, begeisterungsfähig, aber auch schwierig, weil cholerisch, dickköpfig, schonungslos ehrlich und bis zur Selbstzerstörung konsequent.«

Am 3. Dezember 1971 hatte die West-Berliner Polizei eine Pressemeldung zu einer gerade angelaufenen »Großfahndung« herausgegeben. In ihr waren elf Mitglieder einer »kriminellen Gruppe« aufgelistet, darunter die RAF-Kader Baader, Meinhof und Ensslin. Weiter hieß es: »Es wird nochmals auf die Gefährlichkeit dieser kriminellen Gruppe hingewiesen, deren Mitglieder rücksichtslos von der Schußwaffe Gebrauch machen.« Georg von Rauch ordnete die Polizei zu Unrecht der RAF zu. Er gehörte nicht zu dieser Gruppe, sondern zu den anarchistischen Tupamaros West-Berlin, die sich aus den Haschrebellen entwickelt hatten.

Am Morgen des 4. Dezember schliefen Rauch und seine Freunde erst einmal aus und rauchten dann ein paar Joints. Sie befürchteten, dass im Zuge der Großfandung nach der RAF auch ihre Wohnung und ihre Autos überwacht werden könnten. Gegen alle Vernunft bestand Rauch darauf, einen geklauten Lieferwagen, einen Ford Transit, umzuparken. Vom Winterfeldtplatz in Schöneberg, wo der Wagen stand, fuhr Rauch los, Bommi Baumann auf dem Beifahrersitz. Es folgten in einem VW Passat die Tupamaro-Genossen Heinz Brockmann und Peter Knoll.

Nachdem Rauch in der Eisenacher Straße eingeparkt hatte, stürmte der Kriminalpolizist Hans-Joachim Schulz auf den Ford Transit zu, im Arm eine Maschinenpistole. Er hatte offenbar die Anarchisten schon länger beschattet.

Stadtguerillero Georg von Rauch, 1969 und nach seinem Tod 1971.

Brockmann sprang aus dem Passat und rannte weg; Knoll, Baumann und Rauch folgten den Anweisungen des Polizisten und stellten sich vor einem Antiquitätenladen auf, mit dem Gesicht zur Schaufensterscheibe. Auf einmal fielen Schüsse. Georg von Rauch, in den Kopf getroffen, stürzte auf den Boden. Danach weitere Schüsse, insgesamt an die 25. Der Kripomann Schulz wurde im Unterschenkel getroffen.

Bommi Baumann erklärte später: »Wir haben gesagt, wir nehmen die Waffe in die Hand und rennen gegen dieses System an und schießen klar zuerst. Darum stecken wir die Dinger ein. Der Bruder ist im Kampf gefallen, für die Sache, für die die Leute mit den roten Fahnen alle auf die Straße gehen. Dafür ist Georg im Kampf gefallen, mit der Waffe in der Hand. Als Kämpfer sollte man ihn sehen, nicht als christlichen Märtyrer.«

Baumann sagte gut anderthalb Jahre später im Stasi-Verhör aus, nachdem er an der Grenze zwischen der ČSSR und der DDR verhaftet und in den Stasi-Knast nach Hohenschönhausen gebracht worden war: »Georg von Rauch war für mich wie ein Bruder gewesen und ich betrachtete seinen Tod als kaltblütigen Mord.«

In der Todesanzeige der Eltern Rauchs hieß es über den verlorenen Sohn: »Er wollte allen helfen, die auf der Schattenseite des Lebens stehen.« Der Vater stellte Strafanzeige »gegen unbekannte Bedienstete des Landes Berlin wegen Tötung des Georg von Rauch.« Bald stellte sich heraus, dass auch zwei Verfassungsschützer am Tatort gewesen waren. Sie sollen die Szene beobachtet, aber nicht geschossen haben.

*

Zum Zeitpunkt, als Georg von Rauch auf dem Bürgersteig in der Eisenacher Straße verblutete, hatte eine Gruppe Linksradikaler schon seit Monaten über die Besetzung eines großen Hauses debattiert, in dem sie als Kommune leben könnten. Eine andere linke Gruppe, der Jugendausschuss der Stadtteilgruppe Kreuzberg, versuchte, Lehrlinge und Schüler auf den Weg der Revolte zu locken.

Eine von ihnen war Marina Müller. Sie erzählt ihre Geschichte im »Kuchenkaiser« am Oranienplatz: »Ich war 16, lernte Erzieherin, aber bin bald nicht mehr in die Schule hingegangen. Da fing meine Rebellion an. Mein

Vater war Maurer, meine Mutter Verkäuferin. Wir wohnten zu viert, meine Eltern, meine Schwester und ich, in einer Zweizimmerwohnung; Hinterhof, ohne Bad. Du hattest keine Privatsphäre. Wenn ich zu spät nach Hause kam, bekam ich Backpfeifen und Stubenarrest. So war das noch damals.«

Schon um der häuslichen Enge zu entfliehen, ging Marina oft in ein bezirkliches Jugendzentrum in der Wrangelstraße, wo zwei Studentinnen vom Jugendausschuss der Stadtteilgruppe Kreuzberg eine Mädchengruppe gegründet hatten. »Wir waren fünf Mädels, ich war die jüngste. Die Studentinnen sagten uns: Ihr könnt euch wehren. Das wussten wir nicht.«

Ton Steine Scherben, die Anarcho-Rockband, die Musik für Lehrlinge und Schüler machen wollte, spielte im Jugendzentrum und Marina Müller war hin und weg: »Das fand ich toll. So kämpferisch.« Der Hit der Scherben hieß: »Macht kaputt, was euch kaputt macht.« Ein anderer Slogan hieß: »Wir nehmen uns, was uns gehört.«

In diesem Geiste besetzten Aktivisten der Stadtteilgruppe Kreuzberg Anfang Juli 1971 zusammen mit Lehrlingen und Schülern mehrere Etagen eines leer stehenden Fabrikgebäudes im Hinterhof der Mariannenstraße 13. Für Marina Müller war es keine Frage, dass sie mitmachte. »Da hatte ich mit meinem Freund«, sagt sie, »einen Ort, an dem wir uns lieben konnten. Eine Ecke. Aber bald wurde es Winter, es kamen immer mehr Jugendliche und wir brauchten mehr Platz.«

Zu den Initiatoren der Besetzung des Jugendzentrums in der Fabrik zählte Lothar Binger, der im Februar 1968 den ersten Kinderladen in der Kopfstraße 12 in Neukölln angemietet und das *Kinderladen-Info* gemacht hatte. Jetzt suchte er nach einem besseren Haus als das mit den kalten Fabriketagen und fasste das in der Nähe gelegene Martha-Maria-Haus ins Auge. Das ehemalige Schwesternheim gehörte zu dem anderthalb Jahre zuvor geschlossenen und seitdem leer stehenden Bethanienkrankenhaus am Mariannenplatz, in der Nähe der Mauer.

Marina Müller, heute Kindergärtnerin, erinnert sich: »Eine konspirative Gruppe von acht Leuten plante die Besetzung: Lothar, Ringo, Jogi, Twiggy, icke und noch drei andere.« Sie verständigten sich darauf, dass sie über eine Mauer im Hof klettern und dann die Hintertür aufbrechen würden. Noch war der Tag der Besetzung nicht bestimmt, »aber als Georg von Rauch erschos-

Bewohner des Rauch-Hauses kurz nach der Besetzung, 1972.

sen wurde«, so Müller, »war es klar, dass wir das Haus nach ihm benennen. Wir waren ins Herz getroffen von seinem Tod.«

Es begannen hektische Vorbereitungen. Der Scherben-Sänger Rio Reiser erinnerte sich später: »Lothar kontaktierte den Hausmeister des Bethanien, stellte fest, dass er ein alter Kommunist war, und erwärmte ihn, am Tag der Besetzung unauffällig die Heizung im Martha-Maria-Haus anzustellen.« Zwei junge Frauen gingen im großen Stil Verpflegung einkaufen und verlangten in einer Bäckerei alle vorhandenen Brote. »Wollt ihr 'ne Party machen«, fragte der Bäcker. »So was Ähnliches«, antwortete die Studentin.

Vier Tage nach der Erschießung Rauchs, am Abend des 8. Dezember 1971, trafen sich über Tausend Linksradikale im Audimax der TU zu einer großen Versammlung, »Teach-in« wurde so etwas damals genannt. Rauch sei kaltblütig von der Polizei ermordet worden, war der Tenor der Redner. Dann spielten Ton Steine Scherben. Nach dem Konzert forderte Rio Reiser dazu auf, zum Mariannenplatz nach Kreuzberg zu fahren. Eine, die dabei war: »Daraufhin sprangen alle in die verfügbaren Autos oder liefen zur U-Bahn und fuhren sofort dorthin. Natürlich war die Polizei längst da, der Mariannenplatz war voller Mannschaftswagen, der Haupteingang bereits abgesperrt.«

Eine Besetzerin: »Ungefähr 300 Leute, die ins Haus hineingekommen waren, versammelten sich im Treppenhaus und setzten sich auf die Stufen. Dann war es von der Polizei komplett abgeriegelt und niemand kam mehr hinein. Ungefähr genauso viele Leute standen noch draußen auf dem Mariannenplatz und lieferten sich eine Straßenschlacht mit den Bullen, die Schlagstöcke und Tränengas einsetzten und alle in die nächstgelegene U-Bahn trieben.«

Drinnen stand Lothar Binger, ganz oben im Treppenhaus, und verlas eine Erklärung. In dem Buch der Rauch-Haus-Besetzer »Kämpfen, Lernen, Leben« heißt es: »Gegen Mitternacht wurde uns durch Megaphon von den Bullen zugerufen, dass der Stadtrat Beck eingetroffen wäre und wir Vertreter zur Verhandlung schicken sollten. Das wurde von uns abgelehnt. Wenn wir verhandelten, müssten alle dabei sein. Wir forderten Beck auf, zu uns zu kommen. Da wir den Eingang und die Hintertür verbarrikadiert hatten, sollte er über eine Leiter durchs Fenster steigen. Das lehnte Beck ab, mit der Begründung, er würde es nicht schaffen.«

Die Besetzer befürchteten, dass die Polizisten hereinstürmen würden, wenn sie für den Jugendstadtrat die Tür öffneten. Aber das passierte nicht. Beck kam herein und versicherte den Besetzern, dass sie ein Haus bekommen würden, aber nicht unbedingt dieses. Auf jeden Fall müssten sie es erst einmal wieder verlassen. »Wir bestanden auf unserem Recht und waren nicht bereit, das Haus zu räumen. Nach langem Hin und Her versicherte uns Beck, dass wir auf jeden Fall bis zum nächsten Tag bleiben könnten. Daraufhin zog ein Teil der Bullen ab, und wir hatten freien Zugang zum Haus.«

Am nächsten Morgen richteten die Besetzer ein Informationsbüro ein, in dem sie wechselweise die Kommunikation organisieren und die Aktivitäten koordinieren wollten. »Leute, die nicht zu einer politischen Gruppe gehörten, konnten nicht im Haus bleiben«, erinnerte sich später eine Besetzerin. »Zum Beispiel hatten sich im obersten Stock blitzschnell ein paar Penner eingerichtet und sogar schon Namensschilder an die Türen angebracht, aber die mussten wieder ausziehen.« Über die Haustür malten die Besetzer das Wort von Georg Büchner: »Friede den Hütten! Krieg den Palästen!«

Auf den Straßen West-Berlins lebten damals rund 2000 Trebegängerinnen und Trebegänger, Jugendliche, die aus Heimen oder von zu Hause abgehauen waren. Zu diesen »Trebern« gehörte Angie Olbrich, die ein paar Tage nach der Besetzung im Rauch-Haus gelandet war. Sie nahm damals ständig das Aufputschmittel AN1, um den Hunger zu bekämpfen. »Ganz am Anfang«, sagt sie, war es schwierig mit Essen, es gab nicht immer Essen.« Im ersten Stock wohnten vorwiegend Lehrlinge, die eine Küche hatten, die sie allerdings abschlossen. Im zweiten Stock wohnten zumeist Trebegänger, deren Küche immer leer war. »Wir haben des Öfteren versucht«, so Angie, »nachts in die Küche der Lehrlinge einzubrechen.«

Irene Mössinger, vom Jugendausschuss der Stadtteilgruppe, zog im März 1972 ein. Die spätere Gründerin des alternativen Veranstaltungsorts »Tempodrom« am Potsdamer Platz erinnert grundsätzliche Meinungsunterschiede unter den Besetzern. »Es gab im Wesentlichen zwei Fraktionen. Der einen ging es um Selbstverwaltung und finanzielle und ideelle Unabhängigkeit vom Senat, der anderen mehr um persönliche Freiheit und Kreativität. Letztere hatte nach dem Song der Scherben die Devise: Tu, was du tun willst, und du bist frei. Das fanden viele Trebegänger klasse. Die andere Fraktion glaubte, dass es für das Gemeinschaftsleben Regeln braucht. Die Leute sollten zur Schule gehen oder arbeiten, um das Haus aus eigener Kraft zu erhalten. Sie waren die Politischen, die die Welt revolutionieren wollten. Zu denen gehörten auch Marina und ich.«

Marina Müller ist heute stolz auf die »gelebte Demokratie«, aber erinnert sich mit leichtem Schaudern daran, wie sie auf dem Plenum anderen, die sich erst mal nur austoben wollten, mit dem Zeigefinger gedroht hatte: »Du musst arbeiten, genauso wie ich.« – »Im Grunde erzählte ich genau das, womit mich meine Eltern immer genervt hatten.« Irene Mössinger sagt: »Es war ein furchtbarer Kampf zwischen den beiden Fraktionen. Es gab auf den Plenen unversöhnliche Auseinandersetzungen bis hin zu Prügeleien. Insgesamt sind sechs ausgezogen. Es war traurig.«

In einer Seminararbeit von Pädagogikstudenten heißt es: »In den ersten 14 Tagen kämpften drei Gruppen um das Haus. Drogenabhängige, vor allem Fixer (ca. 5 bis 10), Trebegänger (ca. 50 bis 60). Jugendliche des JZ (12 bis 17). [...] Nach ca. sechs Monaten hatte sich die Zusammensetzung der Bewohner des Rauch-Hauses bedeutend verändert. Der Anteil der Trebegänger hat sich von 2/3 auf 2/5 vermindert und der Anteil der Lehrlinge und Schüler entsprechend erhöht.«

Mössinger hat auch viele schöne Erinnerungen. So gründeten die Frauen, die deutlich in der Minderheit waren, eine Frauengruppe, die sie »Rote Kralle« nannten. »Da ließen wir uns über unser Verhältnis zu unseren Männern aus. Wir lasen Clara Zetkin und spielten Fußball.«

Indes gab es auch noch Druck von außen. Die CDU Kreuzberg verlangte strikte staatliche Aufsicht oder Räumung. Jugendstadtrat Beck schickte eine Sozialarbeiterin und zwei Sozialarbeiter ins Rauch-Haus, darunter den späteren Abgeordneten der Alternativen Liste Manfred Rabatsch. Sie halfen Trebern, sich zu legalisieren, und berieten die Jugendlichen, für die sie keine Kontrolleure, sondern Freunde waren.

Rio Reiser, der regelmäßig das besetzte Haus an der Mauer besuchte, schrieb 1972 den »Rauch-Haus-Song«, der über die Jahre zu einer Art inoffiziellen Hymne von Kreuzberg geworden ist.

> »Der Mariannenplatz war blau, so viele Bullen waren da,
> und Mensch Meier musste heulen, das war wohl das Tränengas.
> Und er fragte irgendeinen ›Sag mal ist hier heut 'n Fest?‹
> ›So was ähnliches‹, sagte einer, ›das Bethanien wird besetzt.‹
> [...] Doch die Leute im besetzten Haus riefen, ihr kriegt uns hier
> nicht raus. Das ist unser Haus ...«

Der sozialdemokratische Kreuzberger Jugendstadtrat Erwin Beck hatte als Widerstandskämpfer bei den Nazis im Zuchthaus gesessen, 1968 gegen den Vietnamkrieg demonstriert und er hatte auch ein Herz für proletarische Jugendliche. Zunächst bekam der Verein Jugendzentrum Kreuzberg e.V. einen einjährigen Nutzungsvertrag für das besetzte Haus. Im März 1973 schloss der Verein für die Rauch-Haus-Bewohner mit dem Land Berlin einen neuen Vertrag, in dem ihnen weitgehende Selbstbestimmung eingeräumt wurde.

Ruhe hatten die Besetzer deswegen noch nicht. Bommi Baumann, der inzwischen mit Freunden die Bewegung 2. Juni (s. Kap. 27) gegründet hatte, kam mit denen gern ins Rauch-Haus. Das nahm die Polizei zum Anlass, ebenfalls regelmäßig ins Haus einzufallen. Eine der Durchsuchungen beschrieben die Besetzer in einem Flugblatt so: »Um 3.55 morgens besetzten 800 Polizisten das Bethaniengelände und umstellten mit entsicherten Maschinenpistolen das Jungarbeiter- und Schülerzentrum Georg von Rauch-Haus. Wenige Minuten später stürmten mehrere hundert Polizisten ohne Vorwarnung und Angabe von Gründen das Haus und drangen mit Hunden und gezogenen Pistolen in die Zimmer ein, in denen Lehrlinge, Schüler und Jungarbeiter schliefen. Unter Leitung der politischen Polizei und des Verfassungsschutzes wurden alle Zimmer von der Polizei durchsucht und verwüstet.«

Die Brutalität der Polizei werde, so die Besetzer, an folgendem Vorfall deutlich: »Als eine 18-jährige Mutter ihr zweijähriges Kind aus dem Zimmer holte, um es in Sicherheit zu bringen, wurde sie mit Gummiknüppeln mißhandelt, als sie mit dem Kind auf dem Arm den Raum verlassen wollte. Ein Bulle sagte zu einem anderen: ›Pack sie doch an der Möse, die alte Votze, die will wohl gefickt werden.‹«

Die Kreuzberger CDU verteilte noch mehr als fünf Jahre nach der Besetzung ein Flugblatt, auf dem zu lesen stand: »Kann man in Kreuzberg leben, ohne zu arbeiten, ohne Miete, Strom, Gas, Müllabfuhr zu zahlen, und trotzdem Geld zum Leben haben? Einige können das – allerdings auf Ihre Kosten. Sie, liebe Kreuzberger, arbeiten und zahlen Steuern, Sie erwarten, daß der Staat dieses Geld vernünftig ausgibt. Bei uns in Kreuzberg werden seit Jahren zwei sogenannte Wohnkollektive aus Steuergeldern bezahlt; im ehemaligen Bethanien-Krankenhaus und in der Wilhelmstr. 9.« Mit der Wilhelmstraße 9 war das Tommy-Weisbecker-Haus gemeint, das Jugendliche ein Jahr nach dem Rauch-Haus besetzt und nach dem Anfang März 1972 von einem Polizisten in Augsburg erschossenen RAF-Mitglied benannt hatten, der gut mit

Georg von Rauch befreundet gewesen war. Die Kreuzberger CDU forderte, die linken Wohnkollektive aufzulösen.

Im Rauch-Haus lebten 1977 30 Männer, zehn Frauen und elf Kinder, sie hatten auch zwei palästinensische Flüchtlingsfamilien aufgenommen. Die Höhe der Miete richtete sich nach dem Einkommen. In einem Büchlein »6 Jahre Selbstorganisation« ist unter »ungelöste Probleme« aufgeführt: »Auf dem Plenum müsste mit weniger Gebrülle und mehr Selbstbeherrschung diskutiert werden.«

Da war Marina Müller schon nicht mehr dabei. Sie war drei Jahre nach der Besetzung wieder ausgezogen: »Aber für mich«, sagt sie, »war das Rauch-Haus ein Paradies auf Erden. Ich habe da gelernt: Du kannst dich wehren. Du kannst was erreichen.«

*

Die Wohnungsbaugenossenschaft Bremer Höhe schloss 2013 mit dem Bezirk Friedrichshain-Kreuzberg einen Erbpachtvertrag für das Rauch-Haus ab und sanierte das denkmalgeschützt Gebäude gründlich. Die Genossenschaft vermietet das Haus wiederum an den 1971 gegründeten Verein Jugend- und Kulturzentrum Kreuzberg e. V., der für die Autonomie und Selbstverwaltung der Bewohner*innen sorgt. Rund 40 Menschen, darunter auch Familien, wohnen für eine Monatsmiete von rund 4,50 Euro warm pro Quadratmeter in dem Klinkerbau. Im von Graffiti überzogenen Kellerlabyrinth, in dem es regelmäßig Konzerte und Partys gibt, sagt ein Bewohner: »Wenn du was Genaueres über uns wissen willst, musste zum Plenum kommen und dich da vorstellen. Plenum ist jeden Donnerstagabend um acht.«

25 Keine Macht für Niemand

Domizil der Ton Steine Scherben; Tempelhofer Ufer 32

An dem Haus in Berlin-Kreuzberg am Ufer des Landwehrkanals hängt heute eine Gedenktafel: »Hier lebte und arbeitete von 1971 bis 1975 der Sänger, Textdichter und Komponist Rio Reiser, 9.1.1950 bis 20.8.1996, mit der Band Ton Steine Scherben.«

Als »die Scherben«, wie sie genannt wurden, in dem Gründerzeitbau am Tempelhofer Ufer 32 lebten, waren sie so etwas wie die Haus-Band der Anarchos und Spontis in Berlin. Sie sangen: »Reißen wir die Mauern ein, die uns trennen. Kommt zusammen, Leute, lernt euch kennen. Du bist nicht besser als der neben dir. Keiner hat das Recht, Menschen zu regier'n.« Im Refrain: »In jeder Stadt und in jedem Land, heißt die Parole von unserem Kampf, heißt die Parole von unserem Kampf: Keine Macht für Niemand!«

Die Scherben sangen auf Deutsch, und ihr Sänger Rio Reiser, mit bürgerlichem Namen Ralph Möbius, ein schmächtiger Junge mit langen braunen Haaren, schaffte etwas, was bis dahin unmöglich erschienen war: Er sang zu angloamerikanischer Rockmusik deutsche Texte, und es klang nicht peinlich. Es klang ganz natürlich und so authentisch, wie gute Rockmusik klingen muss. Ein leichter Berliner Akzent half, vor allem waren die Texte in der Sprache gehalten, die junge Arbeiter verstanden und selbst sprachen: »Nee, ich will nicht werden, was mein Alter ist.«

Die Scherben waren aus Hoffmanns Comic Theater und den Roten Steinen hervorgegangen. Sie spielten für und mit Lehrlingen Theater; gegründet hatten sie Rios ältere Brüder Peter und Gert.

Mit ihren Songs setzte die Band aus Kreuzberg eine Parole auf künstlerischer und musikalischer Ebene um, die die deutschen Spontis von US-Feministinnen übernommen hatten: »Das Persönliche ist politisch.« Die Lieder der Scherben waren politisch, aber gingen vom Individuum aus, von

Ton Steine Scherben auf den Straßen Kreuzbergs
Jörg Schlotterer, Rio Reiser, Lanrue, Nikel Pallat, Uli Hammer, 26. November 1973.

subjektiven Erfahrungen der Unterdrückung und Frustration, aber auch vom Wunsch nach Gemeinschaft und Freiheit. Die Scherben-Songs waren der Soundtrack zur Revolte der frühen Siebzigerjahre, einer Revolte mit langen Haaren und Drogen, mit Demos und Hausbesetzungen.

Schon in Nieder-Roden, einem kleinen Ort südlich von Frankfurt am Main, hatte Rio Reiser mit einem Franzosen in einer Band namens Beat Kings zusammengespielt. Der bekam den Namen R. P. S Lanrue und wurde Reisers engster musikalischer Weggefährte. Lanrue war Rio nach Berlin gefolgt, hatte anfangs gar keine eigene Wohnung, sondern pennte im Café Kaputt. Bald wollten die Scherben nicht nur zusammen Musik machen, sondern auch zusammenwohnen.

Ihr Glück: Sie trafen Jörg Schlotterer, der bis Frühjahr 1970 im SDS-Zentrum gewohnt hatte. Seine vormalige SDS-Genossin Helga Wullweber hatte zusammen mit anderen in dem Haus am Tempelhofer Ufer, das dem Land Berlin gehörte, eine große Wohnung gemietet. Als eine Sechszimmerwohnung unter ihrer frei wurde, sagte sie Schlotterer Bescheid. Der bekam einen Mietvertrag, Holger Meins zog ein, aber verschwand bald in den Untergrund zur RAF. Andere potenzielle Mitbewohner versanken im Drogensumpf. An der Wand stand groß in Rosa: »Wer sich nicht in Gefahr begibt, kommt darin um.«

Lanrue von den Scherben besuchte Schlotterer und fragte, halb im Spaß: »Wann können wir denn hier einziehen.« Schlotterer fand das keine schlechte Idee und bald hatten die Scherben die Wohnung in Beschlag genommen. Sie nannten ihr Domizil »T-Ufer«.

»Die Scherben haben Kreuzberg erfunden«, sagt ihr Gitarrist Lanrue heute. Das ist zwar übertrieben, aber es ist auch etwas dran. Sie stehen zumindest für ein Kreuzberger Lebensgefühl der Siebzigerjahre. Lanrue erzählt, die Wohnung am T-Ufer habe fünf Zimmer gehabt. Rio hatte ein Hochbett, er selbst hatte ein Zimmer und natürlich gab es ein großes Matratzenlager. Ständig kamen Trebegänger und Heimkinder, die abgehauen oder woanders rausgeflogen waren, weil sie Mist gebaut hatten. Die Scherben nannten sie »die Kurzen«. Sie klauten, stellten alles Mögliche an, auf jeden Fall brachten sie den Scherben ständig Polizisten ins Haus, die sie verfolgten oder suchten. Später zogen auch Frauen ein: Antje Krüger aus der K1, Christine Schily, Britta Neander, Anne Reiche. »Es war ein einziges Kommen und Gehen«, erinnert Lanrue. »Die Adresse stand auf unseren Platten; es kursierte in der Szene, dass man bei uns pennen könnte, und irgendwann stand eine ganze Schulklasse aus Düsseldorf vor der Tür. Du hattest keine Privatsphäre.«

»Musik ist eine Waffe«, hieß ein kurzes Papier aus dem Sommer 1972, in dem die Scherben ihren politischen Anspruch formulierten. »Wir wollen die Feinde des Volkes nennen. ›Macht kaputt, was euch kaputt macht – zerstört das System, das euch zerstört.‹« Als ihr Publikum sahen die Musiker »Leute unserer Generation: Lehrlinge, Rocker, Jungarbeiter, ›Kriminelle‹, Leute in und aus Heimen.« Um ihre Situation ginge es in den Songs. »Ein Lied hat Schlagkraft, wenn es viele Leute singen können. Unsere Lieder sind einfach, damit viele sie mitsingen können. Wir brauchen keine Ästhetik; unsere Ästhetik ist die politische Effektivität. Unser Publikum ist der Maßstab und nicht irgendwelche ausgeflippten Dichter. Von unserem Publikum haben wir gelernt, Lieder zu machen, nur von ihnen können wir in Zukunft lernen, Lieder für das Volk zu schreiben.«

Lanrue beschreibt den Druck, der ständig auf den Scherben lastete. »Alle Leute wollten uns politisch oder anderweitig vereinnahmen. Wir absolvierten strapaziöse Tourneen, aber hatten kein eigenes Auto. Einmal hatten wir einen VW-Bus von Kunzelmann geliehen, aber der wurde von den Bullen gesucht und sein Bus natürlich auch. Also standen wir mit unseren Sachen neben dem beschlagnahmten Bulli auf der Straße.«

Die Scherben hatten dauernd mit der Staatsgewalt zu tun. Anne Reiche, die mit Reiser befreundet war, hatte ihre Verbindungen zur Bewegung 2. Juni. Bommi Baumann war regelmäßig im Rauch-Haus, Lanrue: »Uns haben die Bullen nachts mit entsicherter MP aus dem Bett geholt.« Rio Reiser erzählte, er habe irgendwann seinen Personalausweis gleich neben sein Bett gelegt. Falls sie wiederkommen.

Die Scherben hatten es schwer mit ihren Fans. Die Anarcho-Genossen kritisierten sie als Kapitalisten mit Starallüren, die sich angeblich auf Kosten der Bewegung eine goldene Nase verdienten – obwohl das Gegenteil der Fall war. Und wenn die Scherben keine Lust hatten, einmal mehr nach einem Konzert von ihnen ein Jugendzentrum mitzubesetzen, galten sie als korrumpiert.

Nachdem Rio Reiser, der die meisten Texte verfasste, persönlichere Songs schrieb, in denen das Wort »Kampf« fehlte, galten sie bei sturen Anhängern als Verräter. Der Wunsch nach Gleichheit vertrug sich nicht mit der Bewunderung für Rockstars, zu denen die Scherben und Rio geworden waren. Für Lanrue war es trotz alledem »eine super Zeit. Als wir am Tempelhofer Ufer lebten, ist die Platte »Keine Macht für Niemand« entstanden. Wir haben nicht an die Rente gedacht, sondern an etwas geglaubt. Wir haben das gelebt, was wir gesungen und gespielt haben.«

Nach knapp vier Jahren Freiheit und Abenteuer, Sex and Drugs and Rock 'n' Roll hatten die Scherben von dem hektischen Großstadtleben genug. 1974 zogen sie aus der Wohnung am Tempelhofer Ufer aus, kauften einen reetgedeckten Bauernhof in Fresenhagen in Nordfriesland und ließen sich auf dem Land nieder. Dort produzierten sie Platten, deren Lieder persönlicher waren als die in Kreuzberg entstandenen Agitprop-Songs.

Claudia Roth, die spätere Spitzenpolitikerin der Grünen, organisierte als Managerin in den Achtzigerjahren wieder große Tourneen. Doch als die Gruppe sich 1985 auflöste, hatte sie rund 200 000 Mark Schulden. Rio Reiser – der Bob Dylan Deutschlands, wenn es einen solchen gibt – machte als »König von Deutschland« eine Solo-Karriere. Der Mann mit der einzigartigen Stimme trank zu viel und starb im August 1996 in Fresenhagen. Rio ist auf dem St.-Matthäus-Friedhof in Berlin-Schöneberg begraben.

26 Frauen, kommt her!

Autonomes Frauenzentrum; Hornstraße 2

Wenn Cristina Perincioli und Cillie Rentmeister aus dem Wohnzimmer ihres Hauses am Rande eines märkischen Dorfes schauen, fällt ihr Blick auf weite Wiesen und Weiden. Im Garten wachsen Seerosen im Teich, in einem kleinen Stall stehen Ziegen.

So beschaulich hatten es die beiden Frauen nicht immer: Beide zählten in den frühen Siebzigerjahren zu den Feministinnen der ersten Stunde, die damals noch gar nicht Feministinnen hießen. Die Filmregisseurin Perincioli kam 1968 aus der Schweizer Hauptstadt Bern nach West-Berlin. Die Genderforscherin Cillie Rentmeister wurde 1948 in Berlin geboren. Die beiden sind seit 1973 ein Paar und gehörten zu den Gründerinnen des Frauenzentrums und anderer Frauenprojekte in West-Berlin.

Sie wurden in einer Zeit aktiv, als Frauen nur mit Genehmigung ihrer Ehemänner arbeiten durften, in der Frauen für eine legale Abtreibung in die Niederlande fahren mussten und sich mit einem Platz daheim am Herd zufriedengeben sollten.

*

Ende der Sechzigerjahre hielten die zum Marxismus konvertierten Männer der Studentenbewegung die sogenannte Frauenfrage für einen »Nebenwiderspruch«. Der entscheidende »Hauptwiderspruch« verlief für sie zwischen Kapital und Arbeit, zwischen Bourgeoisie und Proletariat. Würden die Arbeiter erst einmal mittels Revolution die Herrschaft an sich reißen, dann würde sich die Frauenfrage schon wie von selbst lösen.

Helke Sander, Filmstudentin aus West-Berlin, wollte darauf nicht warten und tat sich Ende 1967 mit ein paar Studentinnen zusammen. Auf der 23. Delegiertenkonferenz des Sozialistischen Deutschen Studentenbundes (SDS) am 13. September 1968 in Frankfurt am Main ging sie ans Rednerpult und sagte: »Liebe Genossinnen, Genossen, ich spreche für den Aktionsrat zur Befreiung der Frauen.« Was sie dann ausführte, immer wieder von Beifall unterbrochen, gilt zu Recht als Gründungsmanifest der Neuen Frauenbewegung. »Wir können die gesellschaftliche Unterdrückung der Frauen nicht individuell lösen«, sagte Sander. »Wir können damit nicht auf Zeiten nach der Revolution warten.«

Sie berichtete von schlechten Erfahrungen, die Frauen mit Männern bei der Gründung der ersten Kinderläden gemacht hatten, und formulierte dabei bereits die zentrale Überlegung der Alternativbewegung der späten Siebzigerjahre: »Wir wollen versuchen, schon innerhalb der bestehenden Gesellschaft Modelle einer utopischen Gegengesellschaft zu entwickeln. In dieser Gegengesellschaft müssen aber unsere eigenen Bedürfnisse endlich einen Platz finden.« Sander ging die Männer direkt an: »Die Hilflosigkeit und Arroganz,

Frauenzentrumsfrauen Monne Kühn, Eva Neumann und Monika Schmid beim Tae-Kwon-Do-Training, 1973.

mit der wir hier auftreten müssen, macht keinen besonderen Spaß. Hilflos sind wir deshalb, weil wir von progressiven Männern eigentlich erwarten, dass sie die Brisanz unseres Konfliktes einsehen. Die Arroganz kommt daher, dass wir sehen, welche Bretter ihr vor den Köpfen habt.« Abschließend warnte die Filmstudentin ihre Genossen: Wenn diese nicht bereit seien, die Frauenfrage zu diskutieren, sei der SDS nichts weiter »als ein aufgeblasener konterrevolutionärer Hefeteig«.

Die Männer schwiegen. Ihnen fiel offenbar nichts ein. Als der Versammlungsleiter zum nächsten Tagesordnungspunkt übergehen wollte, warf die hochschwangere Berliner Philosophiestudentin Sigrid Rüger sechs Tomaten in Richtung der Herrenriege auf dem Podium. Eine traf Hans-Jürgen Krahl, neben Rudi Dutschke der fähigste Theoretiker des SDS, am Schlüsselbein. Nun brach Tohuwabohu aus.

In der Folge taten sich in verschiedenen Städten der Bundesrepublik nach dem Vorbild des Berliner Aktionsrates Studentinnen in »Weiberräten« zusammen. Bei der nächsten SDS-Delegiertenkonferenz im November 1968 in Hannover verteilten die Frauen ein Flugblatt, in dem es heißt: »Kotzen wir es aus: Wir sind penisneidisch, frustriert, hysterisch, verklemmt, asexuell, lesbisch, frigid, zu kurz gekommen, irrational ...« Die Parole der Frauen: »Befreit die sozialistischen Eminenzen von ihren bürgerlichen Schwänzen«, dazu ein Comic von einer nackten Frau mit Hackebeil und wie Jagdtrophäen ausgestopfte Penisse prominenter SDS-Genossen. Die Reaktion der Männer, so eine SDS-Frau, sei »wütend, chaotisch und aggressiv-autoritär« gewesen, »wie man es erwarten konnte«.

Es dauerte nur wenige Monate, bis sich der Berliner Aktionsrat in traditionelle Sozialistinnen und Feministinnen spaltete; Helke Sander gehörte zu den Letzteren und gründete mit sechs Gesinnungsgenossinnen die Gruppe Brot und Rosen, die ein ausgesprochen erfolgreiches »Frauenhandbuch« herausgab. Darin widmeten sich die Autorinnen Themen wie Verhütung und Abtreibung, sowohl in praktischer Hinsicht als auch in ihrer politischen Dimension.

Cristina Perincioli, wie Helke Sander Studentin an der Film- und Fernsehakademie, ging zur Zeitung *Agit 883*, doch musste sie feststellen, dass auch bei den Anarchisten viele Männer den Macker raushängen ließen. Ein

Student, der sich später der Bewegung 2. Juni anschloss, machte sie und zwei Genossinnen mal so richtig runter. »Bürgerliche Votzen« nannte er sie.

Lesben wie Perincioli wollten mit solchen Typen nicht viel zu tun haben. Mit Schwulen ging es schon eher. Als sie Rosa von Praunheim und andere Männer der Homosexuellen Aktion West-Berlins (HAW) fragte, ob sich in deren Fabriketage auch Lesben einmal die Woche treffen könnten, sagten die sofort ja. Perincioli: »Noch nie zuvor hatte ich in einer Männergruppe diese Art unvoreingenommener, brüderlicher Ermutigung und Zuwendung erfahren.«

Perincioli und ihre damalige Freundin Waltraud Siepert verteilten kleine Handzettel im Sappho, einer Lesbenbar in der Uhlandstraße, die ein Zuhälter kontrollierte. Das nächste Mal trafen sie sich in der S-Bahn-Quelle, einer Schwulenkneipe unweit des Savignyplatzes. Jetzt waren sie schon zu acht. »In der HAW-Etage in der Dennewitzstraße«, so Perincioli, »saßen wir auf Matratzen, hielten uns an der Bierflasche fest und rauchten wie die Blöden. Es ging darum, ein offenes Gespräch zu führen, wie normale Menschen es tun, daherquatschen. Wir wollten aus der Unsichtbarkeit herauskommen. Und wir sagten uns: Wir sind zwar Lesben, aber wir sind auch Frauen.«

Sie gaben eine kleine Anzeige in der Zeitung *Hundert Blumen* auf, einer anarchistischen Nachfolgerin der *Agit 883*. Darin luden sie alle Frauen zu einem Treffen im Sozialistischen Zentrum in der Stephanstraße in Moabit ein. Sie versammelten sich im ersten Stock, in einem großen Raum, in dem der berühmte Kommune-1-Tisch stand. Es war überfüllt, die meisten der 70 Frauen, die gekommen waren, mussten stehen. Eine Teilnehmerin des historischen Treffens: »Dieser erste Abend ist mir als ungeheuer aufregend in Erinnerung geblieben. Noch nie hatte ich so viele Frauen in einem Raum ohne Männer gesehen, die versuchten das zu strukturieren.« Was sehr schnell klar war: Die Frauen wollten etwas tun, zusammen mit Frauen etwas tun. Das Erarbeiten einer theoretischen Plattform – sonst in linken politischen Gruppen ein Muss – übersprangen sie einfach. Eine andere Frau der ersten Stunde: »Ich erlebte zum ersten Mal, dass Frauen sich selbst ernst nahmen, sich selbst zum Gegenstand politischer Praxis machten, dass sie die Stirn hatten, etwas für sich selbst zu fordern, ohne sich hinter der Arbeiterklasse zu verstecken.«

Eine von ihnen fand einen Laden in der Hornstraße 2 in Kreuzberg in einem heruntergekommenen Gründerzeithaus, gute 72 Quadratmeter groß. Ab März 1973 mieteten Perincioli und ihre Mitstreiterinnen die bescheidene Lokalität. Der einstige Verkaufsraum diente für Versammlungen, dahinter schlossen sich noch ein kleinerer Raum und eine Küche an. »Ziemlich dreckig und chaotisch« hat Helke Sander den Laden in Erinnerung.

Zum Symbol der Neuen Frauenbewegung, das auch die Tür des Frauenzentrums zierte, wählten ihre Begründerinnen das Venuszeichen mit einer Faust, die den Ring des traditionellen Symbols sprengt. Zur bevorzugten Farbe der Bewegung wurde Lila.

Mit den Genossen der vielen kleinen Parteien, die sich zur »Vorhut der Arbeiterklasse« erklärt hatten, wollten die Frauen des Frauenzentrums nichts zu tun haben, aber sie arbeiteten mit Stadtteilgruppen und der Roten Hilfe zusammen, die politische Gefangene unterstützte. Um den Unterschied zu den marxistischen Frauengruppen deutlich zu machen, nannten sie ihren Laden »Autonomes Frauenzentrum«.

Als Gefangene im Frauengefängnis Lehrter Straße gegen verschiedenste Schikanen des Anstaltsleiters und für eine Verbesserung der Haftbedingungen in einen Hungerstreik traten, hungerten Frauen aus dem Frauenzentrum aus Solidarität eine Woche mit; initiiert hatte die Aktion Waltraut Siepert, deren Freundin Inge Viett sich bald der Bewegung 2. Juni anschloss. Immerhin gelang es ihnen, Journalisten auf die Missstände im Frauengefängnis aufmerksam zu machen.

Die Initiatorinnen des Frauenzentrums kamen aus der anarchistischen, undogmatischen Szene, nahmen aber auch Ideen der US-amerikanischen Frauenbewegung auf. Sie gründeten zum Beispiel CR-Gruppen, für Consciousness Raising, eine Art Gruppentherapie, bei der jede Frau der Reihe nach einen ganzen Abend über ihre Probleme sprechen konnte.

Das Leitmotiv der Frauen, das auch bei den Spontis zirkulierte, hieß: »Das Persönliche ist politisch.« Am radikalsten setzten diesen Slogan die Frauen der »Sexualitätsgruppe« um: Eine von ihnen erinnerte sich später: »1974 machten wir mit den Falken eine Fahrt. Natürlich gab es ein Frauenzelt, dort lasen wir den ›Mythos vom vaginalen Orgasmus‹ und haben dort dann zu zwanzig Frauen zusammen onaniert. Das war eine tolle Erfahrung.«

Die Frauen des Frauenzentrums organisierten Selbstverteidigungskurse, illegale Abtreibungen in Berlin und vor allem Fahrten zu niederländischen Abtreibungskliniken. Weil sie befürchteten, abgehört zu werden, besprachen sie diese strafbare Hilfe auf dem Spielplatz vor dem Frauenzentrum. Alle 14 Tage fuhr ein Bus mit schwangeren Frauen von West-Berlin in die Niederlande.

Das Frauenzentrum war als männerfreier Raum für Frauen gedacht. Doch regelmäßig standen Männer vor der Tür und verlangten Einlass. »Wenn wir ihnen sagten« so Perincioli, »dass das nicht ginge, dass wir das nicht wollten, lamentierten die furchtbar, redeten von Diskriminierung; sie fürchteten wohl den Verlust der Kontrolle über ihre Frauen.« Für einige Männer, deren Frauen im Frauenzentrum verschwanden, war diese für sie unzugängliche Welt eine Bedrohung. Mit dem Vorschlag der Frauen, doch ein Männerzentrum aufzumachen oder eine Männergruppe zu besuchen, konnten sie nichts anfangen.

Lesben waren zwar im Frauenzentrum gegenüber den Heteras in der Minderheit, aber sie waren sehr selbstbewusst. »Wir hatten das mit den Männern schon hinter uns«, sagt Perincioli. »Das war ein Vorteil. Die Heteras hatten einen Mann zu Hause, mit dem sie die Erfahrungen, die sie mit anderen Frauen machten, nicht teilen konnten.« Es gab auch Lesben, die sich als Avantgarde fühlten und die Heteras spüren ließen, dass Frauen, die sich noch mit Männer abgaben, in ihren Augen etwas zurückgeblieben seien.

Aber es waren auch vor allem Lesben, die neue Projekte auf die Beine stellten. Zwischen 1974 und 1977 gründeten Frauen in West-Berlin über 20 Projekte zum Beispiel das BIFF (Beratung und Information für Frauen), das Feministische Frauen Gesundheitszentrum FFGZ, Verlage, Zeitungen und Buchläden. In der Yorckstraße eröffneten Lesben 1975 die Ladies-Only-Kneipe Blocksberg, deren Räume 1980 die Underground-Bar Risiko übernahm.

Cillie Rentmeister gründete zusammen mit anderen Musikerinnen die erste Frauen-Rockgruppe auf dem europäischen Festland, die Flying Lesbians. Sie traten erstmals in der Walpurgisnacht auf, in der Nacht zum 1. Mai 1974. Eine englische Frauenband, die für das Frauenfest angeheuert worden war, hatte in letzter Minute abgesagt. Rentmeister und ihre Freundinnen liehen

Gemeinsame Reise von Frauenzentrumsfrauen; von links stehend: Cillie Rentmeister, Monne Kühn, Roswitha Burghard, Birthe, Biggi Wilpert; sitzend: Cristina Perincioli, Monika Schmid, 1973.

kurzentschlossen von den Ton Steine Scherben ein Schlagzeug, von einer anderen Band eine Anlage, übten zwei Tage und stellten sich in der Alten Mensa der Technischen Universität vor über 1000 Frauen auf die Bühne. Sie spielten tanzbare Rockmusik und der Funke sprang über. Teilweise vertonten sie einfach die aktuellen Slogans: »Frauen kommt her, wir tun uns zusammen. Gemeinsam sind wir stark.«

Drei Monate später traten die Flying Lesbians bei einem Festival in Kopenhagen vor 30 000 Leuten auf, sie tourten durch die Bundesrepublik und Westeuropa. Rentmeister, die Keyboard spielte, erinnert sich: »Zu fortgeschrittener Stunde zogen sich viele Frauen aus, tanzten halbnackt. Sich ausziehen war möglich. Ein Ausdruck von Körper und Freiheit, weil man nicht angegafft wurde, weil man frei von Voyeuren war.«

Das Frauenzentrum hatte bereits ein Jahr nach seiner Gründung 24 Arbeitsgruppen hervorgebracht, eine zentrale Steuerung oder Koordination gab es nicht. Die einzelnen Gruppen waren autonom. Neben der Ökologiebewegung war die Frauenbewegung diejenige der aus dem Aufbruch der Sechzigerjahre rührenden Bewegungen, die die Gesellschaft am stärksten beeinflusst und verändert hat. Cillie Rentmeister nennt die Jahre im Frauenzentrum die »amazonische Zeit« der Neuen Frauenbewegung. Es sei eine »radikale, bewegte, euphorische Gründerzeit« gewesen. »Diese Frauen, diese Vielfalt, das Debattieren, Pläneschmieden und auch viel Lachen – das war überwältigend.«

27 Das Kreuzberger »Volksgefängnis«

Laden der Bewegung 2. Juni; Schenkendorfstraße 7

Der Morgen des 27. Februar 1975 ist sonnig in West-Berlin; die Temperaturen bewegen sich um den Gefrierpunkt. In Zehlendorf macht sich Peter Lorenz, der Berliner CDU-Landesvorsitzende, bereit, zur Arbeit zu fahren. Der Chauffeur seines Dienstwagens, über den er als Vizepräsident des Abgeordnetenhauses verfügt, holt Lorenz in seiner Villa im Elvirasteig 31 ab. Der CDU-Chef nimmt auf dem Rücksitz der Limousine mit dem amtlichen Kennzeichen »B-1-2« Platz und beginnt damit, Akten zu studieren.

Als der Daimler anderthalb Kilometer zurückgelegt hat und in den Quermatenweg einbiegt, stößt ein Kleinlaster rückwärts aus einer Straße. Der Fahrer von Lorenz tritt auf die Bremse, im nächsten Moment fährt ein roter Fiat 124 S auf den Mercedes auf. Es ist 8.53 Uhr. Die Fahrerin des Fiats, eine junge Frau im roten Minirock, entschuldigt sich beim Chauffeur von Lorenz. Dieser merkt nicht, dass sich ihm ein Mann mit einer als Besenstiel getarnten Eisenstange von hinten nähert. Er wird niedergeschlagen und verliert kurz die Besinnung. Mitglieder des Überfallkommandos legen Lorenz im Wagen Handschellen an und injizieren ihm ein Beruhigungsmittel. Als sein Fahrer, der auf dem Boden liegt, wieder zu sich kommt und um Hilfe ruft, zeigt ihm einer der Männer seine Pumpgun. Der Fahrer schweigt.

Vier Entführer springen in den Mercedes. Sie stoßen Lorenz auf den Beifahrersitz und binden ihm ein Handtuch um den Kopf, damit er nicht sehen kann, wohin die Reise geht. Ein Entführer setzt sich auf ihn drauf. Lorenz tritt in Panik so stark gegen die Windschutzscheibe, dass diese aus dem Rahmen springt. Der Mercedes jagt mit quietschenden Reifen los, nur mit Mühe kommt die Fahrerin des Fiat, die ihren Wagen gegen einen Ford ausgetauscht hat, hinterher. Die beiden Wagen rasen auf die Avus und überholen einen Streifenwagen der Polizei, dessen Besatzung sich nicht weiter für sie interessiert.

Die Entführer sind allesamt Mitglieder der Bewegung 2. Juni. Sie steuern den Dienstwagen von Lorenz in eine Tiefgarage in der Neuen Kantstraße in Charlottenburg. Die beiden Insassen des Ford parken ihren Fluchtwagen um die Ecke in der Trendelenburger Straße, holen sich in einem Hinterhof deponierte Helme und steigen auf ein Motorrad. Kurz darauf kommt ein VW-Golf aus der Tiefgarage, in ihm sitzen Gerald Klöpper und Inge Viett; im Kofferraum liegt Lorenz. Ihnen folgen Ralf Reinders und Andreas Vogel in einem Audi als neuem »Deckungswagen«. Es ist kurz nach neun.

Die kleine Kolonne fährt nach Kreuzberg, in die Fidicinstraße, wo Gabriele Rollnik mit einem Ford Transit wartet. Auf dem Vorplatz eines nahegelegenen Friedhofs verfrachten die Entführer Lorenz aus dem Kofferraum des Golfs in eine Eichenkiste, die sie wiederum in dem Ford Transit verstauen. Von dem Friedhof ist es weniger als ein Kilometer bis zu einem Trödelladen in der Schenkendorfstraße 7, den die Entführer mit dem Transit ansteuern.

Nur ein paar Schritte von der Bergmannstraße entfernt, schleppen vier Leute die schwere Eichentruhe in den Laden. In der Küche, die hinter dem Verkaufsraum liegt, holen sie Peter Lorenz raus, schlingen ihm einen Tragegurt unter den Armen durch und lassen ihn durch eine Luke in den Keller hinunter; in das »Volksgefängnis«, wie sie den Raum nennen.

Mehrere Monate haben die 2.-Juni-Leute gebraucht, um den Laden auszubauen. Vorn befindet sich jetzt ein Laden für gebrauchte Klamotten, von dem Gabriele Rollnik später berichtet: »Der Laden diente als Fassade für unser ›Volksgefängnis‹. Nach außen hin wurde es als Second-Hand-Geschäft mit Ankauf und Verkauf geführt. Dazu habe ich ein Gewerbe angemeldet. Den Ladenraum haben wir entsprechend hergerichtet: Kleidungsstücke auf Ständer und in Regalen. Ein Schreibtisch mit Kasse, an dem ich die Verkäufe und Ankäufe tätigte. Es war ein Verlustgeschäft, kann ich sagen, weil es eine arme Gegend war.«

Am Nachmittag, als Lorenz wieder einigermaßen bei Sinnen ist, bringt eine Frau ein vorbereitetes Schild in den Keller, dessen Aufschrift lautet: »Peter Lorenz, Gefangener der Bewegung 2. Juni«. Zuerst sträubt der CDU-Politiker sich, dann lässt er sich doch auf einem Bett sitzend fotografieren. Vier Mitglieder des 2. Juni fangen an, ihre erste Erklärung gemeinsam zu formulieren und auf einer Schreibmaschine zu tippen.

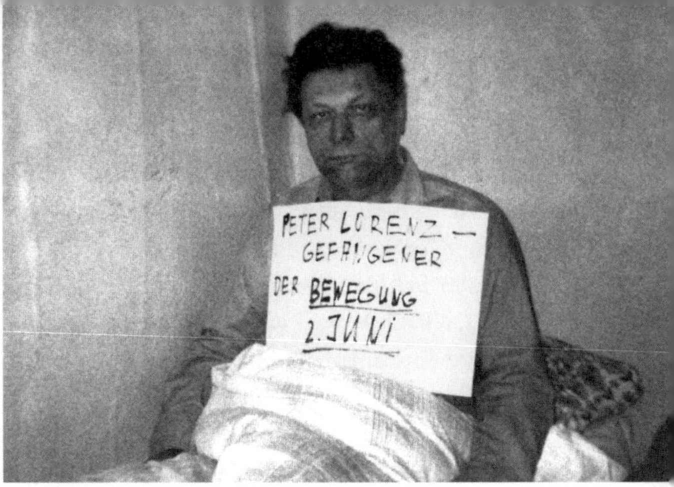

Der entführte Berliner CDU-Landesvorsitzende Peter Lorenz im »Volksgefängnis«, 1975.

Sie beginnt mit dem Satz: »Heute morgen haben bewaffnete frauen und männer der bewegung 2. juni den parteivorsitzenden der berliner CDU, deren spitzenkandidaten für die abgeordentenhauswahlen am 2. märz, Peter Lorenz, gefangengenommen.« Weiter: »Lorenz ist von uns entführt worden, weil er als vertreter der reaktionäre und bonzen verantwortlich ist für akkordhetze und bespitzelung am arbeitsplatz, für den aufbau von werkschutz und antiguerillagruppen, für berufsverbote, das neue demonstrationsrecht, verteidigereinschränkung und für die aufrechterhaltung des diskriminierenden §218.«

Unter »unsere Forderungen« heißt es: »Sofortige Freilassung von Verena Becker, Gabriele Kröcher-Tiedemann, Horst Mahler, Rolf Pohle, Ina Siepmann, Rolf Heißler.« Es handelt sich um vier Mitglieder der Bewegung 2. Juni und zwei abtrünnige Ex-RAF-Mitglieder.

Die sechs seien begleitet von dem »pfarrer und bürgermeister a.d. Heinrich Albertz« von West-Berlin in ein Land auszufliegen, das später genannt würde. Jeder Gefangene sollte 20 000 Mark in bar mitbekommen. Das alles habe innerhalb von 72 Stunden zu geschehen. Gegen 23 Uhr wirft Gabriele Rollnik die Erklärung in der Wilmersdorfer Uhlandstraße in einen Briefkasten. Adressiert ist sie an die Presseagentur dpa.

In der Bundeshauptstadt Bonn tagt am nächsten Morgen der Krisenstab. Am 28. Februar gegen halb zwölf erreicht ein Beamter der Senatskanzlei Pfarrer Albertz, der in der Nähe von Dortmund seine Tochter besucht. Er liest Albertz, der im November 1967 als Regierender Bürgermeister zurückgetreten war, das Kommuniqué vor. Albertz später: »Es war plötzlich eiskalt im Zimmer. Eine ›Bewegung 2. Juni‹ will mich als Gewährsmann oder Geisel. Eine späte Antwort auf Benno Ohnesorg. Holt mich dieses Datum wieder ein?« Albertz fliegt sofort nach Berlin und erklärt dem Regierenden Bürgermeister Schütz, er werde seinen Beitrag zur Freilassung von Lorenz leisten.

Der RAF-Anwalt Klaus Croissant erklärt währenddessen, es handele sich bei der Entführung wohl um eine »Geheimdienstaktion«. Wie wäre es sonst zu erklären, dass kein Gefangener der RAF freikommen sollte.

Bundeskanzler Helmut Schmidt (SPD) will hart bleiben, doch als der Krisenstab zu seiner entscheidenden Sitzung in Bonn zusammentritt, liegt er mit 40 Grad Fieber darnieder. Der West-Berliner Bürgermeister Klaus Schütz (SPD) und der CDU-Vorsitzende Helmut Kohl wollen den Entführten unbedingt retten und folglich die Forderungen erfüllen. Schmidt stimmt zu. Später erinnert er: »Der Austausch von Peter Lorenz war inzwischen eingeleitet, der friedensbewegte Heinrich Albertz hatte sich als Zwischengeisel zur Verfügung gestellt. Und an diesem Morgen wußte ich: Das war verkehrt! Und ich habe beschlossen, das machst du nie wieder!«

*

Zur Bewegung 2. Juni hatten sich Genossen und Freunde von Georg von Rauch kurz nach dessen Erschießung zusammengeschlossen, Anfang 1972. Bommi Baumann rekrutierte Verena Becker und die brachte ihre Freundin Inge Viett mit. Doch schon die erste größere Aktion ging schief. Nachdem am »Bloody Sunday« im nordirischen Londonderry Ende Januar 1972 britische Soldaten in Belfast etliche katholische Bürgerrechtler erschossen hatten, beschloss die Gruppe – als Solidaritätsaktion mit der Irish Republican Army, der IRA –, im Britischen Yachtclub in West-Berlin eine Bombe zu legen. Diese explodierte nicht, ein Bootsbauer, der sie fand, spannte sie in einen Schraubstock und starb durch die Explosion.

Der Mann, der die Bombe deponiert hatte, lief bald darauf zum Verfassungsschutz über. Becker wurde verhaftet und zu sechs Jahren Jugendstrafe verurteilt. Bommi Baumann setzte sich nach Afghanistan ab und wurde Anfang 1974 der erste Aussteiger aus dem linken Terrorismus. Seinen Genossen rief er im *Spiegel* zu: »Freunde, schmeißt die Knarre weg!«

Die Bewegung 2. Juni machte weiter und versuchte – sich bewusst von der RAF absetzend –, eine Art volkstümliche Guerilla zu sein. Seine Mitglieder verteilten bei Banküberfällen Schokoküsse an das geschockte Publikum. Sie kamen zum größten Teil aus Berlin und legten Wert auf ihre proletarischen Wurzeln. »Wir sind keine ausgeflippten Kleinbürger«, schrieben sie. »Jeder von uns weiß, was Fabrikarbeit ist, einige haben nicht einmal Hauptschulabschluss, geschweige denn studiert.«

Während Andreas Baader und andere RAF-Genossen mit Porsches und raren italienischen Sportwagen durch die Bundesrepublik gerast waren, hatte der 2. Juni in West-Berlin Kontakt zur linksradikalen Basis und einem Netzwerk von Unterstützern behalten. Doch der Versuch, als »Guerilla mit menschlichem Antlitz« zu operieren, scheiterte am 10. November 1974 auf ganzer Linie. Mehrere Mitglieder des 2. Juni fuhren an diesem Tag vor dem Wohnhaus von Günter von Drenkmann vor, dem Präsidenten des West-Berliner Kammergerichts, in der Bayernallee 10–11 in Westend. Am Tag zuvor war der RAF-Mann Holger Meins nach 58 Tagen Hungerstreik im Gefängnis in Wittlich gestorben.

Um die Forderungen der über 30 »politischen« Gefangenen im Hungerstreik nach Zusammenlegung und Hafterleichterungen durchzudrücken, hatten die 2.-Juni-Mitglieder im Untergrund beschlossen, einen Richter zu entführen. Einer von ihnen klingelte und sagte via Gegensprechanlage, er käme von Fleurop und wolle Blumen für Herrn von Drenkmann bringen. Der hatte am Tag zuvor seinen 64. Geburtstag gefeiert.

Christa von Drenkmann, die Frau des Richters, schaute erst durch den Türspion, sah einen Mann mit Blumen, öffnete nur einen Spaltbreit die Tür, die der angebliche Bote aufdrücken konnte. Mehrere Menschen drangen in den Flur ein; ein wildes Gerangel entstand, es fielen drei Schüsse. Drenkmann war tödlich getroffen.

Den Revolver, mit dem der Richter ermordet wurde, beschlagnahmte die Polizei später bei dem 2.-Juni-Mann Andreas Vogel. Da in der Gruppe aber regelmäßig Waffen getauscht wurden, zählt die Frage, wer Günter von Drenkmann erschoss, zu den vielen offenen Fragen in der Geschichte des deutschen Terrorismus.

Die Atmosphäre im »Volksgefängnis« in der Schenkendorfstraße entspannt sich bald. Lorenz hat verstanden, dass er kooperieren muss, um zu überleben. Die Entführer, die sich mit Kapuzen tarnen und in Schichten Wache schieben, sitzen hinter einem Maschendrahtzaun und einem Vorhang. Ein Che-Guevara-Plakat hängt an der Wand. Ralf Reinders spielt Schach mit Lorenz. Der bekommt auch Zeitungen, »aber nur zensiert«, wie Till Meyer sich erinnert. Alle Artikel über die Entführung werden sorgfältig herausgeschnitten.

In der Aktentasche von Lorenz finden die Entführer einen Scheck über 10 000 Mark des Baulöwen Karsten Klingbeil. Lorenz gilt als der am besten bezahlte Parlamentarier Deutschlands, als »Mann, der Angst hat zu verhungern«, lästern selbst seine Parteifreunde über ihn. Er bezieht ein Gehalt als Präsident des Abgeordnetenhauses sowie Diäten als Bundestagsabgeordneter. Zudem geht er noch etlichen Nebenjobs nach.

Von den sechs Genossinnen und Genossen, deren Freilassung die Lorenz-Entführer fordern, wollen zwei unter diesen Umständen lieber im Gefängnis bleiben. Gabriele Kröcher-Tiedemann und Horst Mahler. Die Entführer sind empört. »Haben sie denen denn ins Gehirn geschissen«, flucht einer von ihnen.

Kröcher-Tiedemann ändert nach einem Telefongespräch mit Rolf Pohle ihre Meinung, doch Horst Mahler absolviert einen bizarren Fernsehauftritt in der ARD-Tagesschau. Aus dem Gefängnis erklärt der einstige RAF-Gründer, der inzwischen mit der maoistischen KPD sympathisiert: »Die Entführung des Volksfeindes Lorenz als Mittel zu Befreiung von politischen Gefangenen ist Ausdruck einer von den Kämpfen der Arbeiterklasse losgelösten Politik, die notwendig in einer Sackgasse enden muss. Die Strategie des individuellen Terrors ist nicht die Strategie der Arbeiterklasse.« Der heutige Neonazi und Holocaustleugner legt noch nach: »Ich bin der festen Überzeugung, dass sich durch den Kampf der revolutionären Massen die Gefängnistore für alle politischen Gefangenen öffnen und dass die gegen mich gefällten Terrorurteile hinweggefegt werden, weshalb ich es ablehne, mich auf diese Weise außer Landes bringen zu lassen. Vorwärts mit der KPD!«

Am 3. März 1975 startet vom Flughafen Frankfurt am Main um 9 Uhr 55 eine Boeing 707 der Lufthansa; an Bord eine vierköpfige Crew, fünf Gefangene und Pfarrer Albertz. Erst nach dem Abflug eröffnet Ina Siepmann dem Kapitän die Route: Rom, Tripolis, Addis Abeba und schließlich Aden, die Hauptstadt des sozialistischen Südjemen. Was auf dem langen Flug an Bord geschieht und gesprochen wird, darüber haben alle Reisenden bis heute Stillschweigen bewahrt. Albertz verriet nur: »Bei dem allem waren die Gefangenen höflich, freundlich, fast besorgt, ob ich alles durchhalten würde.«

Die Freigepressten schreiben in Aden eine Erklärung, die Albertz nach seiner Rückkehr in West-Berlin verliest. Sie endet mit den Sätzen: »Wir danken der Crew für ihren Einsatz, Pfarrer Albertz für all seine Bemühungen. Wir grüßen die Genossen in Deutschland, die, die außerhalb des Knastes sind, und die, die noch im Knast sitzen Wir werden unsere Energie dafür einsetzen, dass für sie auch bald so ein Tag, so wunderschön wie heute, anbrechen wird. Wir werden siegen.«

»So ein Tag, so wunderschön wie heute« ist der Code dafür, dass die befreiten Gefangenen sich in Sicherheit fühlen, der Code für die Freilassung von Peter Lorenz. In der Schenkendorfstraße machen die Entführer eine Flasche Wein auf und stoßen mit dem CDU-Politiker auf den glücklichen Ausgang der Aktion an. Alle sind erleichtert. Albertz erinnerte das Happy End so: »Und dann zu Hause. Todmüde. Ein Gespräch mit Frau Lorenz: ›Sie können ganz sicher sein, Ihr Mann kommt frei.‹ Valium. Schlaf.«

Der Pfarrer behielt recht. Die Entführer verklebten Lorenz, so heißt es im Urteil gegen sie, »mit einem Streifen braunen Tesa-Packbandes seine Augen, klebten ihm einen Schnurrbart an, gaben ihm seinen Mantel, seine Uhr und seine Aktentasche ohne Inhalt zurück.« Kurz vor Mitternacht setzten sie Lorenz im Volkspark Wilmersdorf auf eine Parkbank. Ralf Reinders sagte später: »Wir haben ihm noch drei Groschen für das Telefon in die Hand gedrückt – drei, falls einer durchfällt – und uns mit Handschlag verabschiedet.«

Drei Wochen nach der Freilassung der Gefangenen druckte der 2. Juni 30 000 Exemplare einer kleinen Broschüre mit dem Titel »Die Entführung aus unserer Sicht.« Sie wurden von Sympathisanten verteilt, von denen die Gruppe viele hundert in der Stadt hatte. Der letzte Text in dem Heft war ein »Lorenz-Lied«, das eine Sympathisantin geschrieben hatte. Die erste und letzte von fünf Strophen lauten:

An einen schönen Donnerstag,
es hatte grad getaut,
da wurde Peter Lorenz
aus Zehlendorf geklaut.
Und er kam gleich in die Kiste,
und allmählich wurde ihm klar,
dass er nun ein Gefangener
des 2. Juni war.
Hey, hey, hey
[...]
Die Praxis hat's gezeigt,
die Bonzen sind verletzbar,
sieben Gefangene sind befreit.
Von euch können wir lernen,
wie man kämpft und wie man lebt.
Nur durch Gewalt und Waffen
Wird der Faschismus weggefegt.
Hey, hey, hey

*

Knapp zwei Monate nach der Freilassung von Lorenz verhaftete die Polizei Gerald Klöpper und Ronald Fritzsch bei einer von der Gruppe gemieteten Garage in Tegel. Einen guten Monat später schoss ein Polizist Till Meyer bei dessen Festnahme auf dem U-Bahnhof Yorckstraße an. Am 9. September 1975 nahmen Polizisten Ralf Reinders, Inge Viett und Juliane Plambeck in der Zentrale des 2. Juni fest, einer Ladenwohnung in der Steglitzer Birkbuschstraße 48, in der die Druckmaschinen standen und viel Material gelagert war. Nur weitere vier Tage später wurden noch Fritz Teufel und Gabriele Rollnik verhaftet. Den Keller in der Schenkendorfstraße entdeckte die Polizei erst zwei Monate später, Mitte November 1975. Manfred Ganschow vom polizeilichen Staatsschutz überkam es, als er vor dem Laden stand: »Eine unverschämte Frechheit. Das sind Luftlinie hundert Meter von der Friesenstraße. Dort befindet sich die Polizeidirektion 5. Gerade rüber auf der anderen Seite ist auch noch das Kreuzberger CDU-Büro.«

Es dauerte über vier Jahre, bis das Kammergericht Berlin die Hauptverhandlung gegen sechs Männer der Bewegung 2. Juni eröffnete. Der Prozess zog sich noch einmal vier Jahre hin. Am Ende wurden Ralf Reinders und Till Meyer zu je 15 Jahren Haft verurteilt, Teufel – der mit der Lorenz-Entführung gar nichts zu tun hatte – zu fünf Jahren, weitere drei bekamen Haftstrafen dazwischen.

Als Richter Geus im Oktober 1980 das Urteil verkündete, gab es die Bewegung 2. Juni schon nicht mehr. Vier Monate zuvor hatten die Mitglieder der Gruppe, die sich noch in Freiheit befanden, die Auflösung beschlossen. Einige schlossen sich der RAF an. In einem von Gabriele Rollnik im Gerichtssaal vorgetragenen Auflösungspapier, das laut Inge Viett von Juliane Plambeck gemeinsam mit der RAF verfasst worden war, hieß es: »Wir lösen die Bewegung 2. Juni als Organisation auf und führen in der RAF – als RAF – den antiimperialistischen Kampf weiter.«

Von den mit der Lorenz-Entführung freigepressten Genossen schlossen sich Becker, Siepmann, Heißler und Kröcher-Tiedemann der RAF an. Der vormalige Münchner AStA-Vorsitzende Rolf Pohle wollte mit dem Terrorismus nichts mehr zu tun haben, tauchte in Athen ab, wurde aber 1976 von dem obskuren Agenten Werner Mauss entdeckt und verhaftet. Er saß noch mal sechs Jahre ab, bevor er sich in Athen niederließ, wo er dann 2004 starb.

Fritz Teufel arbeitete nach seiner Entlassung als »Säzzer« für die *taz*. Als ein Reporter des Blattes zum 40. Jahrestag der Lorenz-Entführung einen Artikel darüber schrieb, offenbarte der Journalist, dass ihm die linksradikale Tradition der *taz* fremd war. Pikiert merkte er im Februar 2015 an: »Zumindest bei Teilen der damaligen Westberliner Bevölkerung waren die Taten der ›Bewegung 2. Juni‹ durchaus populär und wurden als ›Robin-Hood-Aktionen‹ wahrgenommen.«

*

Seit 2003 arbeiten in der Ladenwohnung mit dem einstigen »Volksgefängnis« Frauen der »Ambulanten Wohnhilfen« des diakonischen Werks. Sie finden die Geschichte ihres Büros »nicht merkwürdig, sondern sehr interessant«.

28 Der große Ratschlag

Tunix-Kongress; Audimax der TU, Straße des 17. Juni 135

Das Auditorium Maximum der Technischen Universität hat im Parterre 888 Sitzplätze, auf den Seitenrängen und der Empore noch einmal 304. Wenn es sein muss, passen allerdings auch weit über 3000 Menschen in den schmucklosen Saal. Das Audimax, wie es abgekürzt wird, war in den Sechzigerjahren einer der bevorzugten Versammlungsorte der West-Berliner radikalen Linken. Er blieb es auch in den Siebzigern.

Unter den vielen Treffen – sei es das Teach-in nach der Erschießung Georg von Rauchs oder der Solidaritätskongress für den DDR-Kritiker Rudolf Bahro – stach eine dreitägige Veranstaltung hervor: der »Tunix-Kongress« Ende Januar 1978. Er sollte nachhaltige Wirkung entfalten.

Die Idee hatten ein Dutzend Berliner »Spontis«, die sich teils von politischen Versammlungen und Aktionen, teils vom Fußballspielen, teils aus Kneipen kannten. Spontis leitete sich von »Spontaneisten« ab und meinte Anarchisten, die auf spontanen Widerstand von Unterdrückten aller Art setzten und nichts von dem dogmatischen Marxismus vieler Linksradikaler hielten. Auch mit der Verehrung von Stalin, Mao, Pol Pot und andere kommunistischen Diktatoren wollten sie nichts zu tun haben.

In der Schöneberger Kneipe »Ambrosius« in der Kurfürstenstraße, beim Bier nach einem Fußball-Match im Tiergarten, entstand die Idee, die schon sechs Wochen später verwirklicht wurde. Der Name »Tunix« sei dabei eher »literarisch oder lyrisch oder fantastisch« gemeint gewesen, nicht politisch, erinnerte sich einer der Initiatoren später.

Nachdem die RAF im »Deutschen Herbst« 1977 die Machtprobe gegen Bundeskanzler Helmut Schmidt verloren hatte, ihre führenden Figuren Andreas Baader, Gudrun Ensslin und Jan-Carl Raspe sich im Gefängnis Stuttgart-Stammheim umgebracht hatten, waren radikale Linke verschärfter staatlicher Repression ausgesetzt; es spielte keine große Rolle, wie sie zur RAF standen. Hausdurchsuchungen, Ermittlungsverfahren und Anklagen wegen §129a, »Unterstützung einer terroristischen Vereinigung«, und anderen Antiterrorgesetzen waren an der Tagesordnung.

Der Lähmung der radikalen Linken in dieser »bleiernen Zeit« wollten die Initiatoren von Tunix etwas entgegensetzen. Zunächst fassten sie einen konventionellen »Widerstandskongress« in Auge, doch die Resonanz war gleich null. Daraufhin dachten sie um: Wenn wir in der Bundesrepublik immer weiter diffamiert und drangsaliert werden, warum hauen wir dann nicht einfach ab? Nach dem Motto der Bremer Stadtmusikanten im Märchen der Gebrüder Grimm: »Etwas Besseres als den Tod findest du überall.«

Den Entwurf des »Aufrufs zur Reise nach Tunix« verfasste Stefan König, mittlerweile einer der renommiertesten Strafverteidiger in Berlin und Professor in Göttingen, damals 22 Jahre alter Jurastudent: »Uns langt's jetzt hier!«, begann der Text. »Der Winter ist uns zu trist, der Frühling zu verseucht und im Sommer ersticken wir hier. Uns stinkt schon lange der Mief aus den Amtsstuben, den Reaktoren und Fabriken, von den Stadtautobahnen. Die Maulkörbe schmecken uns nicht mehr und auch nicht mehr die plastikverschnürte Wurst. Das Bier ist uns zu schal und auch die spießige Moral. Wir woll'n nicht mehr immer dieselbe Arbeit tun, immer die gleichen Gesichter zieh'n. Sie haben uns genug kommandiert, die Gedanken kontrolliert, die Ideen, die Wohnung, die Pässe, die Fresse poliert. Wir lassen uns nicht mehr einmachen und kleinmachen und gleichmachen. Wir hauen alle ab – zum Strand von Tunix.«

Zu den Tunix-Initiatoren zählten neben König dessen FU-Kommilitone und Wohngenosse Johannes Eisenberg, mittlerweile ein gefürchteter Medienanwalt, Monika Döring, die sich in den Achtzigerjahren große Verdienste als Veranstalterin von Punk- und New-Wave-Konzerten im Loft am Nollendorfplatz erwarb, sowie der Filmemacher Diethard Küster und die Journalistin Renée Zucker.

Sie alle waren von der Resonanz überwältigt, als das Audimax der TU bei der Auftaktveranstaltung des »Treffen in Tunix« am 27. Januar 1978 hoffnungslos überfüllt war. Die Atmosphäre war prickelnd. Nicht ganz so wie bei der Vietnamkonferenz im Februar 1968, bei der es um die Weltrevolution ging, dafür ging es jetzt um realistische Projekte. Der Anwalt Christian Ströbele stellte mit mehreren Mitstreitern von den Alternativzeitungen *Blatt* aus München und dem ID aus Frankfurt das Projekt einer linken Tageszeitung vor, aus dem die *taz* entstand (s. Kap. 30); ein Abgesandter des Vorbilds *Libération* aus Paris berichtete von seinen Erfahrungen. Die Idee, den vielen über die gesamte Republik verstreuten linksradikalen Gruppen ein Diskussionsforum und eine Stimme zu geben, stieß auf große Zustimmung.

Von dem Rang und der Empore des Saals hingen Papierbahnen mit Parolen. »Experimentiert, ohne zu wissen, wo ihr landet«, stand da zum Beispiel. »Entdeckt die Symbole der Rebellion in euren alten Kinderzeichnungen. Hihi.« Oder: »Es gelten nur Augenblicke. Laßt eure Sinne brennen.« Und: »Es lebe die kurzlebige, pessimistische, revoltierende Jugend.«

Mindestens 5000 Spontis waren nach Berlin gekommen. Die Tunix-Organisatoren hatten weder beabsichtigt noch erwartet, dass der Kongress zum strategischen Wendepunkt für die radikale Linke werden würde. Doch auf dem Treffen manifestierte sich – gewissermaßen hinter dem Rücken der Beteiligten – ein Paradigmenwechsel: Statt sich weiter in einer hoffnungslosen Konfrontation mit dem Staat zu verschleißen und eine Revolution unter der Führung der Arbeiterklasse zu propagieren, die ohnehin nicht kommen würde, sollten jetzt konkrete Alternativen geschaffen werden, Inseln des richtigen Lebens im falschen System, neue Arbeitszusammenhänge in demokratischen Kollektiven, Freiräume.

Nach der dumpfen Depression des Deutschen Herbstes machte sich Aufbruchsstimmung breit. Es war beflügelnd mitzubekommen, dass schon viele dabei waren, Kollektive aller Art zu gründen oder zu betreiben: Verlage, Buchläden, Tischlereien, Kfz-Werkstätten, Kneipen und anderes mehr. Die ersten Erfahrungen des alternativen Arbeitens wurden bereits auf dem Tunix-Kongress diskutiert, etwa unter dem Titel: »Linke Kneipen – Abfüllstation oder Gegenöffentlichkeit: Berichte von Berliner Kneipenkollektiven aus ihrer mehr oder weniger feuchten Praxis«.

Ansonsten zeigt das Programm von Tunix, wie weit die Protagonisten damals der Zeit beziehungsweise der Gesellschaft und ihrem Mainstream voraus waren: Unter dem Motto »Rosa glänzt der Mond von Tunix« wurden »Sketche und Diskussionen über das Problem« annonciert, »wenn du nicht

Eröffnungsveranstaltung des Tunix-Kongresses, Januar 1978.

nur 'n Linker bist, sondern auch noch schwul (oder auch umgekehrt)«. Es trafen sich Männer, die bald die Paraden zum Christopher Street Day organisierten, zu denen später selbst Berlins Regierender Bürgermeister Klaus Wowereit aufrief. Frauen diskutierten über »Feminismus und Ökologie«, in der Arbeitsgruppe »Alternative Energiegewinnung« sprachen Aktivisten darüber, wie sich Wind- und Sonnenenergie propagieren und durchsetzen ließen.

Theorie war bei vielen Spontis, die sich damit auch von den älteren Achtundsechzigern abheben wollten, nicht sonderlich populär. Dennoch sorgten die Philosophen Michel Foucault, Gilles Deleuze und André Glucksmann aus Paris sowie der Anti-Psychiater David Cooper aus London für einen neuen theoretischen Horizont. Auf Einladung von Peter Gente und Heidi Paris vom Merve-Verlag waren sie angereist und offerierten postmarxistisches Denken, sprachen von Rhizomen als kollektiver Organisation von Wissen. Für die

Spontis, denen der dogmatische Marxismus der Maoisten und Leninisten mit seiner Fixierung auf die Arbeiterklasse schon lange auf die Nerven gegangen war, präsentierten die Franzosen eine willkommene Alternative. Eine größere Rolle spielte der heute weltbekannte Foucault bei Tunix aber nicht: Er hielt keinen Vortrag, sondern diskutierte nur in einem kleineren Hörsaal.

Der Historiker Philipp Felsch schrieb 39 Jahre später, auf dem Tunix-Kongress hätten die Spontis »mit dem Ethos des Aktivismus zugleich auch die Idee der Revolution« begraben. Das ist insofern falsch, als die meisten Spontis den Glauben an eine Revolution unter Führung der Arbeiterklasse im saturierten Westdeutschland nie gehabt oder schon längst wieder verloren hatten. Zudem war der in Berlin angeblich beerdigte Aktivismus erheblich; kurz nach der *taz* wurden die Grünen gegründet, die Zahl der Kollektive ging in die Tausende.

Natürlich blieb Kritik nicht aus. Für die maoistische *Marxistische Studentenzeitung* ähnelte der Tunix-Kongress »fatal den drei tollen Tagen, die der Karneval in seinen Hochburgen dem Bürger gestattet«. In der Frauenzeitung

Lautsprecherwagen der Tunix-Demo, 27. Januar 1978.

Courage beklagte sich eine »Helene Reichts«: »So gut wie nirgends geht's um Frauen, Frauen sagen entweder wenig oder wenn sie's doch tun, fällt mann ihnen ins Wort.«

Der einzige etablierte Politiker, der bei Tunix auftauchte, war der spätere SPD-Generalsekretär und damalige Wissenschaftssenator Peter Glotz. Er hatte erkannt, dass sich in West-Berlin, aber auch in etlichen westdeutschen Städten eine radikale, alternative Parallelgesellschaft entwickelte, und propagierte und praktizierte den Dialog mit ihren Vertretern. Glotz sprach von »zwei Kulturen« und beklagte den angeblichen Eskapismus der Alternativen. Doch seinen strategischen Versuch, die Alternativen ins Lager der Sozialdemokraten zu holen, vereitelte schließlich SPD-Chef Helmut Schmidt.

Mehr als 5000 Aktivisten zogen am zweiten Tag des Tunix-Treffens vom Knast in Moabit zum Kurfürstendamm. Sie protestierten unter anderem gegen die Verhaftung von vier Druckern, die das Sponti-Zirkular *Info-BUG* produziert hatten und aufgrund der Dokumentation von RAF-Erklärungen wegen »Unterstützung einer terroristischen Vereinigung« verfolgt wurden.

Gegen Stefan König, der den Tunix-Aufruf verfasst hatte, ermittelte die Staatsanwaltschaft, weil bei der Demonstration eine Deutschlandflagge an den VW-Bus der Demo-Leitung gebunden, durch den Dreck der Berliner Straßen gezogen und schließlich in Brand gesetzt worden war. Der Vorwurf lautete »Verunglimpfung des Staates und seiner Symbole«. Das Verfahren wurde letztlich eingestellt.

29 Prinz Eisenherz

Der erste Schwulenbuchladen; Bülowstraße 17

»Queer«, »Buch« und »Eisenherz« steht über den Schaufenstern des Jugendstilhauses in der Motzstraße 23 in Schöneberg. In den hellen Räumen zwischen Büchertischen, Regalen und Fotografien von Männern steht Roland Müller-Flashar hinter dem Tresen, einer der beiden Besitzer des Buchladens.

Er ist durchaus stolz auf die 17 000 Titel, die er, sein Partner und die beiden Angestellten auf rund 200 Quadratmetern anbieten. Vor allem aber ist er stolz auf die Geschichte des Buchladens, für den er seit 29 Jahren arbeitet: der erste Schwulenbuchladen, nicht nur West-Berlins, sondern Deutschlands, 1978 gegründet.

*

Einer der vier Väter des Eisenherz-Buchladens ist Peter Hedenström. Er zählt auch zu den Aktivisten der ersten Stunde der West-Berliner Schwulenbewegung. Hedenström erinnert sich noch gut daran, dass es ein Film war, der die Bewegung initiierte, der Film »Nicht der Homosexuelle ist pervers, sondern die Situation, in der er lebt« von Rosa von Praunheim. Nach der Veröffentlichung des bahnbrechenden Werks, an dessen Drehbuch auch der Sexualwissenschaftler Martin Dannecker maßgeblich mitgeschrieben hatte, versammelten sich Mitte August 1971 im Schöneberger Kino Arsenal an die 40 schwule Männer. Sie trafen sich in der Folge wöchentlich, gründeten die Homosexuelle Aktion West-Berlin (HAW) und bekamen im März 1972 von Praunheim in der Dennewitzstraße 33, einem Abrisshaus, eine Fabriktage gestellt.

Zahlenmäßig dominierten in der HAW Studenten, Linke aller Strömungen und Parteien. Ihnen ging es zunächst vor allem darum, sich gemeinsam der eigenen Situation bewusst zu werden. Hedenström und seine Mitstreiter stellten fest, dass die Linken kaum weniger homophob waren als die Normalbürger.

Die wichtigste politische Forderung war die nach der Abschaffung des Paragrafen 175 Strafgesetzbuch, der »Unzucht zwischen Männern« mit Strafen von bis zu fünf Jahren Haft bedrohte und Zehntausende von Schwulen hinter Gitter gebracht hatte. Gleichzeitig versuchten die HAW-Männer, das Selbstbewusstsein der diskriminierten sexuellen Minderheit zu stärken. Die Pioniere der Schwulenbewegung zogen 1974 in eine Fabriketage in der Kulmer Straße 20A um, wo später auch das Schwulen-Zentrum »SchwuZ« seine Räume fand.

Zusammen mit Manfred Salzgeber, der in Praunheims Film mitgespielt hatte, und dem Setzer Volker Bruns gründete Hedenström den Verlag Rosa Winkel, der Bücher über die Lage der Homosexuellen publizierte. Das Trio machte auch regelmäßig einen Büchertisch in der TU-Mensa und näherte sich so dem Projekt Buchladen.

Es war die schwule Gründerzeit in West-Berlin. Hedenström zählte zu einer Gruppe von Männern, die über ein großes Projekt in der Fasanenstraße diskutierte, ein Haus mit Buchladen, Kino, Kneipe und Café. Daraus wurde nichts, aber Hedenström ließ die Idee eines Buchladens für Schwule nicht mehr los. Er fand drei Mitstreiter: Christian von Maltzahn, Lothar Lang und Michael Keim. Das bibliophile Männerquartett war sich darin einig, dass bei einem Laden einer von ihnen immer arbeiten sollte, um die nötige Kontinuität sicherzustellen, die anderen könnten sich tageweise abwechseln. Hedenström wurde der Mann, der für Kontinuität sorgen sollte. »Wir fanden einen Laden in der Bülowstraße, zwischen Nollendorfplatz und Potsdamer«, erinnert er sich. »Der Vermieter war ein freundlicher Linker.«

Am Abend bevor die Männer zum Notar gehen wollten, um die Gründung einer GmbH für den Buchladen beurkunden zu lassen, saßen sie zusammen, und ihnen fiel wieder ein, dass sie immer noch keinen Namen für das Kind hatten. »Magnus-Hirschfeld-Buchladen«, nach dem schwulen Berliner Sexualforscher der Zwanzigerjahre, war naheliegend. Oder Klaus-Mann-Buchladen, nach dem Schriftsteller und homosexuellen Sohn von Thomas Mann. Aber den Ladengründern war das zu langweilig, in dem Jahr, das mit dem

Tunix-Kongress begonnen hatte, war Fantasie gefragt. »Klaus-Störtebecker-Buchladen«, sagte einer. »Prinz Eisenherz« assoziierte ein anderer. Das gefiel spontan allen.

Der Laden in der Bülowstraße 17, am 12. November 1978 in einem herrschaftlichen Eckhaus eröffnet, neben einer Apotheke, war nicht sonderlich groß: ein Verkaufsraum, ein paar Stufen hinauf eine Empore. Geheizt wurde mit einem eisernen Ofen; im Winter mussten die Buchhändler, bevor sie den Laden öffneten, erst mal aus dem Keller Kohlen nach oben schleppen und anheizen.

»Unser Buchsortiment«, so Hedenström, »war voll schwul.« Ein Verlagsvertreter habe ihnen mit Bedauern erklärt: »Für Sie haben wir gar nichts.« Das sei natürlich Unsinn gewesen; »die Tagebücher von Thomas Mann waren gerade erschienen. Es gab Klaus Mann.« Außerdem existierte ein Schwulen-Buchladen in den USA, in Philadelphia, dessen Betreiber Hedenström und seine Kollegen mit Rat und Tat unterstützten.

Der Prinz-Eisenherz-Buchladen entwickelte sich schnell zu einem beliebten Treffpunkt und Kulturzentrum für Schwule. Die Buchhändler organisierten Lesungen, Diskussionen und Filmvorführungen. Die Ideen für die Schwulenzeitschriften *Siegessäule* und *Berliner Schwulenzeitung* wurden im Prinz Eisenherz geboren. Die vier Männer arbeiteten als Kollektiv und bezahlten sich einen Einheitslohn von weniger als 1000 Mark netto im Monat.

Doch nach vier Jahren kam es zu internen Auseinandersetzungen, in deren Folge das Kollektiv in zwei Fraktionen zerfiel. Diese kamen bald zu der Überzeugung, dass sie nicht mehr zusammenarbeiten konnten, und es wurde mit großer Härte darum gerungen, wer den Laden behalten konnte und wer gehen musste. Hedenström gehörte zu der Fraktion, die sich schließlich durchsetzte, Christian von Maltzahn und sein Partner Bruno Gmünder schieden aus. Sie brachten den Stadtführer für Schwule »Berlin von hinten« heraus, der ein Bestseller wurde, gründeten einen Verlag und später auch einen Buchladen, mit dem sie dem Prinz Eisenherz Konkurrenz machten.

Die Prinz-Eisenherz-Männer zogen Mitte der Achtzigerjahre von der Schöneberger Bülowstraße in die Charlottenburger Bleibtreustraße um, mitten ins Buchladenviertel West-Berlins. Sie wollten von Anfang an nicht von

Lesung im Schwulenbuchladen Prinz Eisenherz, um 1979.

der Solidarität der Schwulenbewegung leben, sondern durch die Qualität ihres Angebots und ihrer Beratung überzeugen. Das gelang ihnen.

Die Eisenherz-Männer hatten stets freundliche und gute Beziehungen zu ihren Nachbarn. Das mag dazu beigetragen haben, dass ihnen in all den Jahren nie die Scheiben eingeworfen wurde, wie es zum Beispiel dem Schwulen-Café Anderes Ufer in Schöneberg geschah.

Die Achtzigerjahre standen für die Schwulenbewegung im Zeichen von Aids, das damals noch unheilbar war. Hedenström erinnert sich mit Schaudern: »Man hat sich nur noch auf Beerdigungen getroffen. Es war entsetzlich.« Auch einer der Eisenherz-Gründer, Christian von Maltzahn, starb.

Peter Hedenström verließ das Kollektiv nach 25 Jahren im Frühjahr 2004, als seine Kollegen in neue Räume in der Lietzenburger Straße umzogen. Roland Müller-Flashar und Franz Brandmeier übernahmen die Prinz Eisenherz GmbH und modernisierten das Konzept. Sie nannten den Laden nur noch Eisenherz und bewegten sich von schwul nach queer. Als die letzte Berliner Frauenbuchhandlung Lilith 2013 Konkurs anmelden musste, übernahmen die Eisenherz-Männer die feministischen Bücher und stellten auch zwei Frauen an. Kurz darauf zogen sie mit dem Laden in die Motzstraße 23 um, ins Herz des schwulen Berlin.

*

Peter Hedenström arbeitet zwar mit 69 Jahren noch in der jüdischen Literaturhandlung, weil seine 25 Jahre im Niedriglohnkollektiv keine ordentliche Rente abwerfen, aber wenn er an seine Zeit im Prinz-Eisenherz-Buchladen zurückdenkt, überwiegen eindeutig die positiven Erinnerungen. »Es war eigentlich großartig«, sagt er. »Wir waren mit Herz und Seele dabei.« Bei der Arbeit in anderen Buchläden vermisst er »die Auseinandersetzungen und die Kritik«. Im Prinz Eisenherz seien die Diskussionen kontrovers und hart geführt worden, »aber so kamen wir immer auf neue Ideen«.

30 Die taz

Suarezstraße 41, Wattstraße 11–12

Nachdem Enzo Salatino und Piero de Vitis aus Italien nach West-Berlin gekommen waren, arbeiteten die Anhänger der italienischen Sponti-Gruppe Lotta Continua zunächst in einer Fabrik, dann machten sie 1977 am Fuße des Kreuzbergs zusammen mit zwei weiteren Italienern das Restaurant Osteria No. 1 auf. Die Osteria entwickelte sich schnell zu einem Treffpunkt der Spontis. Am Essen konnte das nicht gelegen haben, denn das war ziemlich lausig. Der Koch hieß Peter und kam aus Irland, so wie zwei der Kellnerinnen, aber mit Plakaten von Fellini-Filmen und rot-weiß karierten Tischdecken nährte das gemütliche Lokal linksradikale Heimatgefühle.

In der Osteria saßen am 23. Februar 1978 fünf Männer und zwei Frauen zusammen und gründeten den Verein »Freunde der alternativen Tageszeitung e. V.«. Nach einem der Treffen der Berliner *taz*-Initiative, die am Konzept einer linken radikalen Tageszeitung arbeitete, waren sie noch etwas trinken gegangen, und der Anwalt Christian Ströbele hatte sie davon überzeugt, dass eine Zeitung auch eine Rechtsform bräuchte. Mitglieder des Vereins wurden Rainer Berson, Lothar Ebke, Thomas Krüger, Max Thomas Mehr, Ute Scheub, Christian Ströbele und Juliana Ströbele-Gregor.

Ströbele ließ den Verein gegen eine Gebühr von 107,90 Mark am 9. März 1978 eintragen. Vorsitzender war, laut Vereinsregister, der Buchhändler Thomas Mehr, stellvertretender Vorsitzender der »Wissensch. Ass.« Thomas Krüger und Kassierer der Rechtsanwalt Hans-Christian Ströbele. Der Kassierer machte sich auch auf die Suche nach Räumen für den Verein und die *taz*-Ini. Ströbele schrieb an den Eigentümer eines Ladens in der Suarezstraße 41 in Charlottenburg: »Dort sollen die technischen, kaufmännischen und sonstigen Vorbereitungen für die Herausgabe einer unabhängigen Tageszeitung erledigt werden.«

Am 24. April 1978 unterschrieb der Vereinsvorstand einen Gewerbemietvertrag für ein »Presse-Büro«. Die Mietsache bestand aus: »Vorderhaus, Parterre rechts, Laden mit anschließenden drei Nebenräumen, sowie links im Souterrain ein weiterer Raum. Daneben ein Kellerraum unter dem Laden sowie ein Lagerkeller mit separatem Eingang von der Straßenseite. Die Fläche ist mit 101 qm vereinbart.« Die monatliche Miete betrug 354,33 Mark.

Die *taz*-Aktivisten renovierten den Laden, bald trafen sich dort Arbeitsgruppen für Ökologie, Alltag, Betrieb und Gewerkschaft, Soziales und anderes mehr. Und wie es sich für ein linksradikales Projekt gehörte: Einmal in der Woche war Plenum. Ein Programmierer und generell eher melancholischer Zeitgenosse hatte gewöhnlich einen Kasten mit Karteikarten vor sich, auf denen alle verzeichnet waren, die im Voraus das linke Blatt abonniert hatten. »Das reicht noch lange nicht«, sagte er. Die *taz*-Gründer ließen große Aufkleber drucken, auf denen, auf ein Lied von Wolf Biermann anspielend, stand: »Wir warten nicht auf bessere Zeitungen«.

Propaganda tat not. Im April 1978 erschien der »Prospekt: Tageszeitung«. Fritz Teufel schrieb aus dem Moabiter Gefängnis: »Von einer neuen Tageszeitung erwarte ich viel zu viel. Eine neue Zeitung ist die Frau meiner Träume seit 67. [...] Die Frau meiner Träume macht alle glücklich. Sie fegt Mauern weg wie nix. Ghettomauern, Knastmauern und das Monstrum vom dreizehnten August. Sie enteignet Springer durch Abspenstigmachen der Leser. Sie wird von Frauen, Kindern, Türken, Indianern, Studenten, Gefangenen und anderen Rentnern, von Lohn- und Drogenabhängigen für ihresgleichen gemacht. [...] Olle Gutenberg kann endlich aufhören, im Grabe zu rotieren, und anfangen, sich zu freuen, daß er die schwarze Kunst erfunden hat. Karl Valentin wird eine Kolumne kriegen und falls der schon tot sein sollte, vielleicht auch ich. Die Frau meiner Träume wird's nicht leicht haben.«

Rudi Dutschke erklärte aus dem Exil im dänischen Aarhus: »Bei dem miserablen Zustand – verglichen mit der internationalen Situation – der deutschen Öffentlichkeit, wo nichts offen und wo kein Licht ist, daß da eine Zeitschrift, eine Tageszeitschrift überfällig ist, ist keine Frage.« Andere Achtundsechziger waren skeptisch. Der Ex-SDS-Mann Tilman Fichter unkte, »daß unglaublich viele Genossinnen und Genossen nicht belastbar sind und auch dann, wenn sie sich wirklich anstrengen, so etwas einfach nicht hinkriegen«.

Falls diese Tageszeitung tatsächlich erscheinen würde, so Fichter, wäre sie »so etwas wie ein 7. Weltwunder«.

Schon zwei Jahre zuvor, 1976, hatte eine Runde um Ströbele und Max Thomas Mehr die Gründung einer linken Tageszeitung debattiert. Sie luden den mit der Idee sympathisierenden *Spiegel*-Redakteur Jörg Mettke ein, der ihnen erklärte, dass man mindestens eine Million Mark für dieses Projekt bräuchte. Diese Auskunft nahm selbst dem notorisch optimistischen Ströbele vorübergehend den Mut. Dann vielleicht doch erst mal eine Wochenzeitung.

Ebenjener *Spiegel*-Redakteur Mettke verfasste für das Nachrichtenmagazin im August 1978 einen Artikel mit dem Titel: »Unterbliebene Nachrichten«, in dem er die *taz*-Amateure belächelte: »Mit Blattmache im herkömmlichen Sinn hat das, was sich in einem angemieteten Laden in der Berliner Suarezstraße 41 abspielt, wenig zu tun.« Die »zwanzigköpfige Ströbele-Truppe« rücke einfach »bei schönem Wetter Tisch und Stühle vor die Tür und debattiert auf dem Trottoir über Drucktechnik und Geldquellen immer feste drauflos«. Immer feste drauflos – das war schon richtig. Und nicht nur in Berlin, son-

Laden der Berliner taz*-Initiative in der Suarezstraße 41, 1978.*

dern in zuletzt über 30 Orten von Kiel bis Bad Schussenried diskutierten *taz*-Initiativen einfach drauflos.

Über die Berliner Debatte hieß es im *Spiegel:* »Für die Nullnummer Ende September solle man, schlägt einer vor, doch gleich eine Mark nehmen – damit sich die Genossen Leser beizeiten an den späteren Dauerpreis gewöhnen. Ströbele widerspricht locker, die 20 000 geplanten Erstexemplare müsse man für fünfzig Pfennig ›rausschleudern, Geld machen wir damit sowieso nicht‹. Kalkuliert wird weiter nicht, Spenden und Abo-Sammlungen sollen ohnehin 1,5 Millionen Mark bringen, die halbe Mark ist beschlossen.«

Die erste Nullnummer, die Ende September 1978 erschien, wurde dann doch für eine Mark verkauft. So viel hatte Ströbele auch nicht zu sagen. Dabei fehlte es nicht nur an Geld, es fehlte auch ein Name für das neue Blatt. Es kursierten Listen mit Vorschlägen wie »Unter dem Pflaster«, »Sumpfblüte«, »Republikanischer Landesbote«, auch ein Preisausscheiben unter den künftigen Lesern hatte keine überzeugende Idee gebracht. Schließlich setzte sich Christian Ströbele durch, mit dem nichts- und zugleich vielsagenden Namen »die tageszeitung«.

*

Der Journalist Martin Kempe schob im Herbst 1978 seinen kleinen Sohn im Kinderwagen die Suarezstraße hinunter, in der er damals wohnte. Der Laden der *taz*-Initiative erregte seine Aufmerksamkeit, im Fenster hingen etliche Papiere und Plakate zur Gründung einer linksradikalen Tageszeitung. Kempe blieb stehen. Er arbeitete als Redakteur beim rechtsliberalen *Tagesspiegel,* war aber dort sehr unzufrieden.

Ein junger Mann kam aus dem Laden und sprach ihn an. Kempe fragte: »Kann man da mitmachen?« Der langhaarige Aktivist sagte: »Klar, da kann eigentlich jeder mitmachen, der sich für die Gründung einer linken Tageszeitung einsetzen will.«

Kempe empfand den *Tagesspiegel* als »autoritär, hierarchisch und stumpf«. Was noch dazukam: Er musste sich weitgehend allein um seine zwei Kinder kümmern und da gab es beim *Tagesspiegel* keinerlei Verständnis und Entgegenkommen. Als die Kinder mal krank waren, wurde ihm seine Bitte um unbezahlten Urlaub abgeschlagen. Als er sich daraufhin krankmeldete, wurde ihm erst mal gekündigt. Kempe ging zu einem Treffen der Berliner *taz*-Initiative, arbeitete in der Gruppe »Betrieb und Gewerkschaft« mit und fing am 1. März 1979 als Redakteur bei der *taz* an.

Im Herbst 1978 stritten die *taz*-Initiativen noch heftig darüber, wo die »Zentralredaktion« des ansonsten basisdemokratisch gedachten Blattes angesiedelt werden sollte. Die größten und einflussreichsten Initiativen befanden sich in Frankfurt und in Berlin, den Städten, in denen es auch die aktivsten linksradikalen Szenen gab. Die meisten Frankfurter *taz*-Aktivisten arbeiteten für den *Informationsdienst für unterbliebene Nachrichten (ID)*, das Sponti-Stadtmagazin *Pflasterstrand* oder das Theoriemagazin *Autonomie*. Sie machten keinen Hehl daraus, dass sie die Mitbestimmung von regionalen *taz*-Initiativen und überregionalen Arbeitsgruppen weder für möglich noch für wünschenswert hielten. Die Frankfurter standen im Verdacht intellektueller Arroganz.

Ausschlaggebend wurde ein finanzielles Argument. Dank der Subventionen für die wirtschaftlich schwächelnde Mauerstadt, rechnete der künftige Geschäftsführer Kalle Ruch vor, lägen die monatlichen Kosten in West-Berlin um rund 30 000 Mark unter denen in Frankfurt. Die Entscheidung über den Standort fiel am Sonntag, dem 10. Dezember 1978, in Frankfurt auf einem »nationalen Treffen« der *taz*-Initiativen. 43 Stimmen für Berlin, 30 für Frankfurt. Die meisten Frankfurter waren schockiert und beleidigt.

Im Januar 1979 schrieb Ströbele an sie. »Im Wedding wurde eine Büroetage mit 620 qm angemietet. Mit idealen Arbeitsmöglichkeiten für die Zentralredaktion. Fotosatzgeräte sind gekauft.« Um die Finanzen sah es weiterhin jämmerlich aus. »Ca. 3500 Vorausabonnenten haben inzwischen 270 000 DM bezahlt, die bis zum täglichen Erscheinen der TAZ festgelegt bleiben.«

Es blieb nur die Flucht nach vorn. Ab dem 17. April 1979 erschien die Zeitung täglich. Doch es waren nicht die erhofften 20 000 Abonnenten zusammengekommen, sondern nur 7000, die verkaufte tägliche Auflage lag bei nicht viel über 20 000 Exemplaren.

Von den rund 50 Enthusiasten, die mit der täglichen Produktion begannen, hatten nur drei überhaupt schon mal für eine Tageszeitung gearbeitet. Es gab Taxifahrer, Sozialarbeiter, Lehrer, viele Studenten, aber kaum gelernte Journalisten. Allesamt waren sie politisch motivierte Amateure. Sie wollten

taz-*Gründer vor dem ersten Redaktionssitz Wattstraße 11–12, 1979.*

etwas bewirken, sie wollten die Welt verändern, nicht mehr und nicht weniger. Und zwar radikal verändern. Sie wollten zukunftsweisende Ideen propagieren. Die Öko-Redaktion zum Beispiel setzte sich für Windenergie, Sonnenenergie, Erdwärme ein. Das war avantgardistisch – und richtig.

»Von den 650 und bald 800 Mark netto Einheitslohn konntest du allerdings kaum eine Familie ernähren«, sagt Martin Kempe. »Relativ bald habe ich deshalb vorgeschlagen und auch durchgesetzt, dass es bei der *taz* ein Kindergeld von 400 Mark netto für das erste Kind und 300 für das zweite und alle weiteren Kinder gab.« Bei der *taz* konnte der Redakteur für Betrieb und Gewerkschaft außerdem von acht bis drei arbeiten. Kinder und Arbeit ließen sich miteinander vereinbaren.

In der *taz* herrschte absolute Demokratie. Das Plenum, die wöchentliche Versammlung aller Beschäftigten, entschied über die wichtigen Fragen der Zeitung. Es gab harte politische Debatten. Thematisch setzte die Redaktion auf vier Säulen: Ökologie, Feminismus, Internationalismus und alternatives Leben und Arbeiten.

Die Kulisse des alternativen Arbeitens ist gern geschildert worden. Der zeitweilige *taz*-Redakteur Jörg Magenau schrieb über den Redaktionssitz in der Wattstraße 11–12, der für die Zentrale der Supermarktkette Meyer gebaut worden war. »Das Zentrum der Räumlichkeiten war ein etwa 50 Meter langer, schnurgerader Flur von bestürzender Hässlichkeit, der im Lauf der Jahre regelrecht zuwucherte. Tristes Neonlicht leuchtet ihn aus. Der Abfall türmte sich in blauen Müllsäcken, überall standen eingetrocknete Kaffeetassen, Teller mit modernden Essensresten, leere Cola- und Bierflaschen, und an den Wänden gilbten Plakate und andere Informationszettel in übereinandergeklebten Schichten. Durch diesen Flur pulsten all die Hektik und das Chaos – die Rohstoffe der Zeitungsproduktion.«

*

Die Härte der Auseinandersetzungen in der *taz* war beachtlich. Was sich in der Ausgabe vom 12. September 1980 lesen ließ, war auch für eine subversive Zeitung wie die *taz* harter Stoff: »Ich sinke in den Sessel zurück, die geile Sau ist auf dem Sofa zusammengesunken, atmet noch schwer. So eine Sau muß immer ihre Votze zeigen. Gehorsam spreizt sie ihre Schenkel ...« Der Autor des Artikels war ein ehemaliger Redakteur, der sich vorsichtshalber »Gernot Gailer« nannte. Unter dem Titel »Eine Traumfrau zieht sich aus« schilderte er in epischer Breite, wie er zwei Frauen nacheinander beschläft. Anschließend lamentierte er über die »eingefleischte Sexualfeindlichkeit aller Linken«. Unter deren Knute hätte er in der *taz*-Redaktion gestanden. »Wie durchschlagend dieser körperliche Selbsthass wirkt, habe ich am eigenen Leib erfahren.« In seiner Leidenszeit bei der *taz* habe er »die Vokabel ›ficken‹ in höchstens drei Artikeln verwandt, auf die Verwendung von nacktem Bildmaterial (manchmal dachte ich ganz verschämt an einen Mann) bin ich schon gar nicht mehr gekommen«.

Wie in allen damaligen linksradikalen Gruppen waren auch in der *taz* die Männer in der Mehrheit: Etwa 7:3 gestaltete sich das Geschlechterverhältnis zu ihren Gunsten. Die *taz*-Frauen waren eher Sozialistinnen und Ökologinnen als Feministinnen, hatten aber die jungen Klassiker der Frauenbewegung gelesen – die Streitschrift »Der kleine Unterschied und seine großen Folgen« der Journalistin Alice Schwarzer und »Häutungen« von Verena Stefan.

Das Gailer-Traktat hatte eine enorme Wirkung – allerdings zunächst eine destruktive. Aus Protest gegen die Veröffentlichung kündigten Feministinnen aus der ganzen Republik ihre *taz*-Abonnements und beendeten ihre Zusammenarbeit mit der *taz*-Frauenredaktion. Einem Mann namens Alexander reichte das noch nicht. Der Redakteur des Ressorts »Kleinanzeigen«, traditionell ein Kaleidoskop der links-alternativen Lebenswelt und Befindlichkeiten, bestückte ein paar Tage nach dem Eklat die Seite mit Sado-Maso-Porno-Comics von Frauen in Lack und Leder, die lustvoll Männer quälten. Das war der Tropfen, der das Fass überlaufen ließ.

Eine Truppe von rund 20 West-Berliner Feministinnen marschierte in die *taz*-Redaktion und sprühte an die Fassade des Redaktionsgebäudes: »taz = Porno = Frauenfeindlich. Taz-Männer, paßt auf Eure Schwänze auf«. Ein Amazonen-Hackebeilchen malten sie auch noch daneben, aber die Schwänze blieben unangetastet. Stattdessen verpesteten die Aktivistinnen die Arbeitsräume der Layouter und »Säzzer« gründlich mit Buttersäure und sorgten auf diese Weise dafür, dass die *taz*-Etage und alle, die länger dort arbeiteten, tagelang nach Erbrochenem stanken.

Am 7. November 1980, knapp vier Wochen nach dem Gailer-Eklat, prangte die Schlagzeile »Erklärung der *taz*-Frauen: Wir streiken« auf der Titelseite des Blattes. Dazu hieß es: »Immer wieder haben einige Männer versucht, uns mit nicht abgesprochenen Beiträgen zu provozieren. Wir mussten häufig auf ihren Müll reagieren und Diskussionen eingehen, die wir jetzt und so nicht wollten.«

Die *taz*-Frauen trafen sich jeden Vormittag in der Wohnung von Gitti Hentschel, einer der Wortführerinnen. »Rauchschwaden stehen im Zimmer«, hieß es in einem der täglich veröffentlichten Streikbulletins, »die Köpfe sind angestrengt von endlosen Sitzungen, weiß Gott, das ist kein Zuckerschlecken hier.« Die Gruppe diskutierte weit über den Anlass hinaus nicht nur über Frauendiskriminierung und Pornografie; längst war man auch mit anderen Grundsätzlichkeiten befasst. Im alltäglichen Chaos der *taz*-Redaktion gab es weder ein Redaktionsstatut noch verantwortliche Ressortleiter und schon gar keine Chefredaktion. Die Anarchie war anstrengend, und sie sorgte permanent für Konflikte – also dachten die Frauen über neue Strukturen nach.

taz-*Frauenaktion zur Durchsetzung der Frauenquote, 1980.*

Die Frauen diskutierten, die Männer produzierten – mit Ach und Krach. Im Satz arbeiteten beispielsweise mehr Frauen als Männer. Bis auf eine Frau, die den Streik »blöd« fand, mussten nun ungeübte Männer die Manuskripte erfassen.

Als sich nach einer Woche Streik an einem produktionsfreien Samstag alle *taz*-Angehörigen zu einem Plenum trafen, gingen die Männer längst auf dem Zahnfleisch. An der Stirnwand des Konferenzraums prangte das Verdikt »Porno-taz«, eine Hinterlassenschaft des Feministinnenkommandos. Ausnahmsweise hatten sich alle Mitarbeitenden versammelt, auch Kolleginnen und Kollegen aus den westdeutschen Regionalredaktionen waren angereist. Am Kopf des langen Tisches, der einstmals in der Kommune 1 gestanden hatte, hatten sich vor allem die Frauen postiert.

In dem überfüllten Konferenzsaal saßen und standen gut 15 Frauen an die 40 Männern gegenüber. Die meisten Männer waren sauer. Das Projekt *taz* stand auch ohne Frauenstreik auf der Kippe. Immer wieder konnte der Einheitslohn nicht ausgezahlt werden; Kalle Ruch, der Geschäftsführer, stand mit einem Bein im Knast. Dementsprechend hieß der Slogan, mit dem für

Abonnenten geworben wurde: »Gott ist tot, Elvis ist tot und uns ist auch schon ganz schlecht.«

Die Stimmung war extrem angespannt, als die Frauen ihre Forderungen vortrugen und begründeten. Sie verlangten ein Vetorecht bei möglicherweise sexistischen Texten oder Bildern und 52 Prozent aller Planstellen in jedem Bereich, um mehr Einfluss auf die Inhalte des Blattes zu bekommen. Genauer gesagt: »Alle freien oder freiwerdenden Stellen werden zunächst für eine Frau ausgeschrieben. Falls sich nach vier Wochen keine Frau gemeldet hat, erfolgt erneut eine Stellenausschreibung für Frau und Mann. Melden sich dann eine Frau und ein Mann, so ist bei gleicher Qualifikation die Frau vorzuziehen.«

Die Diskussion dauerte vielleicht 20 Minuten, da giftete ein Mann aus der Anzeigenabteilung die Frauen an: »Ihr seid doch nur prüde!« Das war das Wort, auf das die Frauen gewartet hatten. Sie zogen T-Shirts und Pullover über den Kopf. Eine nach der anderen. Wer ist hier prüde? Die Männer wussten zunächst nicht, wo sie hinschauen sollten. Ein, zwei Minuten herrschte fassungsloses Schweigen, dann fing eine Frau an zu lachen. Bald lachten alle. Die Frauen saßen mit bloßem Busen da und amüsierten sich, die meisten Männer lachten mit. Anspannung und Aggression lösten sich auf.

Thomas Hartmann hingegen, einer der Älteren, ärgerte sich über die Aktion. Mit blanken Brüsten Forderungen durchzusetzen, das hielt er für einen zu billigen Trick. Er ging in sein Büro, und als er in den Konferenzraum zurückkam, hatte er seinen langen Pelzmantel an, öffnete ihn und stand nackt da. »Das ist doch wirklich keine Kunst!«, rief er. Das Gelächter steigerte sich noch einmal. Fast alle verstanden seinen Auftritt nicht als Kritik an der Busen-Aktion der Frauen, sondern als affirmative, aktionistische Antwort. Alle waren erleichtert.

Und die Frauen hatten gewonnen. Mit großer Mehrheit: 35 stimmten für die Forderungen der Frauen, 8 enthielten sich, 6 stimmten dagegen. Von den Jastimmen kam etwa die Hälfte von Männern. Die erste Frauenquote in Deutschland war beschlossene Sache.

Welche der Frauen auf die Idee kam, eine Quote zu fordern, wissen die Pionierinnen nicht mehr. Ute Scheub, *taz*-Mitbegründerin, inzwischen freie Autorin, hat Brigitte Heinrich als Initiatorin in Erinnerung, was eine eher ironische Pointe wäre: Die Genossin Heinrich, so stellte sich nach dem Fall der Mauer heraus, war inoffizielle Stasi-Mitarbeiterin und lieferte dem DDR-Geheimdienst genaue und teils gehässige Porträts von Frauen und Männern, die bei der *taz* arbeiteten. Die zweite Möglichkeit: Während des *taz*-Frauenstreiks versammelten sich in Köln beim Westdeutschen Rundfunk rund 300 »Frauen in den Medien« aus öffentlich-rechtlichen Anstalten. Sie forderten eine Quote von 52 Prozent, was auch in der *taz* gemeldet wurde.

Dank der hohen personellen Fluktuation in der *taz* dauerte es nur drei, vier Jahre, bis im gesamten *taz*-Kollektiv die Geschlechter etwa hälftig vertreten waren – und es bis heute unangefochten sind. Die Quote hat sich bewährt, weil sie etwas verändert hat.

Sechs Jahre nach dem »Frauenbeschluss« der *taz* etablierten die Grünen 1986 eine Frauenquote von mindestens 50 Prozent auf ihren Kandidatenlisten; zwei Jahre später beschlossen die Sozialdemokraten eine 40-Prozent-Quote.

*

Martin Kempe arbeitete bis 1991 bei der *taz,* lange im Vorstand des Vereins, anschließend zehn Jahre als freier Journalist und schließlich noch von 2001 bis 2008 bei der Zeitung der Gewerkschaft ver.di. »Dank der *taz* ist mir eine langweilige bürgerliche Karriere entgangen«, lautet sein Resümee, »worüber ich nicht wirklich traurig bin.«

In den Laden in der Suarezstraße 41 zog als Nachmieterin der Berliner *taz*-Ini die Redaktion einer »feministischen zeitschrift für die visuellen künste« mit dem Titel *Kassandra* ein. Heute bietet in dem Laden, in dem die *taz* erdacht wurde, eine blondierte Osteuropäerin im Schönheitssalon »Suarez Beauty« ihre Dienste an. »Permanent Make-up, Wimpernverlängerung, Hair Styling ...«

ES WERDEN MEHR

31 Blues-Messen

Samariterkirche; Samariterstraße 27; Erlöserkirche; Nöldnerstraße 43

Anfang der Achtzigerjahre geschah in Friedrichshain immer wieder Ungewöhnliches. Junge Leute mit Kutten und Jeans, die Frauen mit wallenden Gewändern, manche selbstgefärbte Windeln um den Hals geschlungen, strömten vor der Samariterkirche zusammen. Trauben von wenig staatstreu und auch wenig fromm aussehenden Gestalten standen auf dem Gehweg und rauchten Selbstgedrehte, einige der meist Bärtigen und Langhaarigen setzten sich auf die Bordsteinkante, was normalerweise schon die Volkspolizei auf den Plan gerufen hätte. Doch nichts dergleichen geschah. Nach einer Weile waren die meisten von ihnen verschwunden, im Inneren der Kirche, aus der bald laute Musik nach draußen drang.

Drinnen wurde Blues gespielt und gesungen, aber nicht nur das. Es ging um Themen, die junge Leute in der DDR bewegten, auch um ihre Gefühle »zwischen Hass und Hoffnung« und dass dies öffentlich geäußert werden konnte. Da traten dann Sprecher vor, die wagten, Unerhörtes ins Mikrofon zu sagen. Sätze wie diese: »Es hat doch alles keinen Zweck. Diejenigen, die die Macht haben, können sowieso mit einem machen, was sie wollen, und sind immer im Recht. Erst sind es die Eltern, dann die Lehrer und Lehrmeister und jetzt die Vorgesetzten und die Partei.« Die Zuhörer tobten und klatschen, standen teilweise auf den Bänken.

Pfarrer Eppelmanns große Kirche war plötzlich voll und wurde mit jedem Mal voller. Bei der ersten Blues-Messe während des FDJ-Pfingsttreffens am 1. Juni 1979 waren es kaum mehr als 200 Besucher gewesen, vier Jahre später – auf dem Höhepunkt dieser gegenüber den staatlichen Organen als »Jugendgottesdienst« deklarierten Veranstaltung – kamen 9000 Menschen zusammen, was selbst Eppelmann nicht erwartet hatte. Als er mit seiner inhaltlichen Vorbereitung im Gemeindesaal fertig war, ging er raus auf die Samariterstraße. Sie war voller Leute. Er sah inmitten der drängenden Menge Ralf Hirsch, der für das Organisatorische mit verantwortlich war, und brüllte ihn an: »Mensch, mach doch die Kirche endlich auf, damit die Straße leer wird!« Hirsch blaffte zurück: »Halt an dich! Die Kirche ist doch schon voll!« Da es wegen des Andrangs oft mehrere Messen hintereinander geben musste, wird die Gesamtzahl der Teilnehmer an Blues-Messen in den sieben Jahren ihrer Existenz auf rund 50 000 geschätzt.

Am Anfang stand die Idee einer einzigen Person: Der in Berlin-Köpenick aufgewachsene Musiker Günter Holwas, der sich das Gitarrespielen selbst beigebracht hatte, spielte 1979 mit seiner frisch gegründeten Hollys Bluesband in der Ost-Berliner Bluesszene, doch es mangelte an Auftrittsmöglichkeiten. So sprach er den damaligen Kreisjugendpfarrer von Friedrichshain, Rainer Eppelmann, an und bot ihm an, dessen Kirche durch ein Konzert mit Jugendlichen zu füllen; die Kollekte könne an ein kirchliches Kinderheim gehen. Eppelmann und Holwas stellten in dem Gespräch fest, dass sie beide den Militärdienst mit der Waffe verweigert hatten und »Bausoldaten« gewesen waren. Sie verabredeten, es einfach mal auszuprobieren.

Bis 1986 sollten noch 20 Blues-Messen stattfinden. Die Staatssicherheit witterte schnell, dass sich in der Samariterkirche Bedrohliches zusammenbraute und dass es beständig wuchs. Da Eppelmann trotz permanenter Konflikte mit seiner Kirchenleitung aus Sicht der SED unter einem gewissen Schutz der Kirche stand, bedrängte die Stasi Holwas, er solle Schluss machen mit diesen Blues-Messen. Er bekam 1981 schließlich lebenslanges Auftrittsverbot, woraufhin er einen Ausreiseantrag stellte, der sofort genehmigt wurde. Holwas reiste über West-Berlin nach Kanada und schlug sich als Trucker und mit anderen Gelegenheitsjobs durch. Er starb 2014.

Pfarrer Eppelmann machte 1981 ohne Holwas weiter – mit einem Vorbereitungs- und Helferkreis. Aus Ost-Berlin und der ganzen DDR strömten junge Leute zu den hoffnungslos überfüllten Blues-Messen, die meisten von ihnen ohne besondere Bindung an Religion und Kirche. Es traten Bluesbands wie Freygang auf, Stefan Diestelmann oder Monokel, selbst Musiker mit Auftrittsverboten spielten in der Samariterkirche. Dabei lag stets eine subversive Stimmung von Rebellion und Widerstand in der Luft, wenn zur Musik auch kurze gesellschaftskritische Texte, Gedichte oder Sketche vorgetragen wurden.

Meist ging es um Themen, die die Jugendlichen aus ihrer Lebenswelt kannten, die sie im Alltag aber sonst kaum öffentlich diskutieren konnten, etwa »Leben macht Spaß« oder »Lustlosigkeit«. Im Altarraum, der als Bühne diente, stand die Attrappe einer im Frust zerstörten Telefonzelle. Unerhört – fanden die Stasi-Beobachter im Kirchenrund. Bei der dritten Blues-Messe im Februar 1980 ging es um »Gewalt und Gewaltverzicht«. Man diskutierte über Frieden, Jugendpolitik, Meinungs- und Informationsfreiheit. In einer Spielszene wurden gegenteilig lautende Meldungen aus Ost- und Westmedien vorgetragen. Weiß stand für die DDR-Presse, Schwarz für die Westpresse:

Warten auf Einlass zur Blues-Messe auf dem Gelände der Erlöserkirche, 1983.

Weiß: »Am 7. Oktober randalierten jugendliche Rowdys auf dem Alexanderplatz!«

Schwarz: »Am 7. Oktober protestierte die DDR-Opposition auf dem Alexanderplatz!«

Weiß: »Die Nato gefährdet den Frieden!«

Schwarz: »Der Warschauer Pakt gefährdet den Frieden!«

Weiß: »Anlässlich des 30. Jahrestags der DDR wurde eine Amnestie erlassen.«

Schwarz: »Am 17. Januar 1980 wurde [...] wegen asozialer Lebensweise zu drei Jahren Haft verurteilt.«

Pfarrer Eppelmann hielt währenddessen ein Schild mit einem großen Fragezeichen über seinen Kopf und fiel unter Beifall und Gejohle der Zuschauer irgendwann bei diesen gegenläufigen Zitaten einfach um. Beteiligte, die der Historiker Dirk Moldt nach dem Fall der Mauer befragt hat, erinnerten sich noch gut an die Stimmung in der Kirche: »Darsteller und Musiker spielten sich selbst. Lebensfreude, Frust und Blues waren ein Ganzes, sowohl für die Zuschauer als auch für die Darsteller. Die Stimmung in der Kirche hatte einen regelrechten Festivalcharakter.«

Staatssicherheit, Partei und Polizei waren höchst alarmiert, beobachteten genau und legten dicke Akten an. Doch ein Verbot schien ihnen wenig sinnvoll, würde es wohl eher noch mehr Protest hervorrufen. Also schlug man andere Wege ein und sammelte Beschwerden der Nachbarn. Die gab es reichlich, da viele Jugendliche, die nicht mehr in die Kirche hineinkamen, draußen herumstanden, rauchten, Rotwein aus der Flasche tranken, in die Ecken pinkelten – was rechtschaffene DDR-Bürger in Friedrichshain gern meldeten. Ein SED-Bezirkssekretär hoffte, dass die unangepassten Jugendlichen »Volkszorn« erregen würden.

Die Ost-Berliner Kirchenleitung der evangelischen Kirche gab den ständigen Druck von DDR-Kirchenstaatssekretär Klaus Gysi, dem Vater von Gregor Gysi, bereitwillig weiter oder machte im vorauseilenden Gehorsam sogar von sich aus Druck auf Rainer Eppelmann und alle Beteiligten. Dabei las der Pfarrer, um den Gottesdienstcharakter zu wahren, zwischen den Bluesnummern Bibeltexte oder Psalmen vor, die allerdings meist auf die Friedensbewegung oder den Widerstand gegen die Obrigkeit anspielten. Auch der Alkoholkonsum war ein Problem. Ralf Hirsch, für die Organisationsgruppe verantwortlich, hatte die Idee zur »Schnapsgarderobe«. Die Jugendlichen mussten den mitgebrachten Schnaps oder Wein an einer Art Garderobe abgeben, wo sie die Flaschen erst nach der Blues-Messe zurückbekamen, statt sie auf den Kirchenbänken zu leeren. Hirsch: »Bevor sie mir ihre Getränke abgaben, nahmen sie meist noch einen großen Schluck aus der Flasche. Der Rest Alkohol war ihnen egal, sie wollten unbedingt rein.«

Die Kirchenleitung wollte die Situation unbedingt entschärfen. Aus dem dicht bewohnten Stadtteil um die Samariterkirche wurde die populäre Veranstaltungsreihe in die Erlöserkirche verlegt, in einen wenig belebten Teil Lichtenbergs. Immer wieder drängte der Staat unter Hinweis auf die »Veranstaltungsordnung« der DDR über Kirchenstaatssekretär Gysi auf ein Ende der Blues-Messen. Diese besagte, dass jegliche Versammlung anmeldepflichtig war. Meldeten sie parteiferne Menschen an, wurden sie praktisch nie genehmigt. Musikveranstaltungen nicht, Lesungen nicht, Ausstellungen nicht und politische Diskussionsveranstaltungen erst recht nicht.

Nur die Kirchen verfügten über Räume und besaßen das Recht, darin Gottesdienste, Meditationen oder Gemeindeversammlungen abzuhalten. Sie unterlagen nicht der allgemeinen Anmeldepflicht. Aber das Staatssekretariat für Kirchenfragen hielt die Blues-Messen nicht für Gottesdienste und forderte die Kirche auf, diese als Veranstaltung genehmigen zu lassen. Eppelmann konterte mit dem Argument: »Was ein Gottesdienst ist, bestimmt die Kirche, nicht der Staat.«

Der jahrelange Konflikt endete damit, dass die evangelische Kirche nach 20 Blues-Messen diese Veranstaltungen 1986 »freiwillig« einstellte, auch um ihren bevorstehenden Kirchentag nicht zu gefährden. Als Reaktion darauf entstand unter jungen Leuten die Bewegung »Kirche von unten«. Deren Aktivisten wollten sich nicht länger bevormunden lassen – weder vom Staat noch von der Kirche. Zu diesem Zeitpunkt hatten die Blues-Messen auch schon an Attraktivität verloren, weil Bluesmusik unter rebellischen Jugendlichen nicht mehr so populär war. Sie wollten lieber radikaleren Punk hören.

32 Frauen für den Frieden

Erlöserkirche; Nöldnerstraße 43; Auferstehungskirche; Friedenstraße 83

Um viele Berliner Kirchen herum gibt es noch etwas Grund und Boden, der ebenfalls der jeweiligen Kirchengemeinde gehört. Das hatte zu DDR-Zeiten in Ost-Berlin unschätzbare Vorteile, denn dieses Gelände war ein Stück weit tabu für Stasi und Staat, aber wenn dort etwas los war natürlich nicht für deren Spitzel. Aber rund um ein Gotteshaus war in den Achtzigerjahren der DDR erlaubt, was sonst auf öffentlichem Terrain unmöglich war: Man konnte sich dort als kirchliche Basisgruppe treffen, um zu feiern, um politisch brisante Themen zu diskutieren oder um sich als Friedens-, Umwelt-, Schwulen- oder Frauengruppe gar zu besonderen Anlässen ein paar Stunden öffentlich zu präsentieren und zu vernetzen.

So geschah es auch im Sommer 1983 und in späteren Jahren rund um die Erlöserkirche, wenn eine »Friedenswerkstatt« stattfand: Junge Männer in Latzhosen, Jeansjacken, Parkas oder Kutten saßen auf der Wiese, Frauen kamen mit weiten Kleidern, Halstüchern oder Makrameeschmuck um den Hals. Das Peace-Zeichen prangte an der Kleidung oder auf Wandtafeln, an einem Tisch stand der Kopf einer weiblichen Schaufensterpuppe mit aufgesetztem NVA-Stahlhelm. An einer Brandmauer, die die Außengrenze des Kirchengrundstückes markierte, hingen Gedichte und Fotos, die keine DDR-Zeitung drucken und keine Ost-Berliner Galerie zeigen durfte, auf einer kleinen Bühne schlug ein bärtiger Langhaariger in die Saiten seiner Gitarre, vor ihm auf dem Boden und im Halbkreis stehend an die 100 Zuhörer. An vielen Ständen gab es Plakate, unter dem Radarschirm von Kontrolle durch Staat und Kirche gedruckte Info-Materialien über Umweltverschmutzung in der DDR und neuentstandene Öko-Gruppen, Kinder malten mit Fingerfarben, an einem Stand prangte die Losung: »Lieber ein warmer Bruder als ein kalter Krieger«, an einem anderen: »Selbst ist die Frau!« Heute erinnert eine Gedenktafel vor der Erlöserkirche daran, dass dieser Ort einen gewissen Schutz bot, einen Raum für den Widerstand gegen die SED-Herrschaft.

Almut Ilsen war bei der ersten dortigen Friedenswerkstatt am 3. Juni 1983 mit dabei und am Stand der »Frauen für den Frieden« in bester Stimmung: »Es war einfach ein Hochgefühl, sich präsentieren zu können, auch als Gruppe aufzutreten, gute Gespräche zu führen, und dieser Druck, den wir ja sonst sehr gespürt haben, war während dieser Friedenswerkstatt richtig runtergefahren. Wir waren eine große solidarische Gemeinschaft, auch mit den anderen Oppositionsgruppen und allen, die gekommen waren.« Bettina Rathenow gehörte ebenfalls zur Frauengruppe: »Auf der Friedenswerkstatt war eine lockere Stimmung, es waren ja auch viele Kinder mit hier. Wir fühlten uns rund um die Kirche sicher. Ich dachte nicht, wie sonst oft: ›Oh, hoffentlich passiert jetzt hier nichts.‹«

Die Staatsmacht agierte heimlich – in den Reihen der Frauen, wie Ilsen sich gut erinnern kann: »Bei dieser einen Friedenswerkstatt hatten wir Adressen von Frauen gesammelt. Wir hatten einen Karton aufgestellt mit einem Schlitz, wie so eine Wahlurne, und da konnten sie ihre Adressen reinwerfen, und wir wollten sie dann kontaktieren. Nach der Friedenswerkstatt sind wir in Bärbel Bohleys Wohnung in die Fehrbelliner Straße gegangen, um die Aktion rund um die Erlöserkirche auszuwerten, und dann war dieser Karton weg! Mit all diesen Adressen, und dann tauchte plötzlich, ziemlich verspätet, unser Gruppenmitglied Monika Haeger auf, mit diesem Karton und den 91 Adressen interessierter Frauen unterm Arm. Heute wissen wir ja, dass sie inoffizielle Mitarbeiterin war.«

Die »Frauen für den Frieden« waren Teil einer grenzübergreifenden Bewegung. In den Siebzigerjahren von irischen Frauen gegen die Gewalt in ihrem Land begründet, riefen 1981 westdeutsche Frauengruppen zur bundesweiten Aktionswoche in Hunderten von Städten auf. Eine der aktivsten Frauen war die West-Berlinerin Eva Quistorp. Es ging um Atomenergie und Atomwaffen, Friedens- und Umwelterziehung, Gewaltbilder in den Medien, Gewalt gegen Frauen. Aus dem West-Berliner Frauenzentrum in der Stresemannstraße 11 wurden Friedensmärsche von Frauen quer durch Europa organisiert, nach Kopenhagen und Paris, die DDR verbot allerdings den Marsch über die Transitstrecke von West-Berlin gen Bundesrepublik.

Die Ost-Berliner »Frauen für den Frieden« protestierten gegen die Militarisierung des DDR-Alltags vom Kindergarten bis zur Schule und gegen ein neues Wehrpflichtgesetz, durch das ab 1982 auch Frauen zur Volksarmee eingezogen werden sollten. »Wir hatten erfahren«, erinnert sich Almut Ilsen, die damals als fertig ausgebildete Diplomchemikerin noch Bibliothekswissenschaften studierte, »dass in Mecklenburg bereits Krankenschwestern zu den Wehrkreiskommandos bestellt worden waren und ihre Wehrpässe bekommen hatten. Das hat uns sehr alarmiert, weil wir alle Männer kannten, die durch die Mühle Nationale Volksarmee gegangen waren und paralysiert wieder rausgekommen sind. Da haben wir gesagt: Wenn die jetzt auch noch Frauen einziehen wollen – mit uns nicht!«

Deswegen kam die Idee auf, eine Gemeinschaftseingabe an Staats- und Parteichef Erich Honecker zu schreiben. »Das hat einfach mehr Gewicht als die Stimme einer einzelnen Frau«, erklärt Ilsen. In ihrem Schreiben protestierten die Frauen nicht nur gegen die Änderung des Wehrdienstgesetzes, sie forderten auch eine gesetzlich verankerte Möglichkeit auf Verweigerung des Wehrdienstes und den Dialog darüber mit der Regierung.

Infostand der Frauen für den Frieden, Erlöserkirche 1983.

Am Anfang waren sie nur zu siebt: Bärbel Bohley, Irena Kukutz, Katja Havemann, Ulrike Poppe, Karin Teichert, Bettina Rathenow und Almut Ilsen. Bohley und Kukutz hatten bereits Einzeleingaben gegen das neue Wehrdienstgesetz geschrieben, aber keine Antwort erhalten. In Privatwohnungen diskutierten und formulierten sie das Protestschreiben. Danach sammelten sie in ihrem jeweiligen Freundes- und Bekanntenkreis weitere Unterschriften. Einige der Unterzeichnerinnen begannen, in der Gruppe mitzuarbeiten.

Ruth Kibelka hatte sich bereits 1981 wegen der Verhängung des Kriegszustandes in Polen engagiert. Sie lehnte das neue Gesetz aus einem ganz eigenen Grund ab: »Mein Vater war Wehrmachtsoffizier, meine Mutter ist als Jugendliche in der Schule gleich mit der ganzen Klasse in die NSDAP übernommen worden. Und wir haben zu Hause viele und heftige Debatten darüber gehabt, warum sie nichts gegen die Vernichtung der Juden unternommen haben. Mein Bruder und ich haben von unseren Eltern immer wieder anhören müssen, dass es nicht so einfach sei mit dem Leben in der Diktatur. Ich wollte mich von meinen Kindern eines Tages nicht so fragen lassen müssen.«

Am 12. Oktober 1982 schickten »Frauen für den Frieden« den Protestbrief an Erich Honecker ab – 150 Frauen hatten unterschrieben. Jede von ihnen ging damit ein persönliches Risiko ein, denn selbst organisierte Unterschriftensammlungen waren in der DDR unüblich. Ein paar Tage später klingelten denn auch Stasi-Leute an den Wohnungstüren der Unterzeichnerinnen. Sie wollten, dass die Frauen ihre Unterschrift zurückziehen. Doch bis auf eine blieben alle standhaft. Bettina Rathenow erinnert sich: »Ich habe mich auf das Gespräch eingelassen, es dauerte vielleicht 20 Minuten. Sie hatten so einen agitatorischen Ton drauf: ›Überlegen Sie doch mal, der Westen und die Aufrüstung dort, da muss man doch was dagegen machen, Sie können doch auch in staatlichen Friedensgruppen mitwirken. Ja, warum muss es denn eine unabhängige Friedensgruppe sein, ›Frauen für den Frieden‹ geht doch in den staatlichen Frauenbund! Sie wollen das doch auch, dass Ihre Kinder im Frieden aufwachsen …‹ Da stand ich schon unter Druck. Ich hab dann gesagt, ich stehe zu der Eingabe, es ist meine Meinung. Ich bleibe auch bei meiner Verweigerung. Ich werde nicht zur Verfügung stehen, wenn eine Einberufung kommen sollte. Sie gingen und es schien erst mal erledigt.«

Als der *Spiegel* im Westen die Eingabe öffentlich machte, kippte im Osten die Stimmung, denn den Unterzeichnerinnen war von den Initiatoren versichert worden, dass der Text nicht an die Westmedien weitergegeben würde: »Von da an waren wir ganz klar auf der Seite des Klassenfeindes und wurden als Gegner betrachtet.« Ruth Kibelka spürte die Konsequenz sofort an ihrer Arbeitsstelle, dem Aufbau-Verlag: »Es gab eine SED-Parteiversammlung, auf der sehr genau über mich informiert und angewiesen wurde, den Kontakt zu mir zu meiden.« Auch Ulrike Poppe erinnert sich gut an die extrem einschüchternde Bewachung. Bis in das Wartezimmer der Schwangerschaftsberatung folgte ihr die Stasi. »Keine zwei Meter hielten die Beamten Abstand.«

Doch die Frauen ließen sich nicht einschüchtern. Nach der gelungenen Friedenswerkstatt im Juni 1983 rund um die Erlöserkirche organisierten sie ihre erste eigenständige Veranstaltung, einen Gemeindetag in der Auferstehungskirche unter dem Motto »Im Schatten der Atombombe hat sich mehr und mehr gezeigt, dass alle Menschen Brüder (und Schwestern) sind«. Auch Frauen aus anderen Städten kamen.

Die Gruppe plante eine weitere öffentliche Aktion, an der sich rund 40 Frauen beteiligten: Komplett in Schwarz gekleidet, wollten sie sich vor dem Postamt am Alexanderplatz treffen und von dort ihre Verweigerungsschreiben an die Wehrkreiskommandos der Nationalen Volksarmee verschicken. Als sich Ulrike Poppe auf den Weg machen wollte, stand die Stasi vor ihrer Wohnungstür. Nein, sie dürfe nicht gehen. Sie ging trotzdem. Mehrere Männer folgten ihr. Ihr Mann Gerd und die Kinder begleiteten sie bis zur Straßenbahn. Als die Stasi-Mitarbeiter zu ihren Autos zurückliefen, nutzte sie den günstigen Augenblick, schwang sich auf ein mitgeschobenes Fahrrad, und gelangte so vor ihren Verfolgern zum Alexanderplatz.

Dort wurden bereits einige der anderen Frauen von Stasi-Leuten bedrängt, die nun versuchten, auch Ulrike Poppe zu greifen. Doch die Frauen in Schwarz hielten zusammen, hakten sich unter und schrien laut. Poppe flüchtete in ein Café, rief von dort aus Freunde und einen Superintendenten der Kirche an. Unter dem Schutz ihrer Freunde trat sie den Heimweg an, verfolgt von der Stasi im Auto, doch sie dachte in diesem Moment: »Ihr seid nicht allmächtig. Wir können euch austricksen.«

Als das Gründungsmitglied der Grünen Petra Kelly mit Gert Bastian, Lukas

Beckmann und anderen im Oktober 1983 mit Erich Honecker zusammentraf – Kelly mit dem Symbol der DDR-Friedensbewegung »Schwerter zu Pflugscharen« auf ihrem T-Shirt –, besuchte sie anschließend auch die »Frauen für den Frieden«. Sie verabredeten zwei gemeinsame Aktionen vor den Botschaften der USA und Sowjetunion. Doch jetzt reagierten die Herrschenden: Die Grünen durften am vorgesehenen Tag nicht einreisen, rund 60 Oppositionelle, darunter auch Mitglieder der »Frauen für den Frieden«, wurden morgens um sechs Uhr aus ihren Betten geklingelt, »zugeführt«, das heißt vorläufig festgenommen, und den ganzen Tag verhört, einige erhielten Hausarrest.

Anlässlich der Bundestagsdebatte zum Nato-Doppelbeschluss schickten die Ost-Berliner Friedensfrauen Fotos ihrer Kinder und ein Telegramm, in dem sie gegen die Aufrüstung in Ost und West protestierten, an die westdeutsche Grünen-Politikerin Petra Kelly, die es im Deutschen Bundestag vortrug und die mit Sätzen wie »Sag nein, die Raketen sind auf mich gerichtet« beschrifteten Kinderfotos verteilte. In Bonn kam es am 23. Oktober gegen den Raketenstationierungsbeschluss mit über 300 000 Teilnehmern zur größten Demonstration der bundesdeutschen Nachkriegsgeschichte. Ohne Erfolg.

Mit der Stationierung der Nato-Raketen im Westen beendete die SED-Regierung ihre massive finanzielle Unterstützung von westlichen Friedensaktivisten. Das betraf auch die Gruppe »Generäle für den Frieden«, zu denen Bastian gehörte.

Im Inneren begann die Stasi hart durchzugreifen. Kaum zwei Monate später wurden zwei der Friedensfrauen, Bärbel Bohley und Ulrike Poppe, wegen »Verdachts auf landesverräterische Nachrichtenübermittlung« sechs Wochen in der berüchtigten Untersuchungshaftanstalt Hohenschönhausen festgesetzt und stundenlang verhört. Gegen Jutta Seidel und Irena Kukutz aus der Gruppe wurden Ermittlungsverfahren eingeleitet. Bettina Rathenow: »Der Staat glaubte, Gruppen wie die Frauen für den Frieden sind vom Westen gesteuert und unterstützt, und sie könnten einen Flächenbrand im Osten auslösen, weil wir Kontakte hatten zu West-Berliner Frauen oder zu Frauen in Großbritannien, die uns teilweise auch besuchten, die uns auch Schriften mit in den Osten brachten. Das war denen natürlich ein Dorn im Auge.«

Am Checkpoint Charlie demonstrierten West-Berliner Frauen für die Freilassung ihrer Mitstreiterinnen im Osten. Ende Januar 1984 durften

Bohley und Poppe wieder nach Hause – und machten trotz der Verhaftungen und Verhöre weiter. Bei einer Klausur in Brandenburg sammelten sie sich und bereiteten das erste politische Nachtgebet nach dem Vorbild der West-Theologin Dorothee Sölle vor. Die hatte zu Zeiten des Vietnamkrieges 1968 beim Katholikentag in Essen einen ersten politischen Gottesdienst gefeiert, mit Informationen und Diskussion. Auf Druck der Kirche war Sölle das erst kurz vor Mitternacht erlaubt worden, daher der Name Nachtgebet. Den Gedanken und die Form griffen fortan etliche engagierte Geistliche in Ost und West auf – so auch der Leipziger Pfarrer Christoph Wonneberger mit dem Friedensgebet in der Nikolaikirche.

»Kommt lasst uns klagen, es ist an der Zeit, wir müssen schreien, sonst hört man uns nicht.« Dieses und zwei weitere politische Nachtgebete – »Wi(e)derstehen lernen« und »Trümmerfrauen« – können 1984 und 1985 in der Auferstehungskirche in Berlin-Friedrichshain stattfinden, was der zuständigen Pastorin Christa Sengespeick viel Ärger mit der Kirchenleitung einbrachte. In der bis auf den letzten Platz gefüllten großen Kirche trauten sich von Repressionen betroffene Frauen, über ihre Erfahrungen zu berichten.

Inzwischen hatten sich in vielen DDR-Städten Frauengruppen gebildet, und ab 1984 gab es jährliche überregionale Frauentreffen. Und der größte Erfolg: Es wurden keine Frauen mehr auf die Wehrkreiskommandos zur Musterung bestellt! Allerdings kam in das neue Wehrpflichtgesetz ein Passus, dass Frauen im »Verteidigungsfall« mit eingezogen werden können.

*

1986 begannen die Ost-Berliner Friedensfrauen mit einer Aktion, die zu einem der größten Erfolge der Gruppe werden sollte: Sie organisierten den Protest gegen den Bau einer mehrspurigen Straße durch den jüdischen Friedhof Weißensee. Sie horchten auf, als auf dem benachbarten Friedhof der Gemeinde von Pastorin Sengespeick Gräber von Bombentoten des Zweiten Weltkrieges verlegt wurden. Das war ungewöhnlich, und die Frauen wollten wissen, was da los sei. Ihre Erkundigungen ergaben, dass die SED-Regierung aufgrund einer alten Regelung aus den Zwanzigerjahren eine Schneise für die Schnellstraße mitten durch den 1880 angelegten Gottesacker schlagen wollte. Die Empörung wuchs noch, als sie in Erfahrung brachten, dass die

Ausfallstraße offenbar dazu dienen sollte, Erich Honecker und anderen Politbüromitgliedern eine rasche Fahrt aus dem Stadtzentrum in ihr Wohnrefugium Wandlitz zu ermöglichen.

Doch zunächst fanden die Frauen wenig Gehör. Ruth Kibelka: »Überall, wo man hinging, da biss man auf Granit. Die Jüdische Gemeinde in Ost-Berlin hatte nur noch 184 Mitglieder, die meisten knapp unter 80 Jahre alt, die mochten nichts unternehmen und hatten dem Bau sogar zugestimmt. Aber die meisten Ost-Berliner wussten noch nichts von diesem Wahnsinnsplan. Man musste einfach Öffentlichkeitsarbeit betreiben.«

Auf der 5. Friedenswerkstatt Ende Juni 1986 widmeten sich die »Frauen für den Frieden« auf ihrem Stand fast ausschließlich dem Protest gegen die Zerstörung des größten jüdischen Friedhofes in Europa. Auf mehreren Informationstafeln waren Fotos von altehrwürdigen Gräbern und Skizzen des geplanten Straßenbaus zu sehen. Im Vorfeld war den Friedensfrauen von der evangelischen Kirchenleitung nahegelegt worden, auf die Aktion zu verzichten. Superintendent Günter Krusche, der später als inoffizieller Mitarbeiter (IM) der Staatssicherheit enttarnt wurde, verbot Kibelka den Informationsstand. »Ich bekam zu hören, ob ich denn überhaupt jüdische Vorfahren hätte und was uns das denn anginge. Also, da fehlten mir echt die Worte.« Selbst ein Stadtjugendpfarrer meinte zu den Frauen: »Ach, ihr denkt wohl, ihr könnt da etwas bewirken? Da könnt ihr gar nichts machen!« Almut Ilsen: »Wir konnten dank Unterstützung einzelner Pfarrer Veranstaltungen machen, andererseits hat die Kirchenleitung zur Zähmung beigetragen, Abhängigkeiten erzeugt und Selbstzensur gefördert.«

Die Frauen ließen sich nicht beirren und setzten ihren Stand bei der Friedenswerkstatt auf dem Gelände der Erlöserkirche durch. Sie organisierten sogar eine »Meinungsumfrage«. Die Besucher schrieben ihre Ansichten auf eine Plakatwand: »Man baut ja auch keine Autobahn durch die Gedenkstätte der Sozialisten in Friedrichsfelde«, hieß es beispielsweise. Obendrein sprachen die Frauen mit Prominenten wie dem Schriftsteller Stefan Heym. Bärbel Bohley rief in West-Berlin den Vorsitzenden der dortigen jüdischen Gemeinde Heinz Galinski an, der erst dadurch von den Planungen der SED erfuhr. Bis 1955 waren die Mitglieder der West-Berliner jüdischen Gemeinde noch in Ost-Berlin beerdigt worden, da es im Westen keinen entsprechenden Friedhof gab.

Im September 1986 konnten die »Frauen für den Frieden« dann im SED-Zentralorgan *Neues Deutschland* lesen, dass Erich Honecker bei einer Begegnung mit Vertretern der Jüdischen Gemeinde diesen »einen Streifen Land« auf dem Friedhof in Weißensee zurückerstattet habe. »Damit war die Sache ein für alle Mal aus der Welt geschafft«, freut sich noch heute Almut Ilsen über diesen großen Erfolg der Frauenprotestbewegung, die auch internationale Unterstützung erhalten hatte.

Bei einer »Liturgischen Nacht« der »Frauen für den Frieden« im Oktober 1987 in der Auferstehungskirche sprach Irena Kukutz Hunderten von Versammelten nach dieser Erfahrung Mut zu: »Als wir davon [von den SED-Plänen] vor einem Jahr erfuhren, waren wir nur sehr wenige, die die Hoffnung hatten, dass wir es verhindern könnten. Wie viele Briefe wurden geschrieben, Gespräche geführt, Institutionen aufgefordert. Die meisten winkten resigniert ab, verwiesen auf die Sprengung der Gasometer in Prenzlauer Berg trotz vieler Proteste. Und doch, wir fanden Verbündete. Dieses nicht nur Kultur-, sondern auch Geschichtsdenkmal der Juden in dieser Stadt, der größte jüdische Begräbnisplatz Europas, bleibt uns in seinem jetzigen Zustand erhalten. Natürlich haben nicht wir den Bau der Straße verhindert, sondern Erich Honecker. Er hat den unbelegten Geländestreifen, der für den Straßenbau vorgesehen war, der jüdischen Gemeinde geschenkt. Damit nach ihm nicht zum dritten Mal jemand auf die Idee kommen könnte, dass es nun doch an der Zeit sei, endlich die Vergangenheit zu vergessen. Ich hoffe, das macht euch Hoffnung, nicht aufzugeben, auch wenn es zu oft so aussieht, als würden wir nichts bewirken können.«

Zwei Jahre später fiel die Mauer.

*

Noch heute ist zum Teil erkennbar, wo die Trasse quer durch den jüdischen Friedhof hätte verlaufen sollen. Wer an der Grenze von Prenzlauer Berg zu Weißensee der Kniprodestraße bis zu ihrem Ende folgt, steht unmittelbar vor der Friedhofsmauer. Dort würde ohne die »Frauen für den Frieden« eine mehrspurige Straße hindurchgehen.

33 Straßen der Opposition

Prenzlauer Berg: Fehrbelliner, Husemann-, Rykestraße, Kastanienallee …

Heute gilt Prenzlauer Berg vielen als Spießer-Gegend des neuen Berlin. Brave Mütter und Väter, schicke Läden mit Luxusklamotten, durchgestylte Kneipen, überteuerte Mieten. Selbstbewusste Weddinger machen sich seit Jahren lustig über ihre Nachbarn: »Mitte is schitte, Prenzlberg is petting, real sex is only Wedding«, knüppeln sie den Vers in einem der Spottlieder des Prime-Time-Theaters. In Prenzlauer Berg, so wird geschmäht, sitzen sie mit zu viel Zimt auf zu viel Milchschaum, mit überversorgten Kindern, narzisstisch-autistisch gestört auf ihre Smartphones starrend, und bilden zusammen mit den von anderen isolierten Bewohnern in ihren teuren Penthäusern und Lofts die Speerspitze der Gentrifizierung Berlins.

Dabei ist es noch nicht lange her, da stand der Stadtbezirk Prenzlauer Berg für etwas völlig anderes: Vor allem seit den Siebzigerjahren zogen hier Künstler, Oppositionelle und Punks in die Häuser mit ihrem maroden Charme ein, wohnten dort zumeist schwarz. Sie besetzten das Vakuum, das Arbeiterfamilien und Kriegerwitwen hinterließen, wenn sie aus den grauen und zerbröckelnden Wohnungen in zentralbeheizte Plattenbauten nach Marzahn oder Hellersdorf umsiedelten.

In Prenzlauer Berg trafen die Jüngeren noch auf die Rentner, die geblieben waren, weil sie nicht mehr umziehen wollten oder konnten. Verarmte Alte hausten in verrotteten Wohnungen, oft ohne eigene Toilette oder Bad, ohne Zentralheizung und Telefon sowieso. In den Außenklos auf halber Treppe oder gar im Hinterhof froren im Winter regelmäßig die Wasserleitungen ein. Die Grundrente betrug zum Ende der DDR etwa 400 Ostmark, während der Durchschnittslohn um die 1000 lag. Die DDR ließ zwischen 1972 und 1986 diese Tristesse sogar filmen, rund 300 solcher und ähnlicher Dokumentarfilme verschwanden in den Schubladen der Staatlichen Filmdokumentation am Rosenthaler Platz. Nach dem Sieg des Kommunismus sollten sie die Mühen des Anfangs belegen. Diesen »Schatz vom Prenzlauer Berg« bereitet das Bundesarchiv inzwischen zur Nutzung auf.

In diesem Stadtteil existierten mindestens drei Parallelwelten: die der Jüngeren, die der Alten und die der letzten Arbeiterfamilien. Die Jüngeren kamen und gingen, feierten Partys, »rotteten« sich zusammen, hielten Volks- und Geheimpolizei in Trab, lebten die Rebellion und erlebten später eine Revolution, die auch hier vorbereitet wurde – zum Beispiel mit dem Nachweis gefälschter Wahlen –, dann aber woanders im Land ausbrach, in Leipzig am 9. Oktober 1989.

Der Prenzlauer Berg spielte immer eine besondere Rolle in der Geschichte der DDR-Opposition. Hier befand sich in den Achtzigerjahren das größte Rückzugsgebiet widerständiger Kräfte, ein Schutzraum der politischen, künstlerischen und literarischen Boheme, bevölkert von bärtigen jungen Männern in Parkas und Jeans und Frauen mit bunten Halstüchern in selbstgeschneiderten Kleidern und Hosen, von Ost-Punks und Freaks aller Art. Seine magische Anziehungskraft lag begründet im Mythos von Widerstand und Solidarität, vom aushaltbaren Leben in einem vertrauten Kiez, inmitten der spießigen DDR und deren Hauptstadt mit einer Grenze hin zur großen weiten Welt.

Die früheren Eigentümer der meisten Häuser waren längst im Westen, die Gebäude waren als »Volkseigentum« verstaatlicht oder standen unter staatlicher Verwaltung; auf jeden Fall vernachlässigte die Kommunale Wohnungsverwaltung (KWV) deren Instandhaltung. Nach zwei Weltkriegen und mit rund 100 Jahren auf dem Buckel waren die Gebäude heruntergekommen, ihre Substanz stark angegriffen; heimlich plante der Staat ihren Abriss. An den einst besseren Häusern bröckelten die verzierten Fenstersimse, die Stuckfiguren, die ihr eigenes Gewicht kaum mehr tragen konnten, waren oft gesichtslos. An vielen Gebäuden fehlten die ursprünglich vorhandenen Balkone, sie waren vorsorglich entfernt worden oder einfach runtergefallen. In einigen Straßen wurden Baugerüste eigens dafür errichtet, um möglicherweise herabstürzende Balkone aufzufangen.

Mancherorts wuchsen kleine Birken, Büsche oder andere Bäumchen aus den Dächern oder den Fensterhöhlen verfallener Wohnungen. An vielen

Rykestraße mit Blick auf den Wasserturm, Ende 1981.

Häusern waren noch die Einschusslöcher von den Straßenkämpfen im April 1945 zu sehen, die Splitter von Bomben und Granaten hatten große Wunden in den Putz geschlagen. Alte Werbeschilder und Schriften aus der Vorkriegszeit wiesen auf Geschäfte in Kellern oder Hinterhöfen hin, die es längst nicht mehr gab.

Aber die Mieten waren unschlagbar billig: 30, manchmal auch nur 15 Mark Miete im Monat pro Wohnung waren keine Seltenheit. Dies lockte junge Leute an, nicht nur aus Berlin, auch aus der Provinz zogen sie in den Prenzlauer Berg, dies oft unter Umgehung strenger Zuzugsregeln für Nicht-Berliner. Wer eine freie Wohnung fand, zog dort illegal ein. Nachdem das Schloss geknackt und ein neues eingebaut war, wurde mit der KWV verhandelt, bis man eine Duldung hatte und keine Ordnungsstrafe drohte. Schließlich gab es laut DDR-Verfassung tatsächlich ein verbrieftes Recht auf Wohnung. In manchen Straßen bildeten sich so regelrechte Kolonien von »Schwarzwohnern«.

Meist hatten die jungen Zuwanderer kaum Geld und mussten ihre Wohnungen doch selbst bewohnbar machen. Sperrmüllcontainer in den Straßen, die die Stadtreinigung nur selten leerte, waren wichtige Umschlagplätze einer Tauschwirtschaft. Was dort an alten Gegenständen abgelegt wurde, war oft nach wenigen Minuten wieder weg. Ein Mix aus Sperrmüll, Gründerzeitmöbeln und Sperrholz, aus schweren alten Sesseln, Sofas, Selbstgebasteltem und Selbstgestrichenem hielt Einzug in die verwaisten Altbauten. Ein Bücherregal – die Schatztruhe der Bewohner – war meist der Mittelpunkt der Ein- oder Zweiraumwohnung. Nicht selten schauten Freunde und Besucher es sich zuerst an.

Meist hatten die Wohnungen kein Telefon. Auch deshalb verabredete man sich nicht im Voraus, man kam einfach vorbei und probierte auf gut Glück, ob jemand da war. Und wenn niemand öffnete, hinterließ man eine Nachricht an der Tür, auf einem Zettelblock oder einer aufgehängten Papierrolle, oft mit dafür bereitliegenden Stiften oder Kreide. Überall in den Treppenhäusern des Prenzlauer Bergs waren Haustüren übersät mit Besucher-Graffiti. Und weil Telegramme recht billig waren, wurden auch sie für zwei oder drei Ost-Mark fleißig hin- und hergeschickt.

Das Straßenbild im Viertel prägten nicht zuletzt die Kohlenhändler. Ihre Lager hatten sie auf Brachflächen zwischen den Häusern oder in aufgegebenen Fabriken in den Hinterhöfen, ihre Lkw und Anhänger standen auf den Straßen. Zentnerweise schleppten die rußverschmierten Träger Briketts mit einer Rückenlade oder Weidenholzkiepe in die Keller oder hinauf bis in den vierten Stock. Im Winter wurden die Kohlen von den abgestellten Anhängern geklaut, ein nächtlicher Volkssport für viele.

Meist in den Vorderhäusern wohnte eine besondere Spezies: die Hauswarte, die ihr Objekt, dessen Bewohner und die Leute auf der Straße ausdauernd beobachteten. Bei ihnen oder bei den Hausbuchführern informierten sich auch die Stasi-Mitarbeiter zuerst über das Treiben ihnen verdächtiger Mieter.

Typisch für den Prenzlauer Berg der Achtzigerjahre waren der enge Zusammenhalt vieler Bewohner, ein dauerndes Miteinander-im-Gespräch-Sein. Zeit dafür gab es genug. Regelmäßig andere zu besuchen war normal. Oder es kam Besuch, auch aus anderen Städten oder von irgendwelchen Leuten, die man bei einer Tramptour, vielleicht in Polen oder Bulgarien, kennengelernt hatte. Viele der sogenannten offenen Wohnungen, in denen bis frühmorgens gequatscht und gefeiert wurde, hatten außen eine Klinke, die Haustüren standen ohnehin vielerorts offen. Außerhalb der Wohnungen suchte man Orte auf wie das Café Burger am Rosa-Luxemburg-Platz, in dem die junge Ulrike Wick den etwas älteren Gerd Poppe kennenlernte, den sie später heiratete. Wenn das Burger kurz nach Mitternacht dichtmachte, nahm sie ihn und die anderen zum Weiterquatschen und -trinken kurzerhand mit in ihre Wohnung gegenüber in der Wilhelm-Pieck-Straße 23. Oder man ging in der Lychener Straße 11 ins Keglerheim, wie das 1936 gegründete Fengler auch genannt wurde, wo die Alten vorn am Tresen getrennt von den Jüngeren im hinteren Raum saßen, oder in den Oderkahn, wo sich der Dichter Peter Wawerzinek eine Zeitlang nur ein paar Schritte von seiner Wohnung entfernt am liebsten aufhielt. Eine andere Welt bot das Wiener Café in der Schönhauser Allee: Spiegel an der Wand, ein Pianist griff in die Tasten, ein paar Treppenstufen an einem wackeligen Geländer hoch, dort saßen die meisten Gäste: Frauen, Männer, Künstlerinnen, Lebenskünstler und Stasi-Spitzel – die Mischung der »Boheme des Ostens«.

Altersgemischtes Biertrinken am selben Tisch war üblich. Der Rentner konnte sich je nach Tradition der jeweiligen Kneipe als Kommunist oder Nazi entpuppen. Man setzte sich einfach dazu, um Mitternacht war zumeist Schluss. Im Sportlertreff in der Schönhauser 21 ging es für 49 Pfennig pro halbem Liter Bier noch eine Stunde länger. Dies war eine verqualmte Schlauchkneipe, rechts der lange Tresen, dahinter ein Gang mit Holztischen, ganz hinten das Klo. Kellnerin Britta war freundlich zu allen, was unter den Kiezkneipen durchaus herausstach. Am Tresen hingen Typen wie Gala von der Bluesband NO55 ab. Auch das Metzer Eck war immer voller Stammgäste, die Buletten, Hackepeter und Kohlrouladen vertilgten, dazu Bier mit Korn kippten. Manche Kneipe, nicht nur im Viertel zwischen Lychener, Schliemann- und Dunckerstraße sah noch so aus, als sei der Krieg gerade erst vorbei, manche hatten sogar noch das Flair der Zeit davor. Was bedeuten konnte, dass der Wirt sich wie ein altdeutscher Nazi gab. Langhaarige betraten hier Feindesland. So war es in der Gaststätte am Wasserturm oder im Hackepeter. Die Jüngeren holten ihr Bier oft in Kannen oder Eimern und feierten lieber in ihren Wohnungen, im Sommer gern auch auf Hausdächern – mit freiem Blick über ganz Berlin. Das billigste Bier für 35 Pfennige wurde in einer Kaschemme namens Sieke ausgeschenkt: Dimitroff-, Ecke Hagenauer Straße.

*

Künstler wie Jurek Becker, Katharina Thalbach, Manfred Krug oder die Malerin Cornelia Schleime lebten schon früh zeitweise in Prenzlauer Berg, Nina Hagen zog in eine Ladenwohnung in der Kastanienallee, Musiker der Punkband Feeling B, die später zur Gruppe Rammstein gehörten, spielten bei Hinterhoffesten. Es gab legendäre Treffpunkte wie den alten Hirschhof, ein von Nachbarn erkämpfter und begrünter Hinterhofpark zwischen Kastanienallee und Oderberger Straße. Viele aus der politischen Opposition waren ebenfalls in Prenzlauer Berg zu Hause. In der Fehrbelliner Straße 91 wohnte die Frauen- und Bürgerrechtlerin Bärbel Bohley (s. Kap. 48), ein paar Häuser weiter in der Nummer 7 befand sich eine bekannte WG politischer Aktivisten um Wolfgang Rüddenklau, Carlo Jordan und Tom Sello (s. Kap. 34). Die Wohnung von Gerd und Ulrike Poppe in der Rykestraße 28 war jahrelang ein beliebter Treffpunkt für Leute aus der linken und oppositionellen Szene Ost- und auch West-Berlins (s. Kap. 35). In der Oderberger Straße 9, beim Hirschhof, wohnten die Regisseurin Freya Klier und der Liedermacher Stephan Krawczyk, beide später mit Berufsverbot belegt, und am Zionskirchplatz entstand 1986 die erste Umweltbibliothek als DDR-weit wirkendes Oppositionszentrum (s. Kap. 53).

»Wir sind immer in die Choriner Straße gelaufen, um Bier zu trinken, in eine düstere Kneipe namens Laterne«, erinnert sich Tom Sello, »wenn es zu voll war, auch ins größere Café Mosaik in die Prenzlauer Allee, da trafen sich mehr die jungen Leute, oder wir gingen zum Franken, der Wirt hieß so, der hat nicht so rumgenervt.« Dort, in der Tieckstraße in Mitte, war auch Hans-Jürgen Buntrock Kellner, der bei den DDR-Friedensgruppen der »Friedenskoch« hieß und später Betreiber des Seeblick in der Rykestraße wurde. 1987 verteilte er noch Flugblätter beim Ost-Berliner »Kirchentag von unten«, nach seiner Ausreise aus der DDR wurde Buntrock Kneipier in Kreuzberg, im Kuckucksei. Nach dem Fall der Mauer ging er zurück nach Prenzlauer Berg und rettete die Rykestraße 14 mit dem Seeblick vor dem Verkauf an Investoren.

Seit Ende der Siebziger- und stärker noch Anfang der Achtzigerjahre gab es in und um den Prenzlauer Berg mehrere literarische Untergrundsalons, wie den von Wilfriede und Ekkehard Maaß (s. Kap. 49). Nicht nur Peter Wawerzinek lebte hier, auch Uwe Kolbe, Stefan Döring, der Schriftsteller Adolf Endler hatte eine Wohnung in der Dunckerstraße, die Lyrikerin Sarah Kirsch wohnte in der Erich-Weinert-Straße, bevor sie zur Fischerinsel umzog. In der Lychener Straße hatte der Maler und Bildhauer Matthias Hohl-Stein einen Dachboden zur illegalen Galerie umfunktioniert, und ein paar Minuten Fußweg entfernt, in der Kastanienallee 11, betrieb dessen Freund, der Fotograf Harald Hauswald, in einem verfallenen Hinterhaus eine Dunkelkammer und wohnte gleich nebenan (s. Kap. 37).

Am Prenzlauer Berg hatten sich, von der Staatsführung argwöhnisch beobachtet, junge Leute Freiräume geschaffen, wie es sie sonst im Land nicht gab. Die Fassaden der Häuser sahen zwar nach außen hin grau und abweisend aus, doch in den Wohnungen dahinter spielte sich oft buntes Leben ab. Es gab – wie von der Gruppe Allerleirauh – selbstorganisierte Modeschauen mit Selbstgeschneidertem, einige Leute gründeten Theatergruppen und inszenierten freche Stücke. Wohnungsgalerien luden ein, oft auf kleinstem Raum: 50 Gäste in einer Zweiraumwohnung waren keine Seltenheit. Andere experimentierten mit 8-Millimeter-Filmen, Punks gründeten Kellerbands und spielten drauflos – bis die Volkspolizei kam, den Stecker zog, die Partygäste auf Lastwagen verlud und erst am nächsten Morgen wieder laufen ließ.

Ganz oben in der Knaackstraße 34 am Kollwitzplatz wohnte seit 1974 der Mathematiker und Programmierer Ludwig Mehlhorn. »Lesung bei Ludwig« war eine feste Institution. Weil immer mehr Besucher kamen, legte Mehlhorn Ziegelsteine unter die morschen Holzstufen im Treppenhaus. Zwischen 30 und 80 Leute hörten die nicht selten politisch brisanten Texte. Wem er vertraute, der bekam von ihm auch Abgetipptes von Biermann, der Charta 77 oder Solidarność. Mehlhorn nahm dafür hin, dass er ab 1985, wie viele andere Oppositionelle, nur noch in einem Aushilfsjob arbeiten konnte, in einem kirchlichen Krankenhaus. 1989 wurde er Mitbegründer der Gruppe Demokratie Jetzt.

Seit dem Fall der Mauer hat sich unter der Ägide des großen Geldes die Bevölkerung des Prenzlauer Bergs in großem Umfang ausgetauscht. Gut vier Fünftel der alten Bewohner sind, so die Schätzung, seit 1989 verschwunden, von den neuen Immobilieneigentümern aus dem Westen verdrängt worden; in gleicher Zahl sind neue hinzugekommen. Berlinisch ist hier nur noch selten zu hören. Anders als in vergleichbaren ehemaligen Arbeitervierteln im Westteil der Stadt, wie Kreuzberg, Wedding oder Neukölln, leben in Prenzlauer Berg kaum Türken, Araber oder Afrikaner. Für sie ist das Viertel zu teuer, und sie fürchten im Osten zudem rassistische Angriffe von Nazis bzw. »Glatzen«. Dafür ist jeder Zehnte der rund 150 000 heutigen Bewohner ein Franzose, Italiener, Brite, Spanier oder Däne.

Die »Ureinwohner« treffen sich, wenn es dämmert, nur noch an wenigen Orten, zumeist Raucherkneipen, in denen viel getrunken wird. Einige der letzten Treffpunkte der DDR-Oppositionellen sind inzwischen ebenfalls Geschichte, so der Mittwochstreff im Metzer Eck, wo der Mitbegründer des Neuen Forums Reinhard Schult lange Zeit zum Stammtisch eingeladen hatte. Gegenüber in der Metzer Straße hat Bert Papenfuß, der Dichter und Kneipier, seine Rumbalotte aufgegeben. Und der Seeblick in der Rykestraße? Der »Friedenskoch« Hans-Jürgen Buntrock hat ihn inzwischen aus der Hand gegeben, verkauft, und arbeitet nun im Café der *taz*.

34 Graue Fassade, bunte Bewohner

Fehrbelliner Straße 7

Das heute recht unauffällige Haus war 1980, wie so viele andere in der Gegend, auch mehr als drei Jahrzehnte nach Ende des Zweiten Weltkriegs, immer noch von Einschüssen und Bombensplittern in der Fassade gezeichnet und dem Verfall ausgesetzt. Der linke Seitenflügel musste wegen Baufälligkeit 1985 abgerissen werden, doch in die übrigen leer stehenden Teile des um 1862 errichteten Mietshauses zogen schon in den Siebzigerjahren die ersten jungen Leute ins Hinterhaus ein. Zunächst unerlaubt. Sie legalisierten ihren Status nachträglich durch Mietverträge mit der Kommunalen Wohnungsverwaltung (KWV). Zwischen 1970 und 1989 herrschte ein ständiges Kommen und Gehen, das Haus gehörte zum Netzwerk der staatsunabhängigen Szene in Prenzlauer Berg.

Wer Anfang der Achtzigerjahre die schwere Haustür aufdrückte, der hörte vielleicht die rauhen Klänge elektrischer Gitarren oder das Wummern eines Schlagzeugs. Im Seitenflügel probten verschiedene Bands. Der Drummer der Ost-Berliner Punkband Rosa Extra wohnte und trommelte dort gleich hochparterre. Im Übungsraum unten im Keller war die ganze Decke mit Eierpappen beklebt und auf dem Dachboden lagen alte Matratzen aus. Sie sollten den Lärm schlucken. Hier probten auch andere Gäste, wie die nach dem Spitznamen der Stasi benannte Band Die Firma oder Freygang und eine weitere Bluesgruppe. Die Punker trugen schwarze Lederjacken mit allerlei Metallzierrat.

Unter dem Dach übten mit allen Instrumenten und Verstärkern einer Rockband, inklusive Schlagzeug, Musiker verschiedenster Stilrichtungen, darunter ein in Prenzlauer Berg aufgewachsener 18-jähriger Keyboardspieler, der »Flake« gerufen wurde. Sein bürgerlicher Name war Christian Lorenz. Flake spielte mit einem etwa gleichaltrigen Freund, dem Gitarristen

Paul Landers, 1983 in einer Band mit dem Namen Feeling B. Das B stand für Berlin, dummerweise gab es in der Stadt schon eine andere Band mit diesem Namen, so blieb es beim B.

Die Band hatte in der ersten Zeit keine Auftrittsgenehmigung und spielte folglich illegal bei ihren ersten Konzerten in Treptow, in der Lichtenberger Psychiatrieklinik und in der Auferstehungskirche. Die Chancen, eine Genehmigung zu bekommen, verbesserten sich nicht dadurch, dass von Alkoholexzessen und unbotmäßigen Texten bei ihren Auftritten berichtet wurde.

Immer wieder endeten die Konzerte der Punkband Feeling B vorzeitig, weil ihr Sänger Alexander »Aljoscha« Rompe volltrunken war und nicht mehr singen konnte. Rompe probte nicht nur, sondern er wohnte auch schwarz, als einer der Ersten, seit 1979 im Vorderhaus in der Fehrbelliner 7. Aus drei Bandmitgliedern von Feeling B ging gut zehn Jahre später die Gruppe Rammstein hervor.

Die Matratzen auf dem Boden der Dachwohnung dämmten den Schall nur ungenügend. Im Vorderhaus lebten Schichtarbeiter und Familien mit Kleinkindern, die zu anderen Zeiten aufstehen mussten als die jugendlichen Neubewohner und deren zahlreiche Gäste. Im Vorderhaus wohnte zudem ein Geograf, der in einem staatlichen Betrieb arbeitete, im »VEB Kombinat Geodäsie und Kartographie« in Eichwalde, wo Lagepläne von Militäranlagen angefertigt wurden.

Diese bunte Mischung änderte sich im Laufe der Zeit, die meisten Familien und der im Treppenhaus bei Begegnungen stets verdruckste Geheimnisträger und Geograf bekamen Neubauwohnungen in Lichtenberg, Hellersdorf oder Marzahn zugeteilt. »Die zogen gerne aus. Und immer, wenn jemand weg war, haben wir sofort jemand Neues reingeholt«, beschreibt Carlo Jordan, der noch heute hier wohnt, die schleichende Übernahme. Jordan übernahm die Wohnung von Aljoscha Rompe kurz nach dessen Einzug, weil der einen Schweizer Pass besaß (seine Mutter war Schweizerin) und auf große Reise in die Welt ging.

Ende der Siebziger-, Anfang der Achtzigerjahre fand ein regelrechter Bevölkerungsaustausch in Prenzlauer Berg statt. Wer von den nach 1960 geborenen Jugendlichen anders leben wollte, verließ seine Eltern und bemühte sich vor allem hier um eine leer stehende Altbauwohnung, gern auch in einer

Bruchbude, unrenoviert mit Außentoilette. »Ausbauwohnung« hieß das offiziell. Die vorhergehenden Bewohner verschwanden meist in den komfortablen Wohnungen der Plattenbauten von Lichtenberg oder Marzahn.

So zog es später auch Carlo Jordans Freundin, die junge Fotografin Tina Bara, zu ihm ins Vorderhaus, außerdem etliche Gründer und Mitarbeiter der Umweltbibliothek (s. Kap. 53) wie Wolfgang Rüddenklau und dessen Freundin Uta Ihlow, Andreas Kalk, Sarah Jascinczak, Dorit Krusche. Auch das Paar Hella und Tom Sello zogen in die Fehrbelliner 7. Carlo Jordan lebte irgendwann in einer Wohngemeinschaft des »politischen Untergrundes«, wie die Stasi ein derartiges Milieu nannte.

Wenn Schwarzwohner Tom Sello an die Jungs von Feeling B zurückdenkt, muss er allerdings lachen und sich gleichzeitig etwas schütteln: »Das war wirklich eine harte Zeit, denn die waren nicht nur permanent laut, sondern sie waren auch keine begnadeten Musiker. Ich habe alles live mitbekommen, wenn die auf dem Dachboden über meiner Wohnung übten und Aljoscha versucht hat, zu singen.« Später wurden die Dachgauben abgerissen und Rompe bekam eine großbürgerliche Wohnung mit Flügeltüren im Vorderhaus zugewiesen. Carlo Jordan und er hatten sich beim Sekretär für Bauwesen der SED-Kreisleitung in der Dimitroffstraße (heute: Danziger Straße) beschwert. Der Hinweis auf Rompes Schweizer Staatsbürgerschaft zog offenbar.

Die Möbel bestanden aus Bierkisten, »Obstmöbeln« und was sich sonst noch so Brauchbares oder Scheußliches in den Sperrmüllcontainern fand. Die Wohnungen waren alle im schlechten Zustand und mussten renoviert werden. Meist reichte ein Überstreichen der Tapeten. Sello und seine Freundin hatten kleine Kinder, und so entschloss sich der gelernte Maurer, in seine Wohnung im vierten Stock Vorderhaus eine Badewanne einzubauen. Da die Küche zu klein dafür war, stellte er die Wanne nebenan im Wohnraum auf eine Platte und legte die Anschlüsse durch die Wand. Neben die Wanne montierte er einen schmalen Badeofen mit Anschluss an einen der Schornsteinzüge. Mit Briketts ließ sich das Badewasser heizen. Doch nicht allein die Kinder badeten in der komfortablen Wanne. Fortan pilgerten aus dem ganzen Haus Badebesucher in die Wohnung von Sello. Carlo Jordan war gelernter Bauingenieur und packte überall im Haus kräftig an. »Es war eigentlich eine gute Bausubstanz, das Holz der dicken Dielen war noch prima.« Aber wenn in eine Wohnung vom Dach her Regenwasser eindrang, dann dichtete Jordan es mit Dachpappe ab. Woanders fiel der Stuck von der Decke oder irgendwas drohte einzustürzen. »Es war ein ständiges Improvisieren nötig«, sagt Jordan, der nie um Ideen verlegen war, wenn es darum ging, irgendwelches Zeug als Baumaterial zu recyceln. Im Winter war es meist recht kalt in den Räumen. Manchmal musste dann einfach der Gasherd mit allen Flammen als Heizung reichen, dazu noch leere, auf den Kopf gedrehte Tontöpfe als Wärmeverteiler. Sogar Toaster kamen zum Einsatz.

Vor dem Haus standen oft gleich mehrere Beobachter von der Stasi herum, manchmal direkt am Eingang, manchmal saßen sie zu dritt stundenlang in einem geparkten Lada. Im Herbst und Winter leicht erkennbar an der blubbernden Standheizung und den beschlagenen Scheiben. Aber das reichte den Spitzeln offenbar nicht. Was die Hausbewohner damals nicht so ganz genau wussten: Schräg gegenüber hatte das Ministerium für Staatssicherheit eine Konspirative Wohnung angemietet, um das verdächtige Treiben notfalls rund um die Uhr beobachten zu können.

Und es war immer Betrieb in der Fehrbelliner 7. »Da hat man sich nicht angemeldet«, erzählt Sello. »Da ist man hingekommen und stand vor der Wohnungstür. Dann wurde der Abend meist lang, und es wurde oft die ganze Nacht politisch diskutiert.« Dafür sorgten nicht die Musiker, sondern die Oppositionellen im Haus um Jordan, Sello und Rüddenklau.

Aljoscha Rompe hatte es trickreich über einen Bekannten zu einem Telefon im Haus gebracht. Das Telefonieren in den Westen war allerdings teuer, monatlich wurde im ganzen Haus dafür Geld eingesammelt. Als wegen einer Störung der Reparaturdienst der Post kam, fiel der illegale Besitz auf und der Apparat wurde kurzerhand mitgenommen, der Anschluss abgeschaltet.

Da Jordan bei seinen Tramptouren durch Osteuropa viele Leute kennenlernte, kamen auch viele von ihnen auf Besuch. Es gab sogar eine kleine Kammer, in der sie zum Teil wochenlang nächtigen konnten. »Ein Brief nach Riga dauerte einen Monat, so bekam die Kammer, wer gerade da war.« Es kamen auch viele politisch Engagierte aus dem Westen vorbei. »Wir hatten ziemlich oft Besucher aus Westdeutschland, West-Berlin oder den Niederlanden. Aktivisten aus der Friedensbewegung, Totalverweigerer und Leute, die die Umweltbibliothek unterstützen wollten.« Die lag nicht weit entfernt, die Fehrbelliner endet nahe dem Zionskirchplatz.

Im Sommer war der Hof der Treffpunkt. 1986 gelang es der Hausgemeinschaft, vor den Volkskammerwahlen die Kandidaten der »Nationalen Front«, einer Art Koalition sämtlicher DDR-Parteien, in den Hinterhof zu locken und mit ihnen öffentlich über die unzumutbaren Wohnverhältnisse in der DDR und über Hofbegrünungen in Prenzlauer Berg zu diskutieren. »Wir haben Freunde dazu eingeladen, um über notwendige Veränderungen zu diskutieren. Die SED-Kandidaten verweigerten die öffentliche Diskussion.«

Bei dem Gedanken an das, was danach geschah, schüttelt es Tom Sello noch heute: »In dem Hof wurde ein Fundament freigelegt und nur ein riesiger Betonklotz gegossen, weil durch den Abriss des Seitenflügels angeblich das Nachbarhaus in seinem Fundament gefährdet gewesen sei.« Die Begrünung erledigten die Bewohner dann soweit möglich in Eigeninitiative, orga-

Hofkonzert in der Fehrbelliner 7, um 1985.

nisierten eine Ladung Mutterboden und brachten sie mit Karren in den Hinterhof. Die politischen Gespräche wurden abgebrochen. »Aber wir haben es wenigstens versucht«, lacht Sello, »erst mal war Schluss, aber beim nächsten Mal sind wir wieder zu den Wahlversammlungen hingegangen, um über die Stadtzerstörung und Umweltverschmutzung zu sprechen.«

Ab und zu spielte im Sommer eine der Bands im Hinterhof, da kam es schon vor, dass auf den Mülltonnen getrommelt wurde. Sello: »Das war nicht immer leise, da war auch immer Alkohol im Spiel.« Andere Drogen spielten keine große Rolle.

Jordan, Rüddenklau, Sello und ihre Freunde organisierten aber zunehmend politische Aktionen. Eine Fahrraddemo durch Ost-Berlin etwa oder eine »kleine Friedensfahrt« durch den Dreck des Kalkwerkes Rüdersdorf am Rande der Stadt. Das waren Fahrten ohne Sieger, unter der Devise: »Im Frieden kann es keine Sieger geben, sonst können wir nicht in Frieden leben.«

In seltsamem Kontrast zu den Bewohnern der Fehrbelliner Straße 7 standen die Herren, die in Nummer 5 verkehrten und im Seitenflügel der Nummer 7 auch noch ein Büro hatten. Carlo Jordan, der 1989 zu den Gründern der Ost-Berliner Grünen zählte, erinnert sich: »Wir wussten nicht, was da vor sich ging, aber jeden Tag standen dort andere Westautos vor der Tür.« Er und seine Mitbewohner ahnten nicht einmal, dass das DDR-Gesundheitsministerium in den heruntergekommenen Gebäuden 1983 Räumlichkeiten angemietet hatte, die als Anlaufstelle für westliche Pharmafirmen dienten, wenn sie ihre neuen und noch nicht erprobten Medikamente an meist ahnungslosen DDR-Patienten testen wollten, um sie dann auf den Markt zu bringen. Solche Tests waren im Westen Deutschlands nach dem Contergan-Skandal schwierig geworden. »Beratungsbüro für Arzneimittel und medizintechnische Erzeugnisse« stand auf einem kleinen Schild. Es gab Wochen, in denen bis zu 40 Besucher aus dem Westen mit ihren schicken Autos vorfuhren.

Westdeutsche Pharmafirmen boten im Nachbarhaus bis zu 800 000 Westmark je Pillenversuchsstudie. Millionensummen kamen so für die heruntergewirtschaftete DDR zusammen. Wie ein Zuhälter verkaufte die SED-Regierung via Chefdevisenhändler Alexander Schalck-Golodkowski kranke Bürger und bot so das Land als günstigen Pharmastrich für klinische Studien des Klassenfeindes an.

Die Zeiten wurden immer politischer, die Aktionen folgten immer schneller aufeinander. Im Hinterhof der Fehrbelliner 7 stellten sich im Januar 1988 zwölf Aktivisten des grün-ökologischen Netzwerks Arche für ein Gruppenfoto auf. Sie waren aus Carlo Jordans Wohnung heruntergekommen, wo sie die Arche gegründet hatten. Das Netzwerk sollte als erste grüne Organisation mit regionalen Anlaufstellen in der DDR die Umweltbewegung und -gruppen stärken, die sich im Laufe der Achtzigerjahre überall in der Republik zusammengefunden hatten.

Im September 1988 tagten in West-Berlin die Weltbank und der Internationale Währungsfonds (IWF). Das mobilisierte eine Protestbewegung auf beiden Seiten der Berliner Mauer. Etliche Bewohner der Fehrbelliner 7 waren mit dabei, als im Osten nach fast einem Jahr Vorbereitung eine Anti-IWF-Aktionswoche auf die Beine gestellt wurde.

Die Teilnehmer der Konferenz schliefen teilweise im Ost-Berliner Interhotel »Stadt Berlin« am Alexanderplatz. Während der Aktionswoche wurden in Ost-Berlin Untergrund-Reader mit Informationen über den Waffenhandel der Ostblockstaaten und die Politik der Weltbank verbreitet. Es gab überall in Kirchenräumen, die von den Gruppen genutzt werden konnten, Veranstaltungen und Diskussionen – aber auch praktische Widerstandsaktionen: Als IWF-Teilnehmer das Pergamonmuseum besuchen wollten, erwarteten sie davor einige Bewohner der Fehrbelliner 7 und andere Aktivisten und bewarfen die Banker mit Geldmünzen – natürlich mit DDR-Alugeld. Als sie zur US-Botschaft weiterziehen wollten, griffen Volkspolizisten ein, nahmen die Demonstranten fest, verluden sie auf Lastwagen, ließen sie aber später wieder frei.

Der 7. Oktober 1989 war ein besonderer Tag. Auch in der Fehrbelliner 7. Die DDR feierte ihre Gründung zum 40. Mal. Honecker wollte einen Staatsakt mit einem Fackelmarsch der FDJ Unter den Linden zuvor – Oppositionelle sollten deshalb möglichst vom Stadtzentrum ferngehalten werden. Man fürchtete auch in Ost-Berlin Demonstrationen, zu denen es in Leipzig, Dresden oder Plauen schon gekommen war.

An diesem Samstag schaute Tom Sello frühmorgens aus seinem Fenster: »Ich sah, wie sich gleich mehrere Stasi-Leute direkt vor die Haustür postiert hatten. Wir sollten offensichtlich nicht einmal rausgehen können.« Er war stinksauer. Kurz entschlossen griff er einen Holzstock, befestigte eine schwarz gefärbte Windel daran und hing sie als Trauerfahne zum DDR-Jubiläum aus dem Fenster.

Nach einer Weile glaubte er, mit seiner Familie wenigstens ins Grüne fahren zu können, um Pilze zu sammeln. Also nahm er seine Kinder an der Hand und ging mit seiner Frau hinunter. Kaum hatte er die schwere Haustür aufgedrückt, hielt ein Lada mit quietschenden Reifen. Noch mehr Stasi-Männer versperrten ihnen den Weg und einer brüllte ihn an:

»Herr Sello, ist das Ihre Fahne?«

Er nickte.

»Machen Sie die ab!«

»Nö, die mache ich nicht ab.«

»Die machen Sie ab, und zwar sofort!«

»Nö!«

So ging es eine Weile hin und her, bis einer sagte:

»Dann nehmen wir Sie jetzt fest!«

»Dann muss ich aber erst die Kinder wieder ins Haus hineinbringen.«

Sie begleiteten Sello mit Familie hoch bis in den vierten Stock. Dort gab es eine kleine Rangelei, weil die Stasi-Leute auch die Wohnung betreten wollten. Sie blieben schließlich an der Wohnungstür. Sellos Frau, die vor den Kindern die Situation nicht eskalieren lassen wollte, erklärte sich schließlich bereit, die Fahne abzunehmen. Daraufhin zogen die Herren ab und ließen es mit der Festnahme auf sich beruhen.

»Da habe ich gemerkt, irgendwie sind die in einer anderen Stimmung.« Sello gelang es später doch noch, über den Hof und Nachbargrundstücke aus dem Haus herauszukommen. Dort lehnte eine Leiter an einem vier Meter hohen Mauerrest eines Seitenflügels, über die man Richtung Pfefferberg entweichen konnte. Sello wollte über diesen Hinterhof-Notausstieg zur Gethsemane-Kirche, wo es seit dem 2. Oktober eine Mahnwache für die Ende September verhafteten Jugendlichen in Leipzig gab.

35 Offene Wohnung

Bei Ulrike und Gerd Poppe; Rykestraße 28

Am Ende der Rykestraße, kurz vor der Danziger Straße, die zu DDR-Zeiten Dimitroffstraße hieß, liegt rechter Hand ein leicht verwunschener Hinterhof, der gar keiner ist, denn noch immer fehlt hier das Vorderhaus. Nur ein paar Mauerreste um den früheren Kellerzugang sind von diesem übriggeblieben. Die restliche Grundfläche des ehemaligen Vorderhauses hat sich die Natur mit wildem Pflanzenwuchs zurückerobert. Der Seitenflügel war ebenfalls eine Ruine, nur im dritten Stock hatte sich der Maler Hans Ticha sein Atelier eingerichtet.

Hinterhaus und Quergebäude der Ryke 28 sind heute renoviert, verputzt und gestrichen. Es kann sein, dass in dem Moment, in dem man sich in dem kleinen Hof umsieht, eine junge Spanierin das Haus verlässt, ein chinesischer Student oder irgendein anderer der neuen Bewohner und Bewohnerinnen des Prenzlauer Bergs. Genau hier, im Hinterhaus und Seitenflügel, befand sich einmal einer der zentralen Treffpunkte der Ost-Berliner Opposition. Ja, in einer Wohnung. Denn anders konnte sie sich nicht so einfach treffen. Nicht im Hinterzimmer einer Kneipe, nicht in einem Raum der Universität, nicht in einem eigens angemieteten Ladenlokal. In die Ryke 28 pilgerte jahrelang die politisch-oppositionelle Szene aus dem Osten. Hier traf sich mit der Initiative Frieden und Menschenrechte (IFM) eine der wichtigsten Oppositionsgruppen der DDR, und hierhin kam auch politischer Besuch aus dem Westen – Menschenrechtler aus aller Welt, westeuropäische Friedensbewegte, Bundestagsabgeordnete der Grünen – seit Ende der Siebzigerjahre Gerd und Ulrike Poppe in das verfallene, noch vom Zweiten Weltkrieg gezeichnete Haus eingezogen waren. Ganz oben im vierten Stock, gleich unterm Dach.

Gerd Poppe war Physiker, aber nachdem er 1976 gegen die Ausbürgerung Wolf Biermanns protestiert hatte, verweigerte ihm die Akademie der Wissenschaften eine bereits zugesagte Anstellung, und er schlug sich mit Aushilfsjobs durch. Ulrike Poppe arbeitete beim Museum für Deutsche Geschichte. Als Anfang der Achtzigerjahre Frauen in der DDR auch zum bewaffneten Wehrdienst eingezogen werden sollten, gründete sie mit anderen zusammen die Gruppe »Frauen für den Frieden«. Beide, Gerd und Ulrike Poppe, gehörten im Januar 1986 zu den Gründungsmitgliedern der IFM. Diese Gruppen trafen sich oft bei Bärbel Bohley oder in der Ryke 28 – bis zum Herbst 1989. Im folgenden Jahr schloss sich die IFM mit Demokratie Jetzt und Teilen des Neuen Forums zur Bürgerbewegung »Bündnis 90« zusammen. Im September 1991 wurde daraus eine Partei, die seit der Fusion mit den Grünen 1993 bis heute als Bündnis 90/Die Grünen im Bundestag präsent ist und von 1998 bis 2005 mit der SPD sogar die Bundesregierung stellte. Aus der Rykestraße in den Bundestag – ein weiter Weg.

Die 80-Quadratmeter-Wohnung der Poppes zog sich um die Hausecke herum und hatte deshalb praktischerweise zwei Eingänge. Da es am Haupteingang zunächst nur ein Außenklo gab, das im Winter schon mal einfrieren

Ulrike und Gerd Poppe in Warschau, 1975.

konnte, wurde mithilfe eines guten Freundes, Carlo Jordan aus der Fehrbelliner Straße 7, einfach eine Wohnungstür ins Treppenhaus versetzt. So entstand dank einer rasch organisierten alten Wanne ein innenliegendes Badezimmer. Schließlich hatten die Poppes gerade einen Sohn namens Jonas als Nachwuchs bekommen.

Aber die beiden bauten noch ein paar Extras in die Wohnung ein: Für das Bett konstruierte Gerd Poppe ein Podest für die Matratzen, in dessen Seitenklappen man das Bettzeug, aber auch Kisten hineinschieben konnte, um darin Sachen zu verstecken. Der Kinderwäscheschrank bekam eine doppelte Rückwand und im hinteren Flur wurde eine doppelte Decke eingezogen. Dorthinein verschwanden Dinge, die von der Stasi nicht sofort gefunden werden sollten, und die auch nicht jeder Besucher sehen sollte: ob nun verbotene Bücher, Westzeitungen oder in Prag, Warschau und Budapest hergestellte Untergrundzeitschriften.

»Petra Kelly, die für die Grünen im Bundestag saß und uns häufig besuchte, brachte eines Tages ein kleines Kopiergerät mit«, erinnert sich Ulrike Poppe. Das war am 20. Juni 1988, als Kelly erstmals nach einer Reisesperre durch die DDR zu einem staatlich organisierten Friedenstreffen für kernwaffenfreie Zonen wieder einreisen durfte. Sie hatte den Kofferraum des Autos, in dem sie über die Grenze kam, vermerkte die Stasi säuerlich, auch noch »randvoll mit Westzeitungen und Büchern gepackt« und verteilte sie unter den zwei Dutzend anwesenden Oppositionellen in Poppes Wohnung, »um diesen Kräften umfangreiche moralische und materielle Unterstützung zu gewähren«.

»Wir haben das brisante Gerät in der Seitenflügel-Ruine versteckt. Wenn wir etwas kopieren wollten, haben wir nachts die Vorhänge zugezogen, den Kopierer aus dem Versteck geholt und wegen des Kopiergeräusches erst mal Musik angemacht und erst dann losgelegt.« Der Kopierer wurde auch innerhalb der IFM weitergereicht und zur Vervielfältigung oppositioneller Texte benutzt.

Gerd Poppe baute die Verstecke im Haus noch aus: »Man konnte durch ein zweites Treppenhaus im Seitenflügel auch von hinten in unsere Wohnung rein. In diesem Treppenhaus gab es eine nichtgenutzte Toilette. Ich fand das eine gute Möglichkeit, stellte dort ein Regal rein und packte es voller politischer Bücher, die uns Freunde aus dem Westen mitgebracht haben. Das war auch ein gutes Versteck für Aufrufe, die gerade in Arbeit waren oder die noch verteilt werden sollten.«

All diese Maßnahmen waren nötig, »denn in der Wohnung lief ziemlich viel öffentlich ab, und man wusste nicht immer, wer so alles hineinkam.« Die Wohnräume dienten der Ost-Berliner Opposition als offener Treffpunkt und zugleich der Familie Poppe als familiäres Zuhause. Hier wurden politische Erklärungen und Aktionen diskutiert, illegal gedruckte Untergrundzeitschriften der DDR-Opposition zusammengelegt und zu Lesungen mit Dichtern und Schriftstellern eingeladen.

Für die zwischen 1980 und 1983 stattfindenden Lesungen standen nur etwa 60 Quadratmeter der Wohnung zur Verfügung. Eingeladen wurde stets per Flüsterpropaganda. »In der Regel drängten sich dann bis zu 100 Leute zusammen. Einmal haben wir sogar 130 gezählt. Das war, als Adolf Endler bei uns eine Wohnzimmerlesung hatte.« Endler war nach seinem Protest gegen die Biermann-Ausbürgerung aus dem DDR-Schriftstellerverband ausgeschlossen worden und durfte nicht mehr öffentlich auftreten, las aber in Privatwohnungen regelmäßig aus unveröffentlichten Romanen wie seinem »Tarzan am Prenzlauer Berg«.

In der Poppe-Wohnung lasen etliche Schriftsteller ihre nicht zur Veröffentlichung zugelassenen Texte: Wolfgang Hilbig, Uwe Kolbe, Elke Erb, Lutz Rathenow und der später als Stasi-Spitzel enttarnte Sascha Anderson. Die Stimmung war meist gut, geradezu gelöst. Es wurde viel gelacht über die oft ironischen oder zweideutigen Texte. Man wehrte sich, indem man einfach das tat, was eigentlich verboten war. Sich als Gruppe von Menschen zu treffen und miteinander politisch zu diskutieren. War die vom Zigarettendunst geschwängerte Lesung vorbei, gab es Ankündigungen künftiger Lesungen in anderen Wohnungen wie »Nächsten Samstag ist Ulrich Plenzdorf bei Werner Fischer!«. Und natürlich gab es Rotwein, Tee und Schnaps.

Weil es bei solchen Gelegenheiten in der Poppe-Wohnung brechend voll werden konnte, verlegte Gerd Poppe Lautsprecherkabel in einen weiteren Raum und bis in die Küche, so konnten die Lesungen in drei Wohnräumen gehört werden. Ärger bekamen die Gäste allerdings schon, bevor sie überhaupt angekommen waren. Auf der Straße standen in der Regel Stasi-Mitarbeiter in Zivil herum, bei zwei Lesungen mussten alle Besucher noch vor dem Haus ihre Ausweise zeigen und wurden registriert. Einmal, als Uwe Kolbe lesen sollte, kam ein Polizeihauptmann von der Abteilung »Erlaubniswesen« des Stadtbezirkes Prenzlauer Berg vorher zum Ehepaar Poppe und erklärte ihnen: »Dies ist eine ungenehmigte Veranstaltung! Damit machen Sie sich strafbar!« Die Poppes hielten dagegen: »Keineswegs! Das ist unsere Sache Wir haben doch nur Freunde eingeladen.« Antwort des Ordnungshüters: »Was eine Veranstaltung ist, bestimmen wir!«

Das Handeln der Staatsmacht war von Willkür geprägt. Zugleich sollte aber ein Anschein von Rechtsstaatlichkeit gewahrt werden, da die SED nicht ständig in den Westmedien kritisiert werden wollte. So begnügte sie sich, anstatt die Lesungen komplett zu verhindern, schließlich mit der Verhängung hoher Ordnungsstrafen, die den Poppes jeweils direkt vom Gehalt abgezogen wurden. 1983 beendete Gerd Poppe die Lesereihe, doch fanden die Lesungen schon länger auch in anderen Wohnungen statt, unter anderem bei Ludwig Mehlhorn, Werner Fischer oder Stephan Bickhardt.

Die Stasi ging allerdings noch andere Wege, denn sie interessierte sich nicht nur für die Lesungen. »Ich kam im Frühjahr 1981 mal um elf Uhr vormittags von meinem Job als Maschinist in einer Schwimmhalle nach Hause«, erinnert sich Gerd Poppe. »Da kamen mir zwei Herren im Hauseingang entgegen, die unverkennbar der Stasi angehörten. Sie wohnten nicht hier und hatten das typische Outfit mit Plastik-Anorak, Cordhose und in diesem Fall zwei Aktenköfferchen.«

Poppe stutzte. Von einer Nachbarin, die stets zu ihm und seiner Familie hielt, hatte er am Vorabend höchst Verdächtiges erfahren: »Sie erzählte, dass sie die zwei Herren auf dem Dachboden angetroffen habe, als sie dort ihre Wäsche aufhängen wollte. Sie hantierten dort mit seltsamen Messgeräten. Auf ihre Frage, was sie denn da zu suchen hätten, war deren Antwort: Sie würden für einen neuen Mieter eine Fernsehantenne einbauen. Das glaubte sie nicht und fand es höchst merkwürdig, dass sie sich offenbar genau über unserer Wohnung zu schaffen gemacht hatten.«

Poppe ging nun selbst nachschauen, inspizierte den Dachboden aufmerksam. Er fand schließlich ein paar lose Bretter, hob sie hoch, wühlte ein wenig in der Deckenschüttung. Plötzlich spürte er einen dünnen Draht zwischen seinen Fingern. Ein Ende ging bis zu einer Fernsehantenne und von dort mit einem Spezialkabel bis zu einer Wohnung in der zweiten Etage, in der offenbar die Abhörtechnik stand. Der Mieter hatte seine Wohnung der Stasi zur Verfügung gestellt.

Als Poppe am kürzeren Ende in der Schüttung zog, stieß er auf ein in eine Keramikhülse eingebautes streichholzgroßes Mikrofon. »Es war, wie ich später feststellte, ein Mikrofon japanischer Bauart, wie ich es noch nie gesehen hatte. Sie hatten es genau bis in den dünnen Putz unserer Wohnzimmerdecke hinunter eingelassen, genau über unseren großen Tisch, an dem wir ja meist als Familie mit politischen Freunden aus Ost und West saßen und redeten und wo auch die Schriftsteller bei den Lesungen waren.«

Gerd Poppe baute das Abhörmikrofon aus, fotografierte es und übergab es befreundeten Elektronikexperten zur Untersuchung. Später führte er es wiederholt Besuchern vor, die über die Empfindlichkeit des Mikrofons staunten: An einem Ende des Raumes flüsterten zwei Personen miteinander, am anderen Ende verstand ein Dritter jedes Wort über seine Kopfhörer.

Abgehört oder nicht: Außer ständigem Besuch von Ost-Oppositionellen kamen auch jede Menge Gäste aus dem Westen. Dazu gehörte immer wieder die Grünen-Gründerin Petra Kelly, die nicht nur nach einem Zusammentreffen mit SED-Chef Erich Honecker im T-Shirt der unabhängigen Friedensbewegung »Schwerter zu Pflugscharen« vorbeischaute, sondern auch privat rund zwei Dutzend Mal gemeinsam mit Gert Bastian zu Besuch war, um sich über die Friedens-, Ökologie- und Demokratiebewegung im Osten wie im Westen Deutschlands auszutauschen. Regelmäßig brachten sie Materialien für die DDR-Opposition mit. Bundestagsabgeordnete hatten einen Diplomatenstatus und wurden – von seltenen Ausnahmefällen abgesehen – weder an der Einreise gehindert noch kontrolliert. Dies galt auch für Heinz Suhr, von 1983 bis Mitte der Neunzigerjahre Pressesprecher der Grünen, und für Ulrich Fischer, einen hessischen Grünen, beide MdB zwischen 1985 und 1987. Ost-Berliner Oppositionelle erhielten mit ihrer Hilfe Wachsmatrizen-Druckmaschinen, die sie zur Herstellung von Samisdat-Zeitschriften nutzten, unter anderem für den *grenzfall* der IFM.

Gerd Poppe kannte als engagierter Bürgerrechtler die Stasi und ihre Methoden schon lange und war von ihnen wenig beeindruckt. Als der SED-

Kritiker Rudolf Bahro 1979 nach seiner Haftentlassung und unmittelbar vor seiner Ausbürgerung noch für einige Tage in der DDR weilte (s. Kap. 20), klingelte es in der Rykestraße 28 an der Wohnungstür. Bahros Sohn stand davor und teilte Gerd mit: »Kommen Sie bitte jetzt gleich zur Straßenbahnhaltestelle Eberswalder Straße.« Es war klar, Bahro wollte Gerd Poppe sprechen. An der Haltestelle wartend, sah Poppe eine dichte Traube von Stasi-Leuten, die Bahro abschotteten. Der offenbar ranghöchste Stasi-Offizier baute sich vor Poppe auf und drohte ihm: »Wir werden das Gespräch auf jeden Fall verhindern!« Immerhin ließen sie noch ein kurzes Händeschütteln zu. Nachdem sich beide noch einige Sätze über die Köpfe der Stasi-Leute hinweg zugerufen hatten, wurden sie getrennt. Als Gerd Poppe anschließend wieder in die Rykestraße zurückkehrte, warteten schon zwei vollbesetzte Stasi-Autos vor seiner Haustür, um ihn für mehrere Tage rund um die Uhr zu observieren.

»Es war mitunter sehr skurril«, erinnert sich Poppe. »Einmal stand ich während meiner Arbeit als Maschinist am Rande des Schwimmbeckens und unterhielt mich mit dem Bademeister. Da kamen doch tatsächlich zwei Stasi-Männer auf uns zugeschwommen und blieben am Beckenrand, nur um zu hören, was wir da zu besprechen hatten. Unser Telefon, das man uns überraschend gewährt hatte, wurde natürlich ebenfalls abgehört.«

Auch Ulrike Poppe sind seltsame Erlebnisse mit der Stasi in Erinnerung geblieben: »Irgendetwas war wieder los gewesen, Gerd hatte man auf der Straße mitgenommen zum Verhör, und seit dem Nachmittag hielten sich drei Stasi-Leute in unserer Wohnung auf. Mir wurde erklärt, ich hätte ›Hausarrest‹. Um 22 Uhr zogen sich die Herren in ihren Pkw zurück, der die ganze Nacht über vollbesetzt vor der Haustür stand. Am nächsten Morgen kamen sie wieder in die Wohnung. Nachdem ich erklärte, einkaufen zu müssen, ging einer der Stasi-Leute zur Telefonzelle, um eine Mitarbeiterin zu bestellen.« Die stand eine Weile später vor der Wohnungstür. »Und ich gab ihr meinen Einkaufszettel. Ich schrieb dann extra schwere Sachen auf«, lächelt Ulrike Poppe noch heute darüber: »Zucker, Mehl, Milchflaschen, Kartoffeln ...«

Die Stasi-Frau kam nach einer Weile mit zwei dicken Taschen beladen zurück in den vierten Stock. »Dann haben wir noch das Geld für den Einkauf abgerechnet. Sie hatte es ja vorgestreckt. Wieder blieben Stasi-Bewacher in der Wohnung, bis zwei andere MfS-Mitarbeiter kamen, von denen ich einen gut kannte. Es war mein Vernehmer während meiner sechswöchigen Untersuchungshaft in Hohenschönhausen 1983/84 (s. Kap. 32). Er sei inzwischen zum Major befördert worden, erzählte er.«

»Oh, hallo!«, sagte Ulrike. Der aus Jena ausgebürgerte Oppositionelle Roland Jahn rief gerade aus West-Berlin an. Jahn arbeitete dort in der ARD-Fernsehredaktion von Kontraste als Journalist und wollte wissen, was los ist. Der Stasi-Mann und seine Begleiter saßen währenddessen am Wohnzimmertisch. Ulrike Poppe telefonierte trotz der Besucher weiter: »Hallo Roland, mein alter Vernehmer sitzt bei mir am Tisch und erzählt, er sei befördert worden!« Sofort gestikulierten die Herren wie wild, sie solle das Telefonat sofort abbrechen.

Manchmal ging es auch turbulenter zu. »Es klingelte frühmorgens. Ich hatte die Türkette angelegt und öffnete nur einen Spalt.« Ulrike Poppe sah mehrere Stasi-Leute, einer hielt einen Seitenschneider in der Hand. »Moment!«, rief sie, »ich zieh mich erst an.« Die Männer brüllten: »Nein! Sofort öffnen!« Sie schloss die Tür, woraufhin sie begannen, heftig gegen die Tür zu schlagen. Die Gewalt ließ Türblatt und -rahmen knacken. »Ich öffnete daraufhin die Tür wieder ganz. Unter Aufsicht einer Stasi-Frau durfte ich mich ankleiden. Dann sollte ich sie begleiten. Aber die Tür ließ sich nicht mehr richtig schließen.« Als sie protestierte, dass man die Wohnung doch nicht einfach offenlassen könne, wurde sie aufgefordert, Werkzeug zu holen. Die Herren machten sich daran, die Tür notdürftig zu reparieren. In diesem Moment öffnete die Nachbarin leise ihre Tür und winkte Ulrike zu sich hinein. »Sie fragte mich, ob ich jemand anrufen wolle, ob sie jemanden benachrichtigen soll. Da hämmerten die Stasi-Leute schon gegen ihre Wohnungstür und riefen: ›Wir nehmen auch Sie gleich mit!‹« Ulrike dankte der mutigen Nachbarin und ging zur Vernehmung mit.

Im Hof der Rykestraße 28 fand im Oktober 1987 eine der unbekanntesten und fröhlichsten politischen Aktionen im Freundeskreis der Poppes statt. Der 65. Geburtstag von Gert Bastian stand bevor, und man wollte ihm und Petra Kelly einen Gruß über die Grenze in den Westen schicken. Es sollte ein Geburtstagskalender sein. So traf man sich im Hof zu einem Foto-Shooting, würde man heute sagen. Die Idee: Wir zeigen, dass man Mauern überwinden kann.

Die Oppositionellen ließen ihren Fantasien an der Hofmauer zum Nachbargrundstück vor der Kamera freien Lauf. Bärbel Bohley kletterte mit Hund über die Mauer. Ralf Hirsch, Reinhard Schult und andere machten Räuberleiter und stapelten sich wie die Bremer Stadtmusikanten weit über Mauerhöhe. Martin Böttger balancierte auf der Mauerkrone wie ein Artist mit einer langen Stange in der Hand, um das Gleichgewicht nicht zu verlieren. Andere spannten Regenschirme auf, sprangen in die Luft, um über die Mauer zu fliegen. Am Ende setzten sie sich zusammen in die Überreste eines schon lange im Hof stehenden verrotteten Oldtimerwracks, als ob sie alle in einem offenen Wagen sitzen würden. So entstand ein legendäres Gruppenfoto Ost-Berliner Oppositioneller, inklusive zweier falscher Freunde, die inoffizielle Mitarbeiter der Stasi waren.

*

Gerd Poppe vertrat 1989/90 die Initiative Frieden und Menschenrechte am Zentralen Runden Tisch, war Abgeordneter von Bündnis 90 im letzten frei gewählten DDR-Parlament und von 1990 bis 1998 Abgeordneter im Deutschen Bundestag. Von 1998 bis 2003 war er der erste Menschenrechtsbeauftragte der Bundesregierung. Ulrike Poppe vertrat die Bürgerbewegung Demokratie Jetzt am Runden Tisch, arbeitete als Studienleiterin an der Evangelischen Akademie Berlin-Brandenburg und von 2010 bis 2017 als Brandenburger Landesbeauftragte zur Aufarbeitung der Folgen der SED-Diktatur.

Irgendwann Ende der Neunzigerjahre Jahre trennten sich die Wege von Ulrike und Gerd Poppe. Sie blieben in der Nähe wohnen, aber ihre alte Wohnung wurde umgebaut. »Nur die Fenster sind noch an derselben Stelle«, sagt Gerd. Er steht im Hof und blickt nach oben, als schaue er in den Himmel.

Treffen der Initiative Frieden und Menschenrechte im Hof der Rykestraße 28, vorn v. l.: Rainer Dietrich (Inoffizieller Stasi-Mitarbeiter), Monika Haeger (Inoffizielle Stasi-Mitarbeiterin), Bärbel Bohley, Gerd Poppe, Irena Kukutz, Ralf Hirsch; hinten v. l.: Stephan Bickhardt, Martin Böttger, Reinhard Schult, 1987.

36 Erziehung zum Frieden

Kinderladen; Husemannstraße 14

Im Jahr 1980 wollten mehrere Eltern im Prenzlauer Berg ihre Kinder nicht mehr in einem staatlichen Kindergarten oder einer Krippe abliefern. Sie misstrauten der dortigen Erziehung und überlegten, ihren eigenen Kinderladen zu gründen, auch wenn niemand bislang einen solchen Einbruch in das Erziehungsmonopol des Staats gewagt hatte, und das im Grunde unmöglich schien. Ulrike Poppe erinnert sich: »Die Betreuung in den staatlichen Krippen war bis auf das Essen zwar kostenlos, geschah aber meist wie am Fließband. Eine Krippenerzieherin war mitunter für mehr als 15 Babys zuständig. Und mit der ganzen Art der Erziehung waren wir auch nicht einverstanden.« So kritisch dachte nicht nur die damals 27 Jahre alte Ulrike Poppe. Sie war, so wie mehrere Freundinnen in ihrem Alter, schwanger und machte sich Gedanken, ob es nicht doch eine Alternative zum staatlichen Erziehungssystem geben könnte.

In der DDR konnten berufstätige Eltern ihre Kinder ab dem Alter von drei Monaten in Krippen bringen, schon morgens ab sechs Uhr. Es gab sogar Wochenkrippen, in denen Schichtarbeiterinnen ihre Kleinen montags abliefern und freitags wieder abholen konnten. Aufgrund der Knappheit an Arbeitskräften förderte die SED die Berufstätigkeit von Frauen. Die im Westen seit der Revolte von 1968 sich allgemein durchsetzende Vorstellung, dass jedes Kind ein angeborenes Bedürfnis nach intensiver, emotionaler Nähe hat und sich ohne eine solche Nähe nicht zu einem Individuum entwickeln kann, ließ Margot Honecker in den Wochenkrippen im Osten nicht gelten. Die Ministerin für Volksbildung hatte ein »Gesetz über das einheitliche sozialistische Bildungssystem« ausgearbeitet.

Bereits in den Krippen sollte mit der Entwicklung zur sozialistischen Persönlichkeit begonnen werden. Und Paragraf 10, Absatz 2 schrieb den Erziehern im ganzen Land vor: »Der Tagesablauf in der Krippe ist so zu gestalten, dass die Kinder an Ordnung und Regelmäßigkeit gewöhnt werden.« Sogenannte Tagesablaufpläne regelten das Leben der DDR-Kleinstkinder minutiös: Schlafen, Spielen, Essen, Kacken – alles im Kollektiv. Es lief eher auf Erziehung zur Anpassung statt auf individuelle Förderung hinaus. Das Ministerium für Volksbildung plante die ideologischen Erziehungsziele, nach denen die Kinder zu Menschen werden sollten, »die der Deutschen Demokratischen Republik, ihrem sozialistischen Vaterland, treu ergeben und bereit sind, sie zu stärken und zu verteidigen«. Dementsprechend gab es nahezu überall auch das von oppositionellen und kirchlichen Kreisen kritisierte militärische Spielzeug oder Bilderbücher über die Landesverteidigung. Sogar Soldaten oder Polizisten kamen regelmäßig in die Kindergärten zu Besuch. Die Kinder sangen Lieder wie dieses: »Mein großer Bruder Rüdiger / der geht zur Volksarmee. / Er schützt den Kindergarten / in den ich morgens geh'. / Noch ist die Mütze mir zu groß, die Jacke viel zu schwer. / Bin ich erst groß, dann werd' ich / Soldat sein so wie er!«

Wie so viele aus der alternativ-oppositionellen Szene fanden auch Ulrike und Gerd Poppe, ihre Kinder sollten nicht rechnen lernen, indem sie Panzer zählten. Unerwartet ergab sich eine gute Möglichkeit, um eine praktische Alternative zu entwickeln. Freunde von ihnen hatten eine Ladenwohnung in der Husemannstraße 14 ganz in der Nähe ihrer Wohnung aufgegeben und waren aufs Land gezogen. Poppes waren schon lange über die Kinderläden in West-Berlin (s. Kap. 14) informiert und entschlossen sich, gemeinsam mit einigen guten Bekannten einen ähnlichen Kinderladen aufzubauen.

»Das besondere an unserem Projekt war übrigens«, betont Gerd Poppe, »dass sich alle Mütter und Väter gemeinsam für den Laden engagierten. Wir betrachteten die Entwicklung unserer Kinder keineswegs als vorrangige Aufgabe der Mütter – wobei diese Ansicht in der DDR allerdings bei aller Beschwörung von Gleichberechtigung nach wie vor vorherrschte. Dass wir dann eine Erzieherin auswählten und bald danach noch eine weitere, hatte natürlich damit zu tun, dass wir eine ausreichende Berufserfahrung für notwendig hielten.«

Als Erstes renovierten die Eltern die Räume, Freunde und Sympathisanten spendeten Möbel und Spielzeug. »Als Erzieherin«, erinnert sich Ulrike

Ost-Berliner Kinderladen in der Husemannstraße, 1982.

Poppe, »haben wir eine befreundete Kinderkrankenschwester eingestellt, die immer zusammen mit einem Elternteil Dienst gemacht hat.« Es waren zunächst fünf Kinder, die ihre Mütter oder Väter wochentags in die Husemannstraße brachten und am Nachmittag wieder abholten und die dort oder auf dem Kollwitzplatz den ganzen Tag herumtollten. Das Essen war auch selbst organisiert. »Wir haben abwechselnd gekocht, bis wir durch gute Beziehungen zu einem Kindergarten in der Nähe dessen Versorgung mitnutzen konnten.« Ab und zu gab es Gespräche über Kindererziehung, aber den Eltern des Ost-Berliner Kinderladens fehlte der Theorieüberschuss der West-Achtundsechziger. Wichtig war ihnen die individuelle Förderung der Kinder ohne autoritäres Regiment von Erziehern. Jedes Kind sollte sich in seinem eigenen Tempo auf seine eigene Weise entwickeln können. Die Kleinen sollten selbstbewusst und kritikfähig werden. Poppe: »Die Kinder sollten auch Nein sagen können!«

Es waren die Zeiten der Friedensbewegung in Ost und West. Im Gegensatz zu den staatlichen Einrichtungen gab es im Kinderladen natürlich kein

Gerd Poppe vor dem Kinderladen in der Husemannstraße, 1982.

Kriegsspielzeug. »Außerdem haben wir Spiele bevorzugt, bei denen es keine Sieger gab«, erinnert sich Ulrike Poppe mit einem Lächeln.

Im März 1981 – der Kinderladen bestand kaum ein Jahr – lief im Rundfunk der DDR eine Sendung, in der über die Familie als Keimzelle der Gesellschaft sinniert wurde. Es klang wie eine Warnung an die kleine Gruppe der Eltern, die abseits des staatlichen Systems die Erziehung ihrer Kinder selbst in die Hand genommen hatten: »Diejenigen, die da ganz ihr Privates abtrennen [...] wollen, sind für die Ideologie und für die Politik, ob sie wollen oder nicht, die die Feinde des Sozialismus mit ihnen machen wollen.«

Es dauerte nicht lange, bis die Stasi-Hauptabteilung XX, zuständig für die »Bekämpfung des politischen Untergrunds«, den Kinderladen beobachten ließ und die Erzieherin beschattete. Dennoch konnten sie den Kinderladen weitere zwei Jahre aufrechterhalten. Inzwischen wurden bis zu acht Kinder betreut, eine zweite Erzieherin war engagiert worden.

Eines Tages kamen zwei Herren vorbei, die das Projekt durchsuchen sollten. Es bestünde der Verdacht, behaupteten sie, dass in dem Laden Rauschgift versteckt sei. Stasi und Staatsanwaltschaft fanden keine Drogen, aber bald kam ein Schreiben des Bezirksamtes Prenzlauer Berg, die Wohnung würde verbotenerweise gewerblich genutzt. Das weitere Schicksal des Kinderladens hing drei Jahre nach seiner Gründung am seidenen Faden, obwohl sich etliche Menschen aus der Nachbarschaft solidarisch zeigten. Gerd Poppe erinnert sich: »Irgendwann im Sommer 1983 erhielten wir dann die Nachricht, wir müssten die Ladenwohnung räumen, da sie für die Unterbringung einer kinderreichen Arbeiterfamilie gebraucht würde.« Ulrike Poppe schrieb eine Eingabe an den Rat des Stadtbezirks, woraufhin sie zum Stadtbezirksbürgermeister und dem bezirklichen Volksbildungsverantwortlichen vorgeladen wurde. »Der warf uns vor, wir hätten eine Alternative zum staatlichen Erziehungssystem errichtet, die nicht geduldet werden könnte. Das DDR-Erziehungssystem sei doch weltbekannt für seine hohe Qualität und deshalb bräuchte es keinerlei Gegenmodell. Im Übrigen seien seit dem sowjetischen Pädagogen Anton Makarenko Experimente in der Erziehung überflüssig.«

Das klang bedrohlich. Die Eltern wurden aufgefordert, die Wohnung umgehend zu räumen. Sie wollten aber nicht kampflos aufgeben und organisierten einen Tag der offenen Tür und informierten über das Projekt. »Viele Leute kamen und fanden es gut, was wir auf die Beine gestellt hatten.« Hilfesuchend wandte sich die Gruppe auch an die Kirche mit der Bitte um mögliche Ausweichräume. Ulrike Poppe sprach seit dem Sommer 1982 mehrfach mit Manfred Stolpe darüber. Doch es kam keine Unterstützung.

Am 12. Dezember 1983 verhaftete die Stasi Ulrike Poppe und Bärbel Bohley und verhörte noch andere Frauen der Gruppe »Frauen für den Frieden«. Als Vorwand für die Inhaftierung diente das Gespräch der Frauen mit einer neuseeländischen Friedensaktivistin, die anschließend am Grenzübergang festgenommen wurde und ausführliche Notizen über das Gespräch dabeihatte. Der Vorwurf lautete »landesverräterische Nachrichtenübermittlung«. Dabei handelte es sich um Paragraf 99 des DDR-Strafgesetzbuches, wonach mit Gefängnis zwischen drei und zwölf Jahren bestraft werden konnte, wer »nicht geheime Nachrichten« weitergibt, die geeignet sind, der DDR zu schaden. Es ging aber im Kern um etwas anderes: Die Frauen hatten für eine Eingabe gegen das neue Wehrdienstgesetz Unterschriften gesammelt und verteidigten diese Aktion auch öffentlich (s. Kap. 32).

Ulrike Poppe in Haft, das hielt die SED vermutlich für eine gute Gelegenheit, auch beim Kinderladen zuzuschlagen. »Entscheidungen in diesem wie auch den meisten anderen uns betreffenden Fällen wurden nicht vom Ministerium für Staatssicherheit getroffen«, meint Gerd Poppe. »Es gibt diverse Dokumente in den Stasi-Akten, die belegen, dass derartige Fragen und Aktionen im SED-Politbüro besprochen wurden.«

Vier Tage nach Ulrikes Verhaftung erschienen in aller Frühe »Bauarbeiter« mit einem Lkw in der Husemannstraße 14. Sie luden Werkzeug und Material ab, und einer brüllte die Erzieherin an: »Was wollen Sie hier?« Sie antwortete: »Na, ich arbeite hier.« Darauf der Arbeiter: »Hier kann niemand arbeiten, hier ist eine Baustelle!«

Die Bauarbeiter zerschlugen die große Schaufensterscheibe der Ladenwohnung, drangen ein, schleppten alle Möbel und Spielsachen hinaus und warfen sie auf den Laster. Als die ersten Eltern wie gewohnt ihre Kinder vorbeibrachten, waren sie schockiert. Sie standen plötzlich vor dem bis auf ein neues kleines Fenster zugemauerten Kinderladen. Gerd Poppe: »Zwischen sieben und acht Uhr stand die erste Mutter mit ihrem Kind weinend vor mir in der Rykestraße 28. Nach und nach folgten weitere Eltern.« Einige der Kinder sollen sich noch ein halbes Jahr später, so erzählen es die Eltern, vor anderen Bauarbeitern auf der Straße gefürchtet haben.

Die ersten Tage nach der Zerstörung des Kinderladens wurden die Kinder in der Poppe-Wohnung betreut, was allerdings nur auf eingeschränkte Weise möglich war, zumal in der Wohnung wegen der Inhaftierung der Frauen beträchtlicher Trubel herrschte, über Initiativen für ihre Freilassung beraten wurde, ständig Solidaritätserklärungen eingingen. Nach weiteren Gesprächen der Eltern mit der Leitung der Evangelischen Kirche Berlin-Brandenburg konnten sie wenigstens die Kinder in kirchlichen Einrichtungen unterbringen. Allerdings durften die Kinder nicht zusammenbleiben.

Als Bärbel Bohley und Ulrike Poppe nach sechs Wochen Untersuchungshaft aufgrund vielfacher nationaler und internationaler Proteste freigelassen wurden, war das Kinderladenprojekt nach knapp drei erfolgreichen Jahren endgültig beendet. In die Ladenwohnung Husemannstraße 14 zog niemals eine »kinderreiche Familie« ein und der verrammelte Laden stand bis zum Ende der SED-Herrschaft leer.

37 Dunkelkammer im Hinterhof

Fotograf Harald Hauswald; Kastanienallee 11

Den Weg in seine Dunkelkammer musste Harald Hauswald am Abend gelegentlich mit brennenden Teelichtern auf jedem Treppenabsatz markieren. Nicht als Dekoration, sondern aus rein praktischen Gründen. Das elektrische Licht im Flur des Hinterhauses in Prenzlauer Berg fiel häufig aus, so konnten Besucher in den Achtzigerjahren besser zu ihm finden.

Hauswalds Fotolabor, rechts im ersten Stock des zweiten Hinterhofes gelegen, glich einer Höhle, in der man von der Außenwelt abgeschottet war; alles voller Bilder, die sich in Kartons und Kisten an den Wänden bis hoch an die Decke stapelten. Einige Fotos lagen stets offen herum: das eines alten Mannes, der in den Papierkörben am Alexanderplatz nach Pfandflaschen suchte; Menschen an einem grauen Morgen auf dem Weg zur Arbeit; rußverschmierte Kohlenträger; geduldig wartende Bürger an Haltestellen; grelle Parolen auf verfallenden Wohngebäuden; Betrunkene auf Volksfesten; arme Rentner vor einem Glas Bier in ihrer Stammkneipe.

Die staatlichen Medien druckten Hauswalds Bilder nicht, ebenso wenig stellten Galerien sie aus. Selten und dann illegal waren Fotos von ihm bei einer Friedenswerkstatt der evangelischen Kirche zu sehen, für ein paar Stunden in Räumen der Kirche. Als die *Berliner Kirchenzeitung* einige seiner Fotos gegen Ende der Achtzigerjahre druckte, kam dies einem kleinen Triumph der Redaktion über die staatliche Zensur gleich.

Hauswald dokumentierte nicht nur die Milieus, in denen der Unmut gegen den Staat wuchs, er gehörte auch zu ihnen, war ein teilnehmender Beobachter. Der 1954 im sächsischen Radebeul geborene Fotograf gilt heute als einer der wichtigsten unabhängigen Chronisten der DDR, der auf rund 7000 Schwarz-Weiß-Filmen und 5000 Farbdias die wohl umfangreichste Dokumentation der DDR-Gesellschaft geschaffen hat. Während viele andere

Fotografen sich künstlerisch-inszenierten Motiven zuwandten, zeigte er jenes Land, das alle seine Bürger im Alltag sahen, aber oft nicht mehr bewusst und genau wahrnahmen.

Seit 1978 wohnte Hauswald in Prenzlauer Berg und jobbte zunächst als Telegrammbote. »Allen Telegrammboten im Prenzlauer Berg standen zwar theoretisch Dienstfahrräder zu«, weiß er noch heute, »doch die waren längst alle geklaut worden, als ich den Job antrat.« Das Ergebnis dieser konsequenten Privatisierung von Volkseigentum war für ihn ideal: »Wir mussten unseren Job zu Fuß machen«, so Hauswald. »Zur Ablieferung eines Telegramms hatte ich vier Stunden Zeit.«

Viele Stunden am Tag ging er so aufmerksam durch die Straßen. Die Kamera hatte er stets dabei. Er beobachtete, musste und wollte nichts inszenieren, weil er ein Gespür für den besonderen Moment hatte. Einfach warten auf den richtigen Augenblick. Hauswald arbeitete nicht aus der Distanz, nutzte selten ein Teleobjektiv. Stattdessen ging er offen auf die Menschen zu; sie hielten ihn für einen, dem man vertrauen kann. Sein Zustellbezirk Prenzlauer Berg wurde für Hauswald zu einem Glücksfall. Die Arbeit erledigte er nebenbei, es blieb ihm genug Zeit für Fotos, von Passanten und von zufällig beobachteten Szenen.

Der bärtige Fotograf mit der rückenlangen Mähne machte auf seinen Fotos jene Realität sichtbar, die die DDR-Offiziellen als rückständig ansahen und deshalb verstecken und übertünchen wollten. Er zeigte, was war, nicht, was sein sollte. Seine Bilder zeugten von der Eintönigkeit, aber auch von der Langsamkeit, ja manchmal auch von der Idylle des Lebens in der DDR; sie waren – und sind – Zeugnisse einer abgeschotteten und eingeschlossenen Welt. Hauswalds Bilder wirkten als Kritik am Staat und seiner Propaganda, weil er so genau hinsah.

Nach und nach geriet auch er, wie so viele unabhängige und kreative Geister, ins Visier der Staatssicherheit. Inoffizielle Mitarbeiter folgten ihm beim Fotografieren auf der Straße und meldeten weiter, welche Motive Hauswald mit seiner Kamera festhielt. Seine Bilder galten den Staatsschützern als zu »trist, pessimistisch, die DDR diskreditierend«, kurzum: zu realistisch. Stasi-Offiziere beantragten 1985 Haftbefehl gegen den missliebigen Fotografen und alleinerziehenden Vater wegen »staatsfeindlicher Hetze«, »Devisenvergehen«, »Agententätigkeit« und »Weitergabe nicht geheimer Nachrichten«. Wegen seiner vielen Kontakte zu Westjournalisten verhaftete ihn die Stasi allerdings nicht, da sie den zu erwartenden Skandal fürchtete. In einem internen Vermerk hieß es, eine Verhaftung sei »aus politischen Gründen im Moment nicht ratsam«.

Offizielle Mitarbeiter, die in aller Seelenruhe mit Stullenbüchsen vor seinem Haus warteten, oder inoffizielle unter seinen Bekannten, die ihn mitunter sogar in seiner Dunkelkammer ausspionieren sollten, beschrieben seine Darstellungen als »trist« und voller »Skepsis zum Leben in der DDR«. Hauswald liebte Zeugnisse unfreiwilligen Humors. Abgestumpfte Arbeiter unter biederen Parolen; Schaufenster mit Schriftzügen wie »Wir sind umgezogen – nach gegenüber«; in einem anderen Laden, dessen trostlose Auslage nur wenig darbot: »Unsere Vielfalt ist Spitze«; oder ein dauerhaft geschlossener Nähmaschinenladen mit einem Hinweis aus der Vorkriegszeit: »Reparatur sämtlicher Systeme«.

Hauswald erlebte wiederholt Hausdurchsuchungen, aber nie wurde etwas wirklich Belastendes gefunden. Die Stasi sah sich zwar seine herumliegenden Fotoabzüge an, aber scheute die Mühe, auch die unbeschrifteten Negative auf mögliche Staatsfeindlichkeit hin zu überprüfen. Dafür musste er oft zur Vernehmung mitkommen, die manchmal erst dann endete, wenn es Zeit war, seine Tochter vom Kindergarten abzuholen. Auf sein Verlangen hin fuhr die Stasi ihn sogar dort vorbei. Fast 40 inoffizielle Mitarbeiter bespitzelten ihn, das Ergebnis war eine Akte mit rund 1500 Seiten, auf deren Umschlag als interner Erfassungsname der Stasi für den Operativvorgang »Radfahrer« steht – obwohl Hauswald nie ein Fahrrad besaß. Für eine Fahrraddemo Ost-Berliner Umweltschützer musste sich der Fotograf ein Fahrrad leihen.

Ein Satz in seinen Stasi-Akten lautet: »Das Objekt Hauswald geriet außer Kontrolle.« Den Vermerk verfassten frustrierte Verfolger, die ihn aus dem Blick verloren hatten, als er mit einem geliehenen Fahrrad verkehrt in eine Einbahnstraße fuhr und die Stasi – die sich im Auto an die Verkehrsordnung halten musste – die Verfolgung aufgab.

Hauswalds Biografie ist einer jener unsteten Lebensläufe, wie sie für einen bestimmten Teil seiner Generation in der DDR typisch waren. Er begann 1970 eine Lehre im Fotogeschäft seines Vaters, die er aber nach kurzer

Der Fotograf und Chronist des Alltagslebens im Prenzlauer Berg Harald Hauswald, 1983.

Zeit abbrach, weil er immer nur im Labor Bilder entwickeln musste und sich aufgrund seiner Hippie-Ansichten beständig mit seinem Vater in die Haare bekam. Er trampte Tausende Kilometer durch die DDR und jobbte lieber als Roadie einer jungen, erfolgreichen Rockband, der Bürkholz-Formation, die allerdings, nachdem ihre Fans in Radeburg ein Stadion auseinandergenommen hatten, wegen »Aufwiegelung der Massen« verboten wurde. Ihr 23-jähriger Keyboarder Michael Heubach hatte damals mit Nina Hagen ein Verhältnis. Er ist der Mann aus dem Song, mit dem die Sängerin bekannt wurde: »Du hast den Farbfilm vergessen, mein Michael ...«

Hauswald leistete unterdessen seinen Wehrdienst bei der Nationalen Volksarmee und arbeitete in den unterschiedlichsten Jobs, als Anstreicher, Heizer, Restaurator, Aufzugsmonteur, Laborant, Passbildfotograf und Gerüstbauer. 1976 machte er seine Gesellenprüfung an der Fachschule für Fotografie in Caputh bei Potsdam.

1978 zog er zunächst kurz in die Winsstraße 48 im Prenzlauer Berg, dann mit seiner Dunkelkammer in die Kastanienallee 11, wo er bis 1986 lebte und arbeitete. Da war ihm klargeworden, dass Taubenzecken sein Domizil befallen hatten. Er sammelte in einer Filmdose eine stattliche Zahl der Insekten ein und marschierte damit zur Bezirkshygieneinspektion in der Schönhauser Allee, um seine Forderung nach einer neuen Bleibe Nachdruck zu verleihen. Er bekam eine Wohnung in der Lottumstraße 10 zugewiesen.

Bei der Besichtigung fiel ihm ein großer dunkler Fleck auf den Dielen auf. Hausbewohner erzählten ihm, dass in der Wohnung ein alter Mann gestorben sei, was man allerdings erst bemerkt hatte, nachdem es durch die Decke getropft habe. Harald Hauswald lehnte mit Rücksicht auf seine kleine Tochter die Wohnung ab und fand in der benachbarten Choriner Straße 4 bald eine Alternative zu seinem verseuchten Atelier in der Kastanienallee 11, das Anfang der Neunzigerjahre abgerissen wurde. Er schrieb damals Postkarten mit seiner neuen Anschrift an Freunde. Einige dieser Karten gingen in den Westen, eine bis nach Australien. Der Empfänger bekam sie zwar, doch Hauswalds neue Anschrift war mit schwarzem Filzstift ausgelöscht worden. Lesbar war lediglich: »Liebe Grüße, Harald«.

Dank einiger Westjournalisten, die schon seit einer Weile Hauswald in der Kastanienallee besucht hatten, gelang es ihm, im Laufe der Achtzigerjahre Fotos im *Stern*, in *Geo* und der *taz* zu veröffentlichen. Der Verband Bildender Künstler verweigerte ihm hingegen die Mitgliedschaft, erst im September 1989 nahmen ihn die Kulturbürokraten auf.

Noch 1988 versuchten die Regierung der DDR und ihre Staatssicherheit mit verschärften Repressionen gegen Oppositionelle den Deckel auf dem Topf zu halten. Harald Hauswald traf es hart. Er sollte zum Reservistendienst der Nationalen Volksarmee eingezogen werden, was er mit dem Hinweis, er müsse sich doch um seine elfjährige Tochter kümmern, zunächst abwehren konnte. Doch um ihn als Fotografen aus dem Verkehr zu ziehen, dachte sich die Stasi einen perfiden Plan aus: Eines Tages rief ein Mitarbeiter des Jugendamts an und teilte ihm mit, dass seine Tochter aus der Schule abgeholt worden sei und wegen seines Lebenswandels für ein Jahr in ein Heim eingewiesen werde. Hauswald eilte ins Amt. Dort konnte er nur noch ohnmächtig mitansehen, wie zwei Mitarbeiterinnen der Jugendhilfe seine heulende Tochter mit festem Griff an beiden Armen über den Flur schleppten. Er protestierte, doch erst nach einem halben Jahr bekam er sie wieder aus dem geschlossenen Heim heraus.

Bald nach dem Mauerfall gründete Harald Hauswald mit sechs Ost-Berliner Kollegen die Fotografenagentur Ostkreuz. »Wir wollen mit dem Namen deutlich machen, wo wir herkommen«, sagt Hauswald, »Berlin, DDR, Bewegung und Veränderung.«

38 Der »Schwarze Kanal«

Ost-West-Piratensender; Husemannstraße 10

Um den Besuchern der »Hauptstadt der DDR« zur 750-Jahr-Feier Berlins etwas Besonderes zu bieten, ließ die SED 1987 die Sophienstraße in Mitte und die Husemannstraße nahe dem Kollwitzplatz auf »Altberlin« hin trimmen. Nicht nur die Häuserfronten wurden restauriert und verschönert; um den Gesamteindruck zu verstärken, wurden historisierende Straßenschilder, Laternen, Litfaßsäulen und Ladeninschriften angebracht. Schließlich eröffneten die »Original Altberliner« Kneipen namens »Budike« und »Restauration 1900«, und in der Hausnummer 12 entstand das Museum »Berliner Arbeiterleben um 1900« mit Möbeln, Fotos und Dokumenten aus dem Leben des Proletariats. Derart aufgepeppt, fiel die Husemanstraße ziemlich aus dem Rahmen des sonst einheitlich grauen Prenzlauer Bergs.

Gleich neben dem Museum wohnten in mehreren Häusern der Husemannstraße seit Anfang der Achtzigerjahre junge Ost-Berliner Oppositionelle. In der Hausnummer 10 waren es Tina Krone und Reinhard Schult, beide mit einer besonderen Ader für ausgefallene konspirative Unternehmungen.

Sie hatten sich mit politischen Freunden schon 1981 zusammengefunden, nachdem im Nachbarland Polen angesichts von Arbeiterstreiks und der Gründung der unabhängigen Gewerkschaft Solidarność das Kriegsrecht verhängt worden war. Als eine der wichtigsten Voraussetzungen für eine Veränderung in der DDR galt ihnen das Beschaffen und Verbreiten unterdrückter Informationen. So bauten sie in einer privaten Wohnung nach und nach eine geheim gehaltene Untergrundbibliothek mit verbotener Literatur auf, die bei Bedarf von ihnen abgeholt werden konnte. Sie druckten Flugschriften oder tippten mangels Kopiermöglichkeiten verbotene Bücher und Texte ab. Die Listen der ausleihbaren Bücher ihrer Untergrundbibliothek kursierten jahrelang unter vertrauenswürdigen Interessenten. Die Gruppe, die sich nicht einmal einen

Namen gab, organisierte darüber hinaus – nach dem polnischen Vorbild der »fliegenden Universitäten« – politische Seminare, die in wechselnden Privatwohnungen stattfanden, auch in der Husemannstraße. Auf der Suche nach immer neuen Möglichkeiten, der Opposition eine Stimme zu geben, kamen sie schließlich auf eine ganz besondere Idee: einen Piratensender.

Reinhard Schult hatte Kontakte zu Kreuzberger Autonomen aus der Hausbesetzerszene und traf sich mit ihnen heimlich in Ost-Berlin. So erfuhr er von der Bewegung für freie Radios. Alternative Gruppen im Westen hatten in den Siebzigerjahren begonnen, ihr eigenes Rundfunknetz aufzubauen. Illegale Stationen wie *Radio Pflasterstein* oder *Radio Wahnsinn* sollten auch im Westen eine Gegenöffentlichkeit bilden. Da existierte noch nicht einmal die *taz,* die Tageszeitung der linken Szene, die erst 1979 im Wedding Quartier bezog (s. Kap. 30). Erste Schwarzsender gab es schon beim Vietnamkongress in Berlin 1968, beim Kampf gegen ein Kernkraftwerk im süddeutschen Wyhl und später gegen das Endlager in Gorleben. »Kampfradio statt Dampfradio« hieß die Devise. Das Internet war noch undenkbar. 1983 trafen sich in Erlangen 500 Radiopiraten zu einem Bundeskongress. Ihr Motto: »Kein Kommerz auf Megahertz«, es ging ihnen um eine Alternative zu den Privatisierungsplänen der CDU für Rundfunk und Fernsehen. Im West-Berliner Bezirk Kreuzberg sendete damals bereits ein *Radio Utopia,* stets verfolgt von den Peilwagen der Post, die quasi das technische Monopol des Staates vertraten. Deren Nummernschilder wurden mitunter während der laufenden Sendung spöttisch genannt, weil autonome Späher rund um den Kreuzberger Heinrichplatz verteilt waren.

Mitte der Achtzigerjahre kam es zwischen einigen Bewohnern der Husemannstraße 10 und Kreuzberger Linksradikalen zu einer einzigartigen politischen Zusammenarbeit. Reinhard Schults trockenem Humor verdankt der »Schwarze Kanal« seinen Namen – als ironischer Seitenhieb auf die bekannte gleichnamige Propagandasendung von Karl-Eduard von Schnitzler im DDR-Fernsehen.

Die Texte für ihren »Schwarzen Kanal« verfasste eine Fünfergruppe um Schult und Krone unter größten Vorsichtsmaßnahmen. Der Liedermacher Stephan Krawczyk gehörte dazu. Er und Schult trafen sich am Stadtrand in der Laube eines evangelischen Pfarrers, um über Manuskripte und Sendung zu sprechen. Ihre Manuskripte steckten sie in einen Briefumschlag mit einer Kreuzberger Anschrift. Den gaben sie einem in Ost-Berlin akkreditierten Westkorrespondenten, der an der Grenze nicht kontrolliert wurde. Der Journalist lieferte den Umschlag in einem Briefkasten im Hausflur in der Görlitzer Straße 74 in Kreuzberg ab. »Stechapfel-Verlag« stand auf dem Namensschild.

Die Radiopiraten in der Husemannstraße 10 kauften in einem Spielzeuggeschäft einen Kinderstempelkasten Marke »Famos 502«. Kurz darauf lagen in etlichen Briefkästen der Ost-Berliner Bezirke Weißensee, Pankow, Prenzlauer Berg und Mitte, ja selbst in denen der Humboldt-Universität und einiger Fabriken Ende Oktober 1986 kleine unscheinbare Zettel mit einer brisanten Nachricht: »Weitersagen! Der erste unabhängige Sender in der DDR – 31. 10. / 22.00 Uhr, UKW 99,2 MHz.«

Das sprach sich in Ost-Berlin herum wie ein Lauffeuer. Die gestempelte Nachricht schreckte Stasi und Volkspolizei auf. Auch West-Berliner Zeitungen und Radiostationen berichteten darüber. Am Tag der angekündigten Sendung kreiste über dem Ostteil der Stadt schon seit dem Morgen ein kleines Flugzeug. Eine »stationäre und halbstationäre Peilbasis der MfS-Hauptabteilung III« bezog Stellung, auf den Straßen patrouillierten mehr Wagen der Volkspolizei als gewöhnlich. Zivile Posten der Staatssicherheit standen vor Wohnungen von verdächtigten »Angehörigen des politischen Untergrundes«. Sie hofften, jemanden auf frischer Tat ertappen zu können.

Wie angekündigt ertönten pünktlich um 22 Uhr für alle, die in ihren UKW-Radios die richtige Frequenz eingestellt hatten, aus dem Äther die Stimme der radikalen Radiopiraten: »Gegen die Verblödung aus dem Westen und das Informationsmonopol unserer Tattergreise.« Eine Männerstimme mit Berliner Akzent knöpfte sich in der Sendung die Verharmlosung der Folgen des ein halbes Jahr zuvor geschehenen Kernkraftwerkunglücks von Tschernobyl vor. O-Ton: »Bis heute hat es unsere Obrigkeit nicht für nötig empfunden, die gemessenen radioaktiven Niederschläge, die Werte in Boden, Wasser und Lebensmitteln zu veröffentlichen. Sie liegen in den Tresoren unter Verschluss. Mitarbeiter wissenschaftlicher Institute, die selbst ständig Messungen durchführten und ihre Bekannten daraufhin warnten, Milch und ähnliche Nahrungsmittel zu sich zu nehmen, wurden von der Stasi verwarnt und bedroht.

Sie sollten keine Unruhe stiften. Die Entmündigung ist hochgradig vorangeschritten. Das System der organisierten Verantwortungslosigkeit ist weit ausgebaut. Oberstes Gebot ist die Friedhofsruhe.«

Knapp eine halbe Stunde lang informierte der Schwarzsender über ein absolutes Tabuthema der DDR: die Risiken der Atomenergie in den volkseigenen Kraftwerken von Greifswald, Rheinsberg und einem weiteren, im Bau befindlichen, in Stendal. Es ging um Leukämie und andere Krebserkrankungen, um die Uranbergbaugebiete im Süden der DDR und darum, dass die SED über belastete Nahrungsmittel nicht informierte. Erich Honecker plane trotz Tschernobyl ohne Diskussion sogar den weiteren Ausbau der Atomenergie. Die Radiopiraten forderten: »Abschalten der AKW – und zwar sofort!«

Ironisch und sarkastisch der Tenor der Beiträge, ein wenig Musik dazwischen. Schließlich gab es noch einen Vorschlag für eine konkrete Widerstandsaktion: Man könne ja alle elektrischen Geräte im Haushalt einschalten und Punkt 20 Uhr »die Sicherung herausdrehen und das mehrfach im Fünf-Minuten-Rhythmus wiederholen. Und fertig. Wenn es klappt, fliegen in den Kraftwerken die Sicherungen raus.« Am Ende kündigte der Piratensender an, in Zukunft regelmäßig im Ost-Berliner Äther »dazwischenzufunken«.

In der Husemannstraße 10 fielen sich nach Sendeschluss einige junge Leute still jubelnd in die Arme. Still aus Vorsicht, abgehört zu werden. Denn sie hatten die Idee zum Schwarzfunk gehabt und die Manuskripte geliefert: Neben Reinhard Schult und Tina Krone waren es Bodo Niedlich und dessen Freundin Sabine. Der fünfte in der konspirativen Gruppe, der Liedermacher Stephan Krawczyk, hörte sich die Sendung lieber im Auto an, fuhr dabei kreuz und quer in Ost-Berlin herum und staunte darüber, wie weit sie im Stadtgebiet zu empfangen war.

Da die Stasi nach der ersten Sendung des »Schwarzen Kanals« keinen Verantwortlichen dingfest machen konnte und den Verdacht hegte, der Sender könnte jenseits der Mauer stationiert sein, bat die Stasi den Westen um Amtshilfe, denn: »Eine Vergenauerung des Senderstandortes« habe man bisher nicht erreichen können. So wurde die Bundespost aufgrund des Alliiertenabkommens von der Ost-Berliner Fernmeldeverwaltung bei der zweiten Sendung des »Schwarzen Kanals« am 28. November 1986 in Marsch gesetzt. Immerhin stand im Westteil der geteilten Stadt auf illegales Betreiben eines Rundfunksenders nach alliiertem Recht theoretisch sogar die Todesstrafe, wenigstens jedoch fünf Jahre Gefängnis – zumindest auf dem Gesetzespapier.

Die Staatsschützer West glaubten, während der zweiten Sendung fündig geworden zu sein. Sie durchsuchten den linksradikalen Stechapfel-Verlag, der in der Görlitzer Straße 74 in Kreuzberg residierte. Ein Mitglied des Verlagskollektivs, das Reden von Rudi Dutschke, vom Kabarettisten Wolfgang Neuss und von anderen auf Tonkassetten veröffentlichte, war Christoph Ludzuweit. Er hatte 1979 zusammen mit dem Zeichner Gerhard Seyfried seine Wohnung unter den Verlagsräumen im Rahmen einer »Instand(be)setzung« bezogen (s. Kap. 39). Die Westpolizei allerdings fand in den Stechapfel-Räumen keine Spur von einem Piratensender. Ein paar Häuser weiter hätten sie mehr Glück gehabt. Dort sendete auf einem der leer stehenden Dachböden, angeschlossen an eine Autobatterie, ein relativ starker UKW-Sender, kaum größer als ein Kofferradio.

Weil die Technik der Stasi und der Bundespost für eine Ortung nicht reichte, griffen die Führungsoffiziere im Osten schon nach der ersten Sendung auf ihre bewährten Helfer zurück – inoffizielle Mitarbeiter und andere Informanten. Einen, der das Ohr immer nahe an der Opposition hatte, bestellten sie in eine Konspirative Wohnung nach Pankow, Florastraße 65. Sein Name: Manfred Stolpe, damals Konsistorialpräsident der Ost-Berliner evangelischen Kirche, später Ministerpräsident von Brandenburg.

Führungsoffizier Klaus Roßberg empfing IM »Sekretär« wie meist mit selbstgekochtem Essen. Der IM gab, so notierte es Roßberg, »eine erste Einschätzung zur Tätigkeit eines sogenannten Piratensenders und dessen erster Sendung«. Ein schweres Tonbandgerät stand auf dem Tisch, Roßberg spielte laut seinem Protokoll des Treffens »nochmals eine Bandaufzeichnung« der Piratensendung vor. »Sekretär« sollte die Stimmen identifizieren. Dass Roßbergs Gast an diesem Abend dem Stasi-Mann nicht helfen konnte, hatte einen simplen Grund. »Er konnte niemanden erkennen«, so Reinhard Schult, »denn wir hatten die Texte zwar im Osten geschrieben, dann aber von Leuten aus der autonomen Kreuzberger Szene lesen und ausstrahlen lassen.«

»Ein gelungenes Beispiel der Ost-West-Zusammenarbeit von unten«, freut es Tina Krone noch heute.

HAUS UM HAUS

39 Instand(be)setzung

Comiczeichner Seyfried; Görlitzer Straße 74

Gerhard Seyfried brachte mit seinen Comics von pfiffigen Freaks und tumben Bullizisten wie kein anderer das subversive Lebensgefühl der Siebzigerjahre in West-Berlin zum Ausdruck. Anfang 1979 wohnte er zusammen mit seinem Freund Christoph Ludzuweit in einer kleinen Wohnung in der Kreuzberger Eisenbahnstraße, gleich an der Markthalle. Die Wohnung war ein Loch, runtergekommen, nicht ordentlich beheizbar, und Berlin erlebte gerade einen besonders kalten Winter.

Ein Freund der beiden wohnte nicht weit entfernt in einem stattlichen Haus in der Görlitzer Straße 74. Die Berliner Eisenbahngesellschaft hatte es 1874 als Direktorialgebäude gleich am Görlitzer Bahnhof errichten lassen. Im Krieg zerbombten die Briten das zentrale Hauptgebäude an der Ecke zur Skalitzer Straße, aber auch der unzerstörte Seitenflügel war noch ziemlich pompös. Unter der Wohnung von Seyfrieds Freund stand eine Wohnung leer. Schon seit über einem halben Jahr.

Die Bewoge, eine der landeseigenen Wohnungsbaugesellschaften, der das Haus gehörte, wollte die Wohnung nicht vermieten. Die Wohnungsunternehmer wollten das Gebäude sanieren und dabei im Rahmen eines Modernisierungsprogrammes die üppigen staatlichen Subventionen einstreichen. Da die Mieter in diesem Fall zustimmen mussten, aber meist die Sanierung wegen der anschließenden Mietsteigerungen ablehnten, ließen die Wohnungsbesitzer gern Wohnungen erst einmal leer stehen. In Kreuzberg standen Anfang 1979 allein 263 Wohnungen leer, die der Bewoge gehörten.

Gegen diese Missstände hatte die Bürgerinitiative SO 36 schon länger mobilgemacht, die Aktivisten der BI hatten Unterschriften gesammelt und gegen den Leerstand geklagt. Vergeblich. Am 5. Februar 1979 schritten sie zur Tat und tauschten zusammen mit Seyfried und Ludzuweit das Schloss in der Wohnung

im Hochparterre links in der Görlitzer 74 aus und begannen umgehend damit, zu renovieren. Seyfried erinnert sich: »Es sah so aus, als ob seit dem Krieg niemand mehr drin gewohnt hätte. Wir haben Reichspfennigstücke gefunden, und als Untergrund für die Tapeten war der *Völkische Beobachter* geklebt.«

Der *Abend* berichtete über die Aktion – mit spürbarer Sympathie – unter dem Titel: »Erboste Mieter besetzen leer stehende Wohnungen«. Ein paar Tage später luden die Besetzer und die Bürgerinitiative noch einmal zu einer Pressekonferenz in die instandbesetzte Wohnung ein. Ein Team des Schwedischen Fernsehens erschien und ein paar Berliner Journalisten. »Während wir erzählten, warum wir gegen Leerstand protestieren und eine Wohnung brauchen«, erinnert Seyfried, »hörten wir es krachen. Kurze Zeit später schlug jemand die Wohnungstür mit einer Axt ein und herein stürmte ein von der Bewoge beauftragter Architekt mit einem Trupp Bauarbeiter. Als die in die Fernsehkamera guckten, ergriffen sie sofort wieder die Flucht.«

Die Bewoge bot den Instandbesetzern einen Mietvertrag an, aber machte es zur Bedingung, dass die BI SO36 die Liste mit den in Kreuzberg leer stehenden Wohnungen der Bewoge nicht veröffentlichen würde. Seyfried und Ludzuweit unterschrieben den Mietvertrag, aber die BI veröffentlichte anschließend dennoch die Liste. »Die Bewoge«, erinnert sich Seyfried, »war nicht wirklich gut auf uns zu sprechen.«

Die Beziehungen verbesserten sich auch nicht, als ein für die Sanierung des Hauses vorgesehenes Gerüst auf unbekannte Weise seinen Weg in den nahe gelegenen Landwehrkanal fand. Christoph Ludzuweit notierte in seinem Tagebuch: »Komme von der Arbeit heim, vergehen nicht 5 Minuten – da kommen 6 Zivilbullen durch die Tür. Kaum angeklopft, brechen sie rein und halten mir einen Durchsuchungsbefehl unter die Nase: Verdacht auf Urkundenfälschung. Auf unserem Auto klebte eine nachgemachte TÜV-Plakette, auf der vermerkt war: Gesinnungsgeprüft bis 11/79. Ca. 35 Minuten lang wurden unsere Sachen durchschnüffelt. Beschlagnahmt wird 1 angebliche Patrone, 1 Katschi (Zwille) ...«

*

»Kommt, wir stellen Kreuzberg auf den Kopf!«, heißt es auf einem Flugblatt, mit dem zu einem »Sanierungsumzug« am 9. Juni 1979 aufgerufen wurde. Treffpunkt war der Oranienplatz, elf Uhr. Es ist der Sound der kommenden großen Hausbesetzerbewegung des Jahres 1981, der in dem Aufruf anklingt: »Wacht auf! Die Kugeln der Baumafia zerstören weiter unsere Stadt. In Kreuzberg wird von der Bewoge mit Rückendeckung vom Senat wieder eine gut erhaltene, schöne, sonnige Fabrik (Pragma-Gebäude Waldemarstraße) zerstört. Sie zerschlagen das Dach, reißen die Fenster raus und machen Installationen unbrauchbar. Das Gebäude war nicht zum Abriß freigegeben. Woran sollen wir noch glauben?« Und weiter: »Sie zerstören unseren Lebensraum Tag für Tag ein Stückchen mehr. Setzen an die gleichen Stellen Betonklötzer, damit sie nur die Mark treffen, denn nur sie haben die großen protzigen Maschinen, um solche zu bauen. Sie versprechen den Leuten Arbeit, gekachelte Duschen – und keiner merkt, wie die Stadt lautlos stirbt.

Diese Macht des Geldes in der Sanierungspolitik ist genauso gefährlich wie der Bau von Atomreaktoren. Der Kahlschlag hat schon vor Jahren begonnen. Bald haben sie alles zerschlagen, was der letzte Krieg übrigließ – und wieder verdient. Sie stecken uns in Häuser, die schon aussehen wie Karteikästen, können uns so besser kontrollieren; kassieren auch noch höhere Mieten – haben wieder verdient. Vor welchem Recht können sie das verantworten? Wir staunen. Unser Buckel wird langsam krumm, doch wer sich aufrichten will, kommt und zieht mit uns durch SO 36.«

Die Forderungen lauten: »Schluß mit dem Kahlschlag. Keine neue Mieterhöhung. Anerkennung eines Betroffenenrats bei allen Abrißfragen. Wiederherstellung des Pragma-Gebäudes in den ursprünglichen Zustand.«

Unterzeichnet ist das Flugblatt: »BI SO36, Fabrik für Kultur, Sport und Handwerk, Schule für Erwachsenenbildung, Handwerksgruppen, Drucker, Bäcker, Händler, Wohngemeinschaften, alle, die Lust am Leben haben.«

Gerd Seyfried wohnte bis 1983 in der instandbesetzten Wohnung in Kreuzberg, dann zog er nach Charlottenburg, um mehr Ruhe zum Zeichnen zu finden. Christoph Ludzuweit sagt heute: »Ich bin stolz drauf, dass wir die erste Instandbesetzung gemacht haben. Sie war ein Startsignal für die Besetzerbewegung, die Tausende von Berliner Altbauten gerettet hat. Ich bin sehr stolz darauf. Meine erwachsenen Töchter haben mal gesagt: ›Warum haben wir nicht damals gelebt? Ihr hattet viel bessere Möglichkeiten und Bedingungen.‹«

40 Juppys Circus

Einstiges UFA-Gelände; Viktoriastraße 10–18

Im Café Olé der ufaFabrik Berlin mischen sich asiatische Touristen, Tempelhofer Rentner und mehr oder minder in Ehren ergraute Hippies. Zu Letzteren zählt Juppy, mit bürgerlichem Namen Hans-Josef Becher, am 11. November 1948 in Trittenheim an der Mosel geboren. Juppy trägt, wie immer, das weiße Rüschenhemd offen, ansonsten geht er ganz in Schwarz. Die langen roten Haare sind über die Jahre grau und weiß geworden, die Augen wasserblau geblieben. Auf dem Kopf sitzt ein runder schwarzer Hut. »Der Mann mit der unverwüstlichen Freundlichkeit und dem unentrinnbaren Redefluß«, hat ihn eine *taz*-Redakteurin beschrieben.

Gelegentlich unterbrochen von einem schnarrenden Lachen, erzählt Juppy, wie und warum das ufaFabrik-Gelände zu einem der Leuchttürme des alternativen Berlin wurde. Er kam 1969 zum ersten Mal nach West-Berlin. Allerdings nicht ganz aus freien Stücken. Er hatte zusammen mit Freunden in seiner pfälzischen Heimat in Trier Postsparbücher gefälscht, um so Geld für Release aufzutreiben, ein Selbsthilfeprojekt für den Entzug harter Drogen. Die Polizei verhaftete vier Geldbeschaffer, bald erging auch gegen Juppy ein Haftbefehl. Er setzte sich nach West-Berlin ab, wo er sechs Jahre mit falschen Papieren lebte.

In der Mauerstadt lebte Juppy in einer Kommune, die sich mit Renovierungsarbeiten über Wasser hielt. Die Kommunarden gründeten die »Fabrik für Kultur, Sport und Handwerk«, veranstalteten in zwei Fabriketagen in der Kurfürstenstraße Karatekurse, gründeten die erste Food Coop mit. 1978 trat der »Fabrikcircus« zum ersten Mal auf, Juppy mit Hunden, die Toni Turnschuh und Max Müller hießen. Er erinnert: »Wir wurden immer mehr. Immer mehr Leute wollten bei uns mitmachen. Wir brauchten Räume; zum Leben und zum Arbeiten. Zunächst schauten wir uns die Pragma-Fabrik in der Waldemarstraße in Kreuzberg an, aber da rissen Bauarbeiter schon die Heizungsrohre raus.«

Befreundete Rockmusiker erzählten den Obdachsuchenden von einem großen Gelände in Tempelhof, das optimal für eine große Kommune sei. Es handelte sich um ein von der Filmgesellschaft UFA in den Zwanzigerjahren bebautes Areal, auf dem in einem Kopierwerk Filme vervielfältigt worden waren. Die Post hatte das Areal gekauft, aber ließ die Gebäude dann leer stehen.

Ein Vorauskommando der Kommunarden radelte nach Tempelhof, um die Liegenschaft in Augenschein zu nehmen, und war begeistert. Es gab jede Menge Platz, durch das Gelände führten sogar zwei Straßen. 18 665 Quadratmeter war es groß, knapp vier Fußballplätze.

Heute hängt an einem Haus ein blaues Straßenschild: »Straße des 9. Juni«, und zur Erklärung: »9. Juni 1979 – friedliche Wiederinbetriebnahme des ehemaligen UFA-Filmgeländes.« Während eine Demo gegen Abriss und Stadtzerstörung durch Kreuzberg zog, gingen Aktivisten auf das Gelände. Laut Juppys Memoiren waren es »mehrere hundert Leute, Anarchos, Heroin-

Bewohner des ufaFabrik-Geländes, um 1981.

abhängige, Ex-Knackis, Studenten, Aus- und Einsteiger, Wehrdienstverweigerer und Künstler.«

Sie wollten sich einen Freiraum erobern, es ging ihnen nicht um große politische Gesten. Die Besetzer, die keine Besetzer sein wollten, gingen zu Dietrich Stobbe (SPD), dem Regierenden Bürgermeister, und verhandelten bald mit dem FDP-Wirtschaftssenator Wolfgang Lüder über eine Nutzung des Areals. Dabei vermieden Juppy, Sigi, Piet, Rudolf, Scotty und wie sie alle hießen tunlichst den Begriff »Besetzung«. Sie nannten ihren Gesetzesbruch »Friedliche Wiederinbetriebnahme« und hissten am Tor eine weiße Fahne mit der Aufschrift: »Wir wollen verhandeln.«

Die Besetzer suchten Kontakt zu liberalen Journalisten, die ihr Projekt gut fanden, und hängten am Tor ein großes Banner mit dem Schriftzug »Willkommen« auf. Gleich am zweiten Tag luden sie zu einem Kinderfest ein. Schon elf Tage nach der Besetzung beschloss der Senat, den Kommunarden das Gelände zu überlassen; im September 1979 bekamen sie – zunächst für drei Jahre – einen Vertrag und mussten 4000 Mark Miete im Monat bezahlen. Als den Kommunarden Geld für die Instandsetzung fehlte und sie Schulden hatten, verkauften sie kurzerhand Anteilsscheine an Sympathisanten und sammelten so 240 000 Mark.

»Wir waren die guten Besetzer«, sagt Juppy, »wir waren friedlich. Wir haben mit allen Politikern geredet.« Juppy kann wohl nicht anders, als mit jedem zu reden, und hatte keine Scheu, mit dem CDU-Filzokraten Klaus-Rüdiger Landowsky zu plaudern. Bei den radikaleren Besetzern in der Innenstadt galten die UFA-Leute, die weitab vom Schuss, in Tempelhof saßen, als alternative Schoßhündchen der Christdemokraten. »Die Kritik von den Radikalen«, sagt Juppy, »hat uns nicht gestört.«

Luxus-Besetzer waren die ufaFabrik-Kommunarden nicht. Bei rund 45 Köpfen bald nach der Inbetriebnahme waren die räumlichen Verhältnisse ziemlich beengt. Juppy wohnte jahrelang mit drei Mitkommunarden und zwei Hunden in einem Zimmer. Zunächst gab es eine gemeinsame Kasse und kein Taschengeld. Die wichtigen Entscheidungen wurden nur im Konsens getroffen.

taz-*Buchhalter Walter Hintze, 1979.*

Schon im Februar 1978, ein Jahr vor Erscheinen der *taz*, hatten die *taz*-Aktivisten Kuno Kruse und Thomas Hartmann, die eine Hospitanz bei der französischen Tageszeitung *Libération* absolvierten, in Paris einen deutschen Rentner getroffen: Walter Hintze, 1905 in Dessau geboren, lebte in Grenoble und hatte dort eigenhändig eine Initiative für eine linke, verständlich geschriebene Tageszeitung gegründet. Er zog nach Berlin und machte bei der *taz* mit, er hatte schon oft eher abenteuerliche Projekte verfolgt. Hintze hatte in Ostpreußen Füchse gezüchtet und in Brandenburg Biber, bevor er kurz nach dem Krieg der Liebe wegen nach Frankreich ging.

Hintze wurde Anfang 1979 als Buchhalter der erste fest angestellte Mitarbeiter der *taz*. Gewöhnlich mit einem Sakko gekleidet und mit lederner Aktentasche ausgestattet, kaufte er die ersten Ordner für die *taz*. Er war 73 Jahre alt und hielt nachmittags gern mal ein Schläfchen auf seinem Schreibtisch. Als *taz*-Buchhalter lernte Hintze Juppy und andere ufaFabrik-Kommunarden kennen, die in den *taz*-Büros die Wände strichen. Eines Tages verabschiedete er sich mit den Worten: »Ich geh jetzt in eine Alten-WG.« Juppy antwortete: »Warum hast du uns nichts gesagt, du könntest doch bei uns wohnen.« Walter ging ins Altersheim, aber ein halbes Jahr später rief er in der UFA-Fabrik an: »Ich halte es hier nicht mehr aus. Hier sind nur alte Leute. Holt mich hier raus.«

Hintze wurde im Alter von 78 Kommunarde. Er machte beim UFA-Circus mit, kletterte als Gärtner furchtlos in die Obstbäume, um sie zu beschneiden, und beschwerte sich, dass die große Kommune langsam in kleinere soziale Einheiten zerfiel. Als er am 26. Mai 1999 in sein Bett steigen wollte, versagte sein Herz. Da war Walter Hintze 93.

*

Auf dem ehemaligen UFA-Gelände fanden die Kommunarden einen schönen Kinosaal vor. In ihm versammelten sich nicht nur die »Freunde der alternativen tageszeitung e. V.« zu chaotischen »nationalen Treffen«, er ließ sich auch hervorragend für Theateraufführungen und Konzerte nutzen.

Die UFA-Leute machten Zirkus und sie mochten Kabarettisten. Die Drei Tornados waren Freunde, Kurt Krömer absolvierte hier seinen ersten Auftritt, vor allem aber verehrten Juppy & Co. Wolfgang Neuss. Der einstige »Mann mit der Pauke«, der es sich wegen seines Engagements gegen den Vietnamkrieg in den Sechzigerjahren mit dem Frontstadt-Establishment verdorben hatte, hatte sich schon lange in seine Wohnung in der Lohmeyerstraße 6 in Charlottenburg zurückgezogen.

»Wolfi«, wie ihn Freunde nannten, sah mit seinen langen grauen Haaren wie ein alter Indianer aus, hatte nur noch wenige Zähne im Mund und rauchte jede Menge Haschisch. Der einstige Filmstar hielt nahezu täglich Audienz und Juppy pilgerte regelmäßig zu ihm. Schließlich überredete er Neuss, der niemals mehr auftreten wollte, sich auf dem ufaFabrik-Gelände wieder vor ein Mikrofon zu stellen. Daraufhin gab der Kabarettist im Kinosaal ein paar denkwürdige Vorstellungen, zuletzt ging er an seinem 65. Geburtstag, am 3. Dezember 1988, in Tempelhof auf eine Bühne. Wolfgang Neuss starb am 5. Mai 1989.

Juppy, der es sichtlich genießt, interessierte Gäste über das Gelände zu führen, kann ein prosperierendes, ökologisch mustergültiges Projekt vorweisen. 1996 installierten die Kommunarden eine der größten Photovoltaikanlagen Berlins. 480 Solarmodule produzieren bis zu 53 Kilowatt Strom. Nach eigenen Berechnungen werden so jährlich mehr als 30 Tonnen Kohlendioxyd eingespart. Hinzu kommen zwei Windräder. Wenn es dunkel und windstill ist, liefert ein Blockheizkraftwerk Strom und Wärme. Meistens kann dieser Mix alternativer Energien den Strombedarf der Bewohner decken.

Inzwischen finden sich auf dem ufaFabrik-Gelände neben den Räumen für rund 30 Bewohner ein Gästehaus, eine Freie Schule, eine Biobäckerei und -konditorei, etliche Säle, eine Freilichtbühne und eine Kindercircusschule. Rund 200 Menschen arbeiten auf dem Gelände; auf dem Kinderbauernhof grasen friedlich vier Ponys.

Juppys Sohn Hannes ist 1983 geboren, arbeitet auf dem Gelände, ist irgendwann mal ausgezogen, will aber jetzt wieder zurückkommen. Der Generationswechsel ist im Gange, einige wichtige ursprüngliche Besetzer sind schon tot. Rudolf Brünger starb 2016; Scotty alias Otto Goumbeck ist tot. Uwe ebenfalls. Juppy wird nächstes Jahr 70. »Oh Gott!«, sagt er dazu nur.

Viele Kommunen sind nach wenigen Jahren wieder zerfallen. Woran liegt es, dass die Bewohner der UFA-Fabrik ein derart nachhaltiges Soziotop schaffen konnten? Wie ließ sich das intensive Zusammenleben und -arbeiten so lange aushalten? Juppys Antwort: »Zum einen haben uns das schöne Gelände und die gemeinsamen Projekte zusammengehalten. Zum anderen ging es ziemlich gut, weil wir gute Freunde waren, weil wir uns kannten. Teilen will gelernt sein, aber wir konnten es.«

41 Der Zwölftezwölfte

Straßenschlacht nach Räumung; Fraenkelufer 48

Der 12. Dezember 1980, ein Freitag, war in Berlin einer jener grauen Wintertage, an denen es gar nicht richtig hell wird. Kreuzberg 36 mit seinen bröckelnden Altbaufassaden erschien noch trister, als das Viertel zwischen Mauer und Landwehrkanal gewöhnlich schon wirkte.

Kuno Haberbusch war 1977 aus Baden-Württemberg zugewandert, studierte lustlos Jura und war in der Bürgerinitiative SO36 aktiv, einem Kreuzberger Aktionsbündnis gegen Abriss und die skandalöse Wohnungspolitik des SPD-Senats. Er führte gerade eine Journalistin durch den Kiez, um ihr die ersten instandbesetzten Häuser zu zeigen, als er sich völlig unvermutet in einem Tohuwabohu wiederfand. »Mit einem Mal sprangen überall Polizisten herum«, erinnerte Haberbusch sich später. »Sirenen heulten, Blaulicht zuckte, Tränengasschwaden zogen durch die Straßen. Die Gewalt war scheinbar aus dem Nichts gekommen.«

Junge Kreuzberger waren in das leer stehende Haus Fraenkelufer 48 eingedrungen, um es zu besetzen. Es gehörte zu einer Altbauzeile, die sich bogenartig am nördlichen Ufer des Landwehrkanals entlangzog. Zwei Streifenpolizisten hatten die Besetzung beobachtet und ein größerer Polizeitrupp hatte das Haus wieder geräumt. Beamte des Bausenats wollten es in Verhandlungen mit anderen Hausbesetzern als Ersatzobjekt anbieten. »Immer mehr Menschen strömten herbei, um uns herum sperrte die Polizei ab«, erinnerte Haberbusch das Geschehen. »Dann fing sie an loszuknüppeln. Und zwar auf alle, die vor Ort waren, selbst wenn die Leute schon am Boden lagen.«

Heftige Szenen spielten sich am Abend des Tages ab, der den Beginn des West-Berliner »Häuserkampfs« markiert und als »Zwölfterzwölfter« in die Erzählung der Besetzer einging. Polizisten rasten bei der Verfolgung von Demonstranten mit ihren Mannschaftswagen auf die Bürgersteige. Einem jungen Mann, den ein Polizei-Bulli gegen ein Betonrohr drückte, wurden die Beine zermalmt. Bedrängte Polizisten zogen ihre Pistolen.

Aber nicht überall sind die jungen Leute die Gejagten. »Eine Hochstimmung macht sich breit, der Prozeß der Vergesellschaftung ist in vollem Gange«, beschrieb *taz*-Redakteur Jürgen Gottschlich das Geschehen am »Kotti«, dem Kottbusser Tor. »Von Polizei ist erstmal nichts zu sehen, zwei Wannen verschwinden genau so schnell, wie sie erst auftauchten. In dieser Nacht sind in Kreuzberg die Verhältnisse vom Kopf auf die Füße gestellt. Die Straßen sind voller Menschen, Barrikaden werden gebaut, immer wieder Gruppen von Leuten, die miteinander diskutieren. ›Wann kommen die Bullen, das können sie nicht dulden, Kreuzberg als exterritoriales Gebiet?‹ Zwar sieht man am Ende der Straßenschluchten ununterbrochen Blaulicht zucken, aber erst einmal passiert nichts. Dann plötzlich rücken sie vor, räumen die erste Sperre und werden von einem Steinhagel empfangen.« Der *taz*-Redakteur fühlte sich an einen »Guerillakrieg« erinnert. »Die Bullen, gewohnt, Demonstrationen aufzulösen, in Menschenmengen reinzuprügeln, machen einen hilflosen, panischen Eindruck. Immer wenn sie mit fünf bis zehn Mannschaftswagen in das Zentrum der Auseinandersetzungen hereinfahren, ist niemand mehr greifbar.«

Mitglieder der BI SO36 versuchten, mit der Polizei zu verhandeln, um die Situation zu deeskalieren und zu befrieden. Der Einsatzleiter ließ sich nicht darauf ein. In der Adalbertstraße traf es auch Kuno Haberbusch. Polizisten schlugen mit ihren Knüppeln auf den BI-Aktivisten ein. »Ich flüchtete in den ›Jodelkeller‹«, erzählt er, »wo viele Verletzte saßen, etliche von ihnen bluteten am Kopf. Wir verspürten eine unglaubliche Ohnmacht, eine grenzenlose Wut. Allen war klar: Ab jetzt herrschte Krieg.«

Ganze zehn Stunden, bis Viertel vor fünf morgens, hatte sich die Randale hingezogen. Insgesamt wurden 270 Menschen verletzt, darunter 70 Polizisten. Die Ordnungshüter nahmen 109 Menschen fest, Richter erließen 28 Haftbefehle. Schaufensterscheiben waren zu Bruch gegangen, Geschäfte geplündert worden, der Sachschaden ging in die Hunderttausende.

Für den Studenten Haberbusch brachte die Polizei mit ihrer Prügeltaktik die Hausbesetzer und ihre Unterstützer erst richtig in Fahrt. »Über Nacht hatte sich unsere Bewegung radikalisiert. Zahlreiche Menschen, die vorher niemals einen Pflasterstein geworfen hätten, wurden sozusagen mit dem Schlagstock sozialisiert. Dabei hatte alles friedlich begonnen.«

In der Tat hatte die erste große Straßenschlacht im Berliner »Häuserkampf« einen ruhigen Vorlauf von fast zwei Jahren. Nach der ersten erfolgreichen Instand(be)setzung in der Görlitzer Straße 74 im Februar 1979 machte die BI SO36 mit leeren Wohnungen in der Cuvrystraße 25 weiter. Im September 1979 besetzten Jugendliche, die zusammenleben wollten, den »Turm«, ein großes Haus Leuschnerdamm 9, direkt an der Mauer. Seine Bewohner zählten später zum Uradel der Kreuzberger Besetzer.

Weitere Instandbesetzungen in Kreuzberg 36 im Laufe des Jahres 1980 blieben außerhalb des Bezirkes weitgehend unbeachtet. Im März formierte sich ein wöchentlich tagender Besetzerrat, im Mai erlebte auch der Teil Kreuzbergs mit der Postleitzahl 61 eine erste Besetzung, am Chamissoplatz. Anfang November sprang der Besetzer-Bazillus auf einen zweiten West-Berliner Bezirk über, den Wedding, wo die Groninger Straße 50 okkupiert wurde.

Nach der Randale rund um das Kottbusser Tor versammelten sich am Abend des nächsten Tages, am 13. Dezember 1980, junge Demonstranten am Kurfürstendamm und forderten die Freilassung der in Kreuzberg Verhafteten. Jetzt waren es schon doppelt so viele Demonstranten wie in der Nacht zuvor. Der ein halbes Jahr zuvor aus Ost-Berlin übergesiedelte DDR-Schriftsteller Klaus Schlesinger notierte: »Die vorweihnachtlichen Lichterketten in den Bäumen, die strahlenden Geschäfte, der bürgerliche Prunk – und mitten auf der Straße ein wilder zorniger Haufen, tausend Leute vielleicht, Schals oder Tücher vor dem Gesicht. Hektisches hin und her zwischen Uhlandstraße und Gedächtniskirche. Gepfeife, Gejohle, Sprechchöre: Eins, zwei, drei, lasst die Leute frei. Und: Räumt den Knast und nicht die Häuser.«

Schließlich müssen die Scheiben von Luxusläden und Banken dran glauben. Zwei Abende später wird noch einmal auf dem Ku'damm für die sofortige Freilassung aller Verhafteten demonstriert. Erneut gehen viele Scheiben zu Bruch, es wird wieder geplündert. Das *Hamburger Abendblatt* über den Prachtboulevard des freien Westens: »Kaum ein Geschäft gibt es hier noch, das keine Löcher in den Schaufensterscheiben aufweist. ›Wir haben das ja alles schon einmal während der APO-Ära erlebt. Aber diesmal ist es noch viel schlimmer‹, sagt der Chef des BMW-Autosalons.«

Admiralbrücke am Morgen nach den Straßenkämpfen, 13. Dezember 1980.

Zu den Adventskrawallen erklärte die BI SO36: »Auch bis zum 12.12.80 wurden schon Steine in den Kreuzberger Straßen geschmissen. Und zwar seit Jahren. Doch von diesen ›Steineschmeißern‹ wollte und sollte sich niemand distanzieren. Denn es handelte sich um von privaten Spekulanten und senatseigenen Wohnungsbaugesellschaften angeheuerte Abrißfirmen, die billigen und guten Wohnraum zerstörten. Stein für Stein. Und in aller Regel bezahlt aus öffentlichen Steuergeldern. [...] Jahrelang gab es gerade von unserer Bürgerinitiative sehr viele Versuche, zum einen gegen die sinnlose Zerstörung billigen Wohnraums anzukämpfen, zum anderen die Vermietung der vielen leeren Wohnungen zu erreichen. Das Engagement war zwar groß, der Erfolg aber gering.«

Das ändert sich durch die Hausbesetzer und ihre Unterstützer. Zum ersten Mal seit den Sechzigerjahren ist die Polizei ernsthaft herausgefordert. In puncto Entschlossenheit und Militanz ist die neue Generation den Achtundsechzigern deutlich überlegen. Die Besetzer geben eine Pressekonferenz im Mehringhof, einem Zentrum der Alternativbewegung, sind dabei teilweise vermummt. »Wenn die Leute nicht freikommen«, droht eine Frau, »brennen

Hausbesetzer bei einer Pressekonferenz, 1981.

an Weihnachten nicht nur die Weihnachtsbäume.« Springers *BZ* titelt daraufhin: »Die Hausbesetzer drohen mit Feuersturm in Berlin!«

Ihre Forderungen fassen die Besetzer in einem Flugblatt zusammen: »Die Instandbesetzer beweisen tagtäglich, daß man mit wenigen Mitteln die Häuser wieder gut bewohnbar machen kann. Sie haben die Häuser renoviert – und dafür werden sie kriminalisiert!

Die Instandbesetzer fordern:

- Einstellung der bisher ca. 40 Ermittlungsverfahren.
- Auflösung der Sonderkommission der Kripo
- Keine Sonderstreifen in SO 36 und anderswo
- Entmietungsstop
- Bürgerselbstbestimmung bei der Kiezgestaltung
- Keine Miete über 3 DM nach Instandbesetzung
- Instandsetzung vor Modernisierung
- Erhaltung der Hinterhäuser für Selbsthilfeprojekte, Wohngemeinschaften und große Familien

- Modernisierung in Selbstverwaltung: die Senatssubventionen sollen den Mieterversammlungen zur Verfügung gestellt werden
- Sofortige Instandsetzung und Vermietung leerstehender Wohnungen
- Selbsthilfe der Mieter fördern, Eigenleistungen honorieren
- Verhandlungen über die besetzten Häuser nur mit allen Besetzern (Besetzerrat), nicht einzeln.

Was ist kriminell? Häuser kaputtbesitzen oder instandbesetzen?«

Zur Zeit der Adventskrawalle sind in West-Berlin rund 70 000 Menschen auf Wohnungssuche, während mindestens 7000 Wohnungen leer stehen. Gleichzeitig werden ständig Altbauten abgerissen und Mieter in neu errichtete Schlafstädte umgesetzt, die meist am Stadtrand liegen. Eine beliebte Sanierungsmethode ist die »Entkernung«; in den Häuserblocks werden alle Seitenflügel, Hinterhäuser und Quergebäude abgerissen und nicht ersetzt.

*

Dem Regierenden Bürgermeister Dietrich Stobbe (SPD) haben die revoltierenden Besetzer gerade noch gefehlt. Er war seinem Parteigenossen Klaus Schütz nachgefolgt, der 1977 wegen Unregelmäßigkeiten bei der Subventionierung des Baus des Steglitzer Kreisels hatte zurücktreten müssen. Doch dann ereilte auch Stobbe einer der in West-Berlin notorischen Bau- und Filzskandale. Der Architekt Dietrich Garski, Mitglied der mitregierenden FDP, hatte beim Bau von Militärakademien in Saudi-Arabien Landesbürgschaften von rund 124 Millionen Mark in den Wüstensand gesetzt und war kurz vor Weihnachten 1980 spurlos aus Berlin verschwunden.

Ein FDP- und ein SPD-Senator mussten abtreten, und als Stobbe Mitte Januar 1981 einen neuen Senat wählen lassen wollte, bekamen die meisten seiner Kandidaten keine Mehrheit mehr. Die CDU mit Richard von Weizsäcker an der Spitze war ohnehin schon die stärkste Partei im Abgeordnetenhaus; Stobbe trat zurück, und die SPD holte den ehemaligen Münchner Oberbürgermeister und Bundesjustizminister Hans-Jochen Vogel nach Berlin, um zu retten, was noch zu retten war. Viel war das nicht. Die SPD, die seit 1955 in West-Berlin regiert hatte, stand vor dem Machtverlust. Die beständigen Bauskandale, die Parteibuchwirtschaft und der Filz hatten das Vertrauen in die Sozialdemokraten ruiniert. Vogel versprach als Regierender Bürgermeister baldige Neuwahlen. Es herrschte ein Machtvakuum, das die einmalige Chance bot, mehr Häuser zu besetzen.

Junge Berlinerinnen und Berliner, aber zunehmend auch abenteuerlustige Zuwanderer aus Westdeutschland, kundschafteten leere Altbauten aus, brachen nachts ein, tauschten die Schlösser aus und begannen, sich in den Gemäuern wohnlich einzurichten. So gut das ging. Am 6. Januar 1981 war noch mal das Haus an der Reihe, mit dem die Randale angefangen hatte, Fraenkelufer 48, am Landwehrkanal in Kreuzberg. Jetzt besetzten Aktivisten auch die beiden Nachbarhäuser mit den Nummern 46 und 50. Einen Tag später waren in West-Berlin 25 Häuser okkupiert.

Ende Januar verurteilten Richter in Moabit die ersten Besetzer wegen Landfriedensbruchs zu Gefängnisstrafen ohne Bewährung. Von wegen »Lasst die Leute frei!«. Anfang Februar fand das 50. leere Haus neue Bewohnerinnen und Bewohner, das elegante Hinterhaus Potsdamer Straße 130 in Schöneberg. Am 27. Februar wurde das 100. Haus besetzt, am 22. März 1981 waren es 123 Häuser. Die Besetzungen erfolgten meist in den ausgewiesenen Sanierungsgebieten, in denen gemeinnützige Wohnungsbaugesellschaften als Sanierungsträger marode Altbauten modernisieren oder abreißen sollten. Die gewerkschaftseigene Wohnungsbaugesellschaft Neue Heimat sanierte beispielsweise ein Gebiet rund um die Potsdamer Straße und Bülowstraße in Schöneberg sowie den Kiez südlich des Charlottenburger Schlosses.

Der Regierende Bürgermeister Vogel gab sich zwar gesprächsbereit, aber exekutierte die »Berliner Linie der Vernunft«, nach der die Polizei alle neuen Besetzungen nach spätestens 24 Stunden beenden sollte. Schon länger besetzte Häuser wurden geräumt, wenn die Hauseigentümer einen Strafantrag wegen Hausfriedensbruchs gestellt hatten und in der Lage waren, sofort mit der Sanierung des Hauses zu beginnen.

Die drei Häuser Fraenkelufer 46, 48 und 50 räumten mehr als 350 Polizisten am 25. März 1981. Mit einer Ramme brachen sie die Stahltüren auf. Die meisten Besetzer wollten einem Strafverfahren entgehen und hatten sich schon vorher abgesetzt. Nur in der Nummer 48 nahmen Polizisten noch 26 Männer und Frauen fest. Der entschlossene Widerstand, den sie gegen die Räumung angedroht hatten, beschränkte sich auf geballte Fäuste und die Drohung: »Wir kommen wieder!«

Die Gemeinnützige Siedlungs- und Wohnungsbaugesellschaft Berlin (GSW) sanierte dann die Häuser. Das landeseigene Unternehmen mit über 60 000 Wohnungen verscherbelte 2004 eine rot-rote Landesregierung unter Führung von Klaus Wowereit (SPD) an ein Konsortium von Goldman Sachs und anderen Heuschrecken.

*

Den Staatsanwälten der politischen Abteilung war der Ansatz des Sozialdemokraten Vogel noch viel zu liberal, sie ließen gern Häuser durchsuchen und provozierten so die Besetzer. Anfang April 1981 durchsuchte zum Beispiel ein massives Polizeiaufgebot mehrere Häuser und nahm den versammelten Kreuzberger Besetzerrat fest. Gegen 160 Besetzer leiteten die Staatsanwälte Ermittlungen wegen »Bildung einer kriminellen Vereinigung« ein.

Wie viele Häuser bis zum Sommer 1981 besetzt wurden, ist bis heute unklar. Eine immer wieder genannte Zahl ist 165, aber die Schätzungen gehen bis zu 200. Und nicht nur in West-Berlin wurden zu dieser Zeit Häuser besetzt. Nach Zählungen des Verfassungsschutzes waren es in Nordrhein-Westfalen rund 200, aber es gab auch Besetzungen in Freiburg, Bremen, Hamburg, Stuttgart und anderen Städten. Prompt setzte der Bundestag eine Enquetekommission »Jugendprotest im demokratischen Staat« ein.

Der Vorteil der Hausbesetzungen war, so analysierten es später Autonome, »dass sie Alltag und politischen Kampf verbinden und so gleichzeitig zum Ausgangspunkt und Ziel politischer Aktivitäten werden«. Die Bewohner der Häuser waren sehr unterschiedlich. Die meisten waren Anfang 20, aber es gab auch Linksradikale und Alternative in den Dreißigern. Unter den Jüngeren waren viele Punks, die sich über langhaarige Alternative lustig machten und sie als »Müslis« verspotteten. Mehr als die Hälfte der Besetzer waren Studierende, Mittelschichtskinder, viele der Punks hingegen kamen aus der Unterschicht. Sie pfiffen auf Politik und alternatives Leben und soffen, was das Zeug hielt.

Im einstigen Arbeiterviertel Kreuzberg lebten die meisten und die militantesten Besetzer, die dazu neigten, sich für die Avantgarde zu halten. Es folgte mit deutlichem Abstand Schöneberg, dann Charlottenburg, Wedding und Neukölln. Die Besetzer einer Villa in der Limastraße in Zehlendorf erschienen vor diesem Hintergrund geradezu als Exoten.

Bestimmte Häuser hatten einen legendären Ruf, ihre Bewohner zählten zu einer Art Besetzer-Elite, teils weil die Häuser schon relativ lange besetzt oder ihre Bewohner besonders aktiv oder militant waren. Zu Letzteren gehörten beispielsweise die Leute aus der Luckauer 3, in der zeitweise auch die Tochter eines FDP-Senators lebte. Die Bewohner des schon im November 1980 besetzten »Kerngehäuses« in der Cuvrystraße, denen es um Räume für ihre Kollektive ging, galten als Realisten. Einige von ihnen konnten gut reden und hatten großen Einfluss im Besetzerrat.

Die Besetzer der als militant geltenden Häuser bekamen regelmäßig Besuch, vorzugsweise im Morgengrauen. Polizisten schlugen die Türen ein, verwüsteten die renovierten Räume, nahmen die Bewohner mit, um sie erkennungsdienstlich zu behandeln. Kuno Haberbusch von der BI SO36 nahmen Polizisten bei einer dieser Gelegenheiten auch mal zusammen mit Besetzern fest und transportierten alle an den Stadtrand nach Wannsee. »Nachts um drei«, so Haberbusch, »stieß man uns vom Wagen, mitten auf eine stinkende Müllkippe.«

Bei den Wahlen zum Berliner Abgeordnetenhaus im Mai 1981 legte die CDU unter Richard von Weizsäcker zu und kam auf auf 48 Prozent der Stimmen, die SPD sackte um vier Prozent auf 38 Prozent ab und musste nach 26 Jahren als Regierungspartei in die Opposition gehen. Die Hausbesetzer hatten mit ihrer Randale, die von den Springer-Zeitungen freudig zur Hetze gegen die »Chaoten« genutzt wurde, der CDU als Law-and-Order-Partei an die Macht verholfen. Gleichzeitig zogen zum ersten Mal Verbündete der Hausbesetzer mit über sieben Prozent ins Parlament ein, die Alternative Liste, aus der später die West-Berliner Grünen wurden. Einen Tag nach den Wahlen wurde das 163. Haus besetzt.

Nicht nur in Kreuzberg bestimmten in diesem Sommer der Anarchie die Besetzer das Bild mancher Straßen. In der Winterfeldtstraße zwischen Potsdamer Straße und Winterfeldtplatz beispielsweise gab es mehr besetzte Häuser als vermietete. Diese Straßen wurden zu einer Mischung aus Abenteuerspielplatz, Biergarten und Slum. Allerdings stellten sich alle die Frage: Wie lange kann das noch gutgehen? Wann schlägt der Senat zurück?

42 Der Bauhof

Material für Hausbesetzer; Manteuffelstraße 40 – 41

Der Architekt Markus Ghazi wuchs in Berlin-Schöneberg auf und lebte 1979 in einer Kommune in der Kreuzberger Ritterstraße. Mit anderen Kreuzbergern engagierte er sich gegen die Politik der Flächensanierung bzw. Kahlschlagsanierung in dem einstigen Arbeiterbezirk. Gustav Hämer, Architekturprofessor an der Hochschule der Künste und Vater der »behutsamen Stadterneuerung«, diente als Spiritus Rector.

An die 40 Aktivistinnen und Aktivisten gingen im Herbst 1979 daran, vier Häuser in der Manteuffelstraße 39 bis 42, zwischen Skalitzer und Naunynstraße, winterfest zu machen. Eine Spekulantenfirma namens »Samog« hatte die Häuser gekauft, entmietet und ließ sie nun leer stehen, bis nur noch der Abriss bliebe. Gelegentlich vermietete der Bauträger die verfallenden Altbauten an die U.S. Army, deren Soldaten dann Häuserkampf in ihnen übten.

Markus Ghazi: »Wir kannten die Häuser in der Manteuffelstraße, und als es Ende 1980 mit der Hausbesetzerei losging, mussten wir nicht lange nach einem leeren Haus für eine Besetzung suchen. In einem Café um die Ecke in der Mariannenstraße lernten wir andere potenzielle Besetzer kennen. Als wir etwa 20 Leute waren, gingen wir rein. Über die Mauern des Hinterhofes. Das war am 7. Februar 1981. Der erste Eindruck war ernüchternd. Die Samog-Spekulanten hatten ganze Arbeit geleistet. Die letzten Mieter rausgeekelt; alle Öfen rausgerissen; die Türklinken und Beschläge hatten Flohmarkthändler abgeschraubt, ebenso die Traillen und Handläufe in den Treppenhäusern. Die meisten Fenster fehlten. Die beiden Häuser waren in einem furchtbaren Zustand. Wir hängten ein Transparent mit ›Instandbesetzt‹ an die Fassade und machten uns erst mal zwei Etagen im Fabrikgebäude im Hof zurecht.«

Miki Stehr, Politologe, der bis November 2000 in dem Haus wohnte und jetzt auch wieder Lust hätte, einzuziehen: »Ende 1980 hatte sich eine Stimmung entwickelt: Wenn du jetzt kein Haus besetzt, bist du ein ganz lahmer Arsch. Als wir in die beiden Häuser gingen, war völlig offen, was passieren würde. Wie lange wir drinnen bleiben konnten. Die meisten von uns waren Anfang 20. Viele hatten alleine gewohnt, Einzimmerwohnung mit Außenklo, andere in Wohngemeinschaften. Sozial gesehen waren wir ein ziemlich gemischter Haufen. Viele Studenten und Handwerker. Nach fünf Monaten hatten die meisten Zimmer im Haus Öfen. Es bürgerte sich das gemeinsame Essen sein. Wer einziehen durfte, darüber hat das Plenum entschieden. Nett mussten die Leute sein, die einziehen wollten. Das war das Wichtigste.«

Für nett befunden wurde offenbar Elke alias Käthe Kruse, arbeitslose Arzthelferin aus Bünde in Westfalen, die Ende Juli 1981 kam, knapp sechs Monate nach der Besetzung. Kruse: »Es gab jede Woche ein Bauplenum und ein allgemeines Plenum. Dazu kamen der Blockrat, Kreuzberger Besetzerrat, Gesamtbesetzerrat. Besetzen war mehr als ein Fulltime-Job. Jeder bezahlte anstelle von Miete im Monat 60 Mark in die Materialkasse und 50 Mark in der Woche in die Haushaltskasse für Essen, auch Tampons waren inklusive. Im Winter noch mal 60 Mark für die Kohlenkasse. Wir hatten eine große Gemeinschaftsküche; jeden Tag kochten zwei Leute für alle an die 40 Bewohner.«

Ghazi: »Wir waren Instandbesetzer im ursprünglichen Sinne des Wortes. Keine Chaoten. Nicht Punks, die ihre besetzten Häuser richtig runtergerockt haben. Wir hatten das politische Ziel, die Spekulanten aus Kreuzberg zu vertreiben. Und wir wollten in den Häusern bleiben. Wir wollten uns nicht räumen lassen. Deshalb wollten wir über eine Legalisierung der Häuser verhandeln. Unsere Devise hieß: Keine Rückkehr zum Privateigentum. Aber ich habe auch Steine geschmissen. Wobei mir das militante Machogehabe der Autonomen auf die Nerven ging.« Stehr: »Aber jeder von uns hat Momente ohnmächtiger Wut und Momente des Hasses erlebt. Auf die Bullen, auf den Staat und das ganze System.«

Ghazi: »Rainer Kruse, ein befreundeter Architekt, der um die Ecke wohnte, brachte die Idee des Bauhofes auf. Wir besorgten Baumaterial aller Art und gaben es an die Besetzer anderer Häuser weiter. Wir bekamen Glas, das kleine Macken hatte, von Glasern geschenkt. Wir bauten Material in Abrisshäusern im Wedding aus, die nicht mehr zu retten waren. Zwei Bullis waren ständig im Einsatz.« Die Besetzerin Luca Engelbert hielt 1981 fest:

Besetzte Häuser des Bauhofs, Manteuffelstraße 40–41, 1981.

»Die Angebote von gebrauchtem Baumaterial werden über ein Materialtelefon in einer Kartei erfasst und von den einzelnen Häusern direkt abgeholt. Überschüssiges wird im Bauhof gelagert. Bis zu hundert Häuser erhielten innerhalb von fünf Monaten Material.«

Ghazi: »Wir bekamen auch Spenden und veranstalteten Straßenfeste, bei denen wir fünfstellige Beträge einnahmen. Der Bauhof hatte feste Öffnungszeiten, zu denen die Besetzer anderer Häuser vorbeikamen. Durch diese zentrale Funktion in der Bewegung rückten wir zu den prominenten Häusern auf, so wie der Turm, Leuschnerdamm 9, die Luckauer 3 oder die O3, die Oranienstraße 3. Wir fürchteten deshalb auch, bald geräumt zu werden.«

Den Besetzerinnen und Besetzern ging es nicht nur um Bauen, manche machten auch Musik im Haus. Kruse: »Zusammen mit Holger Reemt Ulrich baute ich einen Übungsraum im Keller, mit Eierkartons ausgekleidet. Er spielte in der Punkband Leben und Arbeiten, ich bei der Tödlichen Doris. Im Sommer 1982 eröffneten Beatrix Mohren, ich und andere in einem Laden im Haus die Milchbar, früher der Milchladen einer kleinen Hinterhofmolkerei mit eigenen Kühen. Nun ein illegales Besetzercafé. Hier gab es Lesungen, Filmvorführungen, Milchkaffee und Drinks, aber kein Bier.«

Stehr: »Wir erreichten schließlich ein Räumungsmoratorium, das immer wieder verlängert wurde. Wir waren drei Jahre völlig illegal und haben noch bis 1987 keinen Strom bezahlt.« Kruse: »Schließlich übernahm im Sommer

1983 Stattbau, ein alternativer Sanierungsträger, den wir selbst gegründet hatten, unsere beiden Häuser. 1986 begann die Gründung einer Genossenschaft mit neun Häusern, die 1988 eingetragen wurde. Die Genossenschaft musste anschließend langsam die Häuser kaufen.«

Ghazi: »Die Planung für die Sanierung habe ich zusammen mit einem Kollegen gemacht. Das Bauen selbst hat noch mal fünf Jahre gedauert, nicht zuletzt so lange, weil alle Bewohner währenddessen im Haus bleiben konnten. Dann allerdings konnte niemand von uns mehr einen Hammer sehen. Da hatten wir dann auch genug gebaut. Die Genossenschaft Luisenstadt eignet und verwaltet mittlerweile diese beiden Häuser sowie 18 weitere Häuser, die meisten davon in unserem Block 103, Manteuffel-, Naunyn-, Mariannen- und Skalitzer Straße, aber auch ein ehemals besetztes Haus in der Rigaer Straße in Friedrichshain. Die Nettokaltmieten liegen bei knapp vier Euro den Quadratmeter. Das zeigt, wie günstig Mieten sein können, wenn es keine Hauseigentümer gibt, die Profit aus ihren Liegenschaften pressen. Wohnen darf nicht Ware sein, hieß unsere Parole. Wir wollten – und wollen – die Stadt entprivatisieren.«

Käthe Kruse zog nach 33 Jahren und langem Überlegen 2014 aus. Sie hat zusammen mit ihrem Mann ihre beiden Töchter im Bauhof großgezogen. Denen gefiel das unkonventionelle Leben in den Häusern. Kruse: »So ein Projekt lässt sich aber nur mit Leuten stemmen, die bereit sind anzupacken. Wir hatten natürlich auch Hänger, Leute, die nicht bezahlten, Leute, die zu viel tranken. Trotz alledem: Die meisten haben viel Kraft in das Haus gesteckt und haben wieder viel Kraft daraus geschöpft. Wir sind stolz, so etwas aus dem Nichts geschaffen zu haben.« Miki Stehr: »Es ist nur ärgerlich und tragisch, dass dieses Modell nicht noch mehr Schule gemacht hat. In Berlin und auch anderswo.«

Ghazi: »Wir leben in einem selbstverwalteten Haus. Das ist aufwendig, denn manche Leute vertreten ihre Einzelinteressen, leben ihre persönlichen Befindlichkeiten aus und werden altersstarrsinnig. Dennoch: Sieben von der Urbesetzung wohnen noch hier. Inzwischen leben acht Kinder im Haus. Wir haben einmal im Monat Plenum. Es ist kein politisches Projekt mehr. Aber an etwa drei von sieben Tagen essen wir gemeinsam in der großen Küche. Du kennst jeden. Das ist wichtig. Und wir können über alles reden.«

43 Der Zwoundzwanzigsteneunte

Der Tod von Klaus-Jürgen Rattay; Winterfeldtstraße 20, Bülowstraße 89, Potsdamer Straße 125

Klaus Schlesinger hatte einen blauen DDR-Pass mit Ausreisevisum bekommen, doch wirklich weit war er nicht gekommen. Er hatte sich in West-Berlin niedergelassen. Von der Leipziger Straße in Mitte, wo er mit seiner Frau Bettina Wegner gewohnt hatte, war der Schriftsteller in die Witzlebenstraße in Charlottenburg gezogen.

Schnell hatte er Sympathien für die jungen Hausbesetzer entwickelt. Ihre Art von offensiver Opposition, die in der DDR nicht möglich war, faszinierte ihn. Als immer mehr Besetzer sich für ihre Häuser prominente Unterstützer suchten, die sie »Paten« nannten, war Schlesinger dabei. Ebenso wie Günter Grass, die Künstler Joseph Beuys, Jeanne Claude und Christo, der Theologe Helmut Gollwitzer und andere.

Schlesinger übernahm mit seinen beiden Schriftstellerkollegen Reto Hänny aus der Schweiz und Hans Christoph Buch aus West-Berlin eine Patenschaft für das besetzte Haus Winterfeldtstraße 20. Als der Senat das Gebäude räumen lassen wollte, entschloss er sich, in das Haus zu gehen und sich notfalls auch räumen zu lassen.

Über den Abend vor der geplanten Räumung schrieb Schlesinger später: »Der Andrang groß, zweihundertzwanzig sollen drin sein. Um neun versammeln sich alle in den Gemeinschaftsräumen, Plenum, noch einmal wird festgelegt: Kein aktiver Widerstand. Wer etwas aus dem Fenster werfe, sei ein Provokateur. Man solle sich heraustragen oder abführen lassen. Es wird auch informiert über das Erlöschen eines Hoffnungsschimmers: Noch gestern hatte die Gewerkschaft erwogen, die Strafanzeigen gegen die Besetzer zurückzunehmen, was eine Räumung hinfällig gemacht hätte – sechs der acht bedrohten Häuser gehören der gewerkschaftseigenen Neuen Heimat. Ebenfalls gestern ist – um dem Protest gegen das Ultimatum Nachdruck zu

Besetzer posieren für Tuwat-Plakat, August 1981.

verleihen – die Zentrale der Neuen Heimat besetzt und von der Polizei wieder geräumt worden. Am nächsten Morgen: »Frühstück im Stehen, Sitzen, Hocken, Tassenmangel. Erste Gerüchte, die Polizei sei ausgerückt. Erschrecken. Abwiegeln. Lasst euch doch nicht verrückt machen. Kaffee, Zigarette.«

*

Im Juni 1981 hatte das Abgeordnetenhaus den CDU-Mann Richard von Weizsäcker zum Regierenden Bürgermeister gewählt. Der hatte Heinrich Lummer vom rechten Parteiflügel zu seinem Innensenator gemacht. Getrieben von den Springer-Zeitungen, ließ der CDU-Senat die Polizei nicht nur neue Besetzungen räumen, sondern nahm sich den Altbestand okkupierter Häuser vor, Häuser, die schon seit Monaten besetzt waren. Die Christdemokraten exekutierten nun strikt die »Berliner Linie« der SPD. Ende Juli 1981 erklärte Bausenator Ulrich Rastemborski, dass demnächst acht Häuser geräumt würden; Winterfeldtstraße 20, 22, 24, Bülowstraße 89, Knobelsdorffstraße 40/42, Dieffenbachstraße 10 und Hermsdorfer Straße 4.

Eine Gruppe von Besetzern aus Kreuzberg mobilisierte daraufhin zu einem vierwöchigen großen Treffen, Start am 25. August, Name »Tuwat«, eine Antwort auf Tunix, den Sponti-Kongress dreieinhalb Jahre zuvor. Die Initiatoren waren allerdings nicht mehr von romantischen Sponti-Ideen beseelt, sondern luden zu einem »Spektakel in Bärlin« ein, »dem gespaltenen Arsch der Nationen«. Sie drohten: »Wir werden Feste feiern, die die Stadt erzittern lassen.« Aktionsvorschlag: »Zertrümmern wir ihren Beton und machen ihn zum Hochzeitsgeschenk für Lady Di.«

Beamte des Innensenats vermerkten intern, dass »ca. 20 000 Extremisten über die Transitstrecken in Richtung Westberlin reisen werden«. Ein Irrtum. Am Kontrollpunkt Helmstedt fielen nur zwei Autos mit Tuwat-Besuchern auf. Im Gegensatz zu Tunix sprang der Funke nicht über: Zur Tuwat-Eröffnung ins Tempodrom-Zelt am Potsdamer Platz kamen knapp 2000 Leute, kaum mehr als zu einer Demonstration am nächsten Tag.

Innensenator Lummer verlangte von den Besetzern, die zur Räumung bestimmten acht Häuser freiwillig zu verlassen. Die SPD, jetzt in der Opposition, mahnte eine friedliche Lösung des Konflikts mit den Hausbesetzern an und forderte die CDU-Regierung auf, zunächst auf Räumungen zu verzichten.

Den Morgen des 22. September im besetzten Haus Winterfeldtstraße 20 schildert Schlesinger so: »Jetzt Bewegung. Vor zum Balkon. Der ist voller Leute. Was sehen sie? Nichts ... gar nichts ... Doch! Ein Schützenpanzer ... nein, zwei ... die Potsdamer runter, in Richtung Süden. Ein Motorradfahrer hält und redet mit den Leuten vor dem Haus. Dann steht fest: Die Polizei ist aufmarschiert. Erhöhter Blutdruck, Platzangst.« Außen auf den Balkons steht in großen weißen Lettern: »Wir wehren uns gegen die kriminelle Vereinigung von Senat und Spekulanten, die mit Millionen Steuergeldern billigen Wohnraum zerstören.«

Zwei Dutzend Militante haben quer über die Winterfeldtstraße eine Barrikade gebaut, die sie mit Benzin übergießen und anzünden. Ein Polizeibulldozer schiebt sie innerhalb von Sekunden weg. Als Nächstes fährt die Staatsmacht mit einem Rammbagger vor, der die eiserne Haustür mühelos eindrückt und aus den Angeln hebt.

In den Lagemeldungen des West-Berliner Innensenats an das Bonner Bundesinnenministerium liest sich das so: »Gegen 10.10 erfolgte seitens der Polizei der Einsatz von Schlagstöcken, Wasserwerfern und Tränengas, um die Hausbesetzer von den zu räumenden Objekten in der Winterfeldtstraße abzudrängen und polizeiliche Absperrmaßnahmen einzuleiten. [...] Bis 10.47 Vorarbeiten der Kräfte zum Objekt unter Beseitigung von Straßenhindernissen und Baumaterialien. 10.55 bis 11.12 Beschallung des Objekts mit Aufforderung das Objekt zu verlassen. 11.12. Eindringen mit Rammbock, Beginn der Durchsuchung. Überprüfte Personen 220, davon 136 Männer, 84 Frauen, Freiheitsentziehungen 2 Männer.«

Die Polizisten tragen und schleifen die Besetzer einzeln die Treppe hinunter und eskortieren sie zur Absperrung. Um 13.55 ist die Räumung der drei Häuser Winterfeldtstraße 20 bis 24 abgeschlossen.

*

Benny Härlin war im Sommer 1981 24 Jahre alt, wohnte in dem besetzten Haus Potsdamer Straße 130, dessen Hof an den der benachbarten Bülowstraße 89 grenzte. Er war Redakteur beim Berlinteil der *taz* und sollte die Räumung von vier Häusern in Schöneberg beobachten. Er hatte erlebt, wie die Polizei mit spielerischer Leichtigkeit die Barrikaden beseitigt und die Häuser geräumt hatte, als er erfuhr, dass der verantwortliche Innensenator Lummer das geräumte Haus in der Bülowstraße 89 persönlich in Augenschein nehmen wollte. Er ging hin und erinnert: »Lummer wollte mal zeigen, was für Schweine die Besetzer sind, wie die im Siff hausen. Das ist ihm auch optisch gelungen. In der Bülow 89 lebten nur wenige Besetzer, die nicht viel auf die Reihe gekriegt hatten.« Etwa 20 Journalisten begleiteten den Innensenator »und der feixte wie ein kleiner König«. Im TV-Interview erklärte er: »Man sagt gelegentlich ›Wenn schon, denn schon‹. In einem Aufwasch wird das am besten erledigt.« Härlin: »Schließlich ging Lummer raus auf den Balkon, um die Besetzer, die auf der Bülowstraße standen, zu demütigen. Er wollte sich produzieren. Unten versuchte die Polizei immer mal wieder, die an die 1000 Besetzer und Sympathisanten zu vertreiben, die vor dem Haus standen.«

*

Klaus-Jürgen Rattay war 18 Jahre alt, kam aus Kleve, hatte dort die Sonderschule besucht, aber keine Lehrstelle bekommen. Er trug einen rotblonden Vollbart, und an seinem Gürtel baumelte ein selbstgebastelter Totschläger.

Stefan Aust, einst *konkret*-Volontär bei Ulrike Meinhof, inzwischen NDR-Redakteur bei »Panorama«, interviewte Rattay. »Ich bin hier einfach nach Berlin gekommen, um teilzunehmen an den Hausbesetzungen und so«, sagte der. »Ich bin aus der Gesellschaft ausgestiegen, weil ich keinen Bock hatte, weiterhin zu arbeiten. Weil man auch dauernd unterdrückt wird bei der Arbeit, von irgendwelchen Wichsern. Ich bin jetzt seit anderthalb Monaten hier und finde es gut, dass hier unwahrscheinlich viel gekifft wird. Ich finde es astrein, wie die Leute hier zusammenleben. Vor den Räumungen habe ich Angst, aber ich habe gleichzeitig Mut zu kämpfen.«

Rattay stand am Nachmittag des Zwoundzwanzigstenneunten mit Hunderten Besetzern und Sympathisanten auf der Bülowstraße, als Lummer auf dem Balkon posierte und unerwartet knüppelschwingende Trupps von Polizisten die Besetzer in Richtung der knapp 100 Meter entfernten Potsdamer Straße abdrängten und dort direkt in den fließenden Verkehr trieben. Rattay sprang auf die Stoßstange eines langsam fahrenden Doppeldeckerbusses der BVG-Linie 48, rutschte ab und fiel unter das Fahrzeug, vor das linke Vorderrad. Der Fahrer erlitt einen Schock und fuhr weiter. Der Bus schleifte den Besetzer aus Kleve zu Tode. In den amtlichen »Leichenbegleitschein« schrieb ein Polizist als Berufsangabe: »Berufsmäßiger Chaot«.

Als Rattay abtransportiert war, legten schockierte Besetzer Blumen auf den blutigen Asphalt. Sie ließen sich auf der Potsdamer Straße nieder, um zu trauern. Eine Blumenfrau von der Ecke brachte noch mehr Blumen. Doch nach wenigen Minuten stürmten Polizisten heran, knüppelten auf die Besetzer ein und zertraten mit ihren Stiefeln die Blumen, spritzten die Reste mit einem Wasserwerfer weg. »Die Bullen hatten keinen Respekt vor dem Tod«, sagt Benny Härlin. »Ich sah, wie gegenüber vor der Post ein Bulle einen schmächtigen Besetzer im Schwitzkasten hatte und ein anderer Bulle dem immer wieder mit dem Knüppel auf den Kopf schlug. Ich ging vorsichtig dazwischen und sagte: Sie sollten das doch vielleicht mal lassen. Daraufhin wollte der Schläger mir auch voll eine überziehen. Ich hielt meinen Arm schützend vor den Kopf und er traf nur den Arm. Aber es schmerzte ziemlich.«

Der *taz*-Redakteur reihte sich wieder bei den Besetzern ein, die am Todesort trauern wollten. Polizisten hielten ihn offenbar für einen Rädelsführer,

Toter Hausbesetzer Klaus-Jürgen Rattay, 22. September 1981.

mehrere griffen ihn heraus. Ein Freund versuchte noch, Härlin zu befreien, aber vergeblich. Sie wurden beide in einen Mannschaftswagen geworfen. Dort lagen sie mit dem Gesicht nach unten auf dem Boden, »und die Bullen« so Härlin, »trampelten noch ein bißchen auf uns rum«. Im Polizeigewahrsam trafen die beiden auf mindestens 20 weitere Festgenommene; sie machten Bambule und traten eine Zellenwand ein. »Schließlich hat der gute Ströbele uns da rausgeholt.«

An die 15 000 Menschen zogen am Abend bei einem Trauermarsch vom Savignyplatz durch die Innenstadt. Es wurden keine Parolen gerufen, sondern immer wieder »Here's to you« von Joan Baez gesummt, das Lied aus dem Film über Saccho und Vanzetti. Irgendwann knallte es dann noch richtig. »Bis spät in die Nacht hinein«, schrieb Klaus Schlesinger, »brennende Barrikaden, beißender Qualm, Tränengasschwaden. Steine, Sprechchöre, Sirenengeheul. So habe ich die Stadt nur einmal erlebt, am siebzehnten Juni vor fast dreißig Jahren.«

Benny Härlin war, als es Randale gab, im Krankenhaus, weil ihn sein Arm immer mehr schmerzte. Nach dem Röntgen wusste er: Der Polizist hatte ihm mit einem Schlag mit seinem Holzknüppel Elle und Speiche glatt durchgehauen. Der *taz*-Redakteur lief mehrere Wochen mit einem Gips herum.

Das politische Fazit der Besetzer aus dem Zwoundzwanzigstenneunten, wie der Tag nun genannt wurde, lautete: Lummer und die ihm unterstellten Polizisten gehen über Leichen. Härlin, der die linksradikale West-Berliner Wochenzeitung *Radikal* mitgegründet hatte, aber dann zur *taz* gewechselt war, befürchtete, unter den Besetzern könne die Militanz zunehmen und möglicherweise eine neue RAF entstehen.

Das wollte der junge Journalist auf keinen Fall. Er gehörte der Generation 78 an, geprägt durch den Deutschen Herbst, die Hoffnungslosigkeit der bewaffneten Konfrontation der RAF mit dem Staat. Härlin sah die Hausbesetzungen in der Tradition von Tunix. Ihm ging es darum, Freiräume zu erobern. Freiräume für Kollektive, Freiräume für anderes Wohnen und Freiräume für anderes Arbeiten.

Gleichzeitig lehrte der West-Berliner Häuserkampf im Jahr 1981 auch denjenigen, die friedlich auf Reformen aus waren: Bevor nicht Steine flogen und Scheiben zersplitterten, ignorierten Politiker die Mieteraktivisten und Besetzer. Ohne massive Militanz und Sachschäden, die in die Millionen gingen, hätten die Besetzer nie 165 Häuser erobern können. Mit dieser Erkenntnis warfen nicht nur die Autonomen vom »Schwarzen Block« Steine und bauten Barrikaden, sondern auch Punks, Alternative und ältere Linke, die seit 1968 dabei waren. In der Nacht nach dem Tod von Klaus-Jürgen Rattay zählte die Polizei 32 Anschläge in der ganzen Stadt.

Aber die Besetzerbewegung war nicht vor allem durch ihre Militanz erfolgreich gewesen. Mit der verfehlten Wohnungspolitik, die selbst der Regierende Bürgermeister von Weizsäcker als »skandalös« bezeichnete, hatte sie einen Missstand öffentlich gemacht, der so gut wie alle West-Berliner ärgerte, besonders die Bewohner der Sanierungsgebiete. Gleichzeitig griffen die Besetzer den Grundpfeiler der bürgerlichen Gesellschaft an, den unbedingten Schutz des Privateigentums.

Anders als die Studentenbewegung der Sechzigerjahre hatten die Besetzer keinen gesellschaftlichen Gegenentwurf. Sie wollten nicht die Weltrevolution. Die meisten wollten vor allem sich selbst verwirklichen. Sie waren bodenständig und wollten sich in ihrem Kiez wohlfühlen. Und anders als die Rebellen von 68 waren die Hausbesetzer von 81 nicht die intellektuelle Elite, nicht die künftigen Richter und Professoren, sondern hatten in ihren Reihen viele Marginalisierte, Jugendliche wie Rattay, die der Enge der Provinz entkommen wollten.

Soziologische Untersuchungen über die Hausbesetzer in West-Berlin gibt es nicht. In einem Bericht des Landesamtes für Verfassungsschutz heißt es: »Die Polizei nahm von Mitte Dezember 1980 bis Ende Januar 1982 604 Personen bei Gewalttätigkeiten auf der Straße vorläufig fest; gegen 156 wurden Haftbefehle erlassen. Bis Ende Januar 1982 wurden im Zusammenhang mit Straßenkrawallen 4902 Ermittlungsverfahren von der Polizei eingeleitet.« Von 692 Straftätern und Straftatverdächtigen seien 82 Prozent unter 30 Jahre alt gewesen, 28 Prozent Frauen. 30 Prozent in West-Berlin geboren, 61 im Bundesgebiet.

Fünf Tage nach dem Tod von Klaus-Jürgen Rattay liefen rund 25 000 Menschen vom Fehrbelliner Platz zum Dennewitzplatz. Sie forderten den Rücktritt von Innensenator Heinrich Lummer und riefen: »Scheiben klirren und ihr schreit – Menschen sterben und ihr schweigt.«

Ein Toter ist ein Toter zu viel. So dachten jetzt viele auf beiden Seiten der Barrikaden. Der CDU-Senat musste ernsthaft Verhandlungen mit den Hausbesetzern ins Auge fassen. Und die Besetzer mussten sich überlegen, ob sie sich räumen lassen wollten oder nicht. Es war diese Frage – verhandeln oder nicht verhandeln –, an der sich unter den Besetzern ein heftiger Streit entzündete. Welche Kompromisse sollten für die Legalisierung der Besetzungen eingegangen werden? Die Autonomen verfluchten die »Verhandlerschweine«. Die Debatte über Staat, Widerstand und politische Identität wurde über Monate leidenschaftlich geführt.

Im Jahr 1982 hoben Besetzer dort, wo Rattay auf der Potsdamer Straße zu Tode gekommen war, aus dem Bürgersteig fünf quadratische Platten heraus und gossen mit Zement ein Kreuz, auf das sie nur schrieben: »22.9.81 Klaus-Jürgen Rattay.« Im November 2017 zerstörten gedankenlose Bauarbeiter, die Leitungen verlegten, das bescheidene Erinnerungszeichen.

44 Krawall ohne Bullen

Besetzer-Kulturzentrum; Potsdamer Straße 157–159

»Räumt uns doch, ihr Schweine, von mir aus, räumt uns doch … Denn Häuser gibt's wie Sand am Meer, drum fällt der Abschied uns nicht schwer …« Annie, die Sängerin der Brigade Bullerbü, ist klatschnass. Mit weit aufgerissenen Augen brüllt sie in ihr Mikrofon. Hinter ihr stehen zehn Musiker der Besetzer-Punkband mit ihren Instrumenten und Verstärkern auf der viel zu engen Bühne. Auch sie sind völlig durchgeschwitzt, wiegen sich im Dreivierteltakt und grölen den Refrain mit. »Der letzte Walzer« heißt der Song. Mindestens 250 Leute haben sich in den knapp 25 Meter langen Raum gequetscht. Die Luft ist zum Schneiden, die Stimmung kocht. Jetzt hämmert die Band mit rohem Sound im dreifachen Tempo los. Punk. Pogo. »Räumt uns doch, ihr Schweine, von mir aus, räumt uns doch …«

Es ist der Herbst 1982. Die Musiker der Brigade Bullerbü wissen, wovon sie singen. Die meisten von ihnen sind Hausbesetzer aus der Potsdamer Straße und Umgebung, das Publikum ebenfalls. Anni wohnt genau vier Stockwerke über dem Schauplatz des Spektakels in der Nummer 157. Das Haus ist, wie die angrenzende 159, seit knapp zwei Jahren besetzt.

Der Laden, in dem die Brigade Bullerbü und andere Punkbands spielen, heißt K.O.B., aber niemand weiß mehr, warum er so heißt. K.O.B. steht nicht unbedingt für Kontaktbereichsbeamter, den tollpatschigen Seyfried-Bullizisten mit dem unentwegt piependen Funkgerät. Aber hieß es: Kontaktstelle obdachloser Bayern? Oder: Kontrast ohne Blau? Krawall ohne Bullen?

Anfangs saß eine weiße Ratte namens Luisa in einem grünen Käfig im Fenster. Sie entwischte regelmäßig, um dann zwischen den klebrigen Sperrmüllsesseln herumzuhuschen. Punks versuchten hartnäckig zwei Mark für die nächste Flasche Bier zu schnorren, und jeden Mittwoch tagte der Schöneberger Besetzerrat im K.O.B.

Floyd, alias Frank Nordhausen, in Spandau geboren und aufgewachsen, war damals Mitte 20. Ein pfiffiger Berliner Junge. Nach erfolgloser Wohnungssuche hatte er im März 1981 in der *taz* gelesen, dass die neuen Bewohner des 100. besetzten Hauses in der Steinmetzstraße in Schöneberg noch ein paar Räume frei hätten. Platz war für vier, und als sich zehn meldeten, lag es nahe, ein eigenes Haus zu besetzen, statt sich um den Zuschlag zu streiten. Doch das war leichter gesagt als getan, denn Floyd und seine Truppe waren spät dran. Die vor ihnen gekommen waren, renovierten bereits, die Nachfrage nach leeren Häusern war groß und das Angebot wurde täglich knapper.

In Schöneberg waren sämtliche leeren Häuser im Sanierungsgebiet rund um die Potsdamer Straße bereits vergeben, nur auf der Straße selbst standen noch drei ramponierte Objekte der gewerkschaftseigenen Wohnungsbaugesellschaft Neue Heimat leer. Es gab es kein Problem mit dem Schloss, und so schlichen am 25. März 1981 nach einer durchgemachten

Klaus Schlesinger, rechts, und Mitbesetzer aus der »Potse 157/159« Cody, Mitte, und Olaf, um 1982.

Nacht morgens um fünf mehr als ein Dutzend verdächtige Gestalten in das Haus Nummer 159.

Der erste Eindruck war verheerend: zerschlagene Fenster und Öfen, Müll und Schutt. Floyd hätte sich am liebsten sofort wieder verdrückt, doch die Transparente hingen schon, und so fügte er sich in sein Schicksal. Er sah Besetzer kommen und gehen. Etwa 20 waren es meist, aber die Apfelsinenkistenromantik hatten sich viele doch weniger entbehrungsreich vorgestellt. Ein mangels bewohnbarer Räume gemeinsames stinkendes Schlafzimmer, in dem um die Wette geschnarcht wurde, begleitet von dem programmatischen Anspruch, die Vereinzelung in der Gruppe aufzulösen, zehrte an den Nerven.

Die Erkenntnis, dass die Instandsetzung der beiden maroden Gebäude jahrelange harte Arbeit erfordern würde, ließen den Mut und die anfängliche Euphorie schnell schwinden. Es herrschte Endzeitstimmung. Als nach der großen Räumungsaktion vom Zwoundzwanzigstenneunten viele der obdachlosen Bewohner aus der Winterfeldtstraße 20 um Asyl baten, wurde das gern gewährt. Und da die Kolleginnen und Kollegen aus der unmittelbaren Nachbarschaft zu den aktivsten der Bewegung zählten, resümiert Floyd: »Von da an ging es eigentlich kontinuierlich bergauf.«

*

Der Berliner Schriftsteller Klaus Schlesinger war Pate in der Winterfeldtstraße 20 gewesen, nach deren Räumung kam er in die Potsdamer 157–159, wo er »hängenblieb«, wie er sagte, und mit Unterbrechungen von 1982 bis 1992 wohnte. Das Gebäude beschrieb Schlesinger so: »Eigentlich sind es zwei Häuser, nebeneinander, mit Innenhof, deren hintere Bebauung bis zum ersten bzw. zweiten Stockwerk abgerissen worden ist. Burgähnlich. In der Hofmitte eine riesige Kastanie. Die Hauswände, die Treppenflure vollgesprüht mit Sprüchen und Zeichen, deren häufigstes das von einem Kreis umrandete große A ist. Alles macht den Eindruck des Improvisierten, das sich eine feste Form geben will. Noch im vergangenen Jahr war die Hauskneipe, das K.O.B., nichts weiter als ein heruntergekommener Laden mit Bierkästen und Sperrmüllmöblierung darin. Jetzt herrscht ein geometrisches Schwarz-Weiß vor, es gibt Tische und Stühle, und einmal, als ich von der Bülow her die Potsdamer südlich fuhr, sah ich ein halbes Dutzend aus den Fenstern hängende wagemutige Gestalten beiderlei Geschlechts mit Farbrollern in den Händen. Jetzt stechen die Häuser mit ihrem blendenden Weiß schon von weither aus dem gräulichen Braun der Straßenschlucht hervor.«

Fasziniert ist der DDR-Bürger Schlesinger von der Selbstverwaltung der Besetzerinnen und Besetzer: »Einmal die Woche ist Hausversammlung, die Plenum genannt wird, dreißig Leute oder mehr im gemeinsamen Frühstücksraum, jeder kann vorschlagen, was Thema werden soll, Kohlen, Katzen, Räumungen und Hausmüll. Es folgt ein heftiges Durcheinander affektgeladener oder demonstrativ leiser Reden [...], auffallend, daß Abstimmungen verpönt sind, nie heben sich Hände für oder gegen etwas, damit keine Minderheit sich durch eine Mehrheit dominiert fühle, und tatsächlich finden die Leute auf wundersame Weise durch das dichte Gestrüpp widersprechender Auffassungen irgendwann einen Weg, auf dem alle den nächsten Tag, die nächste Woche erreichen können. Nicht Lösbares wird vertagt.« Über die Besetzer notiert Schlesinger: »Es gibt zwei Thomasse, zwei Michas, eine Judith, eine Claudia und eine Renée, fast alle sind so Mitte Zwanzig, der Jüngste siebzehn, Malerlehrling, der älteste Anfang Dreißig, Medizinstudent im dreizehnten Semester; die wenigsten kommen aus einfachen Schichten, meist sind es Töchter und Söhne der Mittelklassen: von Architekten, Lehrerinnen, Psychologen.«

»Wir waren ein fittes Haus«, sagt Floyd. Die Besetzer inszenierten auch Happenings, die an die der Kommune 1 im Jahr 1967 erinnerten, ohne dass sie von diesen Vorgängern Genaueres gewusst hätten. Als der Papst einen Besuch in der Bundesrepublik angekündigt hatte, riefen ein paar Besetzer einen »Gegenpapst« aus. »Papst Paulaner der Vierte«. Sie rasierten Ätzer eine Tonsur, jemand besorgte eine Soutane; sie malten ein paar Schilder »Gott ist gut« und »der Gegenpapst ist unser Retter« und auf ging's zum Winterfeldtmarkt. Eine Prozession von 25 Leuten, aus einem Ghettoblaster säuselte Sakral-Pop, vorneweg Ätzer, der Gegenpapst. Er segnete die Markthändler und ihre Kunden oder einfach nur das Obst und Gemüse: »Die Gnade Gottes ist dein!«

Nach dem Tod von Klaus-Jürgen Rattay im Herbst 1981 begann die Wohnungsbaugesellschaft Neue Heimat ernsthaft mit den Besetzern ihrer Häuser zu verhandeln und schickte aus ihrer Hamburger Zentrale einen Herrn Buschmann als Sonderbotschafter nach Berlin. Als er sich im Mai 1982 zum ersten Mal an den Verhandlungstisch setzte, wurde noch um 29 Häuser gefeilscht. Herr Buschmann erklärte: »Ich bin hierhergekommen in dem Bewusstsein, ich bin Sozialdemokrat, und ich bilde mir auch ein, dass ich irgendwie sozial da auch so 'nen kleinen Touch habe und dass wir mit den Hausbesetzern besser, menschlicher umgehen.« Ein knappes Jahr später waren 14 Häuser des Gewerkschaftsunternehmens geräumt, eines hatten die Besetzer freiwillig aufgegeben; legalisiert worden war kein einziges.

Während im K.O.B. der Chor der Brigade Bullerbü im Walzertakt dezent Ooh und Aah klagt, rezitiert Annie die zweite Strophe des »letzten Walzers«: »Ihr wißt doch, wir haben diese Häuser besetzt, weil wir einen Platz gesucht haben, um zusammen zu leben, um zusammen ein bißchen glücklich zu sein. Das ist nicht einfach, wir haben viele Probleme, aber wir mögen uns doch so sehr. Und deshalb wollen wir auch zusammenbleiben. Schaut uns an, sind wir nicht nette junge Leute? Bitte gebt uns eine Zentralheizung. Wir wollen alles bezahlen, wir werden alles unterschreiben und wir werden auch nie mehr so böse sein wie früher. Wir werfen keine Steine mehr, und wir essen jeden Tag unser Müsli, das versprechen wir euch. Und ihr müßt uns dafür auch was versprechen ... Bitte räumt uns nicht, o bitte, ihr könnt uns doch nicht einfach auf die Straße setzen, das wär' doch wirklich gemein. Nein, nein, bitte räumt uns nicht ...«

*

Ende 2017 steht über den Schaufensterscheiben des K.O.B. in großen schwarzen Lettern: »Hier war früher auch mehr los«. Einstige Besetzer von der Potsdamer Straße schrieben es auf die Fassade, für ein viertägiges Festival über die »Schöneberger Subkultur der 80er Jahre«. Unter dem Motto »Wer schreibt unsere Geschichte, wenn nicht wir selbst« organisierten sie Lesungen, Diskussionen, Konzerte und Videos. Floyd, der Urbesetzer, inzwischen Türkei-Korrespondent der *Berliner Zeitung*, zeigte ein paar Dutzend der rund 3000 Dias, die er in den beiden Häusern über die Jahre aufgenommen hat. Zum Beispiel Bilder von Konzerten wie denen von Björk, die 1983 zwei Mal mit ihrer Band KUKL im K.O.B. auftrat. In dem abgerockten schwarzen Laden spielten auch die Toten Hosen, die einen Sarg mitbrachten, die englischen Punkbands UK Subs und Serious Drinking, Green Day aus den USA, Leningrad Sandwich und Element of Crime aus Berlin und viele andere Avantgardisten mehr. Frauen bauten in den Backstage-Bereich des K.O.B. ein Kino mit 46 Plätzen ein und veranstalteten ein feministisches »Furienkino«.

November 2017: Zwei Stockwerke über dem K.O.B., das jetzt »Barton Fink« heißt, liegt das Arbeitszimmer von Detlef Stueber, der für die »Aktionsgemeinschaft Solidarische Welt« arbeitet. Er zog Anfang 1985 ein, als die Häuser noch nicht legalisiert waren. Eine paar Monate früher war Florentine Straub gekommen, die zuvor in dem besetzten Haus Pohlstraße 61 gewohnt hatte, das geräumt worden war. Die beiden behaupten heute, sie wären auf dem Plenum immer entgegengesetzter Meinung, aber rekapitulieren in aller Freundschaft die Geschichte des Hauses seit der Besetzung.

»Im Herbst 1985 begannen wir zu bauen«, erinnert sich Stueber. »Die Sanierung dauerte vier Jahre. Verbaut wurden im Rahmen der Mietermodernisierung rund drei Millionen Mark. Vier Fünftel bezahlte das Land Berlin, ein Fünftel brachten wir auf, vor allem durch sogenannte ›Eigenleistung‹; wir haben selbst gearbeitet.« Florentine Straub sagt, sie habe »extrem viel handwerklich dabei gelernt«. Aber es sei ein hartes Leben gewesen auf einer Baustelle. »Es gab teilweise kein Wasser und kein Klo. Die Belegschaft wechselte kontinuierlich.« Häufig seien die Mitbewohner ausgezogen, die Kinder bekommen haben. »Der andere Essensrhythmus war ein Problem, und alle haben geraucht wie irre. Es war immer viel los und deshalb schwer, kleine Kinder zur Ruhe zu kriegen.« Heute leben vier Kinder im Haus.

Die Bewohner der beiden Häuser waren bis in die Neunzigerjahre politisch aktiv, dann schlief das langsam ein. Es zogen viele Leute aus, die politisch engagiert waren, die Energie hatten und was auf die Beine gestellt haben. Andere zogen aus, weil sie nicht mehr in einer Großgruppe leben wollten. Anfang 2004 schlossen die Bewohner der Potsdamer 157–159 zusammen mit den Kollegen von vier anderen einst besetzten ehemaligen Neue-Heimat-Häusern, die inzwischen der Gewobag gehörten, einen neuen Pachtvertrag ab. Er läuft bis Dezember 2028 und beinhaltet die Option auf eine weitere Verlängerung um zehn Jahre.

Enquete-Kommission des Bundestags zum »Jugendprotest im demokratischen Staat« trifft sich mit Besetzern im K.O.B., oben links in der Ecke Johano Strasser, links sitzend Gerhard Schröder, daneben Anke Brunn, vorne in der Mitte Michael Sontheimer, 1981.

Als die Mauer im November 1989 fiel, bekamen das auch die Besetzer in der Potsdamer Straße und vor allem das K.O.B. zu spüren. »Auf einmal ging alles in den Osten«, erinnert Stueber. »Die Schöneberger Subkultur war nicht mehr so von Interesse.« Jetzt waren der Friseur, der Brasilianer, das WMF, der Tresor, das E-Werk, der Eimer und andere Clubs in Mitte die neuen Treffpunkte. Das K.O.B.-Kollektiv ging pleite. Zweimal wurden die Räume wieder vermietet, jedesmal gaben die Betreiber nach kurzer Zeit wieder auf. 2001 übernahmen die Macher des Ex'n'Pop, die mit ihrem After Hour Club in der Mansteinstraße rausgeflogen waren, das K.O.B. Für die Bewohner brachen harte Zeiten an, denn das Ex'n'Pop machte frühestens um zehn Uhr abends auf und lief um drei Uhr morgens auf Hochtouren. Gleichzeitig hatten die neuen Betreiber meist Mietschulden, 2016 war dann endgültig Schluss.

So über die Jahre geht die Potsdamer Straße Stueber und Straub auch auf die Nerven. Überall machen Wettbuden auf, die Gegend ist ziemlich runter. Stueber denkt manchmal heimlich »Wir könnten hier ein bisschen Gentrifizierung gebrauchen«. Auch bei ihnen selbst ist die Luft ein wenig raus. »Nur gut die Hälfte der Bewohner kommt noch regelmäßig zum Plenum.« Florentine Straub räumt ein: »Der Egoismus hat zugenommen, auch mein eigener.« Sie hat eine 15-jährige Tochter, einen Vollzeitjob – und chronisch zu wenig Zeit. Mit manchen Leuten im Haus ist sie noch gut befreundet, aber andere kennt sie kaum, weiß nicht einmal genau, was sie arbeiten. Manchmal will sie auch gar nicht mehr viel wissen, wenn sie erschöpft von der Arbeit kommt.

Stueber hat in den Häusern seine »ideelle Familie« gefunden. »Das Haus und seine Bewohner boten und bieten so viele tolle Möglichkeiten; es ist da schade, dass wir sie heute recht wenig nutzen.« Er würde gerne den Zusammenhalt stärken und vielleicht mal wieder gemeinsam eine politische Aktion machen. »Bessere Bedingungen für ein freies, selbstverwaltetes Leben und Handeln sind woanders kaum zu finden.« Auch Straub lässt letztlich nichts auf das Haus kommen. »Ich fühle mich wohl und freue mich immer, nach Hause zu kommen.« Sie will nicht in eine normale Mietwohnung ziehen und findet, dass sich das Besetzen und Instandsetzen der Häuser auf jeden Fall gelohnt hat. »Wir haben einen großen Spielraum, wie wir das Haus gestalten wollen und können entscheiden, wie und mit wem wir wohnen. Das ist schon was.«

*

Die Bilanz des West-Berliner »Häuserkampfs«: Das letzte der 165 in West-Berlin in den Jahren 1980 und 1981 besetzten Häuser räumte die Polizei im November 1984 in der Mansteinstraße, nur ein paar hundert Meter vom K.O.B. entfernt. Insgesamt beendete die Polizei die Besetzungen von 60 Häusern mehr oder minder gewaltsam; gut 100 Besetzungen wurden auf die eine oder andere Weise legalisiert.

45 Punk und Pogo

Das SO36; Oranienstraße 190

Es war der Heiligabend 1981. Mehrere hundert Punks standen im SO36 in der Oranienstraße 190 in Berlin-Kreuzberg. »Weihnachten mit Heino« hieß das Motto des Abends. Es spielten Bands wie Prinz Heinrich und die Engelsärsche, Deutsch Polnische Aggression und Soilent Grün. Die Punks waren frustriert und betrunken. Scheiß Weihnachten. Bierbüchsen flogen auf die Bühne.

Nur Käthe Kruse, die sich als schwarzer Engel kostümiert hatte, konnte die Punks ein wenig besänftigen. Sie war ein halbes Jahr zuvor aus Westfalen eingewandert und lebte in einem besetzten Haus um die Ecke, in der Manteuffelstraße 40–41. Mit stoischer Eleganz spuckte die arbeitslose Arzthelferin Feuer. Der feuerspuckende schwarze Engel mit den Dreadlocks beeindruckte Wolfgang Müller von der Avantgarde-Band Tödliche Doris dermaßen, dass er Käthe Kruse als Schlagzeugerin anheuerte. Mehrmals hatte sie dann die Ehre, in dem lang gezogenen Saal zu trommeln. Heute erinnert sie beim Stichwort SO36 »Lebendigkeit, Energie, Freiheit«.

Ab 1978 war das SO36 so etwas wie der Berliner Tempel des Punkrock. Hier haben viele zornige junge Männer aus aller Welt und ein paar Frauen laute Musik gemacht, in die Mikrofone gebrüllt und die Gitarren kreischen lassen. Vier Mal gingen Betreiber pleite. Vier Mal ging es weiter, bis heute. Gegenkultur, Kultur von unten.

Das Haus mit der Nummer 190 in der Oranienstraße wurde 1861 erbaut. Pläne aus dem Jahr 1912 zeigen, dass 200 Personen im Kinosaal Platz fanden, im Hof gab es einen Biergarten und ein Freilichtkino. 1929 bekam die Gegend die Postleitzahl SO 36, SO steht für Südost. Die Kinos hießen Kinorana, Filmpalast Scala und Kino am Heinrichplatz. Das Haus überstand den Zweiten Weltkrieg, aber das Kino brannte im März 1966 vollständig aus.

Ein Penny-Supermarkt übernahm den Saal, doch die Kreuzberger waren selbst für den Discounter zu arm. Penny schloss, die Räume standen leer. Am 11. August 1978 eröffneten dann drei junge Westdeutsche das SO36 unter dem Motto »Zwei schräge deutsche Nächte in Südost«. Pate stand der Ratinger Hof in Düsseldorf, die Wiege deutscher Punk- und New-Wave-Musik.

Die Einrichtung des SO36 versinnbildlichte den Willen zum Stilbruch: Schluss mit den gemütlichen Hippie-Höhlen, stattdessen grelles Neonlicht, weiße Wände. »Dass wir an der Spitze einer Bewegung waren, das haben wir nicht wahrgenommen«, sagte der ehemalige Betreiber Andreas Rohé später. Aber es war so.

Zur Eröffnung kam auch David Bowie, der damals in der Hauptstraße 155 in Schöneberg in einer weitläufigen Altbauwohnung residierte. Der englische Popstar fuhr mit seinem cremefarbenen Daimler vor, trug einen weißen Anzug und hatte seinen sehr betrunkenen Kollegen und Mitbewohner Iggy Pop im Schlepptau, der alsbald an der Bar kollabierte.

Als die Betreiber des SO36 schon nach vier Monaten vor der Pleite standen, stieg der Künstler Martin Kippenberger ein, der geerbt hatte. Bald gab es Performances und Filmvorführungen, die Malerin Elvira Bach stellte Gemälde aus. Den Punks, die das SO für sich reklamierten, war die Kunst zu viel und das Bier zu teuer. Immer wieder gab es Randale. Eines Nachts schubste »Kippi«, wie ihn seine Partner nannten, die Punkerin Ratten-Jenny in Richtung Ausgang und rief: »Dich wollen wir hier nicht« – wobei die Stieftochter eines Polizeibeamten stürzte, ihr Bierglas zerbrach und sich die Hand zerschnitt. Ratten-Jenny, die gewöhnlich ein weißes Nagetier auf der Schulter herumtrug, revanchierte sich und drückte Kippenberger den Henkel des Glases ins Gesicht. Kippenberger ließ sich mit verbundenem Gesicht fotografieren und verkaufte das Foto als Kunstwerk »Dialog mit der Jugend« – ein Titel, der in die Irre führte, denn er war 26 und Jenny 23 Jahre alt.

Schon nach weniger als einem halben Jahr verkauften die Jungs aus Westdeutschland die SO36 Gaststätten GmbH an einen einheimischen Kreuzberger, den Sozialarbeiter Hilal Kurutan. Der gab dem SO den türkischen Untertitel »Merhaba« und richtete türkische Discoabende, Hochzeiten und Beschneidungsfeste aus.

Gleichzeitig waren Punkrocker immer willkommen. Wie das CBGB in New York wurde das SO36 zu dem Laden, in dem die ersten Punk- und New-Wave-Bands auftreten konnten. Es spielten PVC, Betoncombo, MDK, Soilent Green, Tote Hosen, Fehlfarben, DAF, Neonbabies und viele andere mehr. Dazu kamen englische und amerikanische Gruppen: Adam and the Ants, Suicide, Exploited, UK Subs; später The Cure, The Fall und New Order.

Die wohl wildesten Konzerte der Anfangsjahre gaben die Dead Kennedys im Oktober 1980 und Dezember 1982. Offiziell dürfen sich 530 Menschen im SO36 aufhalten, bei der Punkband aus San Francisco waren es an die 1000 – und ein paar hundert, die keine Tickets mehr bekommen hatten, stürmten noch kurzerhand den überfüllten Saal.

Bei den Konzerten hing eine absolut atemberaubende Mischung aus Bier, Schweiß und Rauch in der Luft des klaustrophobischen, fensterlosen Saals. Dieser Hexenkessel ließ sich nur durch einen 30 Meter langen, dunklen Tunnel erreichen und verlassen. Der Schweiß kondensierte an der De-

Jello Biafra und die Dead Kennedys im SO36, 10. Dezember 1982.

cke und tropfte auf das erregte Publikum. Dazu höllischer Lärm und Energie pur.

Im Gegensatz zu den meisten anderen Läden dieser Zeit war das SO36 weniger ein kommerzielles Unternehmen als ein Ort der Subkultur, ein Ort der Experimente. Dimitri Hegemann, der später den Tresor gründete und den Techno-Club bis heute betreibt, organisierte 1982 im SO zum ersten Mal das Festival »Berlin Atonal«. Dimitri, selbst Bassist von Leningrad Sandwich, schickte jene Bands auf die Bühne, die bald als »Berliner Krankheit« oder »Geniale Dilletanten« bekannt wurden: Einstürzende Neubauten, Die Haut, Sprung aus den Wolken, Die tödliche Doris, Frieder Butzmann. Hegemann hat etliche Konzerte im SO36 als »Offenbarungen« in Erinnerung. Es seien »ganz neue Intensitäten und Energien« freigesetzt worden.

Mitte der Achtzigerjahre übernahmen Aktivisten aus der Hausbesetzerszene das SO36. Immer wieder drohte die Schließung nach Anzeigen von Nachbarn wegen Lärmbelästigung. Seit 1990 hält der Verein Sub Opus 36 das SO über Wasser; von den rund 140 Mitgliedern arbeiten an die 20 Vollzeit. Die Gruppe hat zwar flache Hierarchien, dennoch eskalierten Streitigkeiten so stark, dass sie vor dem Arbeitsgericht ausgetragen wurden. »Wir haben keinen Chef, der das Geld nach Hause trägt«, stellt Lilo Unger auf einem abgeschabten Backstage-Sofa fest. Die Veteranin steht für den Wandel des SO36. Heute umfasst das Programm neben den notorischen Punkrock-Konzerten auch eine Roller Skate Disko, den »Gayhane HomoOriental Dancefloor« für schwule Muslime, einen »Science Slam – Nachwuchswissenschaftler*innen präsentieren ihre Forschung« und vieles andere mehr.

Das New Yorker Pendant des SO36, das CBGB auf der Bowery, wurde 2006 aus dem East Village vertrieben, an seine Stelle trat ein teurer Herrenausstatter. Die Gentrifizierungsgefahr existiert auch in Berlin, ganz besonders in Kreuzberg. Die Betreiberinnen würden das Haus gern kaufen, aber der Eigentümer will es behalten. Gleichzeitig können sie sich sicher sein, dass die Solidarität im Kreuzberger Kiez und in ganz Berlin erheblich sein würde, falls es dem SO36 ernsthaft an den Kragen gehen sollte. Es verkörpert den Geist von Kreuzberg: multikulturell, tolerant, avantgardistisch, hedonistisch. Lilo Unger sagt: »Wir bleiben hier noch lange.«

46 Knüppel, Steine, Tränengas

Nollendorfplatz, Wiener Straße 1–6

Einen besseren Feind für die West-Berliner Linksradikalen ließ sich nicht vorstellen. Ronald Reagan, ehemaliger Schauspieler, nun republikanischer Präsident der USA, der die Reichen reicher machte und die Sowjetunion mit der Strategic Defense Initiative, Star Wars genannt, totrüsten wollte. Am 11. Juni 1982 sollte der mächtigste Mann der Welt von einem Nato-Gipfel in Bonn aus für drei Stunden einen Kurzbesuch in West-Berlin absolvieren.

Die Autonomen mobilisierten gleich für eine ganze »Anti-Nato-Woche«; die Hausbesetzer waren elektrisiert. Sie fingen an, Banner und Transparente aus ihren Fenstern zu hängen. »Reagan how up!« oder »Reagan und Spezialisten, Mörder und Faschisten«. Die Staatsanwälte der politischen Abteilung werteten solche Sprüche als »Beleidigung von Organen und Vertretern ausländischer Staaten« §103 StGB und schickten Polizisten los, um die Banner zu entfernen. Die Besetzer fingen daraufhin an, ihre Anti-Reagan-Sprüche auf Hauswände zu schreiben, worauf Polizisten erneut ausrückten, um sie wieder zu übermalen. Man spielte Räuber und Gendarm.

Die Besetzer hatten ihren Spaß an diesem »Lappenkrieg«. Die *taz* berichtete am 26. Mai 1982: »Eine Vollversammlung beschloß am Montagabend, daß es unmöglich ist, die Schreibtischmörder aus dem Bundestag und dem Weißen Haus zu beleidigen«, und empfahl, »jetzt erst recht überall an allen Wänden, aus allen Häusern und Wohnungen am Freitag punkt 14.00 Uhr Transparente zu hängen.« Bis zur Ankunft des US-Präsidenten rückte die Polizei rund 700 Mal aus, um Sprüche zu beseitigen, mit denen er attackiert wurde. Nicht nur Besetzer hängten Banner aus den Fenstern, auch Bewohner von normalen Mietshäusern.

Die Punkband Fehlfarben, deren »Keine Atempause, Geschichte wird gemacht, es geht voran« eine Hymne der Hausbesetzer war, sangen in dem

Autonome greifen einen Polizeimannschaftswagen am Nollendorfplatz an, 11. Juni 1982.

Stück »Graue B-Film-Helden regieren bald die Welt«. Am Abend vor dem Besuch des US-Präsidenten spielte die Brigade Bullerbü bei einem großen Anti-Reagan-Open-Air-Konzert auf dem Winterfeldtplatz. Annie, die Sängerin der Besetzer-Punkband, sang: »Weine nicht, wenn der Reagan fällt, dam dam, dam dam«, nach der Melodie von Drafi Deutschers Hit: »Marmor, Stein und Eisen bricht« Bullerbü: »Es gibt keinen, der zu ihm hält, dam dam, dam dam ...«

Am Morgen des Staatsbesuchs sammelten sich bei strahlendem Sonnenschein Demonstranten aller Couleur auf dem Nollendorfplatz: Alternative, Punks, Autonome, Feministinnen, Pazifisten. Als kurz nach zehn etwa 3000 Reagan-Gegner auf dem Platz waren, rollten Polizisten blitzschnell Nato-Stacheldraht aus und kesselten die Demonstranten in spe ein. In einem Bericht eines Autonomen heißt es: »Wir hatten, überrascht durch die Umzingelung durch die Bullen, versucht, eine Demo aufzustellen und geschlossen die Sperren zu durchbrechen. Das war sehr schwierig, weil es an Übersicht mangelte, auch an Megaphonen und einem Lautsprecherwagen, weswegen nie alle Leute an einer Stelle geschlossen den Durchbruch versucht haben, sondern es zwei, drei kleinere Demozüge gab, die es versuchten. An einer Stelle gelang ganz kurz der Durchbruch, wir wurden aber gleich wieder zurückgedrängt, wodurch Panik entstand.« Die Panik entwickelte sich vor allem, weil Autonome, die Steine auf Polizisten warfen, auch Demonstranten trafen. Ein anderer Autonomer: »Überall wurden Steine ausgegraben, und Menschen formierten sich zu Ketten. Plötzlich fuhr in der Maaßenstraße am Möbelgeschäft Roland ein Lautsprecherwagen der Bullen auf und verkündete uns, dass die Demo verboten sei und wir einzeln durch vorbereitete ›Kontrollstellen‹ den Platz verlassen könnten, wenn wir uns durchsuchen lassen. Das kam für uns sowieso nicht infrage.«

Einen derart dichten Steinhagel, wie er bald darauf auf die Polizisten und ihre Fahrzeuge niederging, hatten diese noch nicht erlebt. Dennoch fuhren einige von ihnen immer wieder mit ihren Mannschaftswagen auf den Platz. Um das zu verhindern, bauten Straßenkämpfer Barrikaden; sie plünderten ein Möbelgeschäft und setzten die aufgetürmtem Sofas in Brand. Mehrere hundert Militante gelangten auf Schleichwegen aus dem Kessel und griffen Polizisten in deren Rücken an. Ein weiterer Autonomer rekapitulierte: »Nachdem wir uns einigermaßen wieder gesammelt hatten, beschlossen wir, sofort den Rückzug vom Platz anzutreten und tauschten untereinander so gut es ging Helme, Jacken etc., um das Risiko, auf dem Rückzug festgenommen und anhand von Fotos etwas angehängt zu bekommen, möglichst gering zu halten. Ein gemeinsamer Abmarsch gelang uns zwar nicht, aber am Nachmittag stand fest, dass es aus unserer Gruppe weder Verletzte noch Festnahmen gegeben hatte.«

Die Straßenschlacht ging am benachbarten Winterfeldtplatz weiter. Die Repräsentanten des staatlichen Gewaltmonopols waren sauer und durchsuchten noch mehrere besetzte Häuser in der Nähe, darunter die Potsdamer Straße 157–159. Durchsuchung war ein Euphemismus. Die Ordnungshüter zerstörten die Haustüren, schlugen Fenster ein, kippten Kommoden und Schränke aus, köpften Blumen, zerschlugen Gitarren, schütteten Lack in die Betten der Besetzer. Die reklamierten mindestens 20 000 DM Sachschaden und zwei verschwundene Kameras. Letztere wurden später aus dem Spind eines jungen Polizeibeamten an das Licht der peinlich berührten Öffentlichkeit gezogen. Ein Kamerad hatte das nicht in Ordnung gefunden und ihn angezeigt; der Dieb in Uniform wurde zu drei Monaten auf Bewährung und 2000 Mark Geldstrafe verurteilt.

*

Im Berliner »Häuserkampf« wurden die Autonomen zur bestimmenden Kraft der radikalen Linken in West-Berlin. Schon in der zweiten Hälfte der Siebzigerjahre hatten vereinzelte Linksradikale die theoretischen Schriften von Toni Negri studiert, dem Kopf der italienischen Gruppe Autonomia Operaia, doch die deutschen Autonomen der Achtzigerjahre hatten mit Negris abstraktem Neomarxismus nicht viel am Hut. Für sie galt das Primat der Tat. Sie legten mehr Gewicht auf die Praxis als auf die Theorie, besonders auf militantes Agieren bei Demonstrationen und klandestine militante Aktionen von Kleingruppen.

Niemand habe sich wegen des Studiums von Theorien entschlossen, Autonomer zu werden, sagte einer von ihnen später, »sondern wegen der Kumpels, dem Hass, der Moral oder dem Punk«. Autonome betrachteten Militanz als integralen Bestandteil ihrer Politik. Sie sagten: »Wer auf die Option der Militanz verzichtet, beraubt sich selbst der notwendigen Mittel gegen ein System der Herrschaft, dem allein mit den besseren Argumenten nicht beizukommen ist.«

Gleichzeitig entwickelten manche der Autonomen einen Militanzfetisch, der eine Gleichsetzung zwischen politischer Gewalt und emanzipativem Bewusstsein nach sich zog. Wer ist der härteste Streetfighter? Frauen stieß das autonome Mackergehabe eher ab. Alternative waren von dem elitären Gestus der Autonomen genervt, die der Meinung zu sein schienen, dass alle anderen noch nicht so weit wären wie sie selbst. Ein kritischer Kreuzberger Klospruch hieß: »Kein Gott, kein Staat, kein Auto-Gnom«.

Die Autonomen folgten dem alten Wort Theodor W. Adornos: Es gibt kein richtiges Leben im falschen. Und sie schlossen daraus: Es bleibt nur der Kampf, die Aufgabe der Zeit heißt, die Widersprüche zu verschärfen. Die Autonomen wechselten dabei durchaus zwischen militanter und gewaltloser Aktion. So waren sie unberechenbar für den Gegner, aber auch oft für sich selbst. Sie wollten eskalieren, ohne dass sie klare strategische Ziele hatten.

Im »Häuserkampf« in West-Berlin sorgten die Autonomen dafür, dass erst sehr spät verhandelt wurde. Immer wieder fanden sie einen Grund oder einen Vorwand, dass jetzt noch nicht verhandelt werden könne. Zuerst müssten die Gefangenen der Bewegung freigelassen werden; es dürfte kein Haus mehr von Räumung bedroht sein. Sie befürchteten eine Befriedung der Besetzer und sahen die Häuser vornehmlich als Vehikel auf dem Weg zur sozialen Revolution.

Nach dem Besuch von Reagan im Juni 1982 verebbte die Hausbesetzerbewegung langsam. Immer mehr Häuser wurden legalisiert und ihre Bewohner waren mit Bauen beschäftigt. Schlaue Sozialdemokraten hatten erkannt, dass sich so rebellische Jugendliche von der Straße holen ließen. Die meisten Besetzer fingen an zu arbeiten oder gingen wieder an die Universität zurück. Die Berlinerinnen und Berliner waren das Gerangel um jedes einzelne besetzte Haus leid. Die ständige Randale hatten sie auch satt. Es wurde ruhiger in der Stadt. Für ein paar Jahre zumindest.

Im Frühjahr 1987 wollte der Senat zur 750-Jahr-Feier Berlins eine ordentliche Stadt vorzeigen. Am 30. April feierte das Establishment der Mauerstadt im Internationalen Congress Centrum (ICC) am Funkturm die offizielle Eröffnung der Feierlichkeiten zum Stadtjubiläum. Kostenpunkt der Sause 450 000 Mark. Der Kreuzberger Kommentar dazu: »750 Jahre Berlin sind genug.«

Nicht lange nachdem die letzten Gäste der Senatsparty nach Hause gegangen waren, um 4.45 Uhr am Morgen, brachen Polizeikräfte im Mehringhof in der Gneisenaustraße ein, einem alternativen und autonomen Zentrum, und durchsuchten dort das Büro der Volkszählungsboykott-Initiative. Ohne richterlichen Beschluss beschlagnahmten sie mehrere tausend Flugblätter gegen den Zwang zum Zensus. Innensenator Wilhelm Kewenig (CDU) lobte die »erfolgreiche Aktion«.

Der 1. Mai 1987 wird dann ein warmer, schwüler Tag, die Temperaturen erreichen 27 Grad. Ein Gewitter geht über Kreuzberg nieder, bevor auf dem Lausitzer Platz ein Fest der Alternativen Liste und der Sozialistischen Einheitspartei West-Berlin (SEW) startet. Man grillt, trinkt, steht herum und redet. Die Geschichte von der Razzia am Morgen macht die Runde.

Es ist dann keine wirklich gute Idee von zwei Polizisten, mit ihrem VW-Bus in die Festgemeinde zu fahren und ihr Fahrzeug stehen zu lassen; Autonome und andere junge Männer werfen den Bulli kurzerhand um. Der Einsatzleiter befiehlt daraufhin seinen Leuten, sich die Übeltäter zu greifen. Autonome graben Pflastersteine aus und werfen sie auf die Polizisten. Die schießen mit Tränengas zurück. Eine Schülergruppe aus Detmold mischt freudig mit. Eine Straßenschlacht entwickelt sich.

Die Polizei hat nur 250 Mann in Kreuzberg. Noch mal 150 werden losgeschickt, doch auch mit der Verstärkung werden die Polizisten der Lage nicht Herr. Gegen Viertel vor neun, kurz nach Sonnenuntergang, plündern Jugendliche das erste Geschäft, einen Real-Markt in der Wrangelstraße. Überall in SO 36 brennen Barrikaden, den Polizisten geht das Tränengas aus, Gruppenführer bitten verzweifelt um Verstärkung. Der heutige Berliner Polizeipräsident Klaus Kandt, damals Mitglied eines Spezialeinsatzkommandos (SEK) bekommt einen Stein an den Kopf; trotz Helms wird ihm kurz schwarz vor den Augen. Später drischt er im Nahkampf mit Autonomen seinen Schlagstock in Stücke.

Ätzer, der Gegenpapst, vor dem abgebrannten Bolle-Supermark, Mai 1987.

Besonders wild geht es am Görlitzer Bahnhof zu: Autonome, Punks, Alkis und junge Migranten, damals »Türkenkids« genannt, verwandeln die Gegend zur Bühne einer Kreuzberger Großstadtsinfonie. Mit Steinen, Stöcken und Stangen trommeln sie auf Recycling-Container, Mülltonnen und die Eisenpfeiler der Hochbahn. Der Rhythmus der Revolte. Ein *taz*-Reporter: »Berauscht von der eigenen Kraft und von den kreisenden Flaschen feiern die Kämpfer ein Freudenfest, ungestört von der Polizei, angesoffen und happy.«

Sie zerstören auch alle Telefonzellen und Ampeln, decken Feuerwehrwagen, die zu Löscheinsätzen anrücken, mit Steinen ein. Kein Transparent, keine Parolen, Hass auf alles. Aus dem Protokoll eines Autonomen: »Vor kurzer Zeit war der zentrale Bolle-Supermarkt dieses Quartiers gestürmt worden. Zögerlich wurden die ersten Sachen rausgeholt, mit leicht gebückter Körperhaltung, dann aber immer ruhiger und selbstbewusster. Die Jugoslawen aus dem Vorderhaus, die unsere politischen Aktivitäten immer mit leicht scheelem Blick beobachtet hatten, schleppten als Großfamilie: Windeln, große

Nudelsäcke, wohl etwas wahllos und wenig preisbewusst. Ich riet ihnen, die Verpackungen schnell abzumachen und das Zeug gut wegzubunkern – immerhin waren Hausdurchsuchungen nicht ausgeschlossen. Freundlich-akzeptierendes Nicken. Dann kamen die ersten mit Schnapsflaschen raus, schon leicht angetrunken. Besonnene Autonome haben drinnen dann den Alk zertrümmert.«

Erst am 2. Mai, nach Sonnenaufgang, kamen die Kämpfe zum Erliegen. Die ernüchternde Bilanz: 36 geplünderte Geschäfte, große und kleine; alle Telefonzellen im Kiez kaputt, der Görlitzer Bahnhof ein Trümmerfeld. Dutzende ausgebrannte Autos, egal ob Limousinen oder Kleinwagen. Die Industrie- und Handelskammer schätzte den Sachschaden auf über zehn Millionen Mark. Vor dem ausgebrannten Bolle-Supermarkt, dessen Flachdach noch in der Nacht eingestürzt war, sammelten sich Anwohner und Touristen. Die rauchende Ruine wurde zum Symbol des »revolutionären« 1. Mai 1987. So wie für die kommenden Jahrzehnte die rituelle Randale am »Kampftag der Arbeiterklasse«.

In einem selbstkritischen Flugblatt von Autonomen vom Mai 1987 heißt es: »Der lang angestaute Hass und der Alkohol haben dazu geführt, dass ab Mitternacht einige blind um sich geschlagen haben.« Linksliberale bemühten als Erklärung für die unerwartete Explosion der Gewalt soziale Ursachen: Über die Hälfte der Kreuzberger hätten weniger als das Existenzminimum zur Verfügung und gut 40 Prozent der Jugendlichen seien arbeitslos. Der Regierende Bürgermeister Eberhard Diepgen (CDU) war erschüttert: »Eine Clique von Anti-Berlinern hat sich in brutaler Gewalt zusammengerottet, um zu stören und zu zerstören. Das lassen sich die Berliner nicht gefallen.«

Warum der Bolle-Supermarkt an der Ecke Wiener und Skalitzer Straße wirklich abbrannte, klärten Richter im Kriminalgericht Moabit erst drei Jahre später auf. Den zu langer Haft verurteilten Angeklagten Armin S. befragte die *taz*-Berlin-Reporterin Plutonia Plarre für ein am 1. Mai 2005 veröffentlichtes Interview:

»Armin S.: Ich bin am Abend des 1. Mai 1987 am U-Bahnhof Görlitzer Bahnhof zufällig in eine Demonstration geraten. Ich war kein politischer Mensch. Der Schwarze Block fing an, Randale zu machen. Die Polizei hatte sich zurückgezogen. Steine flogen, Autos brannten, der Supermarkt Bolle wurde geplündert. Dann haben einige Leute Molotowcocktails in den Laden geschmissen. Ich habe mir gedacht: So funktioniert das nicht. Das verursacht doch keinen großen Schaden. Ich werde denen mal zeigen, wie man es richtig macht. Dann habe ich meine Fläschchen aus dem Rucksack geholt, sie in den Laden geworfen und gerufen: Vorsicht, das brennt gleich ohne Lunte.

taz: Was hatten Sie für ein Brandmittel?

Armin S.: Ich hatte ein eigenes Mittel. Ich hatte ein bisschen herumexperimentiert.

taz: Bolle ist vollkommen ausgebrannt. Jahrelang hieß es, die Autonomen seien es gewesen. Hat Sie das geärgert?

Armin S.: Eigentlich nicht. Ich fand es interessant, was für ein Mythos da aufgebaut worden ist.

taz: Für Sie war Bolle nur eine Tat von vielen. Wohnhäuser und Bauernhöfe, die Batteriefabrik Sonnenschein, das Blockhaus Nikolskoe, das Reetdach des U-Bahnhofs Dahlem Dorf – wie viele Brände gehen auf Ihr Konto?

Armin S.: Europaweit 750, davon ungefähr 350 in Berlin und Süddeutschland.

taz: Der 1. Mai 1987 wurde von Teilen der Linken als soziale Revolte gefeiert.

Armin S.: Nach allem, was ich mitbekommen habe, ging es nur ums Plündern und Bullenjagen. Selbst vor kleinen Läden wurde nicht Halt gemacht. Am Ende haben sich die Leute die Sachen, die sie geklaut hatten, sogar noch gegenseitig abgenommen.«

*

Auf dem Grundstück des Bolle-Supermarkts baute von 2004 bis 2010 ein »Islamischer Verein für wohltätige Projekte«, der eine aus dem Libanon stammende sunnitische Strömung vertritt, für rund zehn Millionen Euro die Omar-Ibn-Al-Khattab-Moschee, benannt nach dem zweiten Kalifen, der im 7. Jahrhundert das von Christen beherrschte Jerusalem eroberte. Der Bolle-Supermarkt hatte ein Geschoss, die Moschee hat sieben, und obendrauf noch vier Minarette. Der Gebetssaal fasst 1000 Gläubige. Allahu Akbar.

47 Sprung über die Mauer

Kubat-Dreieck; Lennéstraße, Bellevuestraße, Ebertstraße

So etwas konnte es nur in einer tendenziell surrealen Stadt geben, wie es Berlin in den 28 Jahren seiner Teilung durch die Mauer war: Gleich nördlich des einstigen Potsdamer Platzes lag direkt an der Mauer ein 40 000 Quadratmeter großes dreieckiges Areal, das zur DDR gehörte. Deren Regierung hatte es allerdings 1961 nicht ummauern lassen und 1988 im Rahmen eines komplizierten »Gebietsaustausches« für 76 Millionen DM an West-Berlin verkauft.

Fünf Jahre lang hatten beide Seiten zäh verhandelt, die Übergabe war für den 1. Juli 1988 um 0.00 Uhr vereinbart. Doch Ende Mai besetzten gut 30 Punks, Autonome und andere Dissidenten nach einer Demonstration für den »Volkszählungsboykott« das Dreieck. Sie wollten das vorwiegend mit Birken bewachsene Biotop, das sich in dem Niemandsland entwickelt hatte, vor der Zerstörung durch eine vom Senat schon lange geplante, aber sinnlose Stadtautobahn retten, sagten sie.

»Ab jetzt gewinnen wir«, stand über ihrem ersten Flugblatt. »Seit 16 Stunden haben wir das Norbert-Kubat-Dreieck (ehemals Lenné-Dreieck) besetzt. Wir bleiben!!! Norbert Kubat, Gefangener des 1. Mai 1987, wurde vor genau einem Jahr, in der Nacht vom 25. zum 26. Mai durch U-Haft zum Selbstmord getrieben. Nach ihm benennen wir unser CHAOTEN-DREIECK. Kommt mit Verpflegung, Zelten, Blockbatterien. Was noch dringend gebraucht wird: Werkzeug, Bettlaken, Farbe.« Auf einem anderen Flugblatt hieß es: »Waldsterben, aber Autobahn bauen? Ihr asozialen Schweine. Gegen Beton und Zwiebeln aus der Tube.«

Die Besetzer hatten sich kaum auf der Brache niedergelassen, da öffnete sich eine unauffällige Stahltür in der Mauer. Es erschienen DDR-Grenzpolizisten und erklärten den Besetzern, sie könnten ihre Zelte am Rand des Dreiecks aufstellen, aber nicht in der Mitte. Die West-Berliner Polizei beobachtete das Treiben mit Unwillen, aber traute sich aus Angst vor diplomatischen Konflikten mit den Alliierten und der DDR nicht, das Areal zu räumen.

Stattdessen zogen rund 500 Ordnungshüter nach einer Woche einen zwei Meter hohen und 800 Meter langen Zaun um die Besetzer und ihr kleines Dorf. Den bemalten Betonplatten der Mauer durften sich die Westpolizisten allerdings nur bis auf zwei Meter nähern, denn dort begann schon das Gebiet der DDR, nicht erst direkt am Fuß der Mauer. Die Besetzer und ihre Besucher hatten also zwei schmale Eingangsstreifen zu ihrem Dorf. Wohl auch, um sich irgendwie den Frust und die Langeweile zu vertreiben, spritzten die Polizisten mit Wasserwerfern immer wieder die Zelte der Besetzer weg und schossen Hunderte von Kartuschen Tränengas auf sie. Der beißende Geruch der Gasangriffe war noch kilometerweit zu riechen. Autonome wiederum warfen im Schutz der Dunkelheit Molotowcocktails und Steine auf die Polizisten, die ihren Zaun bewachten.

*

König Friedrich Wilhelm III. schenkte Peter Lenné, seinem geschätzten Parkarchitekten und Gartenkünstler, im Juni 1838 ein Grundstück sowie 7000 Taler für den Bau eines Hauses unmittelbar vor der Stadtmauer. Die anliegende Straße ließ der König in Lennéstraße umbenennen. Dort wohnten die Gebrüder Jacob und Wilhelm Grimm, dort feierte im Oktober 1850 im Lokal Bei Georges Theodor Fontane seine Hochzeit.

Vor dem Zweiten Weltkrieg waren die rund drei Dutzend bebauten Grundstücke zwischen Bellevuestraße, Lennéstraße und Ebertstraße in Tiergarten noble Adressen. Von 1930 bis 1932 wurde nach Plänen von Erich Mendelsohn an der südwestlichen Ecke des Dreiecks das neungeschossige Columbushaus errichtet. Es überstand den Krieg mehr schlecht als recht; und nachdem am 17. Juni 1953 Demonstranten das Haus, in dem auch eine Wache der Volkspolizei untergebracht war, angezündet hatten, wurde es abgerissen.

Dass dieses Areal 1988 auf einmal Kubat-Dreieck hieß, liegt auch an einer dieser Geschichten, die sich nur in Berlin zutragen konnten. Norbert Kubat war aus der DDR nach West-Berlin übergesiedelt und schon nach wenigen Wochen in die große Randale am 1. Mai 1987 in Kreuzberg geraten. Offenbar hatte er beim Plündern selbst Hand angelegt, jedenfalls erzählte er das sturzbetrunken am Morgen des folgenden Tages zwei Zivilpolizisten. Diese nahmen Kubat fest, ein Richter ordnete wegen Landfriedensbruchs Untersuchungshaft an, Haftverschonung wurde abgelehnt. Am 26. Mai 1987 beging Kubat in seiner Zelle in Moabit Suizid.

*

Aus den anfangs gut 30 Besetzern wurden schnell mehr. Die Bürgerinitiative Westtangente, die seit über zehn Jahren Widerstand gegen den Bau der Stadtautobahn leistete, unterstützte die Besetzer sofort. Die Veteranen freuten sich, dass eine neue Generation ihren Kampf weiterführte.

»Eher aus Daffke« habe er mitgemacht, sagt Mao Meyer, und weil er »schon als Pfadfinder ein Faible für Camping« entwickelt habe. Er traf auf dem Kubat-Dreieck kaum ehemalige Hausbesetzer, wie er selbst einer war, auch wenige Autonome, hier agierte eine neue Protestgeneration. Zusammen mit Kreuzberger Freunden baute Meyer einen hölzernen Turm mit Aussichtsplattform, auf der sie sich sonnen konnten. »Es war sehr entspannt«, erinnert Meyer. »Die Bullen konnten, moralisch gesehen, eigentlich nur verlieren.«

Es glich absurdem Theater. Nach einer Woche fühlten sich Polizisten von einem jungen Mann unter den Besetzern bedroht. Sie machten eine Pistole bei ihm aus und wollten ihn festnehmen. In der *BZ* hieß es: »Plötzlich wurden die Beamten von 100 Chaoten angegriffen – der Bewaffnete entkam.« Es war Christian Specht, 19 Jahre alt, ein bekannter, überaus freundlicher Behinderter. Er hatte, wie immer bei Demonstrationen, eine Kamera und eine Pistole dabei – beide selbstgebastelt und aus Holz.

Das kleine widerständige Hüttendorf an der Mauer machte Furore, die *Morgenpost* meldete: »Lenné-Dreieck wird zur Attraktion für Touristen.« Inzwischen gab es auf der besetzten Brache eine »Volxküche« mit der Devise »Grasfresser und Aasfresser kochen in getrennten Töppen«; bald wurden auch zwei Ziegen und sechs Hühner gehalten. Die Besetzer bauten Hütten, soweit das Material reichte. Die, in der jeden Abend das Plenum tagte, nannten sie »Rudi-Dutschke-Haus«. Selbstverständlich trennten sie säuberlich ihren Müll.

Till Meyer, einst Mitglied der Bewegung 2. Juni, arbeitete nach seiner Haftentlassung als Volontär bei der *taz*, aber zusätzlich klandestin noch als inoffizieller Mitarbeiter »Willi Walldorf« für die Abteilung XXII (»Terrorabwehr«) der Stasi. Seine beiden Führungsoffiziere, die er regelmäßig in Ost-Berlin traf, baten ihn, doch herauszufinden, um wen es sich bei den Besetzern dieses Dreiecks auf dem noch der DDR gehörenden Territorium handele. Ob es Autonome seien. Meyer besuchte die Besetzer. »Arschlöcher waren das«, sagt er heute, »unpolitische Struppies, die für die Touristen posierten.« Beim nächsten Treffen schlug Meyer seinen Stasi-Offizieren dennoch vor, die Grenztruppen sollten, wenn eine Räumung drohe, die Autonomen über die Mauer in die DDR flüchten lassen. »Dann könnt ihr sie euch mal in Ruhe ansehen und mit ihnen reden.« Die Stasi-Leute sagten: »Wir können das vorschlagen, aber das kriegen wir im Politbüro nicht durch.«

Der West-Berliner CDU-Senat wollte den in seinen Augen skandalösen »rechtsfreien Raum« so schnell wie möglich beseitigen. Es dauerte nur fünf Stunden von der offiziellen Übergabe des Dreiecks an West-Berlin, am

Besetzer des Kubat-Dreiecks flüchten über die Mauer in die DDR, 1. Juli 1988.

1. Juli 1988 um Mitternacht, bis rund 900 Polizisten in Kampfmontur aufmarschiert waren. Die Besetzer zündeten daraufhin ihre Hütten selbst an. Aber plötzlich standen die Polizisten nur noch mit offenem Mund da. Die Leute, die sie endlich festnehmen wollten, legten selbstgebaute Holzleitern an den »antifaschistischen Schutzwall« an und klettern auf die 3,60 Meter hohe Mauerkrone.

Es waren 182 junge Menschen, die an diesem Morgen den alten West-Berliner Ratschlag für Linksradikale befolgten: »Geht doch nach drüben.« Auf der anderen Seite, auf dem »Todesstreifen«, warteten schon offene Lastwagen mit Bänken auf der Ladefläche. Die *Frankfurter Allgemeine Zeitung* grummelte: »Die teilweise vermummten Straftäter wurden von bereitstehenden Lastkraftwagen der DDR-Grenztruppe abtransportiert.« Es war die größte Massenflucht in der Geschichte der Mauer – allerdings nicht in der üblichen Richtung, sondern von West nach Ost. Der Vorsitzende der Polizeigewerkschaft maulte: »Die in den Ostteil der Stadt geflüchteten Chaoten sollen dortbleiben.« Doch die Mauerspringer kehrten nach einem ordentlichen Frühstück über den Bahnhof Friedrichstraße und andere Grenzübergänge unerkannt in den Westen zurück.

ES REICHT!

48 Treffpunkt der Opposition

Bei Bärbel Bohley; Fehrbelliner Straße 91

Ihr Blick aus den Fenstern ging hinaus zum Teutoburger Platz, lange Zeit ein verwahrlostes grünes Viereck mit Transformatorenhäuschen, Spielplatz und einer Kaufhalle an der Ecke. Bärbel Bohleys Atelier lag im Hochparterre, hier hatte sie endlich mehr Platz als vorher in ihrer kleinen Wohnung am Zionskirchplatz. Von dort war sie irgendwann Mitte der Siebzigerjahre per Handkarren weitergezogen.

In der Wohnung hatte jemand, schon vor ihrer Zeit, in beiden Zimmern zum Platz hin eine Wand entfernt, sodass für eine normale Altbauwohnung in Prenzlauer Berg ein einziger, ungewöhnlich großer Raum mit fünf Fenstern entstanden war. Genau richtig für eine freischaffende Künstlerin wie sie, die ihr Malerei- und Grafikstudium an der Kunsthochschule Berlin-Weißensee 1974 mit einem Diplom abgeschlossen hatte.

Wenn die Morgensonne durch die Fenster schien, war es ein helles und freundliches Atelier, in dem allerlei Mal- und Zeichenutensilien herumlagen, es gab große Mappenschränke mit vielen Schubladen, eine Staffelei aus Holz und am Ende des Raumes war noch eine Nische, in der ein Schlafsofa stand, darauf konnte ein Gast bequem nächtigen. Wenn das nicht der Fall war, lag ein alter Teppich darüber. Auf den Fensterbrettern fristeten ein paar Blumentöpfe mit Kakteen ein karges Dasein, Bohleys Zeichnungen von jungen Prenzlauer-Berg-Bewohnern und ihre abstrakten Bilder mit kräftigen Farben lehnten bald überall an den Wänden. Ausstellungen waren ihr untersagt, Reisen selbst in sozialistische Länder ab 1983 ebenfalls.

Sie wurde als Bärbel Brosius zwei Wochen nach Kriegsende 1945 in Berlin geboren. Bohley war der Name ihres Mannes, mit dem sie als 25-Jährige ihren Sohn Anselm bekommen hatte und von dem sie Ende der Siebzigerjahre geschieden wurde.

Bärbel Bohley, 1988.

Bärbel Bohley zog in ihrer Wohnung von Anfang an Besucher an. Sie lernte politisch interessierte, kritische Frauen kennen wie Katja Havemann, Irena Kukutz oder Ulrike Poppe. Mit ihnen gründete sie 1982 die »Frauen für den Frieden«. Über diese Frauengruppe sagte Bohley später: »Es war eine Geschichte vom Sprechenlernen, Verantwortung übernehmen, von Solidarität und der Verteidigung der Menschenwürde in einer Gesellschaft, die von Willkür und Lüge beherrscht wurde.«

Jahr um Jahr sammelten sich mehr Oppositionelle um sie. Sie saßen in ihrer Küche oder – wenn es größere Gruppen waren – auch schon mal im Atelier. Und sie feierten mit ihr an jedem 24. Mai die Geburtstage nicht nur in der Wohnung, sondern meist auch im verwilderten Hinterhof, zu dem von ihrer Küche direkt eine Tür über eine kleine Treppe hinausführte. »Manchmal wurde gesungen, was mir nicht so richtig lag«, erzählt Ralf Hirsch, »aber die Frauen wollten immer singen. Von Marmor, Stein und Eisen bricht bis zu Ton-Steine-Scherben-Songs.«

Unter den Gästen war auch ein junger Theologiestudent, Stephan Bickhardt: »Als ich sie die ersten Male besuchte, war ich beeindruckt von dem großen kreativen Raum, der sie umgab. Der Küchentisch, an dem so viel geredet und meist Tee, später am Abend auch Rotwein getrunken wurde. Man sagte etwas und sie begann ihre Erwiderung oft mit: ›Na, weißte …‹ und weiter: ›Das regt mich total auf … die Kirchenleute haben schon wieder …‹ Sie hat auch gern von ihren Gesprächen mit anderen Leuten erzählt: ›Die Kelly hat sich gemeldet … hast du schon gehört?‹ oder: ›der und der meint …‹, dann kamen ihre spannenden Informationen, ihr Wissen, ihre überraschenden Gedanken.«

Bickhardt hat mit ihr aber nicht nur über die politische Situation im Lande geredet. »Wir haben auch viel über Kunst und ihre Arbeiten gesprochen. Ich lernte: Der Maler und Grafiker Dieter Goltzsche war für sie wichtig, der hat sie wohl am meisten beeinflusst, ihre Arbeiten zeigen bestimmte Ähnlichkeiten.« Mit der Hinwendung zur Kunst erhofften sich viele junge Leute in der DDR einen Freiraum. Kunst oder Politik? Bärbel Bohley sagte über sich: »Ich bin keine politische Künstlerin. Ich bin ein politischer Mensch, der Kunst macht.« Im November 89 hörte sie nach rund 1000 Bildern und Grafiken mit der Erkenntnis auf: »Manchmal ist Kunst abwesend – dann ist Politik anwesend.«

Mitte der Achtzigerjahre ergatterte sie noch die direkt über ihr liegende Wohnung dazu und Freunde bauten ihr eine innenliegende Treppe von Küche zu Küche. Dort war dann Platz für ihr Schlafzimmer und ein Wohnzimmer für persönliche Besucher. Wenn sie aus den Fenstern ihres Ateliers auf den Teutoburger Platz schaute, war ein Bauwagen hinzugekommen: ein fester Beobachtungsstützpunkt der Stasi, direkt vor ihrer Haustür.

»Das Besondere an ihr war ihre Unerschrockenheit. Der Mut, den sie ausstrahlte konnte sie an andere weitergeben«, sagt Bickhardt, der von ihr ermutigt, den Untergrundverlag »radix« gründete. Auch Irena Kukutz, eine enge Freundin, würdigt Bohleys Courage: »Warum ihren Mut naiv nennen und ihre Stärke, die für so viele inspirierend war, abwertend auf Sturheit reduzieren? Dass sie für ihre Überzeugungen eintrat, auch kompromisslos zuweilen, sich nicht einschüchtern ließ, könnte man auch positiv mit unbeirrbar oder gradlinig bezeichnen. Wobei ich anmerken möchte, dass sie zwar eine Frau mit einer guten Orientierung war, aber auch sehr bewusst Umwege suchte.«

1986 bildete Bärbel Bohley mit Wolfgang Templin, Werner Fischer, Peter Grimm und Ralf Hirsch die Initiative Frieden und Menschenrechte (IFM), in den letzten Jahren der DDR eine der wichtigsten Gruppen außerhalb der Kirche, die mit Aufrufen für grundlegende Rechte wie Versammlungs-, Vereinigungs- und Pressefreiheit an die Öffentlichkeit ging. Sie stellten eine eigene Zeitung namens *grenzfall* her, die sie in kleiner Auflage illegal und ohne offizielle kirchliche Unterstützung druckten und verbreiteten. Sie wagten es, zu dem auch in der DDR begangenen »Internationalen Tag der Pressefreiheit« im Angesicht des SED-Zentralorgans *Neues Deutschland* auf dem Alexanderplatz Flugblätter zu verteilen und wurden nicht verhaftet, weil sie dazu die Westpresse und die Kameras von ARD und ZDF bestellt hatten. Im Oktober 1986 gab die Gruppe zusammen mit ungarischen, tschechischen und polnischen Bürgerrechtlern eine gemeinsame Erklärung ab, in der sie »für politische Demokratie und für einen auf den Prinzipien der Selbstbestimmung gegründeten Pluralismus« eintraten.

Bohley hatte überraschend einfach ein Telefon in ihrer Wohnung bekommen, natürlich war ihr klar, dass es abgehört wurde. Doch andererseits ermöglichte es persönliche Kontakte und Freundschaften, wie etwa zu Birgit Voigt, Mitglied des Landesverbandes der Grünen in Baden-Württemberg. Die rief in der Nacht vom 6. auf den 7. September 1986 auf dem Apparat mit Ost-Berliner Vorwahl 0372 an, und man kann in der Stasi-Mitschrift nachlesen, wie verklausuliert über die gemeinsame Erklärung der IFM vom Oktober 1986 gesprochen werden konnte:

Voigt: »Hallo, Bärbel? Birgit.«

Bohley: »Das gibt es nicht. Du alte Hexe, immer rufst du um Mitternacht an. Du hast Schwein, dass wir hier noch herumsitzen.«

Voigt: »Ja, das ist meine unkonventionelle Art.«

Bohley: »Die ist doch auch sehr schön.«

Voigt: »Wie geht es dir, Bärbel?«

Bohley: »Wir hatten heute hier wieder heiße Diskussionen, große Streitereien und Klärungen. Jetzt sitzt noch die Katja [Havemann] und Werner [Fischer] in der Küche. Wir diskutieren gerade. Werner hat deinen Pullover an und fühlt sich sehr wohl, sehr warm und frisch. Du wirst sicher in der nächsten Zeit von einigen Leuten hören, die sich für euer Problem interessieren.«

Voigt: »Aha?«

Bohley: »Die auch sicher ein bißchen wichtig sind, vom Namen.«

Voigt: »Aha, ja prima.«

Bohley: »Ich habe das versucht und ich habe auch deine Adresse angegeben. Ich hoffe, daß das dir recht ist.«

Voigt: »Ja, natürlich, selbstverständlich.«

Bohley: Weil das natürlich die Möglichkeit, daß wir uns in der nächsten Zeit wiedersehen, etwas verringert – also denke ich schon und das weißt du auch. Aber irgendwann sehe ich dich ja wieder.«

Einen Monat später wurde die gemeinsame Erklärung auch mithilfe Birgit Voigts öffentlich.

Immer wieder traf sich der Kern der Gruppe in Bohleys Wohnung oder in der Leninallee 38 bei Ralf Hirsch. Geschickt eingeschleuste inoffizielle Mitarbeiter trugen Zwietracht und Streit in den Kreis. »Im Unterschied zu anderen Wohnungen, in denen sich die Prenzlauer-Berg-Szene traf und redete, schrieb oder las«, davon war Ralf Hirsch angetan, »ging es bei Bärbel in der Küche stets um Aktionen praktischer Art. Als wir alle nicht mehr nach Prag fliegen durften, beschlossen wir abends in der Fehrbelliner, unseren Protest direkt ins Innenministerium zu tragen. Am nächsten Morgen traf ich Bärbel in der Wohnung. Sie war gerade dabei, einen Picknickkorb zu packen, mit hartgekochten Eiern, Brötchen, Marmelade: ›Naja‹, griente sie mich an, ›das kann ja länger dauern.‹ Das war typisch Bärbel. Ganz praktisch. Wir sind dann rein ins Ministerium und erklärten denen, wir gehen erst wieder, wenn wir eine Begründung für unsere Reisesperre erfahren würden. Es dauerte tatsächlich. Wir begannen drinnen unser Picknick, aber irgendwann schmissen sie uns raus.«

In einer niemals beantworteten Eingabe an den im April 1986 abgehaltenen XI. Parteitag der SED, die auch in der Westpresse veröffentlicht wurde, forderte die Gruppe eine Demokratisierung des sozialistischen Systems. Sie widersprachen dem Alleinvertretungsanspruch der SED und kritisierten die von ihr praktizierte »Einheit von Wirtschafts- und Sozialpolitik«, die zwar unzählige Sozialleistungen biete, ohne sie aber dauerhaft finanzieren zu können. Die Initiative wurde so immer bekannter und avancierte zum Vorbild für andere Friedens- und Menschenrechtsinitiativen in der DDR, etwa in Leipzig.

Im Januar 1988 wurden Bärbel Bohley, Werner Fischer, Wolfgang und Lotte Templin sowie Ralf Hirsch wegen »landesverräterischer Agententätigkeit« verhaftet. Mehrere Männer klingelten frühmorgens um sechs an Bohleys Wohnungstür, ihr zugelaufener Hund »Oskar«, den sie aufgepäppelt hatte, rannte dem Stasi-Auto, in dem man sie abtransportierte, noch lange hinterher. Er wurde zu Bohleys Mutter gebracht, Freunde kümmerten sich um ihren Sohn Anselm.

Der Staat aber scheute einen Prozess gegen die bekannte Oppositionelle. Stattdessen wurde sie nach Großbritannien abgeschoben, in der Hoffnung, dass sie im Westen bleibe. Das hatte ein Vertreter der anglikanischen Kirche vermittelt, da Bohley nicht in die Bundesrepublik ausgebürgert werden wollte. Sie konnte im August desselben Jahres in die DDR zurückkehren, weil sie noch im Gefängnis darauf bestanden hatte, ihren DDR-Pass zu behalten. Rückblickend sagte sie in einem Radiointerview über diese Zeit und ihre Entscheidung: »Ich wollte wieder zurück, denn wenn man etwas in eine Sache investiert hat, dann kann man es nicht aufgeben. Ich habe mich in der DDR auch zu Hause gefühlt, nicht weil ich sie liebe, sondern weil ich viele Freunde dort habe oder hatte. Insofern war es wirklich ein Ort, den man verändern muss.«

Die Abschiebung nach Großbritannien nutzte Bohley aber auch für einen Abstecher nach Bonn: »Ich bin zu allen Parteien gegangen und habe versucht, jemanden zu finden, der sich dafür einsetzt, dass ich wirklich wieder zurückkann in die DDR, denn es wäre sehr leicht gewesen, mich dann irgendwie auszuweisen, wie man es mit Biermann gemacht hat. Ich wollte eine Lobby im Westen, die sich für mich einsetzt. Ich habe nur Willy Brandt und Petra Kelly gefunden, die verstanden haben, dass ich wieder zurückwollte. Alle anderen haben es nicht verstanden und waren der Meinung, dass ich nun im besseren Teil Deutschlands gelandet sei, jetzt einfach einen Ausweis beantragen und meinen DDR-Pass zur Seite legen sollte.« Als sie zurückkehrte, gab es in der Fehrbelliner Straße eine riesige Willkommensparty für sie. Im Gepäck hatte sie ihre Aufzeichnungen »Mein englisches Tagebuch«.

Neues-Forum-Pressekonferenz im Hinterhof des Wohnhauses von Bärbel Bohley, 9. November 1989.

Ein Jahr noch konnte Bärbel Bohley mithelfen, den Untergang der DDR zu beschleunigen. Im September 1989 wurde sie Mitbegründerin der Bürgerbewegung Neues Forum und eine der zentralen Personen der Friedlichen Revolution. Sie war Erstunterzeichnerin des Gründungsaufrufes »Die Zeit ist reif«, in dem ein grundlegender Wandel in der Gesellschaft der DDR gefordert wurde. Das Atelier wurde zum Büro der Bewegung. Menschen standen Schlange im Hausflur. Die Fehrbelliner Straße 91 wurde Kontaktadresse des Neuen Forums in Berlin; sie und die anderen Aktivisten hatten damals oft mehr als einen 14-Stunden-Tag.

Bärbel Bohley sprach auf Versammlungen in Kirchen, saß auf vielen Podien, gab von ihrer Wohnung aus Interviews. In nur zehn Tagen, vom 11. bis 21. September 1989, zählte die Stasi 34 Telefoninterviews nicht nur mit westdeutschen Radiosendern, sondern ebenso mit ausländischen Stationen. Bärbel Bohley bekam viel Beifall, eine kurze Zeit zumindest. Sie wurde zum bekanntesten Gesicht der Opposition, aber sie hatte kein Programm, das gegen den Reiz der schnellen Westmark und der deutschen Einheit ankommen konnte.

Bundeskanzler Helmut Kohl wollte sie nach dem Fall der Mauer in ihrer Wohnung besuchen, um sie und einige weitere Bürgerrechtler kennenzulernen. Ohne Presse. Bärbel Bohley und ihre Freundin Katja Havemann wollten das Treffen vorbereiten. Ganz praktische Fragen. Reicht heißer Tee – wie zu

DDR-Zeiten – als Getränk? Woher bekommen wir einen langen Tisch, an dem alle gleichberechtigt sitzen können? Eine alte Holzplatte auf Böcken wurde zur Tafel. »Aber wir haben keinen Stuhl, in den der dicke Kohl reinpasst«, meinte Bärbel zu Katja. Alles in ihrer Wohnung war wie bei so vielen anderen in Prenzlauer Berg vom Sperrmüll zusammengesammelt. Schöne, aber wacklige Stühle. Brigitte Haeseler, die Nachbarin der Havemanns, erbot sich, einige alte Stühle aus ihrem Keller in Grünheide zur Verfügung zu stellen. Die beiden Frauen fuhren sofort hin, doch bei näherer Begutachtung erwiesen sie sich auch als zu wackelig. Katja Havemann brachte schließlich einen geflochtenen Terrassenstuhl aus dem Keller in das Oderbruch zu ihrem handwerklich versierten Vater. »Bitte mach ihn fertig! Da soll der dicke Kohl drinsitzen.«

Am Tage des hohen Besuches kommt sie gerade noch rechtzeitig mit dem Trabi an. Vor dem Haus Fehrbelliner 91 sind schon Kamerastative aufgebaut. »Klappe auf, Stuhl rein ins Haus«, erzählt Katja Havemann, »Bärbel machte große Augen: ›Na, so groß ist er nun auch wieder nicht ...‹ Ich stellte den generalüberholten Stuhl an das Kopfende des Tisches. Da fuhr auch schon die schwarze Wagenkolonne vor, die Tür ging auf. Wir waren ziemlich angespannt. Erst als der Kanzler der Bundesrepublik Deutschland sicher in diesem Stuhl saß, entspannten wir uns auch, und das Gespräch begann.«

Viele ehemalige Weggefährten legten ihr das Treffen mit Kohl als Verrat aus. Mehr noch. Nach der kurzen Phase der Revolution schlug ihr von anderer Seite sogar regelrechter Hass entgegen, der Hass der Mitläufer, denn Bohleys Leben widerlegte deren Lebenslügen und deren Angepasstheit.

In dieser Zeit prägte sie einen berühmt gewordenen Satz: Die Bürgerrechtler hätten Gerechtigkeit gewollt, aber den Rechtsstaat bekommen. In einem Gespräch Mitte der Neunzigerjahre sagte sie über den Einigungsprozess, »dass die Leute sehr früh das Gefühl bekommen haben, sie könnten nichts verändern, es wird über ihre Köpfe hinweg entschieden«. Darin sah sie eine der zentralen Ursachen für die Ablehnung der westlichen Demokratie und Lebensweise bis hin zum Erstarken des Rechtsradikalismus im Osten.

Auch als die deutsche Einheit schon unmittelbar bevorstand, ließ sie nicht locker. Im September 1990 besetzte sie zusammen mit anderen Aktivisten das Archiv der Staatssicherheit in der Berliner Normannenstraße, da die CDU-Politiker, allen voran der damalige Innenminister Wolfgang Schäuble und sein Ost-Kollege Peter-Michael Diestel, die Akten sperren und am liebsten vernichten wollten. Diese Aktion führte schließlich zur gesetzlich geregelten Einsicht in die Stasi-Unterlagen, die bis heute gilt und von Millionen genutzt wurde und wird.

Bärbel Bohley redete selbst nicht viel über Vergangenes, sie half lieber mit, wo Menschen Hilfe dringend benötigten. Nach dem Balkankrieg organisierte sie Sommerferien für traumatisierte Flüchtlingskinder in Bosnien, sorgte dafür, dass Dächer auf kaputte Häuser kamen und diese Trinkwasserleitungen erhielten. Sie zog sich mit Dragan, einer neuen Liebe, von Berlin nach Kroatien zurück und war wieder ganz eine glückliche Frau für den Frieden.

In einem Rundfunkinterview Ende der Neunzigerjahre blickte sie noch einmal selbstkritisch zurück: »Ich glaube, dass es von uns ein großer Fehler war, dass wir zu den ersten freien Wahlen als Bündnis 90 angetreten sind und nicht als Neues Forum. Viele Leute haben damals gefragt, wo das Neue Forum auf dem Wahlzettel steht.« Es seien auch zu viele Bürgerrechtler vom Neuen Forum weg und in die unterschiedlichsten neu gegründeten Gruppen oder Parteien gegangen. »Ich glaube, dass das mit dazu beigetragen hat, dass die Bürgerbewegung immer weniger Akzeptanz gefunden hat, dass die Westparteien sich im Wahlkampf mit ihren Ostpendants zusammengeschmissen haben, also die CDU mit der Ost-CDU, ganz egal, wer das war, oder die SPD mit der neugegründeten SPD und die FDP mit ihrem Pendant usw. Es gab einen Beschluss am Runden Tisch, dass die Westpolitiker im Wahlkampf nicht eingreifen dürfen. Sie haben sich natürlich total darüber hinweggesetzt. Es wurde ein bundesdeutscher Wahlkampf in der DDR geführt. Ich habe mich immer als eine Politikerin von unten verstanden, denn ich habe mich eingemischt ohne Büro, ohne Sekretärin; alle meine Sachen musste ich selbst schreiben. Ich habe zu vielen Dingen gesagt, was ich wirklich denke.« Sagen, was man wirklich denkt? Für eine Politikerin nicht gerade karrierefördernd. Fast wehmütig sprach Bärbel Bohley manchmal über die Tage der Revolte, in denen man dafür gekämpft hatte, nicht nur »ein Stück Kuchen, sondern die ganze Bäckerei« zu bekommen.

Gegenüber ihrer Wohnung steht heute eine Gedenkstele für die 2010 Verstorbene und den Herbst 1989. Auf Knopfdruck gibt es Informationen – auch auf Japanisch.

49 Freiheit der Kunst

Literarischer Salon von Wilfriede und Ekkehard Maaß; Schönfließer Straße 21

Die meisten Besucher kamen zu Fuß, oft wohnten sie nur ein paar Straßen weiter links und rechts oder östlich der Schönhauser Allee. Die einen hatten es vielleicht im Wiener Café gehört, andere den illegal gedruckten Einladungskarten entnommen, die Ekkehard Maaß zu den Lesungen in seiner Wohnung von Künstlern wie Ralf Kerbach, Hans Scheib oder Cornelia Schleime gestalten ließ.

Die Leute kannten sich untereinander, zufällig kam keiner. Wer neu dabei sein wollte, für den war es gut, wenn er nicht nur die Einladung besaß, sondern auch von einem mitgenommen wurde, der schon mal dabei gewesen war. Denn wenn der Hausherr die Tür öffnete, war es besser, wenn man sich persönlich kannte. Dabei sah es auf den ersten Blick wie eine harmlose Fete aus, was sich da fast monatlich in der Schönfließer Straße zum »Untergrund-Salon« zusammenfand. In der mehrzimmerigen Wohnung, in der die Familie Maaß seit 1978 lebte, bildeten sich rasch verschiedene Grüppchen. Die fünf mal fünf Meter große Wohnküche war das Zentrum, dort gab es nicht nur russischen Tee und bulgarischen Rotwein, der Hausherr und seine Frau Wilfriede sorgten auch stets für Essen. Anfangs gab es schüsselweise Nudelsalat, später in den Achtzigerjahren etwas mit osteuropäischem Einschlag, das »Ekke« auf seinen Touren gen Osten kennengelernt hatte. Legendär sein Plow, das usbekische Nationalgericht, aus einer Mischung von Lammfleisch, Zwiebeln, Mohrrüben, Reis, Kreuzkümmel und Knoblauch. Berühmt auch die »Doppeldecker-Pizza« mit Käse unten, Hackfleisch in der Mitte und oben noch einmal Käse.

Die Parterrewohnung war durch eine Tür mit der Keramikwerkstatt im Hinterhof verbunden, in der Wilfriede Maaß Vasen, Tassen, Teller und Becher herstellte, die sie privat oder auf Märkten verkaufte. Später ließ sie befreundete Künstler die Keramiken bemalen, die verkauften sich gut und wurden auch von westdeutschen Besuchern gesammelt. Der von Wilfriedes Bruder Reinhard selbstgebaute Brennofen gab den Takt vor, gearbeitet wurde oft auch nachts in der Schönfließer, und das gemeinsame Leben war bestimmt von gemeinsamen Projekten.

»Als Besucher nahm man zunächst Räume voller Bücher wahr, alte Möbel, robuste Regale, auf denen Mitbringsel von Ekkes Osteuropareisen oder Keramiken standen, dazwischen an den Wänden hingen Grafiken oder Gemälde. Es war ein besonderer Raum, in dem man sich befand«, erinnert sich Rüdiger Rosenthal, der als junger DDR-Autor des Öfteren dort zu Gast war. »Nicht jeder wurde eingeladen, es war ein bisschen auch ein elitärer Kreis, aber die Atmosphäre war locker und entspannt.« An manchen Abenden, die sich bis tief in die Nacht hinziehen konnten, war es brechend voll, um den großen Küchentisch saß ein engerer Kreis, daran meist der Autor, der las, die anderen in zweiter und dritter Reihe auf schmalen Bänken, die aus dem

Literarischer Salon mit Christa Wolf (2.v.l.) in der Schönfließer Straße, 1981.

Naumburger Dom stammten. An einer Längswand war noch ein Sofa, etliche Zuhörer standen oder lehnten in den Türen.

Es war ein beliebter literarischer Salon nicht nur der Dichter des Prenzlauer Bergs – von Bert Papenfuß über Uwe Kolbe bis zu Katja Lange-Müller oder Detlef Opitz –, es kamen auch Wasja Götze aus Halle oder Christa Moog aus Eisenach. Und Helga Paris fotografierte. Unter den meist jungen Zuhörern saßen oft Gäste der älteren Generation mit Sympathien für jüngere Autoren. Sie gaben dem Ganzen einen gewissen Schutz: Heiner Müller, Gerhard und Christa Wolf, Volker Braun, Franz Fühmann, Paul Gratzik, Adolf Endler oder Elke Erb.

Nach den Lesungen kam es zu langen, angeregten literarischen Debatten, anders als bei den stärker politisch orientierten Lesungen bei Ulrike und Gerd Poppe in der Rykestraße 28 (s. Kap. 35). Und weil er ein kontaktfreudiger Zeitgenosse war und ist, kamen zu Ekkehard Maaß auch Studenten der Humboldt-Universität oder bildende Künstler aus den verschiedensten Ecken des Landes.

Es wurde zunehmend voller. Bei einer Lesung mit Jan Faktor – einem aus Prag in die DDR übergesiedelten Schriftsteller – waren wohl an die 130 Menschen da. Der Literat besorgte zuvor mühsam ein Mischpult und ein Mikrofon, für das er eine Halterung aus Kupferdraht drehte, die man an einer Stehlampe befestigen konnte, um seine Texte aus der überfüllten und verrauchten Küche in die anderen Räume zu übertragen. Gäste aus Erfurt oder Dresden blieben am Ende in der Wohnung, die Stasi klagte über »ständige Übernachtungen, Aufenthalt und Verpflegung negativ-feindlicher Personen«. Sogar Besucher aus der »großen weiten Welt« kamen vorbei: Allen Ginsberg oder Bulat Okudschawa.

*

Die Schönfließer 21 war eine Keimzelle staatsunabhängiger Literatur und Kunst. Das kam nicht von ungefähr. Als Sohn eines evangelischen Pfarrers aus Naumburg ist Ekkehard Maaß in Schönburg an der Saale aufgewachsen. »Was mich damals zu den Lesungen bewog, war mein starkes Sendungsbewusstsein«, sagt Ekke Maaß heute über sein Engagement. »Das hatten viele zu dieser Zeit, besonders die Generation, die in den Fünfzigerjahren geboren war. Man wollte einfach irgendetwas machen, einen Gegenpol schaffen zur verlogenen Ideologie, die einen allseitig umgab.«

Der 1979 zwangsexmatrikulierte Philosophiestudent Maaß: »Ich hatte schon in meiner Kindheit im Pfarrhaus literarisch-musikalische Abende für russische Soldaten und Offiziere organisiert und besaß Talent für Gesellschaften, das hatte bei meinen deutsch-baltischen Vorfahren eine lange Tradition. Ich suchte nach einer Möglichkeit, die offene Atmosphäre der Biermann'schen Wohnung in der Chausseestraße 131, die Begegnungen von schöpferischen Menschen, fortzusetzen.«

Seinen ersten Salon veranstaltete er ganz spontan, nachdem im März 1978 ein geplanter Liederabend im Rahmen einer Veranstaltungsreihe der FDJ-Gruppe im Vortragssaal des Museums für Deutsche Geschichte verboten worden war. Das erfuhr er aber erst, als er mit seiner Gitarre dort erschien. Kurzentschlossen lud er alle, die gekommen waren, in die Schönfließer Straße nach Hause ein. »So entstand unsere Tradition der Wohnungslesung«, erinnert er sich.

Ende der Siebzigerjahre hatte es Ähnliches schon in der Lottumstraße 23 beim Schriftsteller Frank-Wolf Matthies gegeben, literarische Runden, an denen unter anderem Robert Havemann teilnahm. Im Herbst 1980 kam ein besonderer Gast in die Lottumstraße: Günter Grass, begleitet von Johano Strasser. »Wir Ossis wollten diese Lesungen und den Besuch von Grass«, erinnert sich Lutz Rathenow. »Das war gleichermaßen Schutz und Gefährdung, aber vor allem so etwas wie ein Brückenschlag von der jungen, sich gerade erst vorsichtig herausbildenden Opposition zu prominenten Westautoren, besonders zu Grass und Heinrich Böll.« Grass musste wie alle Westbesucher in Ost-Berlin um Mitternacht über die Grenze zurück, doch die Diskussionen drehten sich schon 1980 um brennende Fragen. Rathenow: »Wie könnt ihr in der DDR polnische Verhältnisse herstellen, wie können wir euch vom Westen aus dabei unterstützen? Wir waren elektrisiert und euphorisiert. Grass hatte mich an diesem Abend gewissermaßen politisch wachgeküsst.«

Matthies und Rathenow wurden später verhaftet, aufgrund der Proteste im Westen aber beide nach wenigen Wochen freigelassen, Matthies reiste aus und ließ sich in West-Berlin nieder. Grass und Strasser hatten für viele Jahre

DDR-Einreiseverbot. Oppositionelle Netzwerkbildung oder gar eine grenzüberschreitende Gruppenbildung sollten im Keim erstickt werden.

Blieben Staat und Stasi in der Schönfließer Straße etwa außen vor? Mitnichten. Denn ein Teil der Dichterszene in Prenzlauer Berg, die Ekke Maaß in seine Wohnung ließ, arbeitete insgeheim der Stasi zu. Allen voran ein junger Kerl mit Namen Sascha Anderson, der seine Ehe »zersetzte«, ihm die Ehefrau Wilfriede ausspannte und sich mit ihr im hinteren Teil der Wohnung, wo sie ihre Keramikwerkstatt hatte, einnistete. Darüber gibt es inzwischen einen Dokumentarfilm mit dem Titel »Anderson«, für den die Küche aus der Schönfließer Straße in einem Filmstudio originalgetreu aufgebaut wurde, um den IM mit den drei Decknamen »David Menzer«, »Peters« und »Fritz Müller« alias Sascha Anderson zu interviewen. »Mir fiel die Entscheidung schwer«, meint Maaß, »bei diesem Film mitzumachen, der diesem Kerl eine Öffentlichkeit ermöglichte, die ihm eigentlich nicht zustand. Viele Freunde haben mir das sehr übel genommen. Letztlich hat mich aber die Idee überzeugt, den Salon in einem Studio aufzubauen, um ihn damit zu überraschen und diesen Verrat öffentlich zu machen.«

Die Lesungen gingen im vorderen Teil der Wohnung zu DDR-Zeiten trotz allem weiter, auch heute noch lädt Ekkehard Maaß ab und zu zu »Tafelrunden«, Lesungen und Konzerten ein, und nicht selten ist sein Salon wieder voll. Die Parterrewohnung Schönfließer 21 ist heute zudem Sitz der Deutsch-Kaukasischen Gesellschaft, deren Vorsitzender Maaß unter anderem Veranstaltungen mit kritischen Autoren aus dem Osten und mit interessierten Gästegruppen oder Schülern zur DDR-Geschichte macht.

Wenn man den umtriebigen »Ekke« in seiner Wohnung antrifft, ist dies eine Zeitreise, ein Stück lebendiger Zeitgeschichte und einer der ganz wenigen fast original erhalten gebliebenen Orte eines selbstbestimmten Lebens in Ost-Berlin.

50 Die radix-blätter

Untergrundverlag und Druckerei; Ferdinandstraße 4

Das unscheinbare Eckhaus mit dem Ladengeschäft barg eines der bestgehüteten Geheimnisse der Ost-Berliner DDR-Opposition. Stephan Bickhardt, Mitte der Achtzigerjahre ein junger Theologie- und Pädagogikstudent, hatte sich genau überlegt, wo er einen Raum für einen Untergrundverlag finden könnte. Sein Elternhaus am Stadtrand schien ihm besser geeignet als eine der vielen Wohnungen im bevölkerten und von Stasi, Volkspolizei, Hausbuchführern oder freiwilligen Helfern der Deutschen Volkspolizei überwachten Prenzlauer Berg.

Bickhardts Eltern, Charlotte und Peter, lebten nahe beim S-Bahnhof Kaulsdorf in der einzigen Mietwohnung über dem Laden in der Ferdinandstraße 4, ansonsten stand das Haus leer. »Ich wusste, dort gab es einen Raum, der nur über das Schlafzimmer der Eltern zugänglich war.« Seine Eltern waren einverstanden, und er war sich ziemlich sicher: »Dieses Haus wurde nicht von der Stasi observiert.« Das kleine Zimmer hinter dem elterlichen Schlafzimmer konnte nicht aus einem anderen Haus eingesehen werden. »Es hatte nur ein Fenster zu einer Parkanlage gegenüber dem Haus.« Zudem erlaubten dichtgewebte Gardinen ohnehin keinen Blick in den Raum hinein. »All das war ideal für den Plan.«

Bald standen in dem konspirativen Verlagssitz zwei Ormig-Abzugsgeräte, die mit Spiritus-Matrizen arbeiteten, eines davon war sogar elektrisch betrieben. Hinzu kam eine Legemaschine mit Handbedienung und später ein Fotokopierer. Derartige Geräte ohne Genehmigung zu besitzen oder zu benutzen war strafbar. Und sie waren schwer zu bekommen, höchstens etwa, indem man sie aus dem Besitz der evangelischen Kirche organisierte. Bickhardt konnte eine Maschine von der Bundestagsfraktion der westdeutschen Grünen ergattern. Deren Pressesprecher Heinz Suhr hatte 1986, als er unkontrolliert in Ost-Berlin Oppositionelle besuchte, in seinem Wagen gleich drei Druckmaschinen mitgebracht. Bickhardt erinnert: »Völlig überraschend kam der Grünenpolitiker mit seinem West-Golf bei mir an der Ladenwohnung vorgefahren. Er hatte noch Wolfgang Templin mit dabei. Beide dachten, die Maschinen schnell durch das Erdgeschossfenster hindurch bei mir abzuladen. Ich wies auf die Stasi-Leute und ihre Autos hin, diese Leute waren gerade herausgesprungen. Wir berieten uns ganz kurz, was wir mit den Apparaten am besten tun sollten, aber wussten nicht, wohin mit denen. Ich bin dann zu ihnen in den Wagen gestiegen und wir fuhren wohl zwei Stunden lang planlos durch Ost-Berlin, klapperten mehrere Leute ab, verwarfen die Orte wiederum schnell als zu gefährdet, fuhren so zum Nächsten weiter und so fort.«

Das Trio hatte die ganze Zeit das Gefühl, beobachtet und verfolgt zu werden. Dann hatte Bickhardt eine Idee. »Wir fuhren zu Wolfgang Ullmann. Da musste man in einen Hof hineinfahren und hatte zwei Türen, die man hintereinander schließen konnte. Dort konnte niemand sehen, was wir aus dem Wagen luden.« Zwei Stasi-Ladas blieben auf der Straße vor dem Haus stehen und ihre Besatzung im Auto sitzen. »Ullmanns Tochter war nur da, die nahm die Geräte in Empfang und versteckte sie. Wir haben die Maschinen dann später – ohne Bewacher – in Ruhe abholen können – eine für die Untergrundzeitschrift *grenzfall,* eine für ein Infoblatt für Rainer Eppelmann, eine für die *radix-blätter.*«

Den Fotokopierer spendierte einige Zeit später der Friedensforscher und Grünen-Bundestagsabgeordnete Alfred Mechtersheimer. Papier, das man, weil es knapp war, wann immer sich die Gelegenheit bot, auf Vorrat kaufen musste, stapelte sich ebenfalls nach und nach in dem Raum hinter dem elterlichen Schlafzimmer.

Im Sommer 1985 hatte der Theologiestudent Bickhardt einen alten Trabi-Kombi vom Konsistorialpräsidenten Manfred Stolpe für zwei Monate als »Dienstwagen« geliehen bekommen, für Erledigungen bei einem kleinen Job bei der Kirche, den er hatte. Doch Bickhardt behielt den Wagen einfach und niemand fragte nach. So diente der Trabi als Vertriebsfahrzeug für den Untergrundverlag »radix«. Auf den Verlagsnamen kam er bei der Lektüre des gleichnamigen Gedichtes von Paul Celan. Radix, die Wurzel. Die Texte in den

Blättern und Zeitschriften des radix-Verlages sollten den Verhältnissen auf den Grund gehen.

Der in Dresden geborene Bickhardt gehörte schon seit Mitte der Siebzigerjahre zur kirchlich engagierten Szene von Aktion Sühnezeichen und hatte den Militärdienst verweigert. Er konnte deshalb nur noch in evangelischen Ausbildungsstätten studieren. Zunächst ab 1979 in Naumburg, dann in Ost-Berlin. Nach dem Besuch eines philosophischen Arbeitskreises von Edelbert Richter in Naumburg knüpfte Bickhardt erste Kontakte zu Berliner Oppositionellen wie Wolfgang Templin und Gerd Poppe. Ludwig Mehlhorn kannte er schon länger, gemeinsam begannen sie Schriftstellerlesungen, Seminare und internationale Treffen in der Wohnetage Knaackstraße 34 abzuhalten.

Im Sommer 1986 diskutierten der Mathematiker Mehlhorn und Stephan Bickhardt mit anderen Freunden darüber, ein eigenes Programm für einen Verlag zu erstellen, der Kunst, Opposition und kirchliche Basisgruppen zusammenbringen könnte. Die Anfänge des Untergrundverlages gehen auf ein Literatur-Sommertreffen im Kinderheim der evangelischen Stephanus-Stiftung in Berlin-Weißensee zurück, deren Leiterin Heimgard Mehlhorn den Freiraum dafür ermöglichte. Bickhardt hatte verschiedene Schriftsteller und einen Grafiker für dieses zweiwöchige Seminar gebeten, eigene Arbeiten zu Paul Celan vorzulegen. Diese wurden dann gelesen, diskutiert, verändert. Das Gedächtnis an den Holocaust verbanden sie auf dem Treffen mit aktuellen Ereignissen, etwa der Atomkraftkatastrophe von Tschernobyl. Beteiligt waren die Oppositionellen Wilfried Linke und Michael Bartoszek, der Grafiker Martin Hoffmann, der Dichter und Verleger Wilfried M. Bonsack sowie der Schriftsteller und später als Stasi-Spitzel enttarnte Rainer Schedlinski. So entstand nach dem Literaturlagertreffen das erste Heft unter dem Titel »Schattenverschlüsse. Zu Paul Celan«, es folgte das Heft »Atem«. Bickhardt: »Uns gelang es damit, einen Diskurs von Opposition und Kunst anzustoßen.«

Angesichts des bevorstehenden 25. Jahrestages des Baus der Mauer durch Berlin am 13. August 1961 startete Ludwig Mehlhorn 1986 eine Initiative gegen die Systemabgrenzung der DDR. Dies sollte das Verlagsprogramm beeinflussen und politisieren. Flugblätter wurden zu Tausenden gedruckt mit dem Titel »Absage an Praxis und Prinzip der Abgrenzung«. 1987 entstand das Heft »Aufrisse I. Absage an Praxis und Prinzip der Abgrenzung«, im

Titelseite der radix-blätter, *1988.*

Jahr darauf folgte »Aufrisse II. Über das Nein hinaus«. Die späteren Hefte enthielten auch zahlreiche Texte aus Polen, insbesondere in dem Heft mit dem sinnfälligen Titel »Oder«. Eine Solidarność-Fahne war auf dem Titelblatt zu sehen.

Die Druckerei in der Mietwohnung von Charlotte und Peter Bickhardt produzierte auf Hochtouren. Drei bezahlte Drucker arbeiteten dort zum Teil ganztags, sozialversichert waren sie allerdings woanders, etwa über Nebenjobs als »Haushaltshilfe«. Der Vater von Bickhardt war tagsüber arbeiten, seine Mutter kochte Mittagessen – auch für die Drucker. »Alle Publikationen verzichteten auf den sonst so oft gebrauchten Aufdruck ›nur für innerkirchlichen Dienstgebrauch‹. Denn es war Programm: Politische Themen gehen alle an.«

Im Jahr 1988 erlebte der Verlag seine produktivste Zeit – rund 100 000 Seiten wurden vervielfältigt, Bücher zwischen 200 und 2000 Exemplaren im Untergrund fabriziert, vom Aufruf »Neues Handeln«, zur kritischen Beteiligung an den Kommunalwahlen 1989, in einer Startauflage 20 000 Exemplare hergestellt. Der Untergrundverlag publizierte zwischen 1986 und 1989 insgesamt elf Hefte im Umfang von 60 bis 110 Seiten sowie verschiedene Flugschriften und Aufrufe. Eine Medizinstudentin half dabei ganz wesentlich mit. Sie war die Vize-DDR-Meisterin im Schnellschreiben auf der Schreibmaschine. Sie schrieb nahezu alle Texte auf Wachsmatrizen ab, meist mehrfach.

Die Autorinnen und Autoren und die Mitherausgeber verteilten die Hefte bei inoffiziellen Lesungen und Ausstellungen in privaten Wohnungen, beim Treffen von kirchlichen Basisgruppen, auf Synoden und Kirchentagen. Sie kosteten zwischen zwei und 15 Mark. Aus den Verkaufserlösen finanzierte sich der Verlag. Mit ihnen konnte Papier gekauft, Benzin für Vertriebsfahrten bezahlt und die Drucker entlohnt werden.

Herstellung und Vertrieb gliederten sich in einen offenen und einen konspirativen Bereich. Relativ offen wurde bei Lesungen oder anderen Gelegenheiten über Themen für ein Heft debattiert, Exemplare verkauft oder Autorinnen und Autoren angesprochen. Um jeden Preis geheim musste in Anbetracht der Rechtslage der Ort der Vervielfältigung bleiben. Einzig die Eltern von Stephan Bickhardt und seine Freundin Kathrin Schulz – heute sind die beiden verheiratet – sowie die Drucker wussten Bescheid.

51 Der Ost-West-Kanal

Lutz Rathenow und Jürgen Fuchs; Thaerstraße 34, Gabelsberger Straße 3 (heute Silvio-Meier-Straße), Tempelhofer Damm

1983: Die Post aus Ost-Berlin steckt in einem unscheinbaren grauen Briefumschlag. Der Inhalt ist extrem spannend, voller Informationen aus dem politischen Untergrund der DDR: Eine Einladung zu einer subversiven Fotoausstellung in der Samariterkirche, Termine von bevorstehenden Lesungen verbotener Schriftsteller und einer offenen Diskussionsrunde in Magdeburg. Schließlich ein Interview mit dem Autor und Bürgerrechtler Lutz Rathenow, in dem er auch die Fragen selbst gestellt hatte, da es für Journalisten keine Genehmigung von der »Abteilung journalistische Beziehungen« des DDR-Außenministeriums zum Interview mit Rathenow gab. Auf die Sendung aus Ost-Berlin ist jedoch keine Briefmarke der DDR geklebt, Stempel und Marken stammen aus West-Berlin. Ein Brief mit solchem Inhalt hätte es niemals über die Grenze geschafft. Die Stasi öffnete und kontrollierte verdächtige Post. Der Absender des Info-Pakets aus dem Osten steht auf der Rückseite des Umschlags: Jürgen Fuchs, Tempelhofer Damm, West-Berlin. Seine Wohnung war jahrelang eine wichtige Drehscheibe zwischen den Westmedien und der DDR-Opposition.

Fuchs stammte aus Reichenbach im Vogtland und war seit 1977 im Westen. Er wurde als 26-jähriger Oppositioneller aus der DDR ausgebürgert. Der Psychologe und Schriftsteller bezog mit zwei Kindern und seiner Frau Lilo eine Mietwohnung am Tempelhofer Damm. Lilo und Jürgen Fuchs blieben auch im Westen den kritischen und rebellischen Menschen und Gruppen im Osten eng verbunden und verschafften ihnen von West-Berlin aus öffentlich Gehör. Fuchs leitete jahrelang Informationsmaterial aus der DDR an interessierte Journalisten im Westen weiter. Wenn es eilig war, griff er zum Telefon, rief ihm persönlich bekannte Redakteure bei der Deutschen Presseagentur dpa, der Tagesschau, dem Deutschlandfunk, der *taz* oder dem *Spiegel* an, manchmal schickte er auch ein Fax. Nicht selten kamen seine Nachrichten aus der DDR auf allen Westsendern und -kanälen innerhalb weniger Stunden an die Öffentlichkeit. Fuchs erfuhr mehr und schneller als die rund 20 in Ost-Berlin akkreditierten Westkorrespondenten, wenn irgendwo in der DDR etwas passiert war oder bevorstand. Es ging nicht nur um Informationen, sondern auch darum, Leute aus der Haft freizubekommen – was in vielen Fällen gelang.

Auch Lilo Fuchs telefonierte regelmäßig mit einer Freundin in Ost-Berlin. Zwar hatte diese kein eigenes Telefon, aber sie putzte am Wochenende in einer Arztpraxis, Lilo kannte deren Nummer und rief dort an.

Ein paar der in der DDR arbeitenden Westkorrespondenten brachten regelmäßig Briefe für Fuchs über die Grenze, sie wurden an den Berliner Grenzübergängen, wie am Checkpoint Charlie, der Invaliden- oder Heinrich-Heine-Straße, nicht kontrolliert. Dieser Informationsfluss war keine Einbahnstraße. In umgekehrter Richtung schickte Fuchs den selbstgefertigten aktuellen Literatur- und Pressespiegel *Dialog*, wichtige politische Bücher, aber auch Kopiergeräte an die oppositionellen Gruppen im Osten. Der Gedanke, eine Kopierzeitschrift mit dem Namen »Dialog« für die Freunde in der DDR dorthin zu schmuggeln, war schon bald nach seiner Ankunft in West-Berlin entstanden. Lilo Fuchs erinnert sich: »Jürgen verbrachte damals in den ersten Wochen im Westen viele Nachmittage in Buchhandlungen. Er kam zurück und war empört darüber, was den Menschen in der DDR alles vorenthalten wurde. So kam ihm der Gedanke, es ihnen zugänglich zu machen. Zuerst waren es einzelne, handgefertigte Kopien mit Extrakten und Auszügen von allem, was er gelesen hatte und wichtig fand. Später unterstützten das Kopieren einige Bundestagsabgeordnete der Grünen, die damals noch in Bonn arbeiteten.« Fuchs stellte dann ein Exemplar seines Presse- und Buchspiegels in Berlin zusammen und schickte es ans Bundestagsbüro der Grünen Petra Kelly. Dort wurde das Original vielfach doppelseitig kopiert und in Berlin-Tempelhof kamen alsbald dicke Pakete retour. »Wir haben dann die Papierstapel auf den Fußboden unserer Wohnung ausgebreitet und die sortierten Seiten zu dicken Exemplaren zusammengelegt. Die Bündel wurden dann mit einem eigens angeschafften starken Locher oben links gelocht und mit einer Metallklammer zusammengehalten. Das war alles ziemlich provisorisch.«

Die großen Kartons mit den fertigen *Dialog*-Heften übergab Fuchs in West-Berlin an den FAZ-Korrespondenten Peter Jochen Winters, der von 1977 bis 1990 aus der DDR berichtete. Winters nahm sie über die Grenze nach Ost-Berlin in seine Wohnung Rudolf-Seifert-Straße 64 im Stadtbezirk Lichtenberg mit. Die Einzimmerwohnung diente, so Winters, »eher als konspiratives Materialzwischenlager«, denn er lebte mit seiner Frau in West-Berlin und hatte wegen seiner Akkreditierung für viel Westgeld eine Wohnung anmieten müssen. Aus ihr wurden die umfangreichen *Dialog*-Hefte und andere Materialien abgeholt und verbreitet. Jedes Exemplar ging dann durch viele Hände und hatte oft 50 und mehr Leser.

Jürgen Fuchs war von 1977 bis zum Mauerfall der wohl wichtigste Verbindungsmann der DDR-Opposition zum Westen. Umgekehrt sorgte er für den Anschluss der Ost-Opposition an die Informationen und Diskussionen im Westen. Anfang und Mitte der Achtzigerjahre bekam Fuchs Unterstützung durch den 1983 ausgebürgerten Jenaer Friedensaktivisten Roland Jahn in der Görlitzer Straße 66. Der lief mit einem Exemplar, das er von Fuchs bekam, in einen Kopierladen in der Muskauer Straße und ließ es dort zusätzlich vervielfältigen. Jahn fertigte auch selbst Pressespiegel an, etwa zum Überfall auf die Umweltbibliothek 1987 (s. Kap. 53). Fuchs fügte dem Reader immer wieder auch Literarisches von Autoren aus Osteuropa und aus dem Westen hinzu, die in der DDR verboten oder nicht zu bekommen waren. Unterstützung gab es auch von der in Berlin-Kreuzberg existierenden »Exil-Szene« von Dutzenden seit der Biermann-Ausbürgerung 1976 zur Ausreise gedrängten jungen, rebellischen Jenaern um Thomas Auerbach, Bernd Markowski, Peter »Blase« Rösch, Utz Rachowski, Frank Rub bis hin zu den jüngeren Leuten der Musikgruppe Airtramp, die zehn Jahre später dazustießen.

Das Ganze funktionierte nur als Ost-West-Teamarbeit. Das Risiko im Osten war jedoch erheblich größer. Wer nahm das auf sich und holte den Untergrund-Reader *Dialog* in der Wohnung des Westjournalisten Winters ab? Es war Lutz Rathenow, ein junger Schriftsteller aus Jena, der mit seiner Frau Bettina und dem Nachwuchs zuerst in der Thaerstraße 34, dann ab Anfang der Achtziger in der Gabelsberger Straße 3 wohnte. Rathenows Wohnung war auf der Ostseite der geteilten Stadt Hauptanlaufstelle für viele, die politische Ereignisse in der DDR über die Westmedien öffentlich machen wollten. Denn im Osten hörte und sah man die Westsender, wenn auch die Kinder nichts davon in der Schule erzählen sollten. Um über diesen Umweg die eigene Bevölkerung zu erreichen, kamen aus Halle, Dresden oder Leipzig Leute zu Rathenow, erzählten von Verhaftungen oder Aktionen und übergaben Flugblätter, Einladungen und Fotos. Rathenow wusste, wie das über die Grenze zu schaffen war. Er hatte eine Handvoll Vertraute unter den Westjournalisten und Diplomaten, meist waren es dieselben wie bei Jürgen Fuchs, die auch Post an Rathenow in umgekehrter Richtung über die Grenze mitnahmen. Kontakt von DDR-Bürgern zu Journalisten aus dem Westen war ohne Erlaubnis hochriskant. Die Weitergabe selbst »der Geheimhaltung nicht unterliegender Nachrichten zum Nachteil der DDR« an Personen »einer fremden Macht« (wie es in der Paragrafen 97 und 99 des DDR-Strafgesetzbuches hieß) konnte »mit 2 bis 12 Jahren Gefängnis« bestraft werden.

Andererseits gab der intensive Kontakt zu den in Ost-Berlin akkreditierten Westjournalisten auch einen gewissen Schutz. Wenig fürchtete die Führungsspitze der DDR mehr als negative Schlagzeilen. Lutz Rathenow wurde wie manch andere auch auf Empfänge eingeladen, die der Kulturattaché der Ständigen Vertretung der Bundesrepublik in Ost-Berlin gab. Damit er – trotz Einladung – nicht von den Kontrollposten abgewiesen werden konnte, lud FAZ-Korrespondent Winters ihn und andere Schriftsteller einfach in sein Auto mit dem blauen Nummernschild, das alle Westkorrespondenten haben mussten, und fuhr bis in den Hof der Ständigen Vertretung, die in der Hannoverschen Straße schräg gegenüber der Biermann-Wohnung lag.

Auf dem Empfang standen Rathenow und einige andere Schriftsteller, Maler oder Schauspieler dann inmitten der Gäste, um sie herum jede Menge Parteigenossen, Staatsvertreter und inoffizielle Mitarbeiter der Stasi, die die Anwesenheit von »feindlich-negativen Personen«, wie manche für die Stasi festhielten, zähneknirschend ertragen mussten. »Diese Empfänge waren eine moralische Aufwertung und eine Kontaktbörse. Ich lernte beispielsweise Klaus Staeck kennen, es ergaben sich private Verabredungen. Wichtig war allerdings«, sagt Rathenow. »dass er uns wieder mit hinausfuhr, denn beim Verlassen wurde man auf jeden Fall zwei Straßenecken weiter kontrolliert und erfasst.«

1980 war der freischaffende Autor wegen seines im Westen erschienenen

Buches »Mit dem Schlimmsten wurde schon gerechnet« verhaftet worden. Doch nach Protesten in Ost und West musste er nach zehn Tagen wieder freigelassen werden. Bettina und Lutz Rathenow fürchteten eine erneute Inhaftierung, aus den Stasi-Akten wissen sie inzwischen, dass diese mehrfach kurz bevorstand, doch aus politischen Erwägungen nahmen die SED und die Stasi immer wieder Abstand davon. Manchmal war die Situation brenzlig. Bettina Rathenow hatte 1982 gerade Stasi und SED-Genossen zu Besuch in ihrer Wohnung, die sie bedrängten, ihre Unterschrift unter der Eingabe der »Frauen für den Frieden« gegen die Wehrpflicht von Frauen zurückzuziehen (s. Kap. 32). Da klingelte es. Vor der Tür stand ein Westjournalist mit einem Päckchen für Lutz. Sie machte ihm mit Gesten verständlich, er solle die Sachen auf dem obersten Treppenabsatz ablegen, den Herren erzählte sie, es sei nur ein Mann aus dem Haus gewesen. »Ein Kontakt, den sie absolut nicht wussten«, freut sich Bettina Rathenow im Nachhinein, »war der zu Peter Jochen Winters. Zu dessen Wohnung in Lichtenberg besaß Lutz sogar einen der drei Schlüssel, und sie lag nur eine Viertelstunde Fußweg von der Thaerstraße wie auch später von der Gabelsberger entfernt. Dort hat er dann meist im Schutz der Dunkelheit die *Dialog*-Hefte, Westbücher oder unkontrollierte Briefe abgeholt und zugleich seine Infopakete aus dem Osten hinterlegt.«

Es war ein spezieller Weg über Europas längste Fußgängertunnelbrücke oberhalb weitläufiger Bahnanlagen. Sie wurde inzwischen abgerissen. »Das war ein finsterer langer Schlauch, den ich da entlang musste«, erinnert sich Lutz Rathenow. »Hatte aber den Vorteil, dass ich genau wahrnehmen konnte, ob mir jemand folgt. In der Wohnung habe ich die Pakete von Jürgen geöffnet und einen Teil der Briefe sofort gelesen. Bei einigen Briefen habe ich die Anschriften entfernt, damit sie bei einer Kontrolle nicht zugeordnet werden konnten. Andere habe ich mir gemerkt und sie mit Wasser unleserlich gemacht, da ich in der Wohnung nichts verbrennen konnte. Meinerseits hatte ich Pakete für Jürgen dabei, die ich gleich in der Wohnung zurückließ.« Rathenow fand Winters besonders geeignet für den heimlichen Ost-West-Infotransfer: »Er hatte öffentlich mehr Distanz zu uns Oppositionellen, andere waren kumpelhaft uns gegenüber. Bei ihm schöpften sie nicht so schnell Verdacht.«

Wenn Rathenow in Ost-Berlin unterwegs war, hatte er immer einen Beutel oder eine Tasche dabei, mit denen er das Material in kleinen Mengen durch die Gegend transportierte und an vertraute Personen verteilte. »Mir war nie wohl, wenn ich wusste, er geht zu Winters. Ich war immer sehr froh, wenn er wieder zurück war«, so Bettina Rathenow heute. Vorsichtshalber hatten sie Vollmachten ausgestellt, damit ihre Söhne im Fall einer Verhaftung der Eltern zu Verwandten und nicht in ein DDR-Heim gekommen wären.

»Nachdem wir 1984 aus der Thaerstraße ausgezogen waren«, erinnert sich Lutz Rathenow, »wurde die Wohnung, Hinterhaus, Seitenflügel, dritter Stock, die ja ganz in der Nähe des alten Schlachthofes lag, nicht wieder vermietet, das Gebäude war – wie die ganze Gegend – total heruntergekommen. Aber ich besetzte sie wieder neu – als Arbeitsmöglichkeit für Harald Hauswald und mich.« Die beiden Freunde waren im Herbst 1986 heimlich damit beschäftigt, ein Buch über Ost-Berlin für den westdeutschen Piper-Verlag vorzubereiten. In der DDR hätten sie nicht den Hauch einer Chance dazu gehabt. Harald Hauswald brachte dafür seine Fotos in die vollkommen leer geräumte Wohnung: »Die hängten wir dann rundum in einem großen Zimmer an allen vier Wänden auf, inklusive der Leerseiten für die Texte von Lutz. So entwarfen wir praktisch das komplette Layout fürs Buch. Wir trafen uns ziemlich oft dort und hingen die Fotos auf der alten Tapete mit Stecknadeln immer wieder um. Am Ende nahm ich alles wieder genau in der Reihenfolge von den Wänden ab, wir verpackten es in einen Karton und Lutz übernahm es, das ganze Paket auf den Weg in den Westen zum Verlag bringen zu lassen.«

Das Verhältnis zu den Westmedien war vor allem unter den Ost-Berliner Oppositionellen umstritten. Viele waren gegen Veröffentlichungen im Westen, weil es nicht selten umgehend zu Reaktionen seitens des Staates kam. Dazu gehörten Zuführungen zu Verhören, Drangsalierungen im Betrieb, an der Uni oder in der Schule. Andere, die Kontakte zu den Westmedien befürworteten, bewerteten den – allerdings schwer kalkulierbaren – Schutz und die damit erzielbare öffentliche Aufmerksamkeit höher.

Rathenow hatte sich längst entschieden: Er sorgte für Öffentlichkeit bei Ereignissen in der DDR, die nicht öffentlich werden sollten. Im Zusammenspiel mit Jürgen Fuchs und anderen wurde die Existenz von Opposition und

Widerstand, von Andersdenkenden in der DDR über Westmedien überhaupt erst sichtbar. Staat und Stasi betrieben einen ungeheuren Aufwand, um Nachrichten darüber zu unterdrücken. Wenn es dann gelang, das Schweigen über eine einzelne Verhaftung, eine demonstrative Aktion, einen Aufruf oder eine Erklärung einer oppositionellen Gruppe zu durchbrechen, war die Wirkung umso stärker. Der Versuch des Staates, Medien und Nachrichten vollständig zu kontrollieren, erwies sich immer wieder als erhebliche Schwäche, da ein Konflikt um einzelne Vorgänge oder Personen zu einer scheinbaren Staatskrise werden konnte. Das wurde schon 1976 bei der Ausbürgerung von Wolf Biermann deutlich, erst recht bei der Verhaftung des SED-Kritikers Rudolf Bahro 1977, dem Überfall auf die Umweltbibliothek 1987 oder der Ausbürgerung mehrerer Oppositioneller im Januar 1988, darunter Bärbel Bohley, Freya Klier und Stephan Krawczyk.

In diesen und vielen anderen Fällen lief die Nachrichtenübermittlung vor allem über Lutz Rathenow und Jürgen Fuchs. Ralf Hirsch von der Oppositionsgruppe Initiative Frieden und Menschenrechte kam später dazu: »Wenn man zu Lutz ging, hatte man immer einen Beutel dabei. Er war das Tor zur Welt. Lutz war mein Lehrmeister in Sachen Pressearbeit. Ich lernte, wie das

Harald Hauswald und Lutz Rathenow in der Thaerstraße 34, 1986.

Heimliches Zusammentreffen von Lutz Rathenow, Roland Jahn, Jürgen Fuchs in West-Berlin, Mai 1989.

mit einer Sperrfrist läuft oder dass eine Meldung erst eine richtige Meldung wird, wenn sie über mehrere Kanäle läuft, eine Nachrichtenagentur allein reicht nicht.«

Helfer unter den Westkorrespondenten waren neben Winters vor allem Ulrich Schwarz vom *Spiegel* und Ingomar Schwelz von der Nachrichtenagentur Associated Press (AP), der oft täglich seinen Kofferraum füllte; er traute sich sogar, Druckmaschinen oder Kopierer mitzunehmen. Dank Schwelz konnten die Besucher der Ost-Berliner Umweltbibliothek die *taz* vom Tage lesen und dank Leipziger Kuriere, die sie dort abholten, einen Tag später auch in Pfarrer Christian Wonnebergers zum Oppositionszentrum umgewandelten Gemeindehaus. Auch Karl-Heinz Baum von der *Frankfurter Rundschau* und später Hans-Jürgen Börner vom ARD-Fernsehen übernahmen hin und wieder Transporte. Erst im letzten Jahr der DDR gab es dann sogenannte Kontakttelefone, insbesondere in Leipzig und Berlin, die von Journalisten aus dem Westen direkt angerufen werden konnten. Am anderen Ende dieser Leitungen – meist Telefone von Pfarrern oder bekannten Oppositionellen – saßen dann schon die jüngeren Aktivisten aus den unabhängigen Oppositionsgruppen. »Jahrelang war es für uns in der Provinz eigentlich unmöglich, direkt im Westen anzurufen, schon gar nicht bei Jürgen Fuchs«, erzählt Roland Jahn. Die Telefonate mussten bei der Post angemeldet werden, das dauerte ewig oder kam einfach nicht zustande. »Deshalb war Lutz für uns die entscheidende Schaltstelle, seinen Apparat konnten wir von einer Telefonzelle aus direkt in Ost-Berlin anrufen, er war der Knotenpunkt zu Jürgen. Schon 1983, als ich in den Knast kam, konnte meine Freundin Petra ihm Bescheid geben, er war unser Kontakttelefon.«

Um Fotos oder Erklärungen aus der Provinz in die Westöffentlichkeit zu bringen, musste Jahn wie alle anderen persönlich zu Lutz Rathenow fahren. In Ost-Berlin nutzte er es dann auch aus, per Direktwahl bei Fuchs anzurufen. »Am besten waren die Telefonzellen im Palast der Republik, die funktionierten immer. Ich wunderte mich bloß, warum sich für rund ein Dutzend nebeneinanderstehende Telefonzellen keiner interessierte. Nur vor einer einzigen wartete eine lange Schlange.« Des Rätsels Lösung: »Die war kaputt, aber man konnte deshalb von ihr aus kostenlos nach West-Berlin telefonieren.« Weil das Gespräch in den Westen sehr teuer war, war es üblich, mit allerlei Experimenten, etwa einem Mark-Stück mit Kleber dran oder polnischen Zlotys, die Apparate auszutricksen. Per Direktwahl ging es aber nur nach West-Berlin. Gespräche ins Bundesgebiet mussten auch hier angemeldet werden. Rathenow musste nach solch einem Telefonat erleben, dass die Stasi-Palastwache auf ihn zugeschossen kam und barsch nachfragte, wen er denn da angerufen habe.

Es gab noch einen weiteren wichtigen Knotenpunkt für die Kommunikation mit dem Westen, den Rathenow regelmäßig schon seit 1982 nutzte: das ARD-Büro in der Schadowstraße 6, nahe dem Brandenburger Tor. Man wurde von der Stasi fotografiert, aber bis auf einmal, wo er seinen Ausweis zeigen musste, kam er dort stets unkontrolliert hinein. Trotz vieler Schwierigkeiten arbeiteten dort seit Mitte der Siebzigerjahre Westkorrespondenten wie Lothar Loewe und Fritz Pleitgen für das Fernsehen oder Wolfgang Nette, Robert Röntgen, Eckart Bethke und Wolfgang Hauptmann für den Hörfunk. »Für mich bot sich hier die Möglichkeit, als Ost-Berliner direkt am Westrundfunk teilzunehmen. Alle ein, zwei Monate konnte ich in Literatursendungen des RIAS, SFB, NDR oder BR lesen, Gedichte, Kurzgeschichten, Prosa. Für das Berlin-Buch hatte ich eine vier Stunden lange Aufnahme. Zugleich war es ein weiterer wichtiger Übermittlungsort, an dem ich dicke Briefumschläge, die wiederum zehn bis 15 Briefe an Westempfänger enthielten, abgeben konnte.«

*

Für Jürgen Fuchs hatte sich die Auseinandersetzung zwischen ihm und dem DDR-System mit seiner Ausreise in den Westen nicht erledigt. Er arbeitete als Psychologe mit Kindern und Jugendlichen in Moabit. Fuchs gehörte zu einer größeren »Jenaer Community«, allesamt politisch Engagierte, und dies auch weiter im Westen: Maler, Schriftsteller, Musiker, Bildhauer, Sozialarbeiter, die von der SED aus dem Land gedrängt worden waren, um die Opposition loszuwerden. Fuchs schrieb, publizierte, telefonierte, schaffte Informationen in beide Richtungen über die Mauer und wurde so zu einem Zentrum im Netzwerk des Widerstandes. Darum bekämpfte ihn die Stasi mit aller Härte. Auf kaum einen anderen Menschen wurden so viele inoffizielle und hauptamtliche Stasi-Mitarbeiter angesetzt, gegen kaum einen so viele Aktionen und Maßnahmen ergriffen wie gegen den Schriftsteller und Oppositionellen Jürgen Fuchs. 25 Bände Akten allein über seine Zeit in West-Berlin zeugen davon.

Fuchs war als 23-Jähriger SED-Mitglied geworden, weil er glaubte, das DDR-System ließe sich nur von innen her verändern. Doch was er erlebte, war vor allem ein Denken in Freund-Feind-Kategorien. Jegliche Kritik, ja jegliche Nachfragen über den Kurs der Partei waren unerwünscht, gefordert war vor allem Anpassung. Das wollte der junge Psychologiestudent in Jena nicht mitmachen. Er stellte in Literaturzirkeln und auf Lesungen seiner Texte das bürokratische Spießertum der DDR bloß und machte in seiner Literatur die Mechanismen der SED-Diktatur zum Thema. Nach einem gemeinsamen Auftritt mit Bettina Wegner und Gerulf Pannach, dem Songschreiber der Klaus Renft Combo, wurde er 1975 aus der SED und aus der FDJ ausgeschlossen. Da war er gerade ein Jahr mit der Studentin Lilo Fuchs verheiratet und Vater einer Tochter geworden. »Wir waren doch noch so jung«, sagt Lilo

Fuchs und fragt sich, warum der Unterdrückungsapparat so gnadenlos auf gerade einmal 20-Jährige wie sie und andere losging.

Als Jürgen Fuchs schließlich im November 1976 verhaftet worden war, erfuhr seine Frau nicht einmal, wo genau sich ihr Mann befand. Nach 281 Tagen Haft und Dauerverhören im Stasi-Gefängnis Berlin-Hohenschönhausen zwang man Fuchs ohne Prozess zur Ausreise in den Westen. Sein Vernehmer gab ihm noch mit auf den Weg: »Legen Sie sich später nicht mit uns an. Wir finden Sie überall. Auch im Westen. Autounfälle gibt es überall.«

Fuchs hatte versucht, sich alle Verhöre aus dieser Zeit zu merken, er schrieb sie für sein Buch »Gedächtnisprotokolle, Vernehmungsprotokolle« dann in West-Berlin umgehend nieder. Dieses Buch fand viele heimliche Leser in der DDR, die daraus lernen konnten, wie man sich bei Verhören der Staatssicherheit am besten verhalten konnte. Später, nach Fuchs' Einsicht in die Stasi-Akten, zeigte sich, dass seine Erinnerungen häufig sehr genau mit den protokollierten Sachverhalten übereinstimmten. Mit Büchern wie »Fassonschnitt« oder »Das Ende der Feigheit« machte Fuchs literarisch öffentlich, welcher Art von Krieg die DDR gegen kritische Bürger führte, während sie sich nach außen gern als »Friedensstaat« präsentierte.

Die perfide Warnung, die ihm sein Vernehmer zum Abschied mitgegeben hatte, wurde dann in West-Berlin tatsächlich exekutiert. Denn Fuchs kuschte nicht, sondern er wirkte ermutigend in den Osten hinein. Die Stasi aber beschränkte sich nicht darauf, auf dem Territorium der DDR zu operieren, sie agierte auch über die Mauer hinweg. Mal stand ein Schädlingsbekämpfer, den niemand gerufen hatte, mit Giftspritze vor der Wohnungstür von Fuchs, mal fand er sein Auto geöffnet vor dem Haus und den Kindersitz ausgebaut auf dem Bürgersteig. Ein anderes Mal lagen Pornohefte mit seiner Anschrift wie zufällig in den Fahrradkörben der Nachbarn. In den Stasi-Akten findet sich später sogar ein nachgemachter Schlüssel zu seinem Haus. Und eines Tages explodierte ein Auto vor seiner Haustür, wo er gerade noch mit den Kindern gestanden hatte. Aus dem Kofferraum flogen brennende Trümmerteile über das Haus hinweg in den Innenhof. Später fand Fuchs den verräterischen Hinweis in den Akten, dass ein inoffizieller Mitarbeiter herausfinden sollte, wie er auf »das Ereignis« reagiert habe. Über Jahre wechselte die »operative Bearbeitung« des Staatsfeindes Nummer eins von zermürbendem

Psychokrieg zu handfester Bedrohung mit dem konkreten Ziel seiner »Vernichtung« – so wörtlich in den Akten.

Zu seinen wichtigsten Verbündeten gehörten von Anfang an Wolf Biermann und nach 1983 der ebenfalls aus Jena stammende Oppositionelle Roland Jahn. Aus der Politik waren es vor allem Petra Kelly und Lukas Beckmann von den Grünen, unter den Intellektuellen und Schriftstellern Herta Müller, Heinrich Böll, Rudi Dutschke und Manès Sperber. Die Stasi nannte sie »die Fuchs-Bande«. Viele holten sich Rat bei ihm, wer in den Achtzigerjahren aus der DDR fortging oder gehen musste, kam bei ihm vorbei und tauschte sich mit ihm aus, nicht selten, um sich weiter einzumischen. Der Anteil von Jürgen Fuchs und Lutz Rathenow an der Revolution von 1989 ist groß, auch wenn Fuchs nicht vor Ort in Leipzig oder Ost-Berlin dabei war, doch er und Rathenow telefonierten fast täglich miteinander. Sie gehörten zu jenen politischen Akteuren, die sich gegen die Diktatur wehrten, sie nicht hinnahmen.

Fuchs und Rathenow kannte sich bereits aus der Jenaer Zeit in den Siebzigerjahren. Im »Arbeitskreis Literatur und Lyrik«, gegründet in der Jenaer Wohnung von Rathenow, hatten sie bereits eng zusammengearbeitet Nach dem Rausschmiss von Fuchs 1977 konnten die beiden ein Mal heimlich in Westteil der Stadt zusammentreffen. Das war im Mai 1989. Rathenow durfte zu einer Preisverleihung für seine Prosa nach Wien fliegen. Auf dem Rückweg blieb er einfach einen Tag länger in West-Berlin. Es hatte sich in Ost-Berlin herumgesprochen, dass etwas Verspätung bei der Wiedereinreise halbwegs toleriert wurde. »Die beiden Tage in West-Berlin waren unglaublich, ich habe nicht geschlafen, sondern ununterbrochen Leute getroffen, ob Thomas Brasch, Rüdiger Rosenthal, Roland Jahn, sogar Sascha Anderson, den Stasi-Spitzel. Viele Stunden habe ich in der Redaktion der *taz* verbracht. Etwas ganz Besonderes war es, Lilo und Jürgen in ihrer Wohnung am Tempelhofer Damm besuchen zu können.«

Nur ein halbes Jahr später war es mit der SED- und Stasi-Herrschaft vorbei.

52 Popmusik, Protest und Prügel

Konzert an der Mauer; Pariser Platz, Unter den Linden

»Achtung, Achtung! Bürger, hier spricht die Deutsche Volkspolizei! Verlassen Sie unverzüglich das Gebiet und begeben Sie sich nach Hause!« So schallten die Durchsagen auf der Ostseite des Brandenburger Tors durch die Nacht am Pfingstmontag, den 8. Juni 1987. Jenseits der Mauer traten Popstars wie David Bowie, die Eurythmics und Genesis bei einem dreitägigen Open-Air-Festival vor dem Reichstagsgebäude auf. Rund 5000 Schüler, Studenten, junge Arbeiter aus Ost-Berlin, aber auch aus anderen DDR-Städten, waren zur Mauer geströmt, um zumindest akustisch mit dabei zu sein. Permanente Lautsprecherdurchsagen und Ausweiskontrollen der Volkspolizei konnten sie nicht davon abhalten. Trickreich umgingen sie Polizeiposten und Absperrungen. Aus dem Wunsch, Musik zu hören, entwickelte sich binnen weniger Stunden eine spontane Demonstration gegen einen Staat, der seine Bürger bevormundete und drangsalierte.

Mit einem derartigen friedlichen öffentlichen Massenprotest hatte die Volkspolizei wenig Erfahrung. Nun aber sah sie sich zwischen Friedrichstraße, Charité und Brandenburger Tor einer bunten Mischung aufgeregter Menschen gegenüber. Ob langhaarige Jeansträger, Popper, Skinheads, Punks in bemalten Lederjacken oder Konsum-Verkäuferinnen in Kostüm und Dauerwelle: Sie alle waren irgendwie, einzeln oder in kleinen Gruppen, durch Nebenstraßen und Baustellen in das abgesperrte Gebiet rund um den Boulevard Unter den Linden gelangt. Was am Samstag vor Pfingsten mit ein paar hundert Zuhörern friedlich-fröhlich begonnen hatte, endete am dritten Abend mit heftigen Auseinandersetzungen zwischen DDR-Jugendlichen, Stasi und Volkspolizei.

Während weiter im Osten längst Perestroika und Glasnost ausgerufen worden waren, wollte die Deutsche Volkspolizei ihren Bürgern zu Pfingsten

1987 offensichtlich die Lektion einbläuen, dass in der DDR unter Erich Honecker alles beim Alten bleiben werde und sie die Hoffnung auf Reformen begraben könnten. Doch das Exekutieren der harten Linie bewirkte das Gegenteil. Tausende erlebten – wie alle, die sich nicht einschüchtern ließen und Widerstand leisteten – ein großes Gemeinschaftsgefühl. Für die meisten Beteiligten wurde es zu einem Schlüsselerlebnis, das ihr Verhältnis zum SED-Staat fortan prägte. Am Ende war es eine große Niederlage für die Machthaber im Staat. Es war, wie ein Beteiligter erzählt, »wie ein Wetterleuchten kurz vor Ausbruch des Gewitters – zwei Jahre vor dem Fall der Mauer«.

Einige Musikfreunde machte der direkte Kontakt mit der Staatsgewalt im Juni 1987 gänzlich unversöhnlich, sie stellten Ausreiseanträge. Andere schöpften daraus den Mut für die Demonstrationen, die im Herbst 1989 kommen sollten. In ihnen erwachte »ein starker Demokratiewunsch«, wie es der evangelische Jugenddiakon Uwe Kulisch, der damals vor Ort dabei war, auf einem wenige Tage nach den Ereignissen schon nach West-Berlin herausgeschmuggelten Tonband heimlich und anonym kommentierte.

Was die Stasi als »Zusammenrottung« von »vorbestraften, asozial lebenden und politisch negativ Eingestellten« bezeichnete, war für die jungen Ost-Berliner zunächst nur der Versuch gewesen, am »Concert for Berlin« aus Anlass der 750-Jahr-Feier der Stadt teilzuhaben. Vor der 76 Meter breiten Bühne hatten sich auf der Westseite rund 60 000 Jugendliche in Partylaune bei gutem Wetter auf der Wiese vor dem Reichstag versammelt. Die Fans im Osten, obwohl nur einen Steinwurf entfernt, blieben ausgegrenzt. Am ersten Tag waren es nur einige hundert, zumeist junge Schüler, die mit Kofferradios angerückt kamen und in kleinen Gruppen herumstanden. In den Nachrichten kam, dass Papst Johannes Paul II. zu einem Besuch in seinem Geburtsland Polen eingetroffen sei und sowohl mit dem Staats- und Parteichef Wojciech Jaruzelski als auch mit Arbeiterführer Lech Wałęsa Gespräche führen würde. Dann übertrugen westliche Sender das Konzert live, die Stimmung war deshalb auch auf der Ostseite zunächst gut. Zu den Songs machten manche ihre Feuerzeuge oder Wunderkerzen an. Einzelne versuchten, auf Dächer und Schornsteine der Ruinen am Spreeufer zu klettern, um von dort etwas sehen zu können. Zwar wurden sie von Bereitschaftspolizisten sofort wieder heruntergeholt, doch der Abend endete halbwegs friedlich.

Demonstrierende DDR-Jugendliche am Brandenburger Tor, 8. Juni 1987.

Am nächsten Tag hatte sich das Konzert in Ost-Berlin weiter herumgesprochen. Am Pfingstsonntagabend kamen daraufhin die DDR-Jugendlichen scharenweise. Der Wind hatte gedreht, die Klänge der Eurythmics waren diesmal auch auf der Ostseite des Reichstages ohne den Umweg übers Radio gut zu hören. Am Virchowdenkmal nahe der Charité tanzten einige ausgelassen auf der Straße. Bei seinem Auftritt um 22 Uhr ging David Bowie sogar direkt auf die Fans im Osten in seiner Ansage ein: »Ich habe viel mit jungen Leuten gesprochen, als ich gestern drüben war, und ich glaube schon, dass einige von ihnen zum Konzert heute Abend kommen werden.« Tosender Beifall auf beiden Seiten der Mauer.

Noch immer war die Ansammlung auf der Ostseite zu diesem Zeitpunkt keine direkte politische Demonstration. Einer der Besucher gab danach zu Protokoll: »Ich wollte wenigstens einmal in meinem Leben« den Rockstars »so nahe sein, wie es später vielleicht nicht wieder möglich ist.« Gegen 23 Uhr waren es schon weit über 1000 Leute, obwohl in der ganzen Gegend seit dem Nachmittag massiv Ausweise kontrolliert worden waren. Dabei wurden Namen und Anschrift notiert, »um Sicherheit und Ordnung zu wahren«, wie die Uniformierten erklärten. Armeelaster ließen ihre Motoren aufheulen, um die Musik aus dem Westen zu übertönen.

Gegen Mitternacht eskalierte die Stimmung. Pfiffe und Johlen nahmen zu, es kam zu ersten Handgreiflichkeiten und Rempeleien. Rollkommandos griffen einzelne Jugendliche aus der Menge heraus und schleiften sie zu bereitstehenden Lkws. Mehrere massive Polizeiketten drängten die Herumstehenden teils unter Knüppelschlägen weg von der Mauer in Richtung Friedrichstraße. Hinter den Ketten bellten die Hunde einer Polizeistaffel. Flaschen flogen in Richtung der Ordnungskräfte, erstmals ertönten Rufe »Gorbi, Gorbi« und »Die Mauer muss weg!« oder »Bullen verpisst euch, keiner vermisst euch!«.

Ein Junge brüllte im Zorn einen Uniformierten an: »Von mir kann kein Lehrer mehr verlangen, dass ich zum 7. Oktober [Nationalfeiertag der DDR] demonstrieren geh!« Der Ruf »Die Mauer muss weg« war übrigens aus einem kleinen Hit der West-Berliner Gropiuslerchen entstanden, der von mitgebrachten Kassettenrecordern abgespielt wurde: »Berlin, Berlin, dein Herz braucht keine Mauern.« An einer Stelle im Song ertönt der gesampelte O-Ton von Willy Brandt: »Die Mauer muss weg, weg, weg ...«

Der 19-jährige Mechaniker Detlef Matthes zog mit seinem Kumpel damals durch die Straßen. Ihn empörte die Polizeigewalt. Noch in der Nacht setzte er sich hin und schrieb alles auf, was er gesehen hatte. Seine Notizen schickte er als Brief an einen West-Berliner Bekannten in der Hoffnung, dass sein Augenzeugenbericht das ARD-Fernsehen erreichen würde. Sein Brief kam niemals an. Er war abgefangen worden, aber Matthes entdeckte ihn 27 Jahre später in seiner Stasi-Akte wieder. In den Notizen hatte er geschrieben, »die Jagd auf Unschuldige« sei »eine sinnlose Demonstration der Macht des Staates« gewesen.

*

Als die SED knapp zwei Jahrzehnte zuvor, am 7. Oktober 1969, den 20. Geburtstag der DDR feiern ließ, hatte Rockmusik in Ost-Berlin in gleicher Weise die Rolle eines Katalysators gespielt, der die Unzufriedenheit öffentlich machte. Ein Moderator des West-Berliner Senders RIAS (Werbeslogan: »Eine freie Stimme der freien Welt«) hatte in seiner Sendung scherzhaft verkündet, die Rolling Stones würden an diesem Tag auf dem Dach des Springer-Hochhauses direkt an der Mauer ein Konzert geben. Das Gerücht verbreitete sich wie ein Lauffeuer unter Jugendlichen im Osten. In Dessau prangte kurze Zeit eine unvollendete Parole auf der Straße: »Rolling-Stones-Fans, fahrt nach Ber...«

Polizei und Stasi aber wollten um jeden Preis verhindern, dass die sozialistische Jubiläumsfeier durch langhaarige Rockfans in der Nähe der Staatsgrenze konterkariert wurde. Hunderte von Sicherheitskräften riegelten die Leipziger Straße gegenüber dem Springer-Hochhaus weiträumig ab. Überall standen Polizeiketten und Hundestaffeln. Trotzdem sammelten sich Tausende Stones-Fans, teils eigens aus der ganzen DDR angereist, rund um den Spittelmarkt, um von dort aus das Springer-Haus im Westen zu beobachten.

Die Rolling Stones ließen sich nicht blicken, doch die Volkspolizei versuchte, die Rockfans abzudrängen, ohne Erfolg. Sie verhaftete 383 Jugendliche und behandelte 621 erkennungsdienstlich. Viele von ihnen wurden anschließend strafrechtlich verfolgt und bestraft. Nicht wenige Biografien nahmen nach diesem Tag eine Wendung hin zu oppositionellem Denken. Die Geschichte des angeblichen Stones-Konzertes an der Mauer hatte sich tief eingefressen in das Gedächtnis dieser Jugendgeneration-Ost. Und sie war auch 1987 noch in vielen Köpfen präsent.

*

Pfingstmontag 1987, am dritten Tag des Popfestivals am Reichstag, waren die Ereignisse der Vortage endgültig Stadtgespräch in Ost-Berlin. Westradio und -fernsehen hatten von den Polizeiübergriffen berichtet. Neben den 14- bis 20-Jährigen zog es nun auch ältere Ost-Berliner, auch solche aus der politischen Opposition in das Gebiet zwischen Friedrichstraße und Brandenburger Tor. Dort patrouillierten schon seit dem Morgen Vopos, Bereitschaftspolizisten und Angehörige der Stasi in Zivil. Jenseits der Mauer sollte am Abend die Gruppe Genesis spielen.

Ab 18 Uhr sperrten Polizisten 500 Meter vor dem Brandenburger Tor die Straße Unter den Linden mit einem Seil ab. Davor standen die Menschen und riefen für Ost-Berliner Verhältnisse Unerhörtes: »Bullen raus, Bullen raus!« Und vor der sowjetischen Botschaft erneut »Gorbatschow, Gorbatschow«. Die Atmosphäre war angespannt, nur ein einzelnes Mädchen verteilte Blumen an Volkspolizisten.

Am S-Bahnhof Friedrichstraße sollten Polizeiketten für die Nachströmenden ein Durchkommen unmöglich machen. In den Seitenstraßen hatte die Volkspolizei Wasserwerfer versteckt, auf Lkw trafen immer mehr uniformierte Bereitschaftspolizisten ein. »Die Stimmung kippte«, erinnert sich eine Demonstrantin, »als einzelne Leute von zivilen Greifkommandos aus der Menge herausgegriffen und festgenommen wurden.« Sie habe gesehen, »wie Menschen, die hingestürzt waren, an den Füßen hochgerissen und mit dem Kopf über das Pflaster gezogen wurden. Ihre lauten Schreie und das Geräusch ihres aufschlagenden Körpers waren gespenstisch.«

Unmittelbar vor dem Brandenburger Tor war eine größere Gruppe eingekesselt. Dort hatten Jugendliche den Polizisten 20-Pfennig-Stücke ins Gesicht geworfen. Andere schmissen Bierflaschen, einzelne Feuerwerkskörper blitzten und knallten. Einer, der dort herausgegriffen wurde, erinnert sich: »Sie gingen mit mir in eine Tordurchfahrt, sodass die Leute uns nicht mehr sehen konnten.« Dort habe man ihn in den Bauch geschlagen. Als er auf dem Boden lag, »trat ein anderer mit dem Fuß zu«. Später kam er in Gewahrsam zu 40 anderen Festgenommen. Sie mussten auf dem Boden sitzen, erst in der Nacht wurde er vernommen.

Seine Erlebnisse und die vieler anderer Augenzeugen protokollierten damals zwei junge Aktivisten aus den Gruppen in der evangelischen Kirche. Christian Halbrock hatte ein Jahr zuvor die Umweltbibliothek, ein Treffpunkt oppositioneller Umwelt- und Friedensaktivisten im Gemeindehaus der Berliner Zionskirche (s. Kap. 53), mitgegründet, und Uwe Kulisch kam von der offenen Jugendarbeit der Kirche. Sie sammelten so viele Berichte wie möglich und schrieben sie nieder.

Kulisch ließ im Konsistorium eine hektografierte Broschüre mit dem Titel »Der 7. 8. 9. Juni – intern« anfertigen, 20 Exemplare »nur zum innerkirchlichen Dienstgebrauch«. Das Infoblatt berichtete detailliert über die Geschehnisse: »gespannte Atmosphäre ... das Alter zwischen 16 und 40 Jahre ... am dritten Tag stieg die Zahl auf über 2000 an ... Einzelne wurden unter Gewaltanwendung auch mit Gummistöcken in Toni-Wagen [Polizeifahrzeuge] gesteckt ... Einzelne berichten, dass sie geschlagen wurden im Wagen, aber auch schon vorher. Immer kurz nach dem ›Herausziehen‹, wenn es besonders gewaltsam war, erklangen Buhrufe und ›Bullen raus!‹, ›Bullenschweine‹, ›Faschisten‹, ›Stasi-Schweine‹, ›DDR – Pinochet‹ ... ein Mädchen wurde in den Toni-Wagen gesteckt, die Volkspolizisten sagten: ›Ein hübscheres habt ihr wohl nicht gekriegt?‹ … Ein alter Mann äußerte in einer Diskussion unter den zuschauenden Leuten: ›Dafür haben wir nicht gekämpft‹.«

Ein Exemplar des Berichts gab Kulisch dem Ost-Berliner Bischof Gottfried Forck, damit dieser in Gesprächen mit Staatsvertretern handfeste Argumente hatte und Beispiele für Übergriffe nennen konnte. Dann aber tippte Halbrocks Freundin Susanne noch einmal die ganze Dokumentation auf besseren Matrizen ab. Im Keller der Umweltbibliothek am Zionskirchplatz druckte Halbrock heimlich 100 Exemplare und verteilte sie bei einer Fahrradrundfahrt durch Ost-Berlin. Auch Kulisch war noch einmal in seinen Keller gegangen, wo er eine Ormig-Vervielfältigungsmaschine versteckt hatte, und druckte weitere 70 Exemplare, die durch die Hände Hunderter von Lesern gingen.

Die offizielle DDR-Presse leugnete die Geschehnisse. Die staatliche Nachrichtenagentur ADN meldete: »Offensichtlich interessierte Kreise, die Kreuzberg nach dem Brandenburger Tor verlegen möchten, üben sich in der Verbreitung von Schauermärchen über das Verhalten von Rockfans. Laut polizeilichen Meldungen haben einige hundert Rockfans dem Konzert mit Lautsprecherverstärkung zugehört. Von Zusammenstößen zwischen Polizei und Jugendlichen kann überhaupt keine Rede sein. Sie existieren nur in den Hirngespinsten einiger westlicher Korrespondenten.«

Darum setzte Kulisch noch einmal nach. Unter abenteuerlichen Umständen gab er heimlich ein Interview zu den Geschehnissen, das im Westfernsehen zusammen mit einem Song des Liedermachers Stephan Krawczyk über die Pfingstdemos gesendet wurde. Kulisch war dabei nur zu hören, nicht zu sehen. Lediglich ein laufender Kassettenrecorder mit seiner Stimme lag auf einer Bank in einem Ost-Berliner Park. Tatsächlich hatte Kulisch das Band im Volkspark Friedrichshain besprochen, und Miriam Moderow, eine junge *taz*-Journalistin, hatte die Kassette unter ihrer Kleidung über die Grenze geschmuggelt.

Der Ost-Berliner Bürgerrechtler Wolfgang Templin sprach damals in einem Telefoninterview für einen ARD-Brennpunkt von einer »spontanen Politisierung, die viel mehr als ein paar Jugendliche erfasste«, und prophezeite schon 1987, dass sich nach diesen Pfingstunruhen in Ost-Berlin Unmut und Protest auf einer neuen Stufe fortsetzen würden.

53 Das Hauptquartier

Die Umweltbibliothek; Griebenowstraße 15–16

In den letzten Jahren der DDR führte in der Griebenowstraße eine Steintreppe – im wahrsten Sinn des Wortes – in den Untergrund hinab, in dunkle Kellerräume im Gemeindehaus der Zionskirche, nur ein paar Schritte entfernt vom Gotteshaus. Wer sich über den Eingang des Nachbarhauses erst in den Hof und von dort aus in den Keller traute, der befand sich an einem ganz besonderen Ort der DDR-Opposition, in der Umweltbibliothek, kurz UB genannt. Seit dem 2. September 1986 ließen sich in zwei Räumen rund 200 verbotene oder unerwünschte Bücher, aber später auch aktuelle Exemplare der Westpresse wie der *Spiegel* oder die *taz* lesen.

Geöffnet war das Herzstück des politischen Untergrunds täglich von 18 bis 21 Uhr. In der Regel waren die kleinen Räume mit einem Dutzend Besuchern gefüllt. Nicht jeder kam allerdings hinein, wenn in einem hinteren Kellergewölbe Untergrundblätter und Broschüren hergestellt wurden – anfangs mit einfachen Ormig-Abzugsgeräten, die nur etwa 50 Vervielfältigungen schafften, später mit Wachsmatrizengeräten, die bis zu 1000 Exemplare bewältigten.

Der Pfarrer der Gemeinde, Hans Simon, hatte mit Zustimmung seines Gemeindekirchenrates und zum Leidwesen der Ost-Berliner Kirchenleitung den jungen Leuten das Haus zur Verfügung gestellt, zur ziemlich freien Verfügung. Die jungen Aktivisten bauten das Ganze zu einem oppositionellen Zentrum aus. Sie eroberten nach und nach alle Stockwerke, die dann als Bar oder Musikcafé dienten, als Galerie, Archiv oder Kino. Auch im Hinterhof gab es regelmäßig Feiern und Veranstaltungen. Es entstand ein halblegales, selbstverwaltetes Kommunikationszentrum der politisch-alternativen Szene.

Die Katastrophe im sowjetischen Atomkraftwerk von Tschernobyl lag noch nicht lange zurück und Mitglieder der unabhängigen Umweltgruppen sammelten ohnehin schon länger Informationen über ökologische, aber auch über politische Missstände in der DDR. Das Zusammentragen von Umweltdaten und mehr noch ihre Veröffentlichung waren allein deshalb riskant, weil solche Daten von den verantwortlichen Behörden in der DDR geheim gehalten wurden. In Veranstaltungen und als »innerkirchlich« deklarierten Info-Blättern informierten die Umweltgruppen dennoch über das Waldsterben, über die Vergiftung von Gewässern und Belastungen der Luft, über Risiken der Atomenergie – aber auch über den Einmarsch und den Krieg sowjetischer Truppen in Afghanistan.

Mit Gründung der UB existierte mitten in der Hauptstadt der DDR ein einmaliger Raum unzensierter Information, ein Ort für tabufreie Diskussionsabende, Filmvorführungen, aber auch Ausstellungen oder Konzerte von Künstlern, die Auftrittsverbot hatten. Eine kleine Insel der Gegenkultur mitten in Prenzlauer Berg, ein Stachel im Fleische des realen Staatssozialismus. Im Stasi-Jargon hieß das: »Feindliche Kräfte in ökologischen Gruppen im kirchlichen Bereich sehen in der Öko-Problematik in erster Linie Konfrontationsmöglichkeit mit dem Staat ...«

Die Aktivisten der UB sprachen gemeinsam mit anderen Öko-Gruppen das Tabuthema der Sondermülldeponie Schönberg an, jener Giftmüllkippe nahe der innerdeutschen Grenze unweit von Lübeck, mittels derer die DDR ordentlich Devisen erwirtschaftete. Mit Siegbert Schefke, Redaktionsmitglied der *Umweltblätter,* und seinem Freund Aram Radomski gab es zwei Videofilmer im Umfeld der UB, die sich nicht scheuten, Giftmüllkippen, verseuchte Flüsse, qualmende Kraftwerke bis hin zu den strahlenden Urangruben und -halden im Süden der DDR heimlich zu filmen. Ihr Material wurde dann vom politischen Magazin »Kontraste« im Westfernsehen ausgestrahlt und erreichte auf diesem Umweg ein Millionenpublikum in der DDR.

Der junge Bauingenieur Carlo Jordan, der Hilfspfleger Christian Halbrock, der Buchhändler Oliver Kämper und der ausgebildete, aber nicht in den kirchlichen Dienst übernommene Jugendarbeiter Wolfgang Rüddenklau, die Gründungsmitglieder der UB und ihre Mitstreiter, stellten nahezu Monat für Monat die *Umweltblätter* her. Die waren dank des Vermerks auf Seite 1 – »Nur für den innerkirchlichen Dienstgebrauch« – zumindest etwas geschützt, auch wenn sie vor allem außerhalb der Kirche kursierten. In der

Veranstaltung in der Umweltbibliothek; Redner Carlo Jordan, 1987.

ersten Ausgabe schrieben die Macher, eine »neue Art der Öffentlichkeitsarbeit« solle »endlich aus dem ewigen Inzest der immer gleichen Leute herausführen. In die Umweltbibliothek kann jede(r) kommen.« Ursprünglich war der Name »Öko-Bibliothek« ins Auge gefasst worden. Von Kämper stammte die Idee zum Namen Umweltbibliothek.

Die Redaktion informierte mit ihren Artikeln über die in der ganzen DDR arbeitenden Friedens-, Umwelt- und Menschenrechtsgruppen und deren Konflikte mit Kirche und Staat. Die zunächst kleine Auflage der *Umweltblätter* stieg unaufhörlich. Am Ende waren es 5000 Exemplare, die von Hand zu Hand weiterwanderten und daher einen erheblichen Kreis erreichten, nicht nur DDR-Oppositionelle. Bis zum September 1989 kamen 32 Ausgaben heraus. In der letzten wurden die Positionspapiere und Gründungserklärungen aller neu entstandenen Bürgerbewegungen und Parteien veröffentlicht. Auch die Publikation *MOAning Star* der offenen Arbeit (OA) der »Kirche von unten« mit Comiczeichnungen und politisch brisanten Themen, wie der gleichzeitigen Belieferung der beiden Kriegsparteien Iran und Irak durch die DDR mit Munition vom »VEB Mechanische Werkstätten« in Königswartha konnte im UB-Keller mit Auflagen bis zu 6000 Exemplaren gedruckt werden.

Für rund 300 Gruppen in der DDR-Provinz stellte die Umweltbibliothek einen Treffpunkt und vor allem einen zentralen Vernetzungsknoten dar. Der ehemalige UB-Aktivist Tom Sello: »Es gab ein Wandregal mit einem regelrechten Postfachsystem, über die Informationsmaterial ausgetauscht und durch Kuriere abgeholt werden konnte.« Sello ergriff im Herbst 1989 die Initiative und gründete mit anderen gemeinsam eine Untergrundredaktion, die in hoher Auflage den *telegraph* herausgab, um über die Friedliche Revolution zu berichten.

Kuriere wie die beiden Leipziger Rainer Müller und Thomas Rudolph fuhren oft mit einem geliehenen Trabi nach Ost-Berlin, besuchten die UB, gaben selbst Infomaterial ab, trafen Freunde und holten die aktuellsten Flugblätter oder Untergrundblätter, um sie in ihren Leipziger Oppositionsgruppen und im ganzen Süden der DDR zu verbreiten. Sie kehrten nach den UB-Besuchen nicht nur mit ein paar, sondern manchmal mit Hunderten von Exemplaren der *Umweltblätter,* des *Friedrichsfelder Feuermelder* oder dem *grenzfall* zurück. Dabei war es ziemlich riskant, »heißes Material« zu transportieren. Denn die Möglichkeiten einer Gegenöffentlichkeit, die mit der Gründung der Umweltbibliothek immer stärker ausgebaut wurden – auch Dresdener Gruppen etwa nutzten die Druckmaschinen der UB –, rief die Stasi auf den Plan. Hinter dem *grenzfall* stand die Oppositionsgruppe Initiative Frieden und Menschenrechte (s. Kap. 35), die den Stasi-Offizieren ein ganz besonderer Dorn im Auge war.

Einer ihrer inoffiziellen Mitarbeiter, IM »Martin«, erforschte die Räumlichkeiten in der Griebenowstraße und verriet seinem Führungsoffizier namens Hass, wie man heimlich in die Oppositionszentrale einsteigen und sie erkunden könnte: Eine Möglichkeit »besteht von der Hofseite durch eine der beiden Luken für den Kohleeinwurf oder über das WC, Fenstereinsatz fehlt zurzeit. [...] Wenn sich Rüddenklau in der Bar im 4. Stock aufhält«, schlug Spitzel »Martin« vor, könne man den Diensthabenden der UB im Keller leicht ablenken: »Wenn ein zweiter Mann die Kellertreppe bewacht, kann ein

Dritter ›agieren‹. Bei normalen Publikumsverkehr könnten 2 bis 3 Leute reingeschickt werden, die aber ›szenehaft‹ gekleidet sein müssten. Weder Pfarrer Simon noch die anderen fragen einen Besucher, wohin dieser will. Man muss nur zielgerichtet vorgehen.«

Ein Jahr nach der Gründung der UB hielten es Mielkes Männer für an der Zeit, in den Kellern dem Treiben der Opposition ein Ende zu setzen. Sie planten eine Aktion mit dem Decknamen »Falle«. Am 25. November 1987 war es so weit: Rund 20 Mitarbeiter des Staatssicherheitsdienstes marschierten kurz nach Mitternacht in die Umweltbibliothek ein. Sie hofften, die Drucker des nicht genehmigten *grenzfalls* auf frischer Tat beim Vervielfältigen zu ertappen. Das war ein rein illegales Oppositionsblatt, ohne jegliche Beziehung zu etwas Kirchlichem.

Durch offene Beschattung an anderen möglichen Druckorten brachte die Stasi die Gruppe dazu, statt in einer Privatwohnung es diesmal allein in der UB mit dem Druck zu versuchen. Rainer Dietrich, ein anderer inoffizieller Mitarbeiter, hatte zudem die *grenzfall*-Redakteure überredet, entgegen ihrer sonstigen Vorsicht beim Druck dabei zu sein. Gleichzeitig hatte er seinem Führungsoffizier verraten, dass genau in dieser Nacht die Maschinen angeworfen und der *grenzfall* produziert werden sollte. Doch die Blattmacher, die sich weit entfernt im Süden Berlins getroffen hatten, erschienen nicht. Seinem Führungsoffizier erzählt Dietrich später, dass sein Trabi, mit dem er sie in die UB hatte fahren wollte, nicht angesprungen sei.

Die ungeduldigen Stasi-Leute zogen den Einsatz in der Griebenowstraße aber stur durch. Sie klingelten bei Pfarrer Simon, der mit seiner Frau schon im Bett lag und sich das Eindringen ins Schlafzimmer verbat. »Solange meine Frau sich anzieht, kommt hier keiner rein!« Es kam zu einer Rangelei zwischen Stasi-Leuten und dem Geistlichen an der Schlafzimmertür. Andere stürmten die Treppe in den Keller hinunter und riefen den Druckern zu: »Maschinen aus! Mit dem Gesicht an die Wand! Hände hoch!« Ein Zweiter forderte sogleich: »Ausweise raus!« Lässige Antwort von einem, der ihnen den Rücken zudrehte: »Ja wie denn jetzt?« Die Gelassenheit hatte einen guten Grund: Sie waren eben nicht auf frischer Tat ertappt worden. Sie hatten den Druck des illegalen *grenzfalls* auf die frühen Morgenstunden verschoben, weil der 14-jährige UB-Unterstützer Tim Eisenlohr spontan vorbeigekommen

Café mit Ausstellung von Igor Tatschke in der Umweltbibliothek, 1987.

war und die älteren Aktivisten sich einig waren: »Solange Tim dabei ist, drucken wir nichts Illegales.«

Allerdings lagen die Wachsmatrizen für die neue Ausgabe schon in einem Nebenraum bereit, und bei Pfarrer Simon im Keller befanden sich bereits an den Vortagen gedruckte Seiten des *grenzfalls*. Als die Stasi hereinstürmte, druckten sie gerade noch eine anstehende Ausgabe der *Umweltblätter* – die eher geduldete »innerkirchliche« Publikation mit dem Vermerk auf Seite eins: »Nur zum innerkirchlichen Dienstgebrauch«.

Dennoch fotografierte der Stasi-Trupp sieben anwesende Aktivisten, die anschließend »zugeführt«, also vorläufig festgenommen und verhört wurden. Die Stasi-Ermittler durchsuchten die Räume und beschlagnahmten Druckmaterial, Matrizen und die bis zu 50 Jahre alten Vervielfältigungsmaschinen. An den Wänden der UB hingen überall politische Plakate: »Für einen zivilen Ersatzdienst«, »Schwerter zu Pflugscharen«, »3. Berliner Öko-Seminar: Morsche Meiler«. Wolfgang Rüddenklau erinnert sich: »Während die festgenommenen UB-Aktivisten durchsucht wurden, lief im Kassettenrecorder der Druckerei das Lied ›Keine Macht für Niemand!‹ von Ton Steine Scherben.«

Der verhaftete Till Böttcher konnte unter dem Vorwand, er müsse seine Mutter anrufen, vom Gemeindetelefon aus Bärbel Bohley informieren, die sofort in West-Berlin bei Roland Jahn und Jürgen Fuchs anrief, um den Überfall auf die Umweltbibliothek öffentlich machen. Denen gelang es noch in der Nacht, alle wichtigen Westmedien zu erreichen. Über die Radionachrichten war die geteilte Stadt schon am nächsten Morgen informiert.

Bohley gab auch Oppositionsgruppen in anderen DDR-Städten Bescheid. In Prenzlauer Berg verbreitete sich die Nachricht vom Überfall wie ein Lauffeuer. Einige UB-Unterstützer klapperten mit dem Fahrrad Wohnungen von Freunden und Bekannten ab. Wen sie nicht antrafen, dem hinterließen sie handgeschriebene Zettel, die sie unter den Türen durchschoben. Dabei traf es sich gut, dass gerade ein zentrales Treffen von unabhängigen Umweltgruppen aus der ganzen Republik in einer Ost-Berliner Kirchengemeinde stattfand. Viele kamen so schon am Morgen zur Zionskirche und in die Räume der UB. Die Idee, eine Mahnwache nicht nur in der Kirche, sondern auch direkt davor zu veranstalten, nahm schnell Gestalt an.

Die Ost-Berliner Staatsanwaltschaft erklärte, dass sieben Mitglieder der Umweltbibliothek bei der »Herstellung staatsfeindlicher Schriften« auf frischer Tat ertappt worden seien; dasselbe meldeten die DDR-Nachrichtensendung »Aktuelle Kamera« und das SED-Zentralorgan *Neues Deutschland.*

Ein Problem für die Obrigkeit: Unter den Verhafteten befand sich ein 14-Jähriger. Die Westmedien meldeten bereits die Verhaftung eines Minderjährigen. Der Junge stammte auch noch aus einer Funktionärsfamilie. Sein Vater war SED-Genosse und hatte ursprünglich Staatsanwalt werden wollen. Nachdem er allerdings zu Ausbildungszwecken DDR-Gefängnisse von innen kennengelernt hatte, konnte er das nicht mit seiner sozialistischen Überzeugung vereinbaren, sattelte um und organisierte fortan medizinische Kongresse. Der Bruder seiner Mutter war Horst Steinert, Direktor der Forum GmbH, die für alle Intershops zuständig war. »Mein Vater hatte mich frei erzogen und wusste, dass ich in der Ausleihe der UB mitmache. Für den Fall der Fälle hatte er mir eingeschärft: Du sagst bei einer Verhaftung nichts, bevor ich nicht da bin. Darum sagte ich nichts und bat darum, meinen Vater erst aus Leipzig zu holen.« Wie die anderen war Eisenlohr allein in einem Lada mit zwei Bewachern zum Verhör gefahren worden. Er hate Glück. »Mit meiner Nickelbrille und dem alternativen Aussehen hatte ich immer Angst vor Nazis, nachdem vier Wochen zuvor ein brutaler Überfall von Skinheads auf ein Rockkonzert in der Zionskirche stattgefunden hatte. Darum war ein kleines Handbeil zur Selbstverteidigung in meinem Rucksack, außerdem noch ein Buch ›Antikommunismus in Ost und West‹. Es war total absurd, aber da hat nicht einer in diesen Rucksack reingeguckt!« Sein Vater kam und Tim Eisenlohr wurde nach zehn Stunden nach Hause gefahren. »Der Generalstaatsanwalt ermahnte mich nur noch: Aber in der Schule erzählst du nichts!«

Die Stasi hatte auf eine Spaltung zwischen radikalen und weniger radikalen Gruppen gehofft, doch Solidarität und Protest setzten schon in Nacht der Stasi-Razzia in der UB ein. Es war ein Schlüsselereignis für die Entwicklung der DDR-Opposition in den Jahren 1988/89. Die ARD berichtete über den Tabubruch: Seit 1953 war die Staatssicherheit auf Veranlassung der SED nicht mehr derart in Kirchenräume eingedrungen. Was folgte, ging als »Kampf um Zion« oder als »Schlacht um die UB« in die Geschichte ein.

Tom Sello erinnert sich gern daran: »Auf die Aktion ›Falle‹ folgte eine Welle der Solidarisierung mit den Verhafteten, die alle Erwartungen derjenigen übertraf, die den Protest auslösten. Vor der Zionskirche bildete sich eine Mahnwache und sorgte für Öffentlichkeit.« Die Demonstranten, vom Pfarrer bis zum Punk, forderten die Freilassung der Inhaftierten, die Herausgabe der beschlagnahmten Gegenstände sowie eine Garantie für den Fortbestand und die volle Arbeitsfähigkeit der Umweltbibliothek. In der DDR war so etwas bis dahin nahezu unvorstellbar gewesen.

Als sich die Mahnwachen und Fürbittgottesdienste im ganzen Land auszubreiten begannen, gab die Obrigkeit nach und ließ alle eigesperrten Oppositionellen schon nach wenigen Tagen wieder frei. Die Aktion »Falle« endete mit einer Niederlage der Stasi. Durch diese Razzia wurde die UB international bekannt, und der Zulauf zur UB wurde größer als je zuvor. Bis zum Ende der DDR wagte die Stasi keine erneute Aktion gegen sie. Gleichzeitig machten Mahnwachen für Verhaftete als Aktionsform auch in anderen

Städten Schule, wenn es in den letzten beiden Jahren der DDR zu Festnahmen kam.

»Die Opposition in der DDR«, so Tom Sello, »wurde nicht geschwächt, sondern rückte stattdessen in den Blickpunkt einer breiteren Öffentlichkeit, in der DDR wie im Westen.« In einem Neujahrsgruß der *Umweltblätter* zur Jahreswende 1987/88 wandten sich die Aktivisten denn auch in ironischem Ton direkt an SED und Stasi: »Wir sind einmütig der Meinung, dass dieser Staat und diese Behörden einmalig und völlig unersetzlich sind.« Sie bedankten sich für »die großartige weltweite Gratis-Reklame für die Umweltbibliothek« und riefen »der DDR-Regierung zum neuen Jahr zu: ›Macht weiter so, Jungs!‹«

*

Wer heute in der Zionskirche die Empore erklimmt, der kann noch die letzten Spuren der Auseinandersetzung von damals finden. Das Brett mit den Resten von Kerzen der Mahnwache. Dort oben wurden auch die Transparente der Protestierenden gemalt. In der Eile legten die Aktivisten den dünnen Stoff direkt auf die Holzdielen und die Farbe drückte sich durch das Gewebe auf das Holz durch: »Wir protestieren gegen die Festnahmen und Beschlagnahmung in der Umweltbibliothek.« Die Volkspolizei holte das Transparent später vom Turm der Kirche. Mit etwas Mühe lässt sich die Parole auf dem Fußboden heute noch erkennen.

54 Auf die Straße!

Demonstrationen gegen Wahlfälschung und Bevormundung; Alexanderplatz

»Punkt 17 Uhr am Springbrunnen auf dem Alex. Das war die Verabredung am 7. September 89. Mit Trillerpfeifen! Mit unseren Demo-T-Shirts! Jeder hatte einen Buchstaben drauf. Ich hatte das ›W‹. Alle Buchstaben waren zur Sicherheit doppelt besetzt. Jeder malte einfach mit Farbe und Pinsel einen abgesprochenen Buchstaben auf sein T-Shirt. Die 7 musste zugleich den Punkt haben, denn wir waren ja nur 28 Leute. Michael Heinisch hatte das organisiert. Wir wollten uns dann nebeneinanderstellen, und alle auf dem Alex sollten es lesen können: ›7. Mai Wahlbetrug‹. Denn dagegen demonstrierten wir, seitdem die Manipulation des Ergebnisses der Kommunalwahlen vom 7. Mai im ganzen Land bewiesen worden war.« Evelyn Zupke erzählt noch heute rasch und knapp, als stünde die Aktion unmittelbar bevor. Sie gehörte im Friedenskreis Weißensee zu den treibenden Kräften, die in Ost-Berlin endlich auf die Straße wollten, raus aus der Bevormundung in den Kirchen, raus aus klandestinen Diskutierzirkeln, rein in die Öffentlichkeit.

»Natürlich musste es der Alexanderplatz sein! Von einem Kirchengebäude aus waren wir am 7. Juni nicht einen Schritt in die Stadt gekommen.« 200 Leute hatten von der Sophienkirche aus versucht, eine erste Demonstration gegen den Wahlbetrug auf die Beine zu stellen. Doch ein massives Aufgebot von Sicherheitskräften verhinderte, dass der Demonstrationszug wie geplant bis zum Staatsratsgebäude ziehen konnte. Die damals 27-jährige Zupke und ihre Mitstreiter wurden in den Wochen darauf rund um die Uhr überwacht und zu Verhören abgeholt, dennoch wollten sie zur Erinnerung an den Wahlbetrug fortan an jedem 7. eines Monats weiter demonstrieren.

Sie und ihre Freunde aus dem Friedenskreis Weißensee hatten die Ergebnisse ihrer Wahlbeobachtung in ihrer Wohnung in der Stephanus-Stiftung ausgewertet. Dort arbeitete Zupke mit geistig Behinderten. Informationen anderer Wahlbeobachter aus Oppositionsgruppen in der ganzen Republik wurden schriftlich festgehalten und in eine Untergrundbroschüre mit dem Titel »Wahlfall« verbreitet, die in der Umweltbibliothek gedruckt werden konnte. Es war die erste Dokumentation des staatlichen Wahlbetrugs und wurde zur Grundlage der Berichte von Westmedien über die DDR-Kommunalwahlen, die daraus zitierten und das Wort »Wahlfälschung« offen aussprachen.

Zupke: »Am 7. August gab es wegen der Ferienzeit nur eine Veranstaltung. Wir schafften es dann am 7. September aber nicht einmal alle bis auf den Alexanderplatz. Sie haben versucht, uns schon vor den Wohnungen wegzufangen, um uns gar nicht erst ins Stadtzentrum gelangen zu lassen.«

Michael Heinisch, ein kirchlicher Jugendmitarbeiter, hatte sich zur Verkleidung eine Brille aufgesetzt, andere hatten sich sogar einen Bart angeklebt. »Doch als ich kurz vor 17 Uhr die Treppe von der U-Bahn auf den Alex hochging, stand oben ein Stasi-Mann, der zu mir sagte: ›Herr Heinisch, warten Se mal, zeigen Se mal Ihren Ausweis.‹ Als ich den rausholte, nahm er ihn mir weg, meinte lakonisch: ›Den ziehen wir ein, und sie sind festgenommen!‹ Dann schleppten sie mich in einen Barkas-Kastenwagen, der da rumstand, und legten mir Handschellen an.« Er sah, wie der Wagen von einem Dutzend Männern mit gleicher Jacke umstellt wurde.

Zupke: »Aber etlichen Leuten gelang es doch, an den Überwachern vorbei- und durchzukommen. Ich hatte mich ebenfalls ziemlich verkleidet, war kaum zu erkennen. Als ich am Alex ankam, sah ich, er war ziemlich belebt, vor allem durch ein massives Aufgebot an Sicherheitskräften und treuen SED-Mitgliedern. Die Überwachungskameras an den Dachkanten rund um den Platz drehten sich aufgeregt hin und her. Wir sickerten nach und nach ein und suchten untereinander Blickkontakt, um uns zu verständigen.« Dann war es so weit: »In dem Moment, an dem wir auf den Neptunbrunnen zugingen, kamen sie sofort massenhaft auf uns zugerannt. Ein paar von uns konnten noch ihre Trillerpfeifen benutzen, doch es war unmöglich, uns nebeneinander zu stellen und die Losung ›7. Mai Wahlbetrug‹ aus den einzelnen Buchstaben auf den T-Shirts zu zeigen. Wir sprangen noch auf den Brunnenrand und dann ins Wasser. Denn sie sollten es nicht so leicht haben und wir wollten Aufsehen erregen.«

Frank Ebert von der Umweltbibliothek war mit dabei: »Wir dachten, dann kriegen sie wenigstens nasse Füße, das gefällt ihnen sicher nicht. Aber sie waren in der Überzahl und auf Befehl kamen sie auch ins Wasser hinterher. Sie zerrten uns heraus, einige von uns schleiften sie an den Beinen quer über den Alex. Aber sie erreichten genau das Gegenteil von dem, was sie wollten, nämlich Aufsehen. Das war unser Kalkül. Natürlich war der Alexanderplatz am meisten überwacht, er war aber auch am meisten frequentiert.«

Sein Mitstreiter Heinisch saß unterdessen immer noch im Barkas auf dem Alex und erlebte plötzlich etwas Absurdes: Die Autotür ging auf, die Bewacher öffneten ihren Kreis und eine Frau mit einem kleinen Kind an der Hand baute sich vor ihm und den anderen Festgesetzten im Wagen auf. »Sie begann auf uns einzuschimpfen. Zu ihrem Kind sagte sie etwa: ›Schau sie dir da drin an! Das sind die, die die DDR kaputtmachen wollen, damit du keine Zukunft mehr haben sollst!‹« Während Heinisch noch fassungslos darüber grübelte, ob das die Frau eines Volkspolizisten oder eines Stasi-Mannes sein könnte, fauchte sein Freund Stefan, der in Handschellen neben ihm saß, die Frau an: »Du Schlampe! Verpiss dich!« Daraufhin wurde die Autotür wieder zugeworfen.

Frank Ebert stand derweil im Neptunbrunnen: »Die Passanten waren entsetzt, eine Oma mit dem Krückstock rief: ›Schämt ihr euch denn nicht, mit den jungen Leuten so umzugehen?‹ Das harte Vorgehen führte dazu, dass sich noch mehr Unbeteiligte mit uns wenigen Demonstranten solidarisierten. Sie haben selbst Leute verhaftet, die nicht zu uns gehörten, nur weil sie lange Haare hatten, alternativ oder punkig aussahen.« Seinen Freund Stefan Müller hatten zwei Stasi-Männer abgeführt. Plötzlich rammte ein Dritter ihn von hinten mit voller Wucht in die Schulter: »Da machte es knack! Und mein rechter Arm begann heftig zu schmerzen.« Sie hatten ihm den Arm gebrochen.

Evelyn Zupke erfuhr später: »In den Cafés und Restaurants rund um den Platz hatte die Stasi den Leuten erzählt, es würde nur ein Film gedreht.« Gefilmt wurde tatsächlich, aber nur von den Überwachungskameras der Staatssicherheit, genauer: vom »Operativen Fernsehen«, wie schon seit Jahren rund um den Alexanderplatz, dem Touristenschwerpunkt Ost-Berlins. Dort war nicht nur die Weltzeituhr, beliebter Ort von Verabredungen, dort gab es auch verdächtige Bars und Cafés, in denen Punks abhingen und Kontakte zwischen Ost-Frauen und West-Männern geknüpft wurden. Die Tute (eigentlich hieß sie Posthorn) wurde deswegen geschlossen und in eine Würstchenbude umgebaut. Damit bei FDJ-Jugendfestivals und anderen Treffen nur adrett im Blauhemd gekleidete DDR-Jugendliche über den Alex flanieren konnten, erhielten Punks und andere »negativ-dekadente Elemente«, die mithilfe der Kameras schnell zu identifizieren waren, Platzverbot.

Auch bei der Demo gegen den Wahlbetrug am 7. September waren die Kameras nützlich beim Aufspüren von verdächtigen Personen, die dann kurz darauf von über Funk informierten Volkspolizisten oder zivilen Stasi-Mitarbeitern verhaftet wurden. Alle Festgenommenen wurden per Bus in die Haftanstalt Rummelsburg transportiert. Frank Ebert traf dort einen U-Bahn-Fahrer in Uniform, der nach Dienstschluss auf den Platz heraufgekommen und sofort festgenommen worden war und überhaupt nicht wusste, warum. Ebert klärte ihn auf.

Die Stasi hielt noch eine besondere Schikane an diesem Tag bereit: Tief in der Nacht fuhr sie die Verhafteten weit über die Grenzen Berlins hinaus und setzte sie dort an die frische Luft – eine auch bei der West-Berliner Polizei beliebte Übung. »Aber das war mir egal. Ich bin absichtlich zum Alex demonstrieren gegangen. Ich wollte nicht mehr in einer Hinterhofwohnung sitzen und debattieren, wie man hier was ändern kann, sondern bewusst nach außen treten und zeigen: Da sind Leute, die sagen was, und was sie sagen, sagen sie offen!«

Die Weißenseer Gruppe um Zupke, Müller und Ebert war manchen der Ost-Berliner Oppositionellen allerdings zu radikal. »Das bringt doch nichts«, mussten sie sich von einigen anhören. Vor allem die Pfarrer und Gemeindekirchenräte warnten sie vor öffentlichen Aktionen: »Wir können euch nicht schützen. Ihr kommt vielleicht jahrelang in den Knast.« Aber es bringe auch nichts, entgegnete Zupke, weiterhin nur in den Kirchen und Wohnungen zu bleiben: »Unsere Parole war: Bleibe im Lande und wehre dich täglich!«

Der Alexanderplatz hat in seiner langen Geschichte immer wieder von der Obrigkeit unerwünschte Akteure angezogen. Dort fanden ab Ende der Siebzigerjahre sogar Aktionen von DDR-kritischen politischen Gruppen aus dem Westen statt – Greenpeace, Maoisten, Trotzkisten, die Grünen –, aber auch von verzweifelten Ausreisewilligen. Denn es existierte kein anderes Zentrum in der Hauptstadt, das besser geeignet gewesen wäre, Flugblätter zu verteilen oder Transparente hochzuhalten, zumindest für Sekunden.

So etwa am 12. Mai 1983 um die Mittagszeit: Da trafen sich einige Grüne, darunter Petra Kelly, Lukas Beckmann und Gert Bastian, mit DDR-Oppositionellen zu einer demonstrativen Kundgebung für Abrüstung auf dem Alexanderplatz. Kaum holten sie ein Plakat mit dem »Schwerter zu Pflugscharen«-Symbol hervor, wurden sie auch schon festgenommen, Stunden später aber wieder freigelassen. Erich Honecker bedauerte danach in einem Brief, dass er die Grünen »aufgrund anderer Verpflichtungen leider« nicht habe treffen können. Während DDR-Oppositionelle die Unterstützung aus dem Westen mehrheitlich begrüßten, stieß die Aktion bei den West-Grünen auf Kritik, vor allem beim linken Flügel um Jürgen Reents, die kein »Feindbild DDR« produzieren wollte.

*

Der Alexanderplatz war trotz Kontrolle und Überwachung dann auch in den letzten Tagen der SED-Herrschaft Schauplatz von Demonstrationen. Nur einen Monat nach der Niederschlagung der T-Shirt-Aktion gegen die Fälschung der Kommunalwahlen kommt es am 7. Oktober 1989 rund um den Alex zur bis dahin größten Auseinandersetzung.

Die DDR-Führung feiert im Palast der Republik ihr Jubiläum des 40. Jahrestages der Staatsgründung mit Staatsgästen wie dem rumänischen Diktator Nicolae Ceauşescu, dem Palästinenserführer Jassir Arafat und dem sowjetischen Staatschef Michail Gorbatschow. Während drinnen Kampflieder der Arbeiterbewegung angestimmt werden, sind draußen Demonstranten aufgezogen, die in Scharen vom Alex und den angrenzenden Straßen weiter nachdrängen und »Gorbi, Gorbi« rufen. Auf dem Alexanderplatz selbst ist es geradezu gespenstisch: Dort gibt es zur Feier des Tages Volksfestbuden, einen DJ und eine Tanzfläche, doch so sehr er sich müht, sie bleibt leer. Rund 3000 Menschen drängen sich auf dem Platz, die Stimmung ist angespannt. Um 17 Uhr rufen einige Leute an der Weltzeituhr »Gorbi hilf uns«, »Freiheit« und »Wahlbetrug«, Stasi-Leute rennen los, um junge Leute zu verhaften, sie kommen kaum durch, ernten lautstarke Buhrufe, ein Pfeifkonzert schwillt an und viele Hände gehen hoch zum Victoryzeichen.

Demonstration auf dem Berliner Alexanderplatz, 7. Oktober 1989.

Im Palast der Republik beginnt ein großes Festessen. Rund um den Alex ziehen Polizeiketten und Ordnungstruppen der Freien Deutschen Jugend auf, Lastwagen mit aufgesetzten Gittern stehen als Räumfahrzeuge bereit, die nahegelegene Zentrale der staatlichen Nachrichtenagentur ADN wird von Hunderten von Polizisten abgeriegelt. Michael Heinisch, Mitinitiator der Wahlfälschungsdemos an jedem 7. eines Monats, erfuhr später von einem Stasi-Mitarbeiter: »Der Mann war ganz oben im Hotel ›Stadt Berlin‹ mit einem Superfernrohr zusätzlich zu den Kameras zur Identifizierung bekannter Personen eingesetzt. Er hatte eine Liste und viele Fotos – auch eins von mir –, um mit dem Funkgerät Meldung machen und Leute gezielt festnehmen zu können.« Heinisch demonstrierte schon wieder, dabei stand er noch ganz unter dem Eindruck einer illegalen Aktion, an der er in den Tagen zuvor beteiligt gewesen war. Heinisch hatte zum DDR-Jubiläum in einer kleinen Gruppe

»Falschgeld« hergestellt: »40-Quark-Scheine« mit einem Stalin-Bild und der Aufschrift: »Vierzig Jahre Ruhe, Ordnung, Sicherheit«. Auf der Rückseite war ein durch Luftverschmutzung abgestorbener Wald zu sehen. Gedruckt hatten sie die 2600 Scheine in einer Wohnung nah am Alex und sie – von der Stasi unbemerkt – unmittelbar vor dem 7. Oktober in Briefkästen gesteckt, in Telefonzellen gelegt oder sie in der Straßenbahn oder am U- und S-Bahnhof Alexanderplatz liegen gelassen.

Die Idee dazu hatte er durch eine polnische Oppositionsgruppe bei einem Besuch in Breslau bekommen, der »Orangenen Alternative«, einer anarchistischen Spaßguerilla-Truppe, die politische Happenings veranstaltete. Praktischerweise absolvierte er dort einen Siebdruckkurs und brachte auch gleich die notwendigen Gerätschaften mit. »Wir trafen uns in einer völlig leer geräumten Wohnung in der Münzstraße 4. Sie gehörte Andy, dessen Ausreiseantrag durch war. Immer acht Scheine auf einem Bogen. Das dauerte. Bevor wir die Rückseite drucken konnten, musste die Siebdruckfarbe erst trocknen. Der Fußboden war bald vollgelegt mit den Drucken. Da klingelte es gegen Mitternacht. Riesenschreck. Wir wussten, gegenüber vom Haus ist eine Stasi-Wohnung. ›Licht aus!‹, flüsterte noch jemand, doch wir dachten: Jetzt haben sie uns, hier kommen wir nicht mehr raus. Aber es war Micha, der sich verspätet hatte und uns helfen wollte.«

Sie druckten bis sechs Uhr morgens weiter und zogen dann über den Alex mit ihrem Jubiläumsgeld. Die fünf blieben unentdeckt. Verhaftet wurde ein unbeteiligter Bademeister, der einen Schein gefunden und ihn am Kassenhäuschen seiner Schwimmhalle am Thälmann-Park für alle sichtbar angebracht hatte mit dem Vermerk: »Diesen Schein nehme ich nicht in Zahlung!«

Heinisch selbst wurde bei der Demo am 7. Oktober, die vom Palast der Republik über den Alexanderplatz Richtung Gethsemanekirche zog, dreimal verhaftet und auf einen Laster geworfen, kam jedoch jedes Mal wieder frei, wenn er seinen kirchlichen Dienstausweis zog und behauptete, er sei »nur zur seelsorgerlichen Betreuung« unterwegs. Die wäre allerdings nötig gewesen, denn die Auseinandersetzung wurde immer härter, nachdem Gorbatschow abgereist war.

Sozialdiakon Stefan Müller, der sich an diesem Tag einmal sogar im Kofferraum eines Trabis aus einem überwachten Haus in Richtung Alex kut-

Satirische 40-Quark-Scheine zum 40. Jahrestag der DDR, Oktober 1989.

schieren ließ, lief teils zu Fuß mit, teils benutzte er die Straßenbahn: »Aus der fahrenden Bahn sah alles so unwirklich aus. Ich sah an der Moll-, Ecke Otto-Braun-Straße ein Fallschirmjägerbataillon mit Baretts auf dem Kopf, ich sah, wie die zivilen Sicherheitskräfte ihre versteckten Knüppel aus Plastikbeuteln herauszogen und zuschlugen. Ein Polizist zog seine Pistole, erhob sie, dann besann er sich und steckte sie zurück. Irgendwo bin ich nahe Alexanderplatz ausgestiegen und reihte mich ein. Wir schützten uns gegenseitig in einer Traube. Wenn es nicht weiterging wegen einer Polizeikette, riefen wir immer ›Schieben, schieben!‹, damit wir die überrollen, was uns auch gelang.« Neben ihm ging ein junger Ungar, der ihn auf Deutsch ansprach und ihm zurief: »Jetzt habt ihr es geschafft! Nicht aufgeben!«

55 Erst die Wohnungen, dann die Häuser

Besetzte Häuser; Lottumstraße 10 a, Schönhauser Allee 20–21, Schreinerstraße 47

Samstag, der 13. Januar 1990, war in Berlin ein schöner Wintertag, plus vier Grad. Rund 70 DDR-Oppositionelle trafen sich in der Schönhauser Allee, nicht weit von der Wilhelm-Pieck-Straße entfernt – die seit 1994 wieder Torstraße heißt. Leute von der Umweltbibliothek waren gekommen, von der Grünen Liga, vom Unabhängigen Frauenverband, der Revolutionären Autonomen Jugend. Sie hatten vor, die Häuser Schönhauser Allee 5 und 6–7 zu besetzen. In ihnen wollten sie ein Zentrum für politische Gruppen und alternative Projekte schaffen, so etwas wie den Mehringhof in Kreuzberg, der seit 1979 für West-Berlin der Sitz von Projekten der Alternativ- und später der Besetzerbewegung war.

Als die Ost-Berliner Hausbesetzer in spe vor den ausgekundschafteten Objekten eintrafen, wartete dort eine böse Überraschung auf sie – Aljoscha Rompe, der Sänger der Punkgruppe Feeling B (s. Kap. 34). Er hatte von den Besetzungsplänen Wind bekommen, war daraufhin zur Kommunalen Wohnungsverwaltung (KWV) gegangen und hatte eine Nutzungsvereinbarung für die beiden Häuser abschließen können. Dietmar Wolf, damals 25 Jahre alt, war bei der Antifa und arbeitete als Kraftfahrer bei der Straßenreinigung. Er erinnert: »Aljoscha und ein paar Kumpels hatten sich die beiden Häuser schnell mal unter den Nagel gerissen. Eine miese Nummer. Die hätten notfalls auch die Volkspolizei geholt, wenn wir versucht hätten, die Häuser zu besetzen.«

Die Aktivisten gaben nach, schließlich standen in Ost-Berlin rund 25 000 Altbauwohnungen leer, in manchen Innenstadtquartieren bis zu einem Fünftel der Häuser. Sie liefen los und fanden keine 300 Meter entfernt ein besetzungstaugliches Objekt in der Lottumstraße, das Haus Nummer 10 a. Es war vorn zugemauert, aber die Besetzer stiegen durch ein Fenster im Hof ein. »Wir mussten feststellen«, so Wolf, »dass das Haus voll Müll war. Und auch viel zu klein für mehrere Gruppen. Die Leute der Umweltbibliothek sprangen gleich wieder ab, andere Gruppen auch, es blieben die Leute vom Revolutionären Autonomen Jugendverband (RAJ) und von der Antifa.

Von den 18 Besetzern gehörte Dietmar Wolf mit 25 Jahren zu den Ältesten. »Wir brauchten nicht so viel Geld damals«, erinnert er sich. Einer der Besetzer ging dennoch ganz ordentlich als Lokführer bei der Reichsbahn arbeiten. Er stand um vier Uhr morgens auf, fuhr seine Rangierlok, kam nach Hause und musste am nächsten Morgen wieder um vier Uhr raus. Wolf: »Wir brauchten auch nicht so viel Schlaf damals.«

Im Souterrain der Lottumstraße 10 a eröffneten die Besetzer einen Infoladen, das Bandito Rosso, für Diskussionsveranstaltungen und Filmvorführungen. »Für uns ging es beim Besetzen nicht in erster Linie darum, eine billige, schöne Wohnung abzugreifen«, sagt Wolf. »Wir haben schon zu Ostzeiten in der Antifa Politik gemacht. Wir sind zusammen auf Demos gegangen.« Jetzt probten die Besetzer kollektives Leben. Sie richteten eine Gemeinschaftsküche ein, zwei Klos, ein Bad. Das musste reichen. Immerhin hatte jeder ein Zimmer für sich.

*

Die Leute aus der Lottumstraße 10 a waren im Wendechaos nicht die einzigen Hausbesetzer in Ost-Berlin. Im November 1989 hatten sich die Bewohner der Schönhauser Allee 20, in der schon über den Sommer Einzelne ohne Mietvertrag eingezogen waren, als Besetzer geoutet; alsbald quartierten sich Gleichgesinnte in der benachbarten Nummer 21 ein.

Das Besetzen – das Einziehen in leerstehende Wohnungen – hatte in der DDR Tradition und wurde auch »Schwarzwohnen« genannt. Die Selbsthilfe gegen die Wohnungsnot war in der Ost-Berliner Innenstadt in den Achtzigerjahren zu einem Volkssport geworden. Jetzt wurde das Besetzen zu einem politischen Akt. Die Devise hieß: Einziehen, Lappen raushängen!

Die Stimmung unter den jungen Ost-Berliner Oppositionellen Ende 1989 beschreibt der Historiker Dirk Moldt so: »Die stalinistische Regierung war weg und wir fragten uns, wie machen wir jetzt weiter? Wenn wir zusammen die Kirche von Unten organisiert haben, dann sollten wir auch zusammenwohnen. Also besetzten wir ein Haus.« Moldt gehörte zu rund 15 jungen Ost-Berlinern, die sich aus der DDR-Opposition kannten und sich am 29. Dezember 1989 Zugang zu einem Altbau in der Schreinerstraße in Friedrichshain verschafften.

Das Haus Schreinerstraße 47 hatte Moldt mit Silvio Meier ausgekundschaftet, einem seiner besten Freunde. Meier war gelernter Werkzeugmacher aus Quedlinburg, 1986 nach Berlin gekommen, Punk, Aktivist der Kirche von Unten, am »Tag der Republik«, am 7. Oktober 1989, bei der Demonstration rund um den Alexanderplatz verhaftet.

Das erste im Wendechaos besetzte Haus in Ost-Berlin: Schönhauser Allee 20–21, 1990.

Das Vorderhaus lag in Richtung Süden, drum herum nur Baulücken. Zwei Mietparteien wohnten noch im Haus. In Friedrichshain standen damals zahllose Häuser und Wohnungen leer, in der Kreutziger- und der Mainzer Straße beispielsweise jeweils die Hälfte der Altbauten. Sie sollten abgerissen und durch Plattenbauten vom Typ WBS 70 ersetzt werden.

Die Bereichsleiterin der KWV Friedrichshain, die noch am Abend der Besetzung im Nachthemd bei den Besetzern aufgetaucht war, schrieb die neuen Bewohner als »anarchosyndikalistische Gruppe« an, was politisch korrekt war. Aber sie forderte die Besetzer auf, das Haus zu verlassen. Die nannten sich selbst »Fröhliche Friedrichshainer Friedensfreunde« und gehörten zur Spaßfraktion der Widerständigen gegen das SED-Regime. Sie machten sich keine überzogenen Hoffnungen, dass sie nach dem Ende der DDR, die sie mutig bekämpft hatten, mit ihren Ideen zum Zuge kommen könnten.

Gleichwohl hieß es im ersten Flugblatt der Besetzer vom 29. Dezember 1989, dass die »Idee des freien Sozialismus – die Selbstbestimmung aller Menschen – in der DDR mit einem gewaltigen Kapitalstrom« erstickt werden solle. Und: »In hoffnungsvoller Verzweiflung rufen wir: Lasst nicht diese letzte Chance für die freie Selbstbestimmung ungenutzt vorübergehen. Helft uns, schreibt uns.« Silvio Meier sagte später: »Bei allem, was ich an Opposition gemacht habe, wollte ich nie einen Kapitalismus, sondern einen freien Sozialismus.«

Die meisten Nachbarn nahmen keine Notiz von den Besetzern; sie waren von dem beginnenden Systemwechsel und seinen Ungewissheiten überfordert. Im Frühjahr 1990 waren rund 70 Häuser in Ost-Berlin besetzt, vor allem in Prenzlauer Berg und Mitte. In Friedrichshain waren es nur jeweils ein Haus in der Kreutzigerstraße und in der Schreinerstraße. Doch es standen noch viele Dutzend Altbauten leer.

Als das Reservoir an jungen Leuten, die sich auf das Abenteuer einer Hausbesetzung einlassen wollten, in Ost-Berlin erschöpft schien, verfassten Dirk Moldt und andere Besetzer Mitte April 1990 einen Aufruf, der im Ost-Berliner *telegraph* und der West-Berliner Autonomen-Zeitung *interim* veröffentlicht wurde. Tenor: Besetzt Häuser in Ost-Berlin. »Frauen und Männer aus Ost und West« wurden aufgefordert, »sich diese Häuser zu nehmen, bevor es zu spät ist. Bildet Gruppenzusammenhänge und beendet

Eure Wohnungsnot!« Der Aufruf zeigte Wirkung: Innerhalb weniger Wochen stieg die Zahl der besetzten Häuser in Ost-Berlin auf rund 200. Allein in der Mainzer Straße wurden insgesamt zwölf Häuser besetzt; hier kamen vier von fünf der neuen Bewohner aus dem Westen.

Trotz ähnlicher politischer Ideen bei den Besetzern zeigte sich – wie überall in Deutschland – ein klarer Ost-West-Gegensatz. »Unsere Beziehungen mit den Besetzern aus dem Westen waren sehr unterschiedlich«, erinnert Dirk Moldt aus der Schreinerstraße 47. »Mit den Schwulen vom Tunten-Tower war es sehr lustig, mit den Lesben weniger.« Die meisten Ost-Männer und auch Frauen verstanden nicht, warum es Frauenetagen und Veranstaltungen nur für Frauen in den besetzten Häusern geben sollte. Auch die feministische Schreibweise »BesetzerInnenrat« war für sie eine fragwürdige Verwestlichung. Was die Taktik im Umgang mit den staatlichen Institutionen anging, zeigten sich ebenfalls deutliche Unterschiede. »Wir Ost-Besetzer waren nicht so konfrontativ wie die West-Besetzer«, sagt Dirk Moldt. »Wir dachten: Es ist immer besser, miteinander zu reden, als sich zu kloppen.«

Im Grunde waren sich die Besetzer aus Ost und West einig, dass die in der DDR verstaatlichten Häuser vergesellschaftet werden sollten. Die Politiker aus West-Berlin hingegen – die Regierung bildete damals eine Koalition aus SPD und Alternativer Liste, den späteren Grünen –, die die Übernahme Ost-Berlins vorbereiteten, wollten die Häuser privatisieren; für sie bedeutete »deutsche Einheit« nicht zuletzt die Privatisierung des DDR-Volkseigentums. Der Ost-Berliner Magistrat zog brav mit, Ende Juli 1990 beschloss die Stadtverordnetenversammlung in puncto Hausbesetzungen die Anwendung der 1981 von der West-Berliner SPD proklamierten »Berliner Linie«: Neue Besetzungen sollte die Polizei umgehend räumen.

Der Ost-Berliner Stadtrat Clemens Thurmann (SPD) ließ einen CDU-Bauexperten aus dem Westteil der Stadt kommen, um Methoden zu entwickeln, wie die Hausbesetzungen am besten zu beenden seien. Der Christdemokrat beauftragte die Kanzlei von Karl-Heinz Knauthe, einem Hausanwalt der West-Berliner Baumafia, ein Gutachten zu erstellen. Die Juristen kamen allerdings zu dem Schluss, dass nach DDR-Recht Häuser nur geräumt werden können, wenn die Namen der Besetzer bekannt sind – was meist nicht der Fall war. Die Politiker mussten also darauf warten, bis die Ostdeutschen mit dem Beitritt zur Bundesrepublik am 3. Oktober 1990 auch deren Gesetze übernahmen.

Im Sommer 1990, so schrieb Dietmar Wolf später, »lag der Besetzerrat schon am Boden, zerfressen durch internen Streit. Leute aus Ost-Berlin warfen den ›Westlern‹ Mackerverhalten und Besserwessitum vor. Die wiederum konterten mit dem Vorwurf des ›Sektierertums‹.« Darüber hinaus entwickelte sich unter den Besetzern auch die Kontroverse, die schon 1981 die West-Berliner Besetzerbewegung gespalten hatte. Geht es darum, die Häuser als Freiräume, als politische und kulturelle Zentren, zu erhalten? Dann waren Verhandlungen mit Vertretern der Stadt und der Eigentümer unvermeidlich. Oder dienen die Häuser und der notfalls militante Kampf um sie als Mittel, um eine revolutionäre Dynamik zu fördern? Dann wird nicht verhandelt. Einen Kompromiss zwischen den beiden Positionen gab es nicht.

Dietmar Wolf erinnert sich: »Wir, die Besetzer der Lottumstraße 10a, waren für Verhandlungen, aber nur um Legalisierungen als Kollektivlösung, nicht um individuelle Mietverträge zu erhalten. Die Häuser sollten Teil einer linken Struktur in der Stadt werden. Wir waren in der DDR Opposition, aber wir wollten nicht die BRD, wir waren gegen den Kapitalismus.« Im Sommer 1990 gab es in Ost-Berlin 128 besetzte Häuser, in denen rund 2500 Menschen lebten. Es war ein kurzer Sommer der Anarchie.

*

Antje Ebert zog im Frühjahr 1991 in die Lottumstraße 10a. Ihr gefiel, dass die Besetzergruppe mit 15 Leuten überschaubar war. Die IT-Expertin erinnert: »Jemand sagte, ich koche heute, dann kamen wir alle zusammen. Wir waren ohne Ausnahme Ostler.« Die freundeten sich allerdings mit den Kolleginnen und Kollegen aus der Linienstraße 206 an, größtenteils Studenten aus dem Westen, die sich beim großen Unistreik 1988/89 kennengelernt hatten. Die Ost-West-Combo fuhr zusammen an die Ostsee.

Mit den Besetzern von mehreren anderen Häusern in der Lottumstraße hatten die aus der 10a weniger zu tun. Die wollten vor allem schöne Wohnungen haben, und das war es dann auch. Ebert: »Wir waren das einzige Haus, das keine Selbsthilfe gemacht hat. Wir wollten nicht schöner wohnen. Aber wir wollten auch drinbleiben, wir wollten das Haus erhalten. Also mussten wir auch verhandeln.«

Ebert machte 1994 einen Plattenladen auf und kam immer erst abends nach Hause. Sie erinnert: »So nach drei Jahren Besetzerei fingen die Leute wieder an zu studieren und zu arbeiten, unsere Interessen gingen dadurch auch auseinander.« Eine Musikbewegung war es ihrer Meinung nach auch, die in den Neunzigerjahren die linksradikale Szene Berlins nachhaltig schwächte: Techno. Mit der Musik aus Detroit zog ein Hedonismus ein, der eine entpolitisierte Variante der Revolte möglich machte. Die Beats, die Drogen, die Ekstase. Nicht mehr kämpfen, sondern feiern. Nicht mehr auf die Straße gehen, sondern in die Clubs.

Dietmar Wolf verließ 1994 die Lottumstraße, aus persönlichen Gründen. Seine Freundin bekam ein Kind, und die beiden konnten sich nicht vorstellen, in der Lottumstraße ein Kind großzuziehen.

Dirk Moldt wohnt noch immer in der Schreinerstraße 47, dem zweiten besetzten Haus in Ost-Berlin. »Wir waren die kleinen Mäuschen auf dem Rücken des Elefanten«, sagt der Historiker über die DDR-Opposition. »Der fiel dann um und war tot. Wir wollten zeigen, dass man etwas machen kann – und wir haben es auch gezeigt.«

Antje Ebert hat bis heute mit vielen ehemaligen Besetzern aus der Lottumstraße Kontakt. »Es hört sich vielleicht doof an«, sagt sie, »aber ich bin so dankbar, dass ich die Hausbesetzungen erleben durfte. Wir waren immer zusammen, wir waren immer unterwegs. Die Erfahrungen, die wir gemacht haben, sind nicht zu ersetzen.«

56 Die letzte Schlacht

Besetzte Straße; Mainzer Straße 2–12, 22, 24

Rund 500 Hooligans und Skinheads marschierten am 20. April 1990, nach einem Heimspiel des einstigen Stasi-Fußballklubs BFC Dynamo durch den Prenzlauer Berg. Den Rechten dürfte bewusst gewesen sein, dass die Deutschen einst an diesem Tag »Führers Geburtstag« feierten. Ihr Club hatte in der DDR-Oberliga 3:0 gegen Hansa Rostock gewonnen, sie zogen vom Jahn-Stadion zur nahegelegenen Schönhauser Allee 20, dem ersten besetzten Haus in Ost-Berlin. Dort skandierten sie »Rote Schweine raus« oder »Die Zecken soll'n verrecken«, bis die Volkspolizei kam und sie in Richtung Alexanderplatz abdrängte.

Für die Nazis brachte die deutsche Einheit mit ihrer nationalistischen Unterströmung einen enormen Aufschwung. Schon zwei Wochen vor dem Aufmarsch in der Schönhauser Allee hatten zwölf Rechtsextreme das besetzte Haus in der Kreutzigerstraße 19 in Friedrichshain überfallen. Die Angreifer waren mit Gasmasken ausgerüstet, versprühten CS-Gas und schlugen eine Bewohnerin krankenhausreif. Als wenige Tage später Nazis bei einem besetzten Haus in der Adalbertstraße in Mitte die Scheiben einwarfen, räumte die Volkspolizei die Besetzer mit der erstaunlichen Begründung, dass diese ein provokantes Angriffsziel für Rechtsextreme darstellten.

»Wir mussten jederzeit mit Überfällen von Nazis rechnen«, erinnert sich der Historiker Dirk Moldt, 1990 Besetzer in der Schreinerstraße 47 in Friedrichshain. »Unser Haus bewarfen Nazis mit Steinen. Die Volkspolizei schützte uns nicht, auf die konnten wir uns nicht verlassen. Militanz war lebensnotwendig, das war die Lehre, die wir aus dieser permanenten Bedrohung zogen.« Schnell statteten die Besetzer in fast allen Häusern ihre Fenster im Parterre und oft auch noch im ersten Stock mit Gittern aus. »Das sah scheiße aus«, sagt Moldt, »aber was sollten wir tun?« Mittels CB-Funk kommunizierten

Barrikaden in der Mainzer Straße, 13. November 1990.

die Besetzer verschiedener Häuser miteinander und kamen sich im Notfall gegenseitig zu Hilfe. »Nachdem Besetzer mehrmals Nazis vermöbelt hatten«, so Moldt, »haben die lieber die Ausländerheime angegriffen.«

In Lichtenberg hatten im Februar 1990 Kader der Nationalen Alternative, die aus der DDR-Nazitruppe Lichtenberger Front hervorgegangen war, mehrere Häuser besetzt. Die Kommunale Wohnungsverwaltung (KWV) gab den Nazis einen Mietvertrag für ein Haus, die Weitlingstraße 122. So etwas hatte es in Berlin noch nicht gegeben. Hausbesetzungen waren seit der Besetzung des Rauch-Hauses in Kreuzberg Ende 1971 (s. Kap. 24) eine exklusive Aktionsform der Linken gewesen.

Ende Juni 1990 zogen rund 5000 Antifaschisten durch Lichtenberg, dabei bestimmte der Schwarze Block der Autonomen das Geschehen. Als sich die Militanten einer Kette von Volkspolizisten näherten, die den Zugang zum Nazi-Haus abgeriegelt hatten, deckten sie die VoPos mit Steinen ein. Die DDR-Ordnungshüter zogen sich zurück und Autonome konnten mehrere ihrer Lastwagen anzünden. Nur wenige Minuten später jedoch schlugen die Volkspolizisten die Autonomen in die Flucht.

Die Demonstration gegen die Nazis in der Weitlingstraße war wegweisend. Für die gesamten Neunzigerjahre wurde für die Berliner Linksradikalen der Antifaschismus zum entscheidenden Thema: Antifa, der Kampf gegen Rassisten und Nazis. Ein Kreuzberger Autonomer fasste das so zusammen: »Antifa ist Pflicht. Wir dürfen alle Kämpfe verlieren – diesen nicht.«

*

Die Straße, die im Ost-Berliner Häuserkampf des Jahres 1990 die größte Bekanntheit erlangte, war die Mainzer Straße im Stadtbezirk Friedrichshain, eine eher unscheinbare, nur gut 300 Meter lange Zeile mit Kopfsteinpflaster und Gründerzeithäusern, zwischen der Boxhagener Straße und der Frankfurter Allee.

Die Häuser an der westlichen Seite der Mainzer Straße wollte der Ost-Berliner Magistrat abreißen und durch Plattenbauten ersetzen lassen. Nachdem Ost-Besetzer West-Berliner Linke um Unterstützung gebeten hatten, besetzten diese Ende April, Anfang Mai 1990 alle leerstehenden Häuser in der Mainzer Straße.

Freke Over kam aus Hannover, war mit Hackern des Chaos Computer Clubs und als Landkommunarde unterwegs. Er zog gut einen Monat nach der Besetzung in die Mainzer Straße 7, lebte dort zusammen mit rund 20 West-Linken und einem Ostler. Zur soziopolitischen Differenzierung der Besetzer erinnert er: »In der Nummer 2 waren Anti-Impis, in der 3 Frauen, 4 war der Tunten-Tower, 5 und 6 waren Autonome, 7 Spontis, da wohnte ich. 8 waren die humorlosen Hippies, 9 war das einzige Ost-Haus, viele Architekten, 10 und 11 waren die Party-Guerilla. Das Hinterhaus 22 war das Schwabenhaus und das Hinterhaus 24 die Jugend-Antifa.«

Vier von fünf Besetzern in der Mainzer Straße kamen aus dem Westen, auf dem »BesetzerInnen-Rat« oder »B-Rat« gefielen sich ihre Vertreter als militante Speerspitze der Bewegung. In den Häusern eröffneten sie zwei Kneipen, eine Volksküche und ein Antiquariat. Da die Volkspolizei nichts unternahm, als über 100 Nazis in der Straße randalierten, richteten die Besetzer eine Nachtwache auf einem Balkon mit gutem Überblick ein. Bei Notrufen von anderen besetzten Häusern sprangen zehn Mann mit Knüppeln in einen kleinen Bus.

Bei einem Teil der Mieter auf der gegenüberliegenden Straßenseite trafen die Besetzer auf Sympathie, der Mehrheit ging der Lärm der allnächtlichen Partys auf die Nerven. Es bildete sich eine Bürgerinitiative, die eine Räumung der Häuser forderte.

Der SPD-Bezirksbürgermeister und die KWV boten den Besetzern Anfang Juni Verträge an, aber die glaubten, Bedingungen stellen zu können. Sie würden nur unterschreiben, sagten sie, wenn alle anderen Besetzer ebenfalls legalisiert würden. Als der West-Berliner Senat schleichend den Ost-Berliner Magistrat auf allen Ebenen übernahm, dämmerte es ihnen allerdings, dass es nun mit einer Legalisierung sehr schwer werden würde. Im September fürchteten sie, dass nach dem Beitritt der DDR am 3. Oktober 1990 das fröhliche Hausbesetzerleben ein schnelles Ende finden könnte.

In Sachen Taktik hatten die Autonomen in der Mainzer Straße ein Vorbild, die Hafenstraße in Hamburg. Die Besetzer von elf Häusern am Ufer der Elbe in St. Pauli hatten Ende November 1987 nach dem Scheitern der Verhandlungen mit dem Hamburger Senat ihre Häuser verbarrikadiert, sie mit Stacheldraht gesichert und sich wild entschlossen gezeigt, sie mit allen

Mitteln militant zu verteidigen. Der Erste Bürgermeister Klaus von Dohnanyi (SPD) hatte zwar 5000 Polizisten für eine Räumung zur Verfügung, aber war so besonnen, keine Schlacht zu riskieren. Die Häuser übernahm schließlich eine Genossenschaft, die Besetzer konnten bleiben. Es kehrte Ruhe ein.

Die Autonomen in der Mainzer Straße zogen aus dem Konflikt um die Hafenstraße den Schluss: Wenn wir mit einer Schlacht drohen, mit enormem Sachschaden, dann können wir den Senat dazu bringen, eine »Nichträumungsgarantie« abzugeben. Dann würden auch die Barrikaden wieder abgebaut. Dass sie mit dem martialischen Gestus den Räumungswillen der Politiker, die sich erpresst fühlten, stärken könnten, hatten sie offenbar nicht einkalkuliert. Auf jeden Fall begannen die Besetzer, die militante Verteidigung der Häuser vorzubereiten. »Auf den Dächern lagen Steine«, erinnert sich Freke Over, »vielleicht auch Flaschen.« Polizisten fotografierten aus Hubschraubern die Dächer der besetzten Häuser. Die Auswerter glaubten, Flaschen zu erkennen, aus denen Molotowcocktails bzw. Benzinbomben gefertigt werden könnten. Die Polizeiführung informierte den Regierenden Bürgermeister Walter Momper (SPD), der sich mit seinem Parteigenossen und Bausenator Wolfgang Nagel beriet. Die Sozialdemokraten beschlossen, erst einmal nichts zu unternehmen. Ihnen war klar, dass es bei einer größeren Räumungsaktion Randale geben würde.

Gleichzeitig war Innensenator Erich Pätzold, ein rechter SPD-Mann, entschlossen, Neubesetzungen zu verhindern. In den frühen Morgenstunden des 12. November 1990 räumten Hunderte von Polizisten die beiden besetzten Häuser in der Lichtenberger Pfarrstraße 110 und 112 sowie ein Haus in der Cotheniusstraße im Prenzlauer Berg. Walter Momper war derweil zu einem Besuch in Moskau und der dortige Oberbürgermeister erlaubte sich die launige Bemerkung: »Schön, dass Sie hier sind, bei Ihnen zu Hause brennt die Stadt.« Momper versuchte, mit einem Satellitentelefon seinen Innensenator zu erreichen, vergeblich.

Aro Kuhrt, ein Besetzer der Mainzer Straße, rekapitulierte später die Reaktion auf die Räumungen am Morgen: »Die Mainzer Straße wurde an beiden Enden blockiert, Baucontainer und quergestellte Pkws waren die ersten Barrikaden. Dann ging ein Protestzug in die Frankfurter Allee, der dort einige zerstörte Schaufensterscheiben sowie ebenfalls Barrikaden hinterließ. Nun war klar, dass es zu einer Konfrontation kommen würde und die ließ nicht auf sich warten. [...] Gegen zwölf Uhr mittags rückte die Polizei mit Wasserwerfern, Räumpanzern und einigen hundert Mann an, um die Mainzer Straße zu stürmen. Sie waren aber nicht auf die heftige Gegenwehr gefasst: Aus etlichen Fenstern wurde mit Katapulten geschossen, ein Steinhagel prasselte auf sie nieder, die Beamten mussten zurückgezogen werden, schon zu diesem Zeitpunkt gab es mehrere Verletzte, vor allem aufseiten der Polizei.«

Die Besetzer wussten, dass es nur eine Frage der Zeit war, bis die Polizisten einen besser koordinierten Angriff vortragen würden. Sie riefen Antifas und Autonome in ganz Deutschland zu Hilfe. Tatsächlich reisten bis zum nächsten Tag an die 200 Sympathisanten an. Die Besetzer verstärkten die Barrikaden an beiden Enden der Straße. Ein paar setzten einen Bagger in Gang und hoben damit Gräben aus. Kuhrt: »Wir wollten unsere Häuser nicht kampflos aufgeben, auch wenn wir nicht daran glaubten, sie erfolgreich verteidigen zu können.«

Die Polizei startete immer neue Angriffe. Die Verteidiger warfen mit Steinen und Brandflaschen auf die Wasserwerfer, über die Barrikaden, aus den Fenstern. Sie wagten Ausfälle, versuchten, eine liegengebliebene Straßenbahn an den Schienen festzuschweißen und in eine Barrikade zu verwandeln. Es dauerte bis nachts um drei, bis sich die Polizeikräfte endgültig zurückzogen. Sie hatten es nicht geschafft, die Straße zu stürmen, geschweige denn die Häuser zu räumen. 1500 Polizisten reichten offenbar gegen 500 Autonome nicht aus.

Erich Pätzold traf sich im Lagezentrum am Fehrbelliner Platz mit dem Polizeipräsidenten Georg Schertz und führenden Polizeibeamten. Er rief seine SPD-Innenministerkollegen von Nordrhein-Westfalen und Niedersachen an und bat um Hilfe. Die Berliner Polizei könne zwar die Mainzer Straße räumen, aber nicht gleichzeitig auch die Stadt sichern. Pätzold erhielt die Zusicherung, dass am folgenden Tage Polizisten als Verstärkung nach Berlin geschickt würden.

Am 13. November 1990 herrschte eine Ruhe in der Mainzer Straße, die fast schon gespenstisch erschien. Renate Künast von der Alternativen Liste tauchte auf, Reinhard Schult und andere DDR-Bürgerrechtler. Sie wollten eine friedliche Lösung, sie wollten die Schlacht verhindern. Doch Innensenator Pätzold hatte sich auf die Räumung festgelegt. Wahlen zum Abgeordnetenhaus standen vor der Tür und der SPD-Mann setzte darauf, dass bei einer Räumung viele sagen würden: So, jetzt hat die Regierung mal durchgegriffen. Sobald die Polizisten aus Westdeutschland eingetroffen waren, sollte es losgehen. Die Autonomen erweiterten ihrerseits die Barrikaden und füllten Molotowcocktails ab.

Als Renate Künast nach vielen Versuchen endlich Innensenator Pätzold telefonisch erreichte, dementierte der, dass er die Räumung für den nächsten Morgen plane. Er fuhr zum Flughafen Schönefeld, um den aus Moskau kommenden Walter Momper abzuholen. Auf dem Weg in die Stadt berichtete er dem Regierenden Bürgermeister in dessen Dienstwagen, dass er unverzüglich die Mainzer Straße räumen wolle. Momper war sofort einverstanden.

Gegen fünf Uhr morgens am 14. November quollen aus dem Keller eines nicht besetzten Hauses in der Mainzer Straße dichte Rauchwolken. Ein paar Besetzer versuchten, den Schwelbrand zu löschen. Nachdem sie gescheitert waren, holten sie die Feuerwehr. Zu den beim Löscheinsatz erfolglosen Besetzern zählte Aro Kuhrt. Er stand kurze Zeit später mit ein paar Freunden vor der Barrikade an der Frankfurter Allee und erinnerte sich später: »Wir waren ausgelaugt, aber auch wütend und nervös. Noch war kein Polizist in Sicht. Gegen 6.30 Uhr kam dann die Nachricht, dass Hunderte Mannschaftswagen aus allen Richtungen unterwegs wären, über uns tauchten die ersten Hubschrauber auf. Plötzlich ging alles sehr schnell. Ein Sondereinsatzkommando hatte sich durch die U-Bahn oder angrenzende Häuser geschlichen, sie standen plötzlich vor uns, unser Widerstand wurde sofort niedergeprügelt. Blutend, teilweise mit gebrochenen Knochen, ließen sie uns liegen und versuchten die Barrikade zu zerstören. Mein Freund Toni, der auf der Barrikade stand, wurde kurz danach durch einen Schuss ins Bein verletzt.«

Ex-Besetzer wie Over und Kuhrt sagen, dass bei der Räumung mindestens ein Besetzer von einem Polizisten in Zivil angeschossen worden sei; Ex-Innensenator Erich Pätzold hält dies für ausgeschlossen. Freke Over, später elf Jahre Abgeordneter der Linken, erzählt jedenfalls: »Die zwölf Leute, die zu den Delegierten der Häuser bestimmt worden waren, berieten, was jetzt zu tun sei. Sie entschieden, dass es den Preis nicht wert sei, dass einer tot liegen bleibt. Sie beschlossen: Wir gehen zurück in die Häuser. Wir verteidigen die Straße nicht weiter. So geschah es dann auch weitgehend.« Over: »Die humorlosen Hippies, die Besetzer aus unserem Nachbarhaus, saßen am Tisch und aßen, als die Bullen reinstürmten. Sie wurden komplett zerlegt; eine Frau erlitt einen Milzriss. Die meisten aus unserem Haus, ich auch, wollten sich so etwas ersparen. Wir sind nach hinten über den Friedhof abgehauen.

Als Desaster bezeichnet Freke Over, der heute das Ferienland Luhme bei Neuruppin betreibt, die Räumung der Mainzer Straße. »Für viele war sie ein Trauma. Dieses Ausmaß an Gewalt hatten wir uns nicht vorstellen können. Ich bin erst mal ein halbes Jahr Ziegen melken gegangen.« Dirk Moldt meint, dass sich »die Hardliner auf beiden Seiten durchgesetzt« hätten. »Die SPD hatte Angst vor einer neuen Hafenstraße und wollte die Besetzungen in der Mainzer Straße so schnell wie möglich beenden. Die Autonomen haben auf Kampf gesetzt. Ich frage mich heute, ob beim Bau der Barrikaden auf der Frankfurter Allee, mit dem am Morgen des 12. November alles anfing, nicht Agents Provocateurs des Verfassungsschutzes dabei waren.«

Einen Tag nach der Räumung versammelten sich die aktiven Linken der Stadt zu einer Protestdemonstration. Es kamen gute 5000 – kein Vergleich mit der Solidarität, die die Hausbesetzer 1981 in West-Berlin erfahren hatten. Für sie hatten bis zu 20 000 Unterstützer demonstriert. Aber so populär wie die Instand(be)setzer waren die Autonomen nicht. Die Musik allerdings war dieselbe geblieben. Auch im November 1990 hämmerten aus dem Lautsprecherwagen Ton Steine Scherben: »Keine Macht für Niemand!«

Besonders die Ost-Besetzer hatten nicht damit gerechnet, dass es so schnell zu einer derartigen Eskalation der Gewalt kommen könnte, bei der es leicht auch Tote hätte geben können. Doch wie nach dem Tod des Hausbesetzers Klaus-Jürgen Rattay 1981 in West-Berlin hatten beide Seiten erst mal genug von Gewalt. Unglaublich schnell wurden sehr viele Verträge für besetzte Häuser abgeschlossen.

Für die Sozialdemokraten Momper und Pätzold zahlte sich die Beseitigung des rechtsfreien Raums in der Mainzer Straße nicht aus. Die Alternative Liste mit ihrem Parteivorsitzenden Christian Ströbele kündigte die rot-grüne Koalition auf. Zwei Wochen später, am 2. Dezember 1990 wählten die Berlinerinnen und Berliner in Ost und West zum ersten Mal seit dem Herbst 1946 wieder ein gemeinsames Parlament. Die SPD – das Kalkül, mit der Räumung rechte Wähler zu mobilisieren, ging nicht auf – verlor sieben Prozent und landete bei 30 Prozent, die Grünen stiegen von knapp zwölf auf gut neun Prozent ab. Die CDU kam auf 40 Prozent und bildete mit der SPD eine Große Koalition unter Eberhard Diepgen.

Diepgen war schon im siebten Jahr im Amt, als die Schreinerstraße 47 als eines der allerletzten besetzten Häuser aus der Illegalität geholt wurde. Die Eigentumsverhältnisse waren kompliziert, aber 1997 unterschrieben Vertreter des Fröhlichen Friedrichshainer e. V. Mietverträge.

*

Nicht mehr erleben konnte das Silvio Meier, der Kirche-von-Unten-Aktivist und Besetzer der ersten Stunde. Er hatte schon zu DDR-Zeiten schlechte Erfahrungen mit Nazis gemacht, als Rechte ein Rockkonzert in der Zionskirche im Oktober 1987 überfielen. Es war damals Silvio Meiers Bruder in West-Berlin gewesen, der den Auftritt von Element of Crime bei dem Konzert ermöglicht hatte, weil er Sven Regner kannte, den Sänger der Gruppe. Kaum war das letzte Stück verklungen, stürmten drei Dutzend Nazis, die sich zuvor im Sputnik in der Greifswalder Straße mit drei West-Berliner Nazis getroffen und betrunken hatten, in die Kirche. Sie schlugen mit Stöcken und Fäusten um sich, brüllten »Juden raus« und »Sieg Heil«. Die Volkspolizisten, die vor der Kirche standen, griffen nicht ein. Es gab Verletzte.

Für Silvio Meier war der Überfall ein Schlüsselerlebnis; er sah die politische Notwendigkeit, sich gegen Nazis zu stellen. Am Abend des 21. November 1992 wollte Meier mit Joni, Ekke und Christine aus der Schreinerstraße 47 noch tanzen gehen. Sie liefen die Proskauer Straße runter zum U-Bahnhof Samariterstraße.

Auf dem Bahnsteig trafen sie auf eine Gruppe junger Nazis, neun Typen, drei Mädchen, einer von ihnen trug den Aufnäher auf der Jacke »Ich bin stolz, ein Deutscher zu sein«. Die vier aus der Schreinerstraße machten die Nazis an, die verzogen sich, aber die Besetzer hatten die letzte U-Bahn verpasst. Als sie wieder nach oben gingen, warteten die Nazis mit Messern im Zwischengeschoss auf sie.

Was dann geschah, erzählten Besetzer kurz darauf dem Journalisten Paul Hockenos: »Silvio und Ekke gingen zu Boden, Blut troff durch ihre Kleider. Joni wurde auch verletzt, und dann kickten sie ihr gegen den Kopf, bis sie ohnmächtig war.« Als die Ambulanz eintraf, war Silvio Meier schon verblutet. Er wurde 27 Jahre alt und hinterließ einen ein Jahr alten Sohn. Ein West-Berliner Autonomer, der in einer Besetzerkneipe in Friedrichshain saß: »Plötzlich kamen völlig aufgelöste Leute, die erzählten, dass gerade in der U-Bahn-Station Samariterstraße ein Antifa von Nazis erstochen worden war. Es gab zunächst ziemlich schnell eine Spontandemo von so 150 Leuten. Keiner wusste so recht, wohin gehen und was machen. Vorne liefen Leute, die durch ein Megafon erzählten, sie wären unten in der U-Bahn-Station gewesen, alles sei voller Blut. Sie weinten teilweise. [...] Dann sind wir auf die Frankfurter Allee und haben ein Feuer gemacht. Die Bullen kamen ziemlich schnell, ziemlich aggressiv und verjagten uns. Ich konnte die ganze Nacht nicht schlafen. Am nächsten Tag gab es eine Spontandemo mit 2000 Leuten. Jetzt war Hass da. Wir zogen zum nächsten Naziclub. Immer wieder lösten sich Gruppen aus der Demo heraus, die sich mit allem, mit Feuer und Eisenstangen des Gebäudes annahmen, in dem sich zu diesem Zeitpunkt kein Mensch befand. Als die Demo vorbei war, stiegen Rauchschwaden aus dem Laden auf.«

Ein knappes Jahr nach der Tat verurteilte ein Jugendgericht drei der jungen Nazis, wegen Totschlags, nicht wegen Mords. Der 17-jährige Sandro S., der die tödlichen Messerstiche ausgeführt hatte, erhielt eine Freiheitsstrafe von viereinhalb Jahren. Der 18-jährige Sven M. und der 17-jährige Alexander B. bekamen dreieinhalb Jahre bzw. acht Monate auf Bewährung.

Die Bezirksverordnetenversammlung Kreuzberg-Friedrichshain stimmte Ende Juni 2012 mit den Stimmen von SPD, Linken, Grünen und Piraten dafür, die Gabelsberger Straße in Silvio-Meier-Straße umzubenennen. Und am Westausgang des U-Bahnhofs Samariterstraße setzten Freunde eine Gedenktafel durch: »Kein Vergeben, kein Vergessen. Hier wurde Silvio Meier am 21. November 1992 von Faschisten ermordet.«

Und jetzt?
Nachwort

Revolten enden in Niederlagen, sonst wären sie Revolutionen, meinte der Politikwissenschaftler Johannes Agnoli. Aber mit einem Blick auf die Geschichte Berlins von den Sechziger- bis zu den Neunzigerjahren ist auch festzustellen: Ohne Revolten keine Fortschritte.

Die Achtundsechziger setzten eine grundlegende Kulturrevolution und überfällige Reformen in Gang. Die Feministinnen begannen mit der Demontage des Patriarchats. Die Hausbesetzer in West- und Ost-Berlin stoppten die bedenkenlose Zerstörung der alten Stadt und sicherten bezahlbaren Wohnraum. Sie alle haben sich mit ihren radikalen Ideen nicht wirklich durchsetzen können, und das war gut so. Ihre Radikalität aber war notwendig, denn wer sofort einen Kompromiss vorschlägt, kommt in der Politik nicht weit.

Die Darstellung im Buch endet in den frühen Neunzigerjahren. Zu beschreiben, wie das Gen der Revolte sich seitdem im vereinigten Berlin reproduziert hat, ob der Geist der Rebellion überlebt hat, dafür ist es noch zu früh. Eine Historisierung braucht ihre Zeit. Zunächst geht es immer um die Sicherung der Quellen.

*

Die mit dem Fall der Mauer einsetzenden globalen Umbrüche gingen auch an den potenziellen Rebellen in Berlin nicht spurlos vorbei. Nach dem Kalten Krieg, der mit dem Sieg des Kapitalismus endete, sahen sich die Linken weltweit in der Defensive. Alte Gewissheiten zerfielen, ideologische Verwirrung brach aus. Bei den Berliner Autonomen beispielsweise kam es zu harten Kontroversen über die Rolle Israels und die Unterstützung der Palästinenser. In den beiden Golfkriegen und dem Krieg im einstigen Jugoslawien ging bei vielen das seit dem Vietnamkrieg liebgewonnene Feindbild des US-Imperialismus verloren.

Natürlich starteten Widerständige nach dem Ende der Häuserkämpfe weiter ihre Kampagnen: Autonome waren die treibende Kraft der NOlympia-Kampagne, die wesentlich dazu beitrug, dass die jämmerliche Bewerbung Berlins für die Olympischen Spiele 2000 scheiterte. Antifas sorgten dafür, dass die Angriffe von Nazis zumindest in der Hauptstadt deutlich zurückgingen.

Währenddessen schrumpfte die Stadt, die Arbeitslosigkeit stieg und die Armut wuchs. Der Regierende Bürgermeister Klaus Wowereit machte wenigstens dem haltlosen Weltstadtwahn des West-Berliner Establishments mit dem Slogan „Berlin ist arm, aber sexy“ den Garaus. Inzwischen nimmt die *sexiness* Berlins rasant ab, die Stadt wird reicher und langweiliger, zieht nicht mehr junge Anarchisten und Künstler an, sondern die karrieristischen Töchter und Söhne der Wohlhabenden aus München und Stuttgart. Und nicht nur sie, sondern auch die US-Collegestudenten, die ihr Berlin-Jahr absolvieren, die Londoner, denen das Leben in der Heimat zu teuer ist, die jungen Spanier und Griechen, die hier Arbeit suchen. Was ihnen gemeinsam ist: Sie wissen nicht viel über Berlin, sie interessieren sich nicht weiter für die Stadt und ihre Geschichte. Für viele von ihnen ist Berlin eine *transit city,* eine coole Zeile für einen globalisierten Lebenslauf.

Gleichzeitig verdrängt die Gentrifizierung die Armen aus der Berliner Innenstadt. Helfen wird denen, die noch da sind, kaum eine Regierung der Parteien, die das Wohnungselend durch Privatisierung befördert haben und jetzt mit unwirksamen Mitteln den Kapitalismus ein bisschen regulieren wollen. Dietmar Wolf, einst DDR-Oppositioneller und Hausbesetzer, sagt: »Heute wären Hausbesetzungen noch nötiger als 1990. Aber der Charakter der Stadt hat sich radikal geändert.« In der Tat. Als Aktivisten, die gegen die Privatisierung des Dragoner-Areals in Kreuzberg kämpften, über die Möglichkeiten sprachen, Gebäude zu besetzen, stellte sich heraus: Alle mussten so viel arbeiten, um sich finanziell über Wasser zu halten, dass sie zum Besetzen schlicht keine Zeit hatten. Es fehlen offenbar die *human ressources* der Revolte, in Gestalt von jungen Leuten.

Als der West-Berliner Immobilienhändler Artur Süsskind im September 2014 die Kreuzberger Cuvry-Brache an der Spree nach einem Brand des darauf stehenden Hüttendorfes räumen ließ und Polizisten das Areal abgeriegelt hatten, wälzte sich der Strom junger vergnügungswilliger Menschen ungerührt auf der Schlesischen Straße entlang. Als wäre nichts geschehen. Vielleicht 50 Demonstranten hatten sich zu einem Sitzstreik niedergelassen. Die vorwiegend Englisch sprechenden Flaneure interessierten sich nicht im Geringsten dafür, was aus der Cuvry-Brache wird, dass hier statt Wohnungen ein achtstöckiger Bürosilo für 2000 Beschäftigte des Internetportals Zalando entstehen wird.

Die Gentrifizierung kennt kein Ost und West. Und sie macht auch vor Geschichtszeichen kein Halt. Auf dem der Cuvry-Brache gegenüberliegenden Ufer der Spree wurde eine der beliebtesten Sehenswürdigkeiten der Stadt, die East Side Gallery, für einen Hochhausneubau mit Luxuswohnungen an der Oberbaumbrücke teilweise zerstört. Das »Living Levels«-Gebäude am Spreeufer, gegen dessen vollständige Bebauung die Bewegung »Mediaspree versenken« erfolglos anrannte, zählt zu den teuersten Immobilien der Stadt. Ein Hohn obendrein für die Aktivisten aus Ost-Berlin, dass ausgerechnet der ehemalige Stasi-Spitzel Maik Uwe Hinkel sich auf dem einstigen Todesstreifen eine goldene Nase verdienen konnte, der nach eigener Aussage auch für den Verfassungsschutz und einen anderen ausländischen Geheimdienst tätig war. Und bald dürfen wohl weitere Mauerstücke aus der East Side Gallery herausgerissen werden: Gleich daneben soll ein neues Luxushotel entstehen.

Im boomenden Berlin ist eine Frage wichtiger denn je: Wem gehört die Stadt? Wer besitzt Grund und Boden, Häuser und Wohnungen? Wer strukturiert das Soziale in dieser Stadt und bestimmt, wer wo lebt und arbeitet? Wird die soziale Entmischung, die Segregation, gefördert oder bekämpft? Wer den Staat als *res publica,* als öffentliche Sache, begreift, hätte eine öffentliche Debatte erwartet, wenn es um so entscheidende politische Fragen geht, wie die massenhafte Privatisierung öffentlichen Eigentums. Sie fand nicht statt.

Der Berliner Senat, egal ob CDU, SPD oder Linke, hat den städtischen Wohnungsbestand zielstrebig verschleudert. Zur Wende besaßen städtische Wohnungsbaugesellschaften noch 532 000 Wohnungen, im Jahr 2011 waren es nur noch 270 000. Zuletzt verkaufte der rot-rote Senat – SPD und Linke – 2004 die Gemeinnützige Siedlungs- und Wohnungsbaugesellschaft (GSW) an ein Konsortium von Goldman Sachs und anderen US-Heuschrecken. Mit dem Ausverkauf gaben Politiker die Möglichkeit aus der Hand, auf die Entwicklung der Mieten Einfluss zu nehmen.

Zu Zeiten der Hausbesetzerbewegungen in West- und Ost-Berlin ließen sich per Telefonkette innerhalb von kürzester Zeit 1000 bis 2000 Aktivisten zusammenrufen. Das wäre heute undenkbar. Zwar kommt es rund um die ehemals besetzten Häuser in der Rigaer Straße in Friedrichshain nach wie vor zu Scharmützeln, aber eine virulente linksradikale Bewegung existiert nicht mehr. Nicht einmal für die rituelle Randale am 1. Mai reichen die Kräfte.

Wer etwas politisch erreichen will, muss etwas dafür tun. Aber es wäre falsch, die Hoffnung auf Veränderung nur auf Happenings, Demonstrationen und Straßenkämpfe zu projizieren. In Berlin wurden auch schon vollkommen legal revolutionäre Dinge durchgesetzt. Mit einem Volksentscheid wurde 2014 verhindert, dass der geschlossene Flughafen Tempelhof der Immobilienbranche übergeben und bebaut wird. Stattdessen entstand eine rund 300 Hektar große öffentliche Fläche, ein klassischer Berliner Freiraum. Erfolge erzielten auch Stadtteilgruppen mit Kampagnen gegen exorbitante Mietsteigerungen, die zur Vertreibung von Geschäften geführt hätten.

Politische Entwicklungen verlaufen nicht linear, Umbrüche lassen sich nicht vorhersagen wie das Wetter von morgen, und Revolten brechen gern dann aus, wenn sie am wenigsten erwartet werden. Vor diesem Hintergrund wäre es falsch, darüber zu spekulieren, ob der Berliner Geist der Revolte, genetisch formuliert, als dominante oder rezessive Variante übertragen wird. Ob er eines Tages aufgrund der wirtschaftlichen und sozialen Umwälzungen einfach verschwindet. Auf Nimmerwiedersehen.

Dass der Geist der Rebellion eine belebende Wirkung auf stagnierende Gemeinwesen hat, davon ging schon ein Mann aus, der frei ist von jeglichem Verdacht, ein Radikaler gewesen zu sein: Thomas Jefferson, einer der Gründerväter und dritter Präsident der Vereinigten Staaten von Amerika. Er schrieb 1787: »Ich denke, eine kleine Rebellion hin und wieder ist eine gute Sache; und in der politischen Welt so notwendig wie Stürme in der physischen.«

ANHANG

Quellen

DIE WILDEN SECHZIGER

1 Randale mit den Rolling Stones

Interview mit Kurt Lietsch, alias Hannibal, im Mai 2012 in Berlin-Schöneberg.

Interview mit Alfred Märländer, alias Shortie, am 15. Februar 2012 in Berlin-Neukölln.

Ralf Reinders/Ronald Fritsch: Die Bewegung 2. Juni, Berlin 2003, S. 13 ff.

Frankfurter Allgemeine Zeitung vom 22. Juni 2005.

Michael Rauhut: I can't get no SEDisfaction, in: Die Zeit vom 4. Juni 1998, S. 66.

http://www.morgenpost.de/kultur/berlin-kultur/article128862314/Lange-Haare-schlampige-Kleidung-Die-Stones-65-in-Berlin.html

Interview mit Olaf Leitner, http://www.taz.de/!401556/

2 Es darf gegammelt werden

Interview mit Alfred Märländer, alias Shortie, am 15. Februar 2012 in Berlin-Neukölln.

Ulrich Enzensberger: Die Jahre der Kommune 1, Köln 2004.

Hans W. Korfmann: Eckhard Siepmann. Politik, Poesie, Alkohol, das ist Kreuzberg, in: Kreuzberger Chronik, Nr. 101, Berlin 2008, S. 9 f.

Der Spiegel 39/1966, S. 70–80

Der Spiegel 41/1966, S. 40.

http://www.spiegel.de/spiegel/print/d-147013466.html

BStU, MfS, AP, Nr. 73088/92, Bl. 1–47.

3 West-Berliner Weltgeister

Interview mit Tilman Fichter am 22. Juli 2011 in Berlin-Charlottenburg.

Interview mit Jörg Schlotterer am 16. November 2016 in Hamburg-Wilhelmsburg.

Ulrich Enzensberger: Die Jahre der Kommune 1, Köln 2004, S. 64.

Dorothea Zöbl: Leben am Kurfürstendamm, Berlin 2011.

Der Spiegel 51/1967, S. 52.

4 Ein Schuss in viele Köpfe

Uwe Soukup: Der 2. Juni 1967, Berlin 2017.

Michael Sontheimer: Ein Schuß in viele Köpfe, in: Die Zeit vom 29. Mai 1987, S. 12–17.

Der Spiegel 4/2012, S. 36.

Michael Sontheimer/Peter Wensierski: Ein Mord und viele Lügen, in: Der Spiegel 22/2017, S. 52–56.

5 »Amis go home!«

Interview mit Manfred Grashof am 4. Juli 2011 in Berlin.

Hans Georg Hiller von Gartingen: Pop, Politik und Propaganda, Stuttgart 2015.

Wolfgang Neuss: Der totale Neuss, Frankfurt a. M. 1997.

Astrid Proll: Hans und Grete, Berlin 2004.

Frank Schäfer: 1966, Wien 2016.

Hamburger Abendblatt vom 25 März 1968.

Der Spiegel 52/1965, S. 33.

http://www.taz.de/50-Jahrestag-Antikriegsproteste/!5271633/

6 Unruhige Ostern

Bommi Baumann: Wie alles anfing, Berlin 1991.

Michael Sontheimer: Sturm auf Springer, http://www.spiegel.de/einestages/68er-aufstand-a-946852.html

7 Kritische Masse

Eric Hobsbawm: Revolution und Revolte, Frankfurt 1977, S. 316.

Horst Kunitzky/Hansmartin Kuhn: Das Ende der Utopie, Berlin 1967.

Michael Sontheimer: »Die Rote Armee aufbauen«, in: Der Spiegel 19/2017, S. 40–42.

Willi Winkler: Mit der Zeit vergeht die Lust – sogar auf 68, in: Süddeutsche Zeitung vom 7. Mai 2010.

Der Spiegel 46/1967, S. 82.

Generalstaatsanwalt bei dem Landgericht, 2 P JS 890/68, Anklageschrift gegen den Rechtsanwalt Horst Mahler, Berlin 4. Februar 1969.

8 Die Wahrheitsfindung

Volker Kähne: Gerichtsgebäude in Berlin, Berlin 1988.

Klaus Schlesinger: Fliegender Wechsel, Frankfurt a. M. 1990.

Alois Wosnitzka (Hg.): Das Neue Kriminalgericht in Moabit, Berlin 2006.

Christian Bommarius: Ein deutscher Fall, in: Berliner Zeitung vom 15. August 2000, S. 4.

Robert Pausch: Freislers rechte Hand, Zeit Online, 21. Juni 2017.
»Ich war am anfälligsten für die Liebe«. Fritz Teufels letztes Interview, Tagesspiegel vom 7. Juli 2010.
taz vom 5. Juni 1991, S. 28.

9 Die Entdeckung Kreuzbergs

Interview mit Helga Wullweber am 3. Mai 2012 in Berlin-Mitte.
Interview mit Till Meyer am 17. Mai 2011 in Berlin-Wilmersdorf.
Ute Kätzel: Die 68erinnen, Berlin 2002.
Uwe Rada: Autobahnkreuz Kreuzberg, in: taz vom 30. Juli 2015, S. 23.

10 Konfliktverteidigung

Interview mit Klaus Eschen am 17. August 2017 in Berlin-Prenzlauer Berg.
Interview mit Freke Over am 20. Dezember 2017 in Berlin-Kreuzberg.
Klaus Eschen, Interview, taz vom 29. Mai 2011.
Klaus Eschen/Christian Ströbele: Offener Brief, taz vom 3. September 1990.
Der Spiegel 48/1970, S. 254.

11 »High sein, frei sein …«

Michael Sontheimer: Nachruf auf Bommi Baumann. Wie alles endete, in: taz vom 20. Juli 2016.
Michael Sontheimer: »High sein, frei sein«, in: Spiegel Geschichte 41/2014, S. 38f.
Der Spiegel 46/1969, S. 76.

12 Die K1

Interview mit Antje Krüger am 19. Oktober 2011 in Berlin-Schöneberg.
Stefan Aust: Der Baader-Meinhof-Komplex, Hamburg 2017.
Bommi Baumann: Wie alles anfing, Berlin 1991.
Ulrich Enzensberger: Die Jahre der Kommune I, Köln 2004.
Rainer Langhans: #SOISTS, München 2017.
Der Spiegel 27/1967, S. 20, 32–34.
Kriminalpolizei, Abteilung I, Berichte über »Kommune Berlin I« vom 12. Mai 1967 und 30. Mai 1967.

13 Umherschweifende Haschrebellen

Interview mit Eckart Siepmann am 12. November 2011 in Berlin-Kreuzberg.
Kopien von zwei Flugblättern der Haschrebellen, Archiv Sontheimer.
Stern 23/1970, S. 58.

14 Antiautoritäre Erziehung

Interview mit Lothar Binger am 17. August 2017 in Kleinmachnow.

Interviews mit Helke Sander am 9. Juni und 22. November 2017 in Berlin-Charlottenburg.

Ute Kätzer: Die 68erinnen, Berlin 2002.

Lutz v. Werder: Kinderläden. Versuch der Umwälzung der inneren Natur, in: Eckhard Siepmann u.a. (Hg.): Che-Schah-Shit, Berlin 1984, S. 107–111.

Kinderladen-Info, Ausgaben 1 bis 9 vom 22. Januar 1969 bis 17. Mai 1969, Archiv Lothar Binger, insbes. KL-Info 2 vom 29. Januar 1969, S. 11; KL-Info 5 vom 15. März 1969, S. 7 und S. 10.

AUFBRUCH IM OSTEN

15 Ost-Helme für die APO

Astrid Köhler: Klaus Schlesinger, Berlin 2011, S. 145f.

Klaus Schlesinger: Helm-Aktion, in: taz vom 10. April 1993.

BStU, MfS, HA XX, Nr. 7890, Bl. 1–9.

16 »Sofort war 'ne Gegenreaktion bei mir«

Interview mit Bettina Wegner im Oktober 2015.

BStU, MfS, BV Berlin, AU 303/90.

Tonbandmitschnitt vom Prozess gegen Bettina Wegner, Oktober 1968.

17 »Nichts und niemals etwas hinnehmen«

Interviews mit Gerd Poppe im September 2017.

Selbstauskunft Franziska Groszer.

https://www.berliner-zeitung.de/1969-begannen-junge-leute-in-berlin-friedrichshain-ein-lebensexperiment--das-bald-zerbrach-die-ost-kommune-15731962

18 »Unser schlimmstes Gift«

Interviews mit Ulrike und Gerd Poppe, Ekkehard Maaß und Katja Havemann im August und November 2017.

Auskunft zur Chausseestr. 131 von Hanno Harnisch im November 2017.

BStU, MfS, HA XX/1 Brosche, 17.3.1967.

Peter Wensierski: »Widerstand als Grundrauschen«, Katalog zur Ausstellung »Gegenstimmen«, 2016.

19 Havemanns Haus

Interview mit Katja Havemann, Rüdiger Rosenthal und Lilo Fuchs im November 2017.

20 Alternative gesucht

Unveröffentlichtes Interview von Peter Wensierski mit Rudolf Bahro, 1982.

Interviews mit Rudolf Bahro, in: Der Spiegel 35/1977, 43/1979 und 50/1982.

Ulrich Schwarz/Peter Wensierski: »Die wollten nur Macht«. Interview mit Rudolf Bahro, in: Der Spiegel 26/1995, S. 46–51.

Tonbandmitschnitt vom Prozess gegen Rudolf Bahro, Juni 1977.

http://www.spiegel.de/einestages/reporter-im-bahro-prozess-a-948976.html

KRIEG UND FRIEDEN

21 »Natürlich kann geschossen werden«

Michael Sontheimer: »Natürlich kann geschossen werden«, München 2010, S. 13–15.

22 Tugend und Terror

Michael Sontheimer: Unveröffentlichtes Manuskript über Ulrike Meinhofs Besuch in Ost-Berlin, um 1997.

Staatsanwaltschaft bei dem Landgericht Berlin: Ermittlungssache gegen Meinhof, Ulrike, Landesarchiv Berlin B Rep. 058, Nr. 12299.

23 Mit Knarre und Toupet

Interview mit Wolfgang Kotsch, um 2007.

Stefan Aust: Der Baader-Meinhof-Komplex, Hamburg 2017, S. 246–253.

24 »Friede den Hütten«

Interview mit Irene Mössinger und Marina Müller am 15. November 2017 in Berlin-Kreuzberg.

Heinrich Böll/Rudi Dutschke u. a.: Die Erschießung des Georg v. Rauch, Berlin 1976.

Karin König: Zwei Ikonen des bewaffneten Kampfes, in: Wolfgang Kraushaar (Hg.): Die RAF und der linke Terrorismus, Hamburg 2006, S. 430–471.

Rauch-Haus-Kollektiv: 6 Jahre Selbstorganisation, Berlin 1977, S. 18.

Ton Steine Scherben: Geschichten, Noten, Texte und Fotos aus 15 Jahren, Fresenhagen 2007.

Wolfgang Dennier/Christel Heilmann/Sybille Gragert: Sozialpädagogische Selbsthilfemaßnahmen am Beispiel des Georg von Rauch-Hauses, Seminararbeit, o.J.

25 Keine Macht für Niemand

Interview mit Lanrue am 14. September 2011 in Berlin-Kreuzberg.

Interview mit Nikel Pallat am 17. November 2016 in Hamburg-Harburg.

Interview mit Jörg Schlotterer am 16. November 2016 in Hamburg-Wilhelmsburg.

26 Frauen, kommt her!

Interview mit Cristina Perincioli und Cillie Rentmeister am 17. Dezember 2017 in Michendorf.

Cristina Perincioli: Berlin wird feministisch, Berlin 2015.

Cillie Rentmeister: Frauenfeste als Initiationsritual, in: Heinrich Böll Stiftung, Feministisches Institut (Hg.): Wie weit flog die Tomate?, Berlin 1999, S. 10.

Cillie Rentmeister: Frauenwelten – fern, vergangen, fremd?, in: Ina-Maria Greverus (Hg.): Kulturkontakt – Kulturkonflikt, Frankfurt a. M. 1988, S. 443–460.

Eckhard Siepmann u. a. (Hg.): Che-Schah-Shit, Berlin 1984. S. 174f.

http://www.1000dokumente.de/pdf/dok_0022_san_de.pdf

http://www.frauenmediaturm.de/themen-portraets/chronik-der-neuen-frauenbewegung/1977/

http://feministberlin1968ff.de/category/womens-center/starting-womens-center-1972/

27 Das Kreuzberger »Volksgefängnis«

Interviews mit Till Meyer am 17. Mai 2011 und 2. Oktober 2017 in Berlin-Wilmersdorf.

Heinrich Albertz: Blumen für Stukenbrock, Stuttgart 1981.

Till Meyer: Staatsfeind, Hamburg 1996.

Ralf Reinders/Ronald Fritsch: Die Bewegung 2. Juni, Berlin 2003.

Gabriele Rollnik/Daniel Dubbe: Keine Angst vor niemand, Hamburg 2004.

»Alle waren in heller Aufregung«. Interview von Plutonia Plarre mit Manfred Ganschow, http://www.taz.de/!641487/

Kammergericht in Berlin, 1. Strafsenat, Urteil in der Strafsache gegen Ralf Reinders u. a., Berlin 1980.

http://www.spiegel.de/politik/deutschland/helmut-schmidt-der-kanzler-der-die-raf-besiegte-a-1062136.html

http://bewegung.nostate.net/mate_zeit.html

https://www.welt.de/politik/deutschland/article109186444/Das-erste-Opfer-des-Linksterrorismus.html

http://www.taz.de/!218451/

28 Der große Ratschlag

Philip Felsch: Der lange Sommer der Theorie, München 2015.

Anina Falasca: Der Tunix-Kongress 1978 in West-Berlin und das Verhältnis der neuen linksalternativen Bewegung zur Theorie, Masterarbeit, Berlin 2017.

Aufruf zum Tunix-Kongress, Berlin 1977.

BUG-Info, Nr. 1005, Berlin, Januar 1978.

29 Prinz Eisenherz

Interview mit Peter Hedenström am 5. Dezember 2017 in Berlin-Wilmersdorf.
Interview mit Roland Müller-Flasher am 15. Dezember 2017 in Berlin-Schöneberg.

30 Die taz

Wolfgang Flieger: Die TAZ, München 1992.
Jörg Magenau: Die taz, München 2007.
Dieses obskure Objekt uns'rer Begierde. Die Tageszeitung – Diskussionspapiere & Leserbriefe, Frankfurt 1979.
Prospekt: Tageszeitung, Frankfurt 1978.
Der Spiegel 33/1978, S. 70–73.
http://www.spiegel.de/spiegel/print/d-40607310.html
https://mmm.verdi.de/beruf/der-kampf-um-alternativen-25-jahre-taz-25787

ES WERDEN MEHR

31 Blues-Messen

Interview mit Ralf Hirsch und Dirk Moldt im Dezember 2017.
Interview mit Günter Holwas im Oktober 2012.
Dirk Moldt: Zwischen Haß und Hoffnung, Berlin 2008.
Peter Wensierski: Unveröffentlichtes Manuskript »Blues-Messen« (1981), Privatarchiv Wensierski.

32 Frauen für den Frieden

Interviews mit Almut Ilsen, Bettina Rathenow, Ulrike Poppe und Irena Kukutz, 2017.
Unveröffentlichter Text von Ruth Kibelka, 1999.
Tonbandmitschnitt der Liturgischen Nacht, Auferstehungskirche, Ost-Berlin, 26. 6. 1987.

33 Straßen der Opposition

Interviews mit Harald Hauswald, Rüdiger Rosenthal, Tom Sello, Carlo Jordan und Jule Köster, 2017.
Peter Wensierski: Die verbotene Reise, München 2014, S. 21–39.
Peter Wensierski: Interview mit Stephan Steinlein u. a., in: VEB Nachwuchs, Hamburg 1984, S. 197–212.

34 Graue Fassade, bunte Bewohner

Interview mit Carlo Jordan und Tina Bara im Dezember 2017.
Videointerview mit Tom Sello am 9. Januar 2017.

35 Offene Wohnung

Interviews mit Ulrike und Gerd Poppe, Carlo Jordan und Rüdiger Rosenthal, August bis Dezember 2017.

36 Erziehung zum Frieden

Interviews mit Ulrike und Gerd Poppe im November und Dezember 2017.

37 Dunkelkammer im Hinterhof

Interviews mit Harald Hauswald im August und November 2017.

38 Der »Schwarze Kanal«

Interview mit Tina Krone und Stephan Krawczyk im März 2014.

Peter Wensierski: Aufstand im Äther, Spiegel Online, 30.4.2014

HAUS UM HAUS

39 Instand(be)setzung

Interview mit Gerhard Seyfried am 20. Juli 2017 in Berlin-Schöneberg.

Interview mit Christoph Ludzuweit am 8. August 2017 in Berlin-Kreuzberg.

Der Abend vom 6. Februar 1979.

40 Juppys Circus

Interview mit Juppy Becher am 1. September 2017 in Berlin-Tempelhof.

Juppy Becher (mit Daniel Gäsche): Aus dem Leben eines Revoluzzers, Leipzig 2005.

http://www.taz.de/!1283250/

41 Der Zwölftezwölfte

Klaus Schlesinger: Fliegender Wechsel, Frankfurt a. M. 1990, S. 148.

A. G. Grauwacke: Autonome in Bewegung, Berlin u. a. 2003, S. 14, 42.

Hamburger Abendblatt vom 17. Dezember 1980

Der Spiegel 52/1980, S. 23.

Eines Tages vom 14.12.2010.

https://autox.nadir.org/archiv/chrono/1980.html#12

http://www.spiegel.de/einestages/berliner-haeuserkampf-in-den-achtziger-jahren-a-953279.html

http://www.taz.de/!501690/

42 Der Bauhof

Interview mit Käthe Kruse am 29. September 2017 in Berlin-Friedrichshain.

Interview mit Miki Stehr und Markus Ghazi am 9. November 2017 in Berlin-Kreuzberg.
Käthe Kruse: Von Hausbesetzern zu Genossenschaftern, in: Arch+, November 2014, S. 54–56.
Käthe Kruse im Gespräch mit Joachim Krause: Leben in einer Großgruppe, in: Arch+, November 2014, S. 57–62.
Käthe Kruse: Lob des Imperfekts, Berlin 2017.
Rainer Nitsche (Hg.): Häuserkämpfe, Berlin 1981, S. 230–261.

43 Der Zwoundzwanzigsteneunte

Interview mit Benny Härlin am 21. September 2017 in Berlin-Mitte.
Klaus Schlesinger: Fliegender Wechsel, Frankfurt a. M. 1990, S. 192.
Interview von Stefan Aust mit Klaus-Jürgen Rattay: https://www.youtube.com/watch?v=9CHG_2MKjCE
http://www.mao-projekt.de/BRD/BER/MIE/Berlin_Hausbesetzungen_Linkliste.shtml
http://www.spiegel.de/spiegel/print/d-14333100.html

44 Krawall ohne Bullen

Interview mit Florentine Straub und Detlef Stueber am 28. November 2017 in Berlin-Schöneberg.
E-Mail-Auskünfte von Judith Fiedler, Regina Holzkamp und Frank Nordhausen.
Eva Bude: Verpisst euch!, Leipzig 2005, S. 245–249.
Benny Härlin/Michael Sontheimer: Potsdamer Straße, Berlin 1983.
Klaus Schlesinger: Fliegender Wechsel, Frankfurt a. M. 1990, S. 251 f.

45 Punk und Pogo

Sub Opus 36 e. V. (Hg.): SO36, Mainz 2016.

46 Knüppel, Steine, Tränengas

Zum Reagan-Besuch:
A. G. Grauwacke: Autonome in Bewegung, Berlin u. a. 2003, S. 193.
https://www.berliner-zeitung.de/berlin/juni-1982-im-kessel-vom-nollendorfplatz-27782192
https://autox.nadir.org/archiv/1106/82_1106_5.html
Zum 1. Mai 1987:
A. G. Grauwacke: Autonome in Bewegung, Berlin u. a. 2003, S. 193.
Der Spiegel 20/1987, S. 57.
Die Zeit vom 8. Mai 1987, S. 12.

taz vom 4. Mai 1987, S. 3.
https://www.zitty.de/die-lange-nacht-der-anarchie-30-jahre-1-mai-1987/

47 Sprung über die Mauer

Interview mit Mao Meyer am 27. Oktober 2017 in Berlin-Kreuzberg.
APO-Archiv, 1349.
Kubat-Dokumentation, Berlin 1988.
http://www.zeit.de/1988/25/aergerliche-attraktion/komplettansicht

ES REICHT!

48 Treffpunkt der Opposition

Interviews mit Katja Havemann, Stephan Bickhardt, Rüdiger Rosenthal, Ulrike Poppe, Irena Kukutz und Erhart Neubert im August, Oktober und November 2017.
Videointerview mit Lukas Beckmann, Oktober 2015.

49 Freiheit der Kunst

Interviews mit Ekkehard Maaß und Rüdiger Rosenthal im Oktober und November 2017.
Peter Wensierski: »Diesmal findet ihr mich nicht«, Film über Sascha Anderson, 1986.

50 Die radix-blätter

Interviews mit Stephan Bickhardt im Oktober und November 2017.

51 Der Ost-West-Kanal

Interviews und Briefwechsel mit Lilo Fuchs, Lutz Rathenow, Peter Jochen Winters, Roland Jahn und Rüdiger Rosenthal im Dezember 2017.

52 Popmusik, Protest und Prügel

Interviews mit Uwe Kulisch im Oktober 2015 und Dezember 2017,
BStU-Unterlagen, hektografierte Dokumentation über die Ereignisse, Ost-Berlin, Pfingsten 1987.

53 Das Hauptquartier

Interviews mit Carlo Jordan, Tom Sello und Tim Eisenlohr im September und Dezember 2017.
BStU-Unterlagen OV »Bibliothek«

54 Auf die Straße!

Interviews mit Evelyn Zupke, Frank Ebert, Peter Hagen und Frank Pfeiffer am 15. Dezember 2017.

55 Erst die Wohnungen, dann die Häuser

Interview mit Antje Ebert am 10. November 2017 in Berlin-Prenzlauer Berg.
Interview mit Dirk Moldt am 9. Dezember 2017 in Berlin-Friedrichshain.
Interview mit Dietmar Wolf am 24. November 2017 in Berlin-Prenzlauer Berg.
Amantine (Hg.): »Die Häuser denen, die drin wohnen!«, Münster 2012.
A. G. Grauwacke: Autonome in Bewegung, Berlin u.a. 2003, S. 252–256.
Paul Hockenos: Berlin Calling, New York 2017, S. 211.
Barbara und Kai Sichtermann: Das ist unser Haus, Berlin 2017, S. 262–271.
Andrej Holm/Armin Kuhn: Häuserkampf und Stadterneuerung, in: Blätter für deutsche und internationale Politik 3/2010, S. 107–115.
http://www.squatter.w3brigade.de/content/geschichte/die-hausbesetzerbewegung-ost-berlin-teil2

56 Die letzte Schlacht

Interview mit Dirk Moldt am 9. Dezember 2017 in Berlin-Friedrichshain.
Telefoninterview mit Walter Momper im Dezember 2017.
Interview mit Freke Over am 20. Dezember 2017 in Berlin-Kreuzberg.
Interview mit Erich Pätzold am 9. Januar 2018 in Berlin-Spandau.
Interview mit Dietmar Wolf am 24. November 2017 in Berlin-Prenzlauer Berg.
A. G. Grauwacke: Autonome in Bewegung, Berlin u.a. 2003, S. 257–262, 295.
Paul Hockenos: Berlin Calling, New York 2017, S. 256f.
Der Spiegel 47/1990, S. 22–32.
http://www.berlinstreet.de/1184
http://www.horch-und-guck.info/hug/archiv/2008-2009/heft-63/06311/
https://www.mao-projekt.de/BRD/BER/MIE/Berlin_Hausbesetzungen_Berliner_Linie_07.shtml
Videointerview mit Silvio Meier: https://www.youtube.com/watch?v=nICz7rfQ7sULinks: http://www.squatter.w3brigade.de/content/geschichte/die-hausbesetzerbewegung-ost-berlin-teil2
http://www.berlinstreet.de/1184
http://www.horch-und-guck.info/hug/archiv/2008-2009/heft-63/06311/

Literatur

Abgeräumt? Ermittlungsausschuss. Eine Dokumentation, Berlin 1981.

Johannes Agnoli: 1968 und die Folgen, Freiburg 1998.

Heinrich Albertz: Blumen für Stukenbrock. Biographisches, Stuttgart 1981.

Stefan Aust: Der Baader-Meinhof-Komplex, Hamburg 2017.

Bommi Baumann: Wie alles anfing, Berlin 1991.

Juppy Becher (mit Daniel Gäsche): Aus dem Leben eines Revoluzzers, Leipzig 2005.

Heinrich Böll / Rudi Dutschke u. a.: Die Erschießung des Georg v. Rauch, Berlin 1976.

Peter Böthig (Hg.): sprachzeiten. Der literarische Salon von Ekke Maaß. Eine Dokumentation von 1978 bis 2016, Berlin 2017.

Peter Brückner: Ulrike Meinhof und die deutschen Verhältnisse, Berlin 2006.

Eva Bude: Verpisst euch! Sex and drugs and hardcore-punk, Leipzig 2005.

Marci Carini: Fritz Teufel. Wenn's der Wahrheitsfindung dient, Hamburg 2008.

Friedrich Christian Delius: Amerikahaus und der Tanz um die Frauen, Reinbek 1999.

Die Revolte. Themen und Motive der Studentenbewegung, Ästhetik & Kommunikation, Heft 140/141, Berlin 2008.

Dieses obskure Objekt uns'rer Begierde. Die Tageszeitung – Diskussionspapiere & Leserbriefe, Frankfurt a. M. 1979.

Jutta Ditfurth: Ulrike Meinhof. Die Biographie, Berlin 2007.

Gretchen Dutschke: Rudi Dutschke. Wir hatten ein barbarisch schönes Leben, Köln 2007.

Hosea Dutschke: Rudi und ich, Berlin 2015.

Hans Magnus Enzensberger: Tumult, Berlin 2015.

Ulrich Enzensberger: Die Jahre der Kommune I. Berlin 1967–1969, Köln 2004.

Februar 1968. Tage, die Berlin erschütterten, Frankfurt a. M. 1968.

Philip Felsch: Der lange Sommer der Theorie. Geschichte einer Revolte, 1966–1990, München 2015.

Barbara Felsmann/Annett Gröschner (Hg.): Durchgangszimmer Prenzlauer Berg. Eine Berliner Künstlersozialgeschichte in Selbstauskünften, Berlin 1999.

Tilman P. Fichter/Siegward Lönnendonker: Geschichte des SDS. Der Sozialistische Deutsche Stundenbund. 1946–1970, Bielefeld 2018.

Wolfgang Flieger: Die TAZ. Vom Alternativblatt zur linken Tageszeitung, München 1992.

Ingrid Gilcher-Holtey, Die 68er Bewegung. Deutschland, Westeuropa, USA, München 2001.

A. G. Grauwacke: Autonome in Bewegung. Aus den ersten 23 Jahren, Berlin u.a. 2003.

Benny Härlin: Lummerland ist abgebrannt ... Häuserkampf, in: Irene Lusk/Christiane Zieseke (Hg.): Stadtfront. BerlinWestBerlin, Berlin 1982.

Benny Härlin/Michael Sontheimer: Potsdamer Straße. Sittenbilder und Geschichten, Berlin 1983.

Harald Hauswald/Lutz Rathenow: Ost-Berlin. Die verschwundene Stadt, Berlin 2017.

Hans Georg Hiller von Gartingen: Pop, Politik und Propaganda. Das Amerika Haus Berlin im Wandel der Zeit, Stuttgart 2015.

Paul Hockenos; Berlin Calling. A Story of Anarchy, Music, the Wall and the Birth of the New Berlin, New York/London 2017.

Detlef Holland-Moritz/Gabriela Wachter (Hg.): war jewesen. West-Berlin 1961–89, Berlin 2009.

Ingo Juchler: 1968 in Berlin. Schauplätze der Revolte. Ein historischer Stadtführer, Berlin 2017.

Volker Kähne: Gerichtsgebäude in Berlin. Eine rechts- und baugeschichtliche Betrachtung, Berlin 1988.

Paul Kaiser/Claudia Petzold: Boheme und Diktatur in der DDR. Gruppen, Konflikte, Quartiere 1970–1989. Katalog zur Ausstellung des Deutschen Historischen Museums vom 4. September bis 16. Dezember 1997, Berlin 1997.

Ute Kätzel: Die 68erinnen. Porträt einer rebellischen Frauengeneration, Berlin 2002.

Nadja und Freya Klier: Die Oderberger Straße, Berlin 2017.

Astrid Köhler: Klaus Schlesinger. Die Biographie, Berlin 2011.

Karin König: Zwei Ikonen des bewaffneten Kampfes. Leben und Tod Georg von Rauchs und Thomas Weisbeckers; in: Wolfgang Kraushaar (Hg.): Die RAF und der linke Terrorismus, Hamburg 2006, S. 430–471.

Ekkehart Krippendorf: Lebensfäden. Zehn autobiographische Versuche, Heidelberg 2012.

Käthe Kruse: Von Hausbesetzern zu Genossenschaftern. Die Geschichte des Bauhofs »Manteuffelstraße«, in: Arch+, November 2014, S. 54–56.
Käthe Kruse im Gespräch mit Joachim Krause: Leben in einer Großgruppe. Stabilität durch Wandel, in: Arch+, November 2014, S. 57–62.
Käthe Kruse: Lob des Imperfekts. Kunst, Musik und Wohnen im West-Berlin der 1980er, Berlin 2017.
Horst Kurnitzky/Hansmartin Kuhn (Hg.), Das Ende der Utopie – Herbert Marcuse diskutiert mit Studenten und Professoren Westberlins an der Freien Universität Berlin über die Möglichkeiten und Chancen einer politischen Opposition in den Metropolen im Zusammenhang mit den Befreiungsbewegungen in den Ländern der Dritten Welt, Berlin 1967.
Landesamt für Verfassungsschutz: Der »Häuserkampf« in Berlin (West), Berlin 1982.
Lisa Marie Langeloh: Der Rauchhaus-Song. Authentische Berichte von 1968 und den Folgejahren, Hamburg 2015.
Rainer Langhans: #SOISTS. Selfies von der Kommune bis Trump, München 2017.
Jörg Magenau: Die taz. Eine Zeitung als Lebensform, München 2007.
Roger Mehlis: Berlin – Berlin. Porträts, Marbach am Neckar 1992.
Till Meyer: Staatsfeind. Erinnerungen, Hamburg 1996.
Gert Möbius: Halt dich an deiner Liebe fest. Rio Reiser, Berlin 2016.
Dirk Moldt: Zwischen Hass und Hoffnung. Die Blues-Messen 1979–1986, Berlin 2008.
Michael Müller: 1968. Die andere Perspektive, Berlin 2008.
Wolfgang Neuss: Der totale Neuss. Gesammelte Werke, hg. von Volker Kühn, Frankfurt a. M. 997.
Rainer Nitsche (Hg.): Häuserkämpfe. 1872, 1920, 1945, 1982, Berlin 1981.
Sabine Pamperrien: 1967. Das Jahr der zwei Sommer, München 2017.
Cristina Perincioli: Berlin wird feministisch. Das Beste, was von der 68er Bewegung blieb, Berlin 2015.
Butz Peters: Tödlicher Irrtum. Die Geschichte der RAF, Berlin 2004.
Carsten Prien: Dutschkismus. Rudi Dutschkes politische Theorie, Seedorf 2015.
Astrid Proll: Hans und Grete. Bilder der RAF 1967–1977, Berlin 2004.
Prospekt: Tageszeitung, Frankfurt a. M. 1978.
Rauch-Haus-Kollektiv: 6 Jahre Selbstorganisation, Berlin 1977.
Aribert Reimann: Dieter Kunzelmann. Avantgardist, Protestler, Radikaler, Göttingen 2009.

Ralf Reinders/Ronald Fritsch: Die Bewegung 2. Juni. Gespräche über Haschrebellen, Lorenzentführung, Knast, Berlin 2003.

Stefan Reinecke: Ströbele. Die Biographie, München/Berlin 2016.

Rio Reiser/Hannes Eyber: König von Deutschland. Erinnerungen an Ton Steine Scherben und mehr, Köln 2016.

Cillie Rentmeister: Frauenwelten – fern, vergangen, fremd? Die Matriarchatsdebatte und die Neue Frauenbewegung, in: Ina-Maria Greverus (Hg.): Kulturkontakt – Kulturkonflikt. Zur Erfahrung des Fremden, Frankfurt a. M. 1988, S. 443–460.

Cillie Rentmeister: Frauenfeste als Initiationsritual, in: Heinrich-Böll-Stiftung, Feministisches Institut (Hg.): Wie weit flog die Tomate? Eine 68erinnen-Gala der Reflexion, Berlin 1999, S. 118–140.

Gabriele Rollnik/Daniel Dubbe: Keine Angst vor niemand. Über die Siebziger, die Bewegung 2. Juni und die RAF, Hamburg 2004.

Rotaprint 25 (Hg.): Agit 883. Bewegung Revolte Underground in Westberlin. 1969–1972, Hamburg/Berlin 2006.

Michael Ruetz: »Ihr müsst diesen Typen nur ins Gesicht sehen«. APO Berlin 1966–1969, Frankfurt a. M. 1980.

Frank Schäfer: 1966. Das Jahr, in dem die Welt ihr Bewusstsein erweiterte, Wien 2016.

Klaus Schlesinger: Fliegender Wechsel. Eine persönliche Chronik, Frankfurt a. M. 1990.

Peter Schneider: Rebellion und Wahn. Mein 68, Köln 2008.

Gerhard Seyfried: Der schwarze Stern der Tupamaros, Frankfurt a. M. 2004.

Barbara und Kai Sichtermann: Das ist unser Haus. Eine Geschichte der Hausbesetzung, Berlin 2017.

Eckhard Siepmann u. a. (Hg.): Che-Schah-Shit. Die Sechziger Jahre zwischen Cocktail und Molotow, Berlin 1984.

Hollow Skai: Das alles und noch viel mehr. Rio Reiser. Die inoffizielle Biographie des Königs von Deutschland, München 2006.

Michael Sontheimer: »Natürlich kann geschossen werden.« Eine kurze Geschichte der Roten Armee Fraktion, München 2010.

Michael Sontheimer/Otto Kallscheuer (Hg.): Einschüsse – Besichtigung eines Frontverlaufs zehn Jahre nach dem Deutschen Herbst, Berlin 1987.

Uwe Soukup: Der 2. Juni 1967. Ein Schuss, der die Republik veränderte, Berlin 2017.

Sub Opus 36 e. V. (Hg.): SO36. 1978 bis heute, Mainz 2016.

The Roaring Sixties. Der Aufbruch in eine neue Zeit, Amsterdam 1993.
Ton Steine Scherben: Geschichten, Noten, Texte und Fotos aus 15 Jahren, Fresenhagen 2007.
Peter Wensierski: Die Verbotene Reise. Die Geschichte einer abenteuerlichen Flucht, München 2015.
Peter Wensierski: Die unheimliche Leichtigkeit der Revolution, München 2017.
Lutz von Werder: Kinderläden. Versuch der Umwälzung der inneren Natur, in: Eckhard Siepmann u.a. (Hg.): Che-Schah-Shit. Die Sechziger Jahre zwischen Cocktail und Molotow, Berlin 1984, S. 107–111.
Karin Wetterau: 68. Täterkinder und Rebellen. Familienroman einer Revolte, Bielefeld 2017.
Michael Wildenhain: zum beispiel k., Berlin 1983.
Michael Wildenhain: Prinzenbad, Berlin 1987.
Alois Wosnitzka (Hg.): Das Neue Kriminalgericht in Moabit. Festschrift zum 100. Geburtstag am 17. April 2006, Berlin 2006.
Dorothea Zöbl: Leben am Kurfürstendamm. 100 Jahre Geschichte und Geschichten um die Mietshäuser 48–50, Berlin 2011.

Abbildungsverzeichnis

Die Autoren und der Verlag haben sich bemüht, alle Rechteinhaber zu ermitteln. Sollten weitere berechtigte Ansprüche bestehen, möge sich die Betreffenden bitte an den Verlag wenden.

Agit 888: 37
Bara, Tina: 244
Berson, Rainer: 283
bpk-Bildagentur: 317 (Peter Gruchot)
BStU: 122 oben (MfS, HA XX, Fo, Nr. 147), 122 unten (MfS, HA XX, Fo, Nr. 144)
Bundesstiftung Aufarbeitung: 29 (Klaus Mehner, Bild 67_1021_POL-SDS-Demo_03), 45 (Klaus Mehner, Bild 68_0411_JKK-Anschlag-RD_08), 57 (Klaus Mehner, Bild 68_0304_JKK-Justiz_05), 58 (Klaus Mehner, Bild 67_1103_JKK_Kurras_02), 79 (Klaus Mehner, Bild 67_0812_JKK-Justiz_05), 119 (Klaus Mehner, Bild 73_0731_KUL_Musik_06), 129 (Harald Schmitt, Bild Schmitt_116), 141 (Klaus Mehner, Bild 78_0630_JKK_Bahro_02), 159 (Klaus Mehner, Bild 70_1008_POL_Bew2Juni_10), 335 (Klaus Mehner, Bild 88_0725_POL_SpG_Bohley_19)
Hauswald, Harald: 220, 260, 261, 359
Hebler, Peter: 320
Hösel, Wolfgang: 203
Ida-Seele-Archiv zur Erforschung der Geschichte des Kindergartens: 93
imago stock & people Bildagentur: 391 (Peter Homann)
Krimmer, Heinz: 325
Krüger, Antje (Privatarchiv): 80
Landesarchiv Berlin: 19 (F_Rep_290-02-04_1185), 40 (F_Rep_290_0125494), 50 (F_Rep_290_0124337), 290 (F_Rep_290_0236562), 300 (F_Rep_260-03_A_1565), 304 (F_Rep_290_0261664)

Magnum Photos/Agentur Focus: 198 (© Raymond Depardon/Magnum Photos/Agentur Focus)
Matthess, Jutta: 166
Mehner, Klaus: 197
Neumann, Katrin E.: 297
Nordhausen, Frank: 308
Paris, Helga: 344
Perincioli, Christina: 178, 183
Picture Alliance: 69 (© picture-alliance/dpa/Chris Hoffmann), 187 (© picture-alliance/dpa)
Poppe, Gerd: 234, 249
Robert-Havemann-Gesellschaft: 225 (Werner Fischer), 256 (Gerd Poppe), 340 (Andreas Kämper), 351, 360 (Rüdiger Rosenthal), 374 (Siegbert Schefke), 377 (Siegbert Schefke), 386 (Nikolaus Becker), 388, Einband hinten (Siegbert Schefke)
Schewietzek, Udo: 213
Schulz, Christian: Frontispiz
Seyfried, Gerhard: 277
Sontheimer, Michael (Privatarchiv): 86, 148, 163 beide (Kriminalpolizei West-Berlin), 281 (ufaFabrik), 289 (Michael Sontheimer), 313
taz-Bildarchiv: 207, 210
Ullstein Bild: 24 (Heinz O. Jurisch), 65 (Sticha), 151 (Klaus Mehner), 173 (Klaus Mehner)
Umbruch Bildarchiv: 70, 331, 397
Wegner, Bettina (Privatarchiv): 106
Wensierski, Peter (Privatarchiv): 33 (Staatsanwaltschaft West-Berlin), 267 (Peter Wensierski), 367 beide
Zint, Günter: Einband vorne

Vollständige Adressen

1 Waldbühne; Glockenturmstraße 1, 14053 Berlin
2 Kaiser-Wilhelm-Gedächtniskirche; Breitscheidplatz, 10789 Berlin
3 SDS-Zentrum; Kurfürstendamm 140, 10709 Berlin
4 Der Tod Benno Ohnesorgs; Krumme Straße 66–67, 10627 Berlin
5 Amerikahaus; Hardenbergstraße 22–24, 10623 Berlin
6 Sitz des Springer-Verlages; Rudi-Dutschke-Straße 50, 10969 Berlin
7 FU-Audimax; Garystraße 35, 14195 Berlin; TU-Audimax; Straße des 17. Juni 135, 10623 Berlin
8 Kriminalgericht und Untersuchungshaftanstalt Moabit; Turmstraße 91, 10559 Berlin
9 Adalbertstraße 48, 10179 Berlin
10 Sozialistisches Anwaltskollektiv; Meierottostraße 1, 10719 Berlin
11 21.-Mai-Teestube; Xantener Straße 9, 10107 Berlin
12 Wohnungen der Kommune 1; Niedstraße 14, 12159 Berlin, Kaiser-Friedrich-Straße 54a, 10627 Berlin, Stephanstraße 60, 10559 Berlin
13 Wielandkommune; Wielandstraße 13, 10629 Berlin
14 Kinderladen; Kopfstraße 12, 12053 Berlin
15 Helm-Ausgabestellen; Sophienstraße 31, 10178 Berlin, Brunnenstraße 5, 10119 Berlin
16 Bettina Wegner; Elsa-Brändström-Straße 18, 13189 Berlin
17 Ost-Kommune 1; Samariterstraße 36, 10247 Berlin, Gartenstraße 115, 10115 Berlin
18 Biermanns Wohnung, Chausseestraße 131, 10115 Berlin
19 Havemanns Haus; Burgwallstraße 4, 15537 Grünheide (Mark)
20 Die Wohnung Rudolf Bahros; Streustraße 53, 13086 Berlin
21 Baader-Befreiung; Miquelstraße 83, 14195 Berlin
22 Ulrike Meinhofs letzte legale Wohnung; Kufsteiner Straße 12, 10825 Berlin
23 Konspirative RAF-Wohnung; Knesebeckstraße 89, 10623 Berlin
24 Georg von Rauch-Haus; Mariannenplatz 1a, 10997 Berlin
25 Domizil der Ton Steine Scherben; Tempelhofer Ufer 32, 10963 Berlin

26 Autonomes Frauenzentrum; Hornstraße 2, 10963 Berlin
27 Laden der Bewegung 2. Juni; Schenkendorfstraße 7, 10965 Berlin
28 Audimax der TU; Straße des 17. Juni 135, 10623 Berlin
29 Prinz-Eisenherz-Buchladen; Bülowstraße 17, 10783 Berlin
30 *taz*-Quartiere; Suarezstraße 41, 14057 Berlin, Wattstraße 11–12, 13355 Berlin
31 Samariterkirche; Samariterstraße 27, 10247 Berlin, Erlöserkirche; Nöldnerstraße 43, 10317 Berlin
32 Erlöserkirche; Nöldnerstraße 43, 10317 Berlin; Auferstehungskirche; Friedenstraße 83, 10249 Berlin
33 Prenzlauer Berg; Fehrbelliner Straße, 10119 Berlin, Husemannstraße, Kastanienallee, 10435 Berlin, Rykestraße, 10405 Berlin
34 Künstler- und Oppositionshaus; Fehrbelliner Straße 7, 10119 Berlin
35 Wohnung der Poppes; Rykestraße 28, 10405 Berlin
36 Kinderladen; Husemannstraße 14, 10435 Berlin
37 Fotograf Harald Hauswald; Kastanienallee 11, 10435 Berlin
38 Ost-West-Piratensender; Husemannstraße 10, 10435 Berlin
39 Comiczeichner Seyfried; Görlitzer Straße 74, 10999 Berlin
40 Einstiges UFA-Gelände; Viktoriastraße 10–18, 12105 Berlin
41 Straßenschlacht nach Räumung; Fraenkelufer 48, 10999 Berlin
42 Material für Hausbesetzer; Manteuffelstraße 40–41, 10997 Berlin
43 Der Tod von Klaus-Jürgen Rattay; Winterfeldtstraße 20, 10781, Bülowstraße 89, Potsdamer Straße 125, 10783 Berlin
44 Besetzer-Kulturzentrum; Potsdamer Straße 157–159, 10783 Berlin
45 Das SO36; Oranienstraße 190, 10999 Berlin
46 Straßenschlachten; Nollendorfplatz, 10777 Berlin, Wiener Straße 1–6, 10999 Berlin
47 Kubat-Dreieck; Lennéstraße, Bellevuestraße, Ebertstraße, 10785 Berlin
48 Wohnung von Bärbel Bohley; Fehrbelliner Straße 91, 10119 Berlin
49 Literarischer Salon; Schönfließer Straße 21, 10439 Berlin
50 Untergrundverlag und Druckerei; Ferdinandstraße 4, 12621 Berlin
51 Wohnungen von Lutz Rathenow und Jürgen Fuchs; Thaerstraße 34, 10249 Berlin, Silvio-Meier-Straße 3, 10247 Berlin
52 Popmusik und Prügel; Pariser Platz, Unter den Linden, 10117 Berlin
53 Umweltbibliothek; Griebenowstraße 15–16, 10435 Berlin
54 Demo-Ort; Alexanderplatz, 10178 Berlin
55 Besetzte Häuser; Schönhauser Allee 20–21, 10435 Berlin, Schreinerstraße 47, 10247 Berlin, Lottumstraße 10 a, 10119 Berlin
56 Besetzte Häuser; Mainzer Straße 2–12, 22, 24, 10247 Berlin

Personenregister

Kursiv gesetzte Seitenzahlen verweisen auf Bildunterschriften.
Decknamen werden mit DN ausgewiesen.

Die Autoren

Michael Sontheimer, 1955 in Freiburg im Breisgau geboren, kam 1962 nach West-Berlin und besuchte dort die 13. Grundschule und anschließend das Evangelische Gymnasium zum Grauen Kloster. Sein Vater Kurt lehrte Politologie am Otto-Suhr-Institut der FU, einem Zentrum der radikalen Studenten. Sontheimer junior wurde Mitglied einer antiautoritären Ad-hoc-Gruppe, die Sit Ins und Schulstreiks organisierte sowie Karl Marx las. Nach vier Jahren in München kehrte er 1974 nach West-Berlin zurück, nicht zuletzt weil er als Kriegsdienstverweigerer nicht anerkannt worden war. Er studierte Geschichte, Politologie und Publizistik, sympathisierte kurz mit der trotzkistischen Gruppe Internationaler Marxisten (GIM), schloss sich dann der Historiker-Initiative an, einer Sponti-Gruppe, und war am Rande des Sponti-Blattes *BUG-Info* und einer Anti-AKW-Gruppe aktiv, die gegen die Atomanlagen in Gorleben kämpfte.

Ab Anfang 1978 gehörte er zu den Gründern der *taz,* arbeitete zunächst in der Ökologieredaktion, dann im Berlin-Teil des Blattes, für den er vor allem über die Hausbesetzungen berichtete. Zusammen mit Besetzern aus der Potsdamer Straße 157–159 spielte er in der Punkrockgruppe Brigade Bullerbü und freundete sich mit dem Schriftsteller Klaus Schlesinger an, mit dem er 1991 in Berlin-Mitte eine Wohnung besetzte. 1985 bis 1991 arbeitete er für die Zeit, 1992 ging er als Chefredakteur zur *taz* zurück, seit 1995 schreibt er für den *Spiegel.* Sontheimer lebt seit 1990 mit Unterbrechungen in Ost-Berlin, seit sieben Jahren in Prenzlauer Berg. Er veröffentlichte zehn politische Bücher, drei davon über Berliner Themen, und schrieb ein Standardwerk über die Rote Armee Faktion (RAF).

Peter Wensierski, 1954 in Heiligenhaus am Rande des Ruhrgebiets geboren, erlebte als Schüler Proteste gegen die Schüsse auf Benno Ohnesorg und Rudi Dutschke und bildete mit Gleichgesinnten ein Revolutionäres Schülerkomitee, das zeitweilig den Unterricht mit alternativen Materialien übernahm und eigene Schulungskurse anbot. 1973 begann er in West-Berlin an der Freien Universität Politik, Publizistik und Geschichte zu studieren und zog in die Kreuzberger Wrangelstraße, an deren Ende das besetzte Georg von Rauch-Haus lag. In einem Flügel der Wrangel-Kaserne, in der er wohnte, übten Ton Steine Scherben. Mit Gründung der Stadtillustrierten *Zitty* schrieb er über die ersten alternativen Kollektivbetriebe und Frauencafés im Westen der Stadt. Ab 1978 lieferte er Reportagen aus Ost-Berlin über Pazifisten und Punks, Umweltgruppen und rebellische Jugendliche. Als die DDR ihn 1985 nicht mehr ins Land hineinließ, wechselte er zum ARD-Magazin »Kontraste« und berichtete mithilfe heimlich gedrehter und über die Grenze geschmuggelter Videos Ost-Berliner Oppositioneller dennoch über Umweltskandale oder Neonazis im Osten wie im Westen, die ersten Kreuzberger Maikrawalle 1987 oder die Unruhen am Brandenburger Tor bis hin zu den ersten Demonstrationen der friedichen Revolution im Herbst 1989.

1993 begann Wensierski im Deutschlandressort des *Spiegel*. Er schrieb über das Schicksal der Heimkinder (»Schläge im Namen des Herrn«), Missbrauch in der Kirche, den »Lügenbischof« Tebartz-van Elst, den Terrorismus von rechts, die Schüsse auf Benno Ohnesorg und Rudi Dutschke, die religiöse und politische Rechte und veröffentlichte die *Spiegel*-Bücher »Die verbotene Reise« und »Die unheimliche Leichtigkeit der Revolution«.

Flughafen
Berlin-Tegel
REINICKENDORF
Müllerstr.
WEDDING
Volkspark
Rehberge
Transvaalstr.
Bernauer Str.
Saatwinkler Damm
Rohrdamm
SPANDAU
SIEMENSSTADT
Heckerdamm
Saatwinkler Damm
Charité Campus
Virchow-Klinikum
Seestr.
Nonnendammallee
Siemensdamm
Stephanstr.
Rathenowerstr.
MOABIT
Gaußstr.
Huttenstr.
Turmstr.
Kaiserin-Augusta-Allee
Levetzowstr.
HANSAVIERTEL
Spandauer Damm
CHARLOTTENBURG
Einsteinufer
Otto-Suhr-Allee
Olympiastadion
Reichsstr.
TIERGARTEN
WESTEND
Zoologischer
Garten
Hardenbergstr.
Masurenallee
Neue Kantstr.
Kantstr.
Drachenberg
Messedamm
Kurfürstendamm
Uhlandstr.
HALENSEE
Paulsborner Str.
Konstanzer Str.
WILMERSDORF
Martin-Luther-Str.
Grunewald
Hubertusallee
Paulsborner Str.
Seesener Str.
Hohenzollerndamm
Berliner Str.
Berliner Str.
SCHÖNEBERG
Badensche Str.
CHARLOTTENBURG-
WILMERSDORF
Delbrückstr.
Hagenstr.
Forckenbeckstr.
SCHMARGENDORF
Laubacher Str.
Hauptstr.
Koenigsallee
Breite Str.
Wiesbadener Str.
FRIEDENAU
Südwestkorso
Bundesallee
Rheinstr.
Grazer Damm
Clayallee
Podbielskiallee
Englerallee
Schildhornstr.
Königin-Luise-Str.
Grunewaldstr.
Bergstr.
STEGLITZ-ZEHLENDORF
Botanischer
Garten
STEGLITZ
DAHLEM
1
2
3
4
5
7
7
10
11
12
12
12
13
13
21
22
23
28
30